2015年中国空间经济学年会论文集
安徽师范大学哲学社会科学繁荣发展计划重大项目（FRZD
安徽师范大学经济管理学院 "双十" 出版工程专项资金

空间经济评论
Spatial Economic Review

（2015）

主编 马骥

中国财经出版传媒集团
经济科学出版社
Economic Science Press

图书在版编目（CIP）数据

空间经济评论.2015/马骥主编.—北京：经济科学出版社，2016.9

ISBN 978-7-5141-7210-2

Ⅰ.①空… Ⅱ.①马… Ⅲ.①区位经济学-文集 Ⅳ.①F207-53

中国版本图书馆 CIP 数据核字（2016）第 206613 号

责任编辑：侯晓霞
责任校对：杨　海
责任印制：李　鹏

空间经济评论

（2015）

主　编　马　骥

经济科学出版社出版、发行　新华书店经销
社址：北京市海淀区阜成路甲28号　邮编：100142
教材分社电话：010-88191345　发行部电话：010-88191522
网址：www.esp.com.cn
电子邮件：houxiaoxia@esp.com.cn
天猫网店：经济科学出版社旗舰店
网址：http://jjkxcbs.tmall.com
北京密兴印刷有限公司印装
787×1092　16开　21印张　420000字
2016年9月第1版　2016年9月第1次印刷
ISBN 978-7-5141-7210-2　定价：52.00元
（图书出现印装问题，本社负责调换。电话：010-88191502）
（版权所有　侵权必究　举报电话：010-88191586
电子邮箱：dbts@esp.com.cn）

编 委 会

（以姓氏笔画为序）

丁任重	王崇举	邓　翔	孙久文	安虎森
李国平	李程骅	任保平	张　强	肖金成
陈秀山	陈建军	陈　耀	吴殿廷	周伟林
金凤君	赵儒煜	郑长德	苗长虹	郝寿义
高新才	殷存毅	蒋伏心	覃成林	魏后凯

第七届中国空间经济学年会通讯
（代序）

2015年12月11~13日，由中国空间经济学年会秘书处、安徽师范大学主办，安徽师范大学经济管理学院承办，科研处与国旅学院协办的"第七届中国空间经济学年会暨中国区域经济新常态学术研讨会"在安徽师范大学赭山校区田楼报告厅成功召开。

本届年会的主题是"空间经济学与中国区域经济新常态"，来自中国人民大学、南开大学、浙江大学、南京师范大学、西南民族大学、首都经贸大学、江苏师范大学、安徽师范大学、清华大学、厦门大学、同济大学、上海财经大学、上海对外贸易大学、江西财经大学、贵州财经大学、北京师范大学、中央财经大学、吉林大学、华东政法大学、河南大学、合肥工业大学、安徽大学、河海大学、广州大学、广西大学、东南大学、中南财经政法大学、中南民族大学、中国矿业大学、上海理工大学、东北师范大学、陕西师范大学、山东师范大学、浙江理工大学、华中科技大学、华中农业大学、内蒙古科技大学、青岛大学、南京中医药大学、南京审计大学、南京农业大学、闽南师范大学、兰州财经大学、温州大学、天津财经大学、延边大学、台州学院、盐城师范学院、湖南商学院、合肥学院、嘉兴学院、内华达大学（University of Nevada）以及中国科学院、中国社科院、建设部城市规划设计研究院、中国区域协会等60多所高校、科研机构、党政机关和媒体的210余位专家和代表齐聚一堂，围绕这一主题进行了热烈而深入的研讨。

12日上午，年会开幕式由安徽师范大学经济管理学院院长马陵合教授主持，安徽师范大学副校长朱家存教授出席开幕式并致欢迎辞；上一届年会轮值主席江苏师范大学城市与环境学院院长沈正平教授致辞。中国人民大学区域与城市经济研究所所长孙久文教授、上海财经大学区域经济研究中心主任张学良教授、中科院地理所金凤君研究员、安徽师范大学科研处处长陆林教授、南京师范大学蒋伏心教授、中国区域协会主任吴殿廷教授、中国人民大学陈秀山教授、上海对外贸易大学张翼飞教授、南开大学安虎森教授9位知名专家与学者分别做了大会主题报告。

12日下午，与会代表分四个会场进行小组讨论与交流。在"空间经济学理论与实践"会场，发言围绕着新经济地理学、演化经济地理学、马克思主义经济地理学、区域差异与环境等主题展开。在"区域战略与协调发展"会场，发言围绕着"一带一路"战略、京津冀协同发展、长江经济带、自贸区等主题展开。在"城镇化与城乡统筹"会场，发言围绕着城市效率、城乡一体化与城市房地产价格等主题展开。在"产业、金融与公共政策"会场，发言围绕着技术进步及其空间溢出效应与公共政策等主题展开。在各分会场，与会代表就发言进行了深入而热烈的讨论，极大地增进了我们对问题的认识。

12月13日为我国国家公祭日。13日上午8时00分，与会代表全体肃立，奏唱国歌，并默哀1分钟，悼念南京大屠杀死难者和所有在日本帝国主义侵华战争期间惨遭日本侵略者杀戮的死难者。

13日上午8点30分，空间经济学年会闭幕式由安徽师范大学经济管理学院周端明教授主持，首都经贸大学张强教授、西南民族大学郑长德教授、吉林大学赵儒煜教授、建设部城市规划研究院区域所副所长陈明高级规划师、浙江大学陈建军教授、江苏师范大学蒋涛教授6位知名专家与学者做了大会主题报告。西南民族大学何雄浪教授、南开大学薄文广副教授、南京审计大学副教授颜银根与湖南商学院城市化研究中心首席专家何文举教授分别代表所在分会场进行了总结发言。

闭幕式上，南开大学安虎森教授对本届年会进行了总结。他肯定2015年年会是一次非常成功的学术盛会，他指出："空间经济学理论对复杂的国内外关系以及国内经济现象具有很强的解释能力和预测能力，空间经济学在我国的发展，对我国区域协调发展和城乡统筹发展具有重要的意义。以西部大开发、振兴东北老工业基地、促进中部崛起、东部地区率先发展为主要内容的四大板块战略和以'一带一路''长江经济带''京津冀协同发展'为主要内容的'三个支撑带'战略的实施，以及我国实施的缩小区际发展差距、城乡发展差距、不同阶层居民收入差距等的实践活动，又为空间经济学理论在我国的提升与发展提供了广阔的舞台。以时空视角来解释和研判我国整体经济活动轨迹和区域经济格局的变化趋势，是摆在我们空间经济学人面前的光荣而艰巨的任务。"

本次学术年会的成功举办，为进一步推动空间经济学的学术进步及其在中国的发展提供了"合作、创新、发展"的平台。

年会秘书处
2015年12月

目　录

中韩空间经济学理论研究与发展
　　——基于学术期刊刊发研究成果的考察与比较
　　……………………………………………… 陈秀山　刘　玮　金铉洙（1）

国内空间统计研究进展与评述
　　——基于 CiteSpace 的知识图谱分析
　　……………………………………………… 李　红　李美莲　韦永贵（22）

租费替代：空间经济生成的内在动力机制
　　——基于马克思《资本论》的考察
　　……………………………………………………… 单许昌　周端明（34）

新常态经济发展的新动力：产业协同集聚下的城市生产效率增进
　　……………………………………………… 陈建军　刘　月　邹苗苗（48）

新常态下转型发展亟待解决的若干问题
　　…………………………………………………………………… 隋映辉（61）

"10+3"自由贸易区成立后的福利效应
　　………………………………………………………… 安虎森　栾秋琳（67）

"一带一路"背景下跨境人口较少民族差别化扶贫政策研究
　　…………………………………………………………………… 谈玉婷（75）

"一带一路"沿线各国贸易影响因素分析
　　——基于贸易引力模型的实证研究
　　……………………………………………………………………… 俞　路（82）

产业集聚、空间溢出效应与地区工资差距
　　——基于 285 个地级市的面板数据
　　……………………………………………… 王雪辉　谷国锋　王建康（93）

产业结构、文化因素与风险投资阶段选择
　　……………………………………………………………………… 汪　洋（105）

产业转移、劳动力流动与区域协调发展
　　……………………………………………… 皮亚彬　陈　耀　周洪霞（121）

空间视角下的产业链式化转移与承接
.... 张明龙　张琼妮（137）

重构 TP 模型分析我国文化产业集聚的动力机制
.... 赵　星　刘军辉　董帮应（147）

创新集聚与溢出、空间相互作用与长三角城市群协同发展
.... 高丽娜　华冬芳（165）

皖江城市带城市群空间结构及空间差异
——"两横三纵"城市化战略格局视角
.... 孙　雨（174）

新型城镇化时空质演化规律、结构转型与内生发展
.... 胡　星（185）

中国城市全要素生产率的时空特征分析：2002～2011 年
.... 周端明　陈　瑞（197）

价值链视角下中国区域创新效率的空间收敛性研究
.... 白俊红　王林东　蒋伏心（214）

基于空间相关的区域创新系统间知识溢出效应研究
.... 李　婧　何宜丽（232）

生产性服务业集聚重构区域空间的作用机制与路径分析
.... 韩　锋　张永庆（245）

网络关系对产业集群价值创造的作用机理研究
.... 朱　兵（253）

空间视角下的地方政府土地经营策略、竞争机制和中国城市群的层级结构
——来自中国五大城市群的经验证据
.... 周维正（270）

中国省域金融支持文化产业发展空间影响分析
.... 王讱真（299）

环境规制、产业空间布局调整与地区经济增长
——基于省际面板数据的研究
.... 陈　健　赵　迪（310）

中韩空间经济学理论研究与发展
——基于学术期刊刊发研究成果的考察与比较

陈秀山* 刘 玮 金铉洙

摘 要: 越来越多的中国学者认识到当下中国经济的地理特征,非常符合空间经济学分析框架,为空间经济学提供了丰富而优质的研究素材,空间经济学研究热在中国持续发酵。韩国与中国自1992年建交以来,经济联系日益紧密,面对金融危机、经济全球化这一国际经济环境变化的挑战,两国都在加快脚步进行经济结构调整,韩国学者研究经济问题的先进成果对于中国有着借鉴意义。本文试图通过对学术期刊刊发的空间经济学相关理论成果进行分析,就中韩两国空间经济学研究的总体情况、重点领域以及研究团队等情况进行对比,从而得出空间经济学理论建设及研究方向的几点建议:完善空间经济学学科体系建设,推动理论创新;重视空间经济学研究与本国实际经济问题相结合,提升研究成果的社会价值;重视加强学术理论期刊的传播功能,争取创建空间经济学专业学术期刊;加大学科研究的国际比较,加强国际交流与合作,共同促进空间经济学研究发展。

关键词: 空间经济学 新经地理学 理论研究 学术期刊

一、引 言

空间经济学(Spatial Economics)是关于资源在空间的配置以及经济活动的区位问题的学科。[1]"空间经济"一词出现的时间并不长,但"空间"这一概念被经济学家注意到的时间,却可以追溯到公元前4世纪,早在那时,古希腊经济学家色诺芬就提出,经济活动在小城市里的聚集程度是极低的,而在规模较大的城市中,经济活动由于社会分工水平的提高,聚集程度较小城市要高。而将空间经济学往前推进一大步,受到世人瞩目,则应归功于美国经济学家保罗·克鲁格曼(Paul Krugman)。2008年10月13日,瑞典皇家科学院宣布,该年度诺贝尔经济学奖授予55岁的克鲁格曼,以表彰他在贸易模式和经济活动区位方面所做的分析工作。而其于1999年,与藤田昌久(Masahisa Fujita)和安东尼·J·维纳布尔斯(Anthony J. Venables)合作出版的《空间经济学:城市、区域和国际贸易》(*The Spatial Economy: Cities, Regions, and International Trade*)一书,对20世纪90年代空间经济学

---

* 陈秀山(1954—),男,中国人民大学公共管理学院教授、中国经济改革与发展研究院博士生导师,研究方向:区域经济理论与区域经济发展规划、空间经济学。

的发展和成就做了精练地概述和及时的总结,不仅将经济活动的空间定位与克鲁格曼早期的"新贸易理论"联系起来,而且也建立了严谨而精致的空间基本模型。该书被翻译成多国文字广为流传,众多高校将其当作经典教科书,在空间经济学发展史上具有里程碑的意义。

在中国学术界,空间经济学也逐渐受到关注和重视,早在20世纪90年代,卢嘉瑞教授就出版了《空间经济学》专著,在该专著中,他谈到了开发利用空间资源、发展空间生产力、繁荣空间经济等重要问题,还提出发展立体经济和太空经济的理念,创造了崭新的空间经济研究体系,创建了真正意义上的空间经济学。中国人民大学宋涛教授称该书为"空间经济学的拓荒之作",经济学家薛永应则称赞它是"经济科学百花园中的一朵奇葩"。在此之后,中国学者在空间经济学领域做出不懈的努力,经济科学出版社于2005年和2006年先后出版了安虎森教授主编的《空间经济学原理》和《空间经济学教程》;2009年3月,浙江大学出版社出版了赵伟、藤田昌久等著的《空间经济学:理论与实证新进展》;2009年8月,商务印书馆出版了梁琦著的《分工、集聚与增长》;2009年11月,中国经济出版社出版了张宇著的《制度约束、外资依赖与中国经济增长——空间经济学视角下的再审视》;2011年,科学出版社出版了苗长虹等著的《新经济地理学》;2013年,浙江大学出版社出版了赵伟、藤田昌久等著的《空间经济学——聚焦中国》;2014年,经济科学出版社出版了郑长德等著的《空间经济学与中国区域发展:理论与实证研究》等。随着空间经济学热的持续发酵,越来越多的中国学者认识到当下中国经济的地理特征,非常符合空间经济学分析框架,为空间经济学提供了丰富而优质的研究素材。可以说,中国的空间巨变是深邃的空间经济学理论和思想的最好实验场。

韩国与中国自1992年建交以来,经济联系日益紧密,面对金融危机、经济全球化这一国际经济环境变化的挑战,两国都在加快脚步进行经济结构调整,韩国学者研究经济问题的先进成果对于中国有着借鉴意义。

本文试图通过对学术期刊刊发的空间经济学相关理论成果进行分析,就中韩两国空间经济学研究的总体情况、重点领域以及研究团队等情况进行对比,从而得出空间经济学理论建设及研究方向的建议。

二、国内学术期刊刊发研究成果总体情况分析

(一) 本文所用数据来源说明

本文总量分析部分的数据以中国知网(CNKI)的中国学术期刊网络出版总库为主,文献总量为1 085篇,涉及期刊397种。

1. 数据来源说明。

第一步:搜索CNKI学术期刊网络出版总库,设置参数"篇名"为包含"空间

经济学",匹配度"精确",共得文献 147 条,默认为全部有效。

第二步:搜索 CNKI 学术期刊网络出版总库,设置参数"篇名"为包含"新经济地理学",匹配度"精确",共得文献 230 条,默认为全部有效。

第三步:高级搜索 CNKI 学术期刊网络出版总库,设置参数"关键词"为包含"空间经济学",并且标题不含"空间经济学",匹配度"精确",共得文献 305 条,默认全部有效。

第四步:高级搜索 CNKI 学术期刊网络出版总库,设置参数"关键词"为包含"新经济地理学",并且标题不含"新经济地理学",匹配度"精确",共得文献 550 条,默认全部有效。

第五步:将上述数据按照篇名进行查重,删除重复数据条目。

第六步:将查重后的数据进一步人工识别分辨,剔除如书评、期刊导航、简讯、会议通知、征文启事等非学术文献,最终得到有效数据 1085 条。

2. 近年研究趋势图。空间经济学近年来受到持续的关注,特别是 2008 年克鲁格曼获得诺贝尔奖以来,该理论已经成为学术研究热点之一。经过搜索、查重和筛选来源数据,可以得到历年学术期刊上关于空间经济学理论研究的文献量,从而可以直观地观察到空间经济学研究的整体趋势,如图 1 所示。

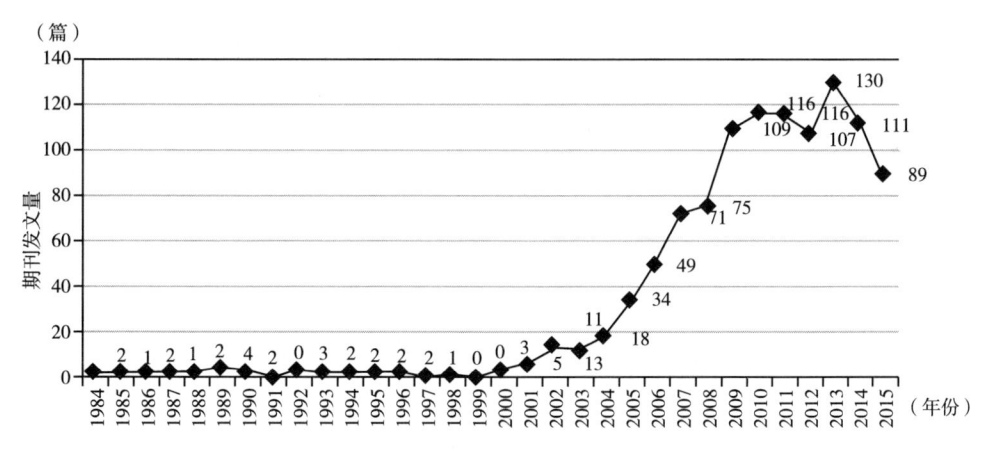

图 1 中国空间经济学研究趋势

注:图中 2015 年的发文量数据并不代表全年数量,而是截止到 10 月份 CNKI 收录的文献量。

可以发现,近年来,围绕"空间经济学"和"新经济地理学"的文献数量呈现稳步增长的态势,特别是 2010 年以后,每年的学术期刊发文量均在 100 篇以上。

3. 发文期刊主办系统分布。学术期刊是传播学术成果、引领学科发展、促进学术交流、凝聚学者群体的重要阵地。我国学术期刊主管主办机构主要有高等院校系统、社科院(联)系统、党政干部院校系统、党政机关系统、学会协会研究会系统、独立科研院所系统、出版机构系统及其他类型单位八个类别。经分类统计可得出近年来刊发空间经济学研究文章的不同类型主办机构期刊数量及发文数量，如图2所示。

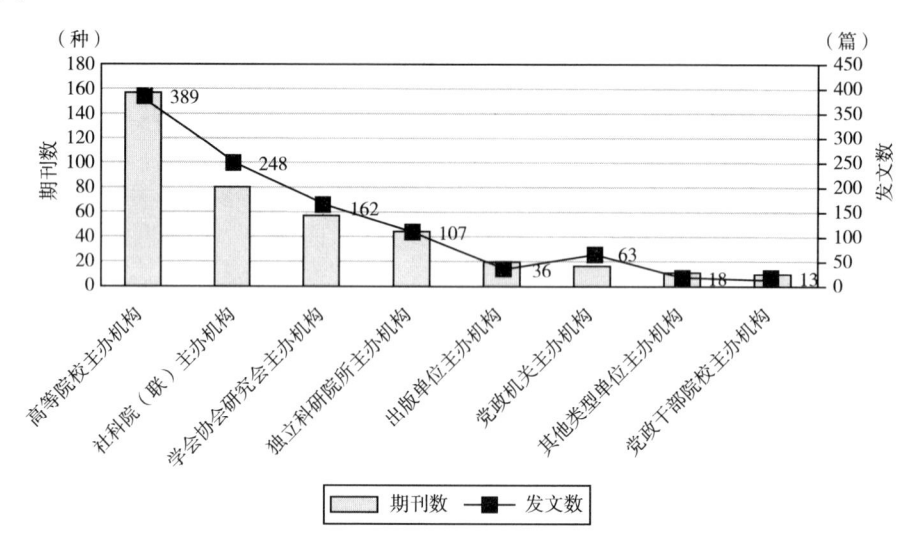

图2 中国期刊主办机构类型及发文量分布

可以看出，高等院校主办的期刊发文量明显超过其他类型机构主办的期刊，达到157种，发文量为389篇，排名第二的是社科院（联）系统主办的期刊，数量达到81种，发文量为248篇。其他依次为学会协会研究会主办期刊58种、发文162篇；独立科研院所主办期刊43种、发文107篇；出版单位主办期刊21种、发文36篇；党政机关主办期刊17种、发文63篇；党政干部院校主办期刊8种、发文13篇；其他类型单位主办期刊12种、发文18篇。以上数据表明，对空间经济学这一理论关注度比较大的几个阵地集中在高等院校系统、社科院（联）系统和学会协会研究会系统，而在党政机关、党政干部院校系统主办期刊上发文较少。

发文量排名前八位的期刊如图3所示。

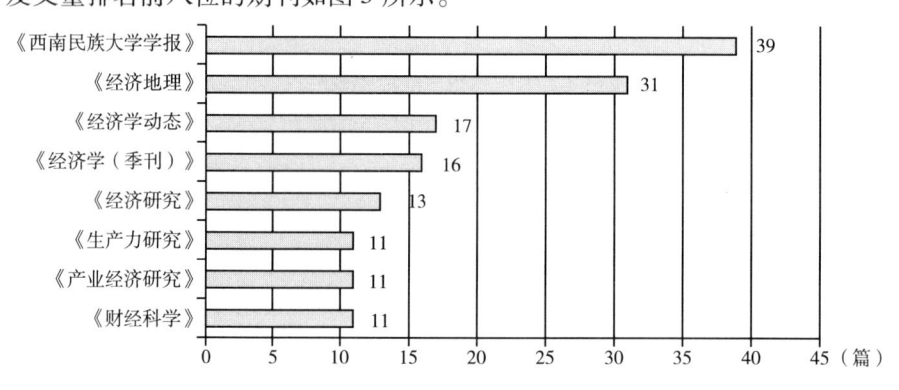

图3 中国学术期刊"空间经济学"发文量排行榜

其中《西南民族大学学报（人文社会科学版）》以39篇的发文量排名第一，其次为《经济地理》（31篇）、《经济学动态》（17篇）、《经济学（季刊）》（16篇）、《经济研究》（13篇）、《生产力研究》（11篇）、《产业经济研究》（11篇）以及《财经科学》（11篇）。

4. 作者所在机构分布。我们将作者的单位分为高等院校、社科院（联）、独立科研院所、中科院及地方科学院、党政干部院校、党政机关、学会协会研究会、金融机构、国外学者及其他十类。将来源数据文献中的作者基本信息进行比对，可筛选得出全部1 085篇文献涉及作者1 351人，其所在单位类型分布如图4所示。

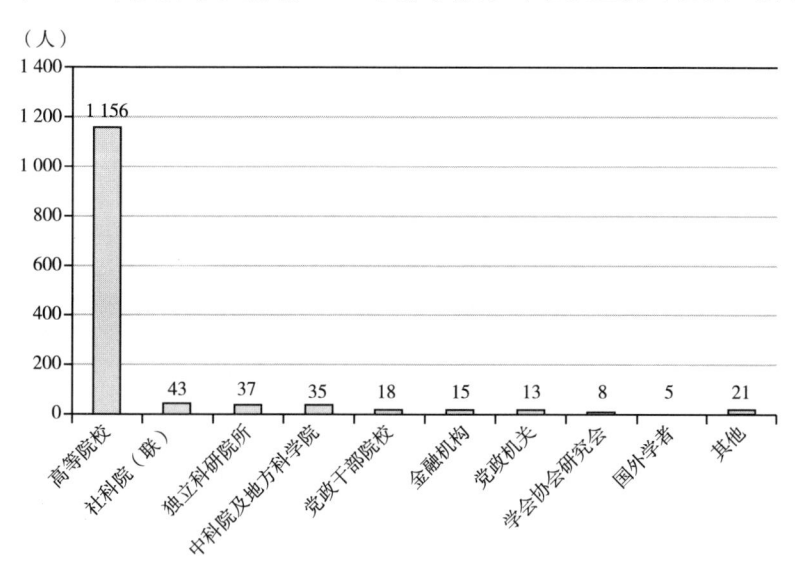

图4 中国研究学者单位类型分布

由图4可以看出，高校学者在空间经济学研究领域最为活跃，数量为1 156人，占学者总量的86%，其他类型单位的学者数量比较分散，数量均在50人以下。

（二）"复印报刊资料"转载文章情况及指数分析

中国人民大学的"复印报刊资料"系列学术期刊自创办至今已有50年的历史，每年从国内公开出版的近4 000种报刊上精选近2万篇文献精华，按学科门类进行分类、编辑、出版，内容覆盖了中国人文社会科学的所有一级学科和大部分二级学科。它是目前中国规模化、专业化程度很高的二次文献学术期刊群，其转载量（率）被学术界和期刊界普遍视为人文社科期刊领域中一个较为客观公正的评价标准。本文选取"复印报刊资料"系列期刊转载情况为分析对象，对"空间经济学"学术期刊刊发文献的学术质量进行分析和比较。

1. 转载文章基本情况及分析。2008年以来，"复印报刊资料"系列期刊共转载"空间经济学"研究文章40篇，历年学术理论期刊原发论文量与"复印报刊资料"

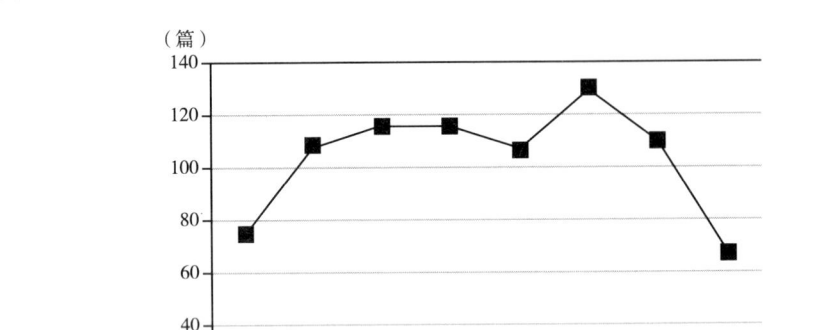

转载论文量对比如图 5 所示。

图 5　原发论文量与转载论文量对比

注：2015 年的转载量数据并不代表全年，而是截止到 2015 年第 8 期的转载量。此外，因为"复印报刊资料"为二次转载文献，其转载周期滞后于原发刊两个月左右，因此图中"学术期刊原发量"2015 年数据采取的是 2015 年 1 月到 6 月刊发的文献数量。

由图 5 可以看出，2008～2015 年，"复印报刊资料"历年转载量变动趋势与学术期刊论文原发量变动趋势基本相同，说明近年来"空间经济学"学术研究的学术质量比较稳定。其中 2010 年，期刊原发量为 116 篇，"复印报刊资料"转载 12 篇，转载率为 10.34%，大于历年平均转载率 4.75%，说明 2010 年，空间经济学者的科研工作成效相对显著，无论从刊文数量和学术质量上，都达到一个高峰。

2. 转载文章学术成果评价指数分析。2013 年中国人民大学书报资料中心发布了《人文社会科学论文质量评估指标体系实施方案》，其中以学术论文为直接评估对象，规避"以刊评文"弊端的做法，能够更为客观公正地对学术成果进行评估，本文采用该评价指数体系，将 2010 年以来"复印报刊资料"转载的"空间经济学"文献进行学术评估，以期对该理论研究的现状有更为精准的把握。

该指标体系采用同行评议和文献计量的方法，以直接反映论文内容质量的定性指标为主，如学术创新程度、论证完备程度、社会价值、难易程度；以间接反映论文质量的指标为辅，如课题立项、发表载体；以定量性较强的文献计量指标为补充，如 Web 下载频次、他引频次、被转载次数。该指标体系中主要指标及打分的解释参见表 1。

表1　　　　　　　人文社会科学论文质量评估主要指标评分及解释

指标	21分（A 极好）	16分（B 较好）	11分（C 一般）	6分（D 较差）	1分（E 极差）
学术创新程度	全面创新，对学术发展有显著贡献	有较大创新，对学术发展有较大贡献	有一定新意，对学术研究有启发和参考意义	选题陈旧，无新意	选题无意义，内容雷同
论证完备程度	研究方法科学先进	研究方法较为科学	研究方法基本可行	研究方法不适当	研究方法无效
	论据全面准确；引证清晰规范	主要论据充实正确，细节部分略有欠缺；引证清晰规范	主要论据基本正确，但欠充实；引证基本规范	重要论据有遗漏；引证不规范	论据严重不足，存在错误；引证不规范
	理论前提科学，概念使用准确，推理严密系统，分析深入透彻	论证说服力较强，分析较深入	论证基本清晰，分析有一定深度	论证缺乏说服力，分析浅显	论证混乱，缺乏分析
社会价值	对社会基本问题提出了切实可行的解决思路；或对人类思想进步具有较大的推动作用	对社会基本问题提出了较好的解决思路；或对人类思想进步具有一定的推动作用	对促进社会基本问题的解决或人类思想进步，具有启发或参考意义	基本无社会价值	无社会价值
难易程度	论题研究难度大	论题研究难度较大	论题有一定研究难度	论题较为简单	论题简单
	资料搜集处理困难	资料搜集处理较困难	资料搜集处理具有一定难度	资料搜集处理难度较小	资料搜集处理无难度

通过更为科学、具体的学术成果评价指数，对转载文章进行分析，可以对"空间经济学"研究文献完备程度、创新程度和社会价值等方面有更深入的了解。2010～2014年经过同行评议得出的转载论文学术评价指标得分表如表2所示。

表2　　　　　　2010～2014年"空间经济学"转载文章学术评价指标得分

文章名	作者	转载期刊	转载期数	学术创新	论证完备	社会价值	难易程度	总分
空间经济学概念及其前沿——新经济地理学发展脉络综述	殷广卫/李佶	《区域与城市经济》	2010年05期	20	20	18	18	17.816
城市经济学应是一门空间经济学——中国城市经济学研究三十年的梳理与思考	郭鸿懋	《区域与城市经济》	2010年05期	20	20	20	18	18.729

续表

文章名	作者	转载期刊	转载期数	学术创新	论证完备	社会价值	难易程度	总分
流通经济学的立论依据与研究定位的新视角——基于空间经济学角度	赵娴	《贸易经济》	2010年05期	18	17	17	16	16.638
适度的"政策梯度"是实现区域协调发展的战略选项——基于新经济地理学循环累积因果聚集机制的探讨	安虎森/李锦	《区域与城市经济》	2010年05期	21	20	20	18	19.0775
文化向度与空间经济增长	姜莉	《区域与城市经济》	2010年08期	19	18	18	17	17.488
空间经济学聚集机制的现实主义分析	鲍伶俐	《区域与城市经济》	2010年08期	20	19	18	17	18.0405
为什么东部产业不向西部转移：基于空间经济理论的解释	李娅/伏润民	《区域与城市经济》	2010年11期	19	18	18	18	18.7985
本地市场效应及其对邻近省区的影响——基于中国省份生产数据的验证	陈健生/李文宇	《贸易经济》	2011年01期	18	17	18	18	17.284
批判实在论视域的新经济地理学——对地理学批判实在论的超越	鲍伶俐/桂徽	《地理》	2011年02期	19	18	19	17	17.705
空间经济学与区域经济学的分异与融合	高丽娜/蒋伏心	《区域与城市经济》	2011年03期	19	17	17	17	17.338
市场一体化、产业地理集聚与地区专业分工演变——基于中国两位码制造业数据的实证分析	吴三忙/李善同	《产业经济》	2011年04期	16	18	16	18	17.166
空间经济学的演化及在中国的发展	陈柳钦	《区域与城市经济》	2011年07期	20	19	19	19	18.169
空间经济学研究范式分析	邹璇	《区域与城市经济》	2011年11期	17	16	16	15	15.352
空间经济学的发展脉络与研究展望	李景海/陈雪梅	《区域与城市经济》	2011年11期	17	17	17	15	16.886

续表

文章名	作者	转载期刊	转载期数	学术创新	论证完备	社会价值	难易程度	总分
区域经济学与空间经济学关系研究	柏银玲	《区域与城市经济》	2011年11期	17	17	17	16	15.883
土地成本、规模报酬与产业空间流动	何雄浪/郑长德	《产业经济》	2012年01期	16	16	17	16	16.698
对外开放与制造业区域集聚：新经济地理学的最新拓展	张萃/赵伟	《地理》	2011年02期	15	16	14	14	15.483
空间经济学视角下的物流业集聚及影响因素——中国31个省市的经验证据	钟祖昌	《物流管理》	2012年03期	16	20	19	18	18.57
对外贸易与国内产业地理：来自新经济地理学的研究综述	许德友/梁琦	《国际贸易研究》	2012年03期	17	18	17	17	16.959
基于新经济地理学视角的支持欠发达地区经济发展的政策研究	郑长德	《区域与城市经济》	2012年10期	15	16	16	17	16.248
新经济地理学框架下跨国公司在中国分层区位选择研究	余珮/陈继勇	《世界经济导刊》	2013年01期	16	17	17	16	15.872
新经济地理学视角下区域政策研究的新进展	陈秀山/张帆	《区域与城市经济》	2013年02期	19	18	18	18	17.869
理解新经济地理学	胡志丁/葛岳静	《地理》	2013年05期	19	20	18	19	19.191
区域科学的兴衰、新经济地理学争论与区域经济学的未来方向	张可云	《区域与城市经济》	2013年06期	20	21	20	18	19.282
自由贸易和产业集聚及其区位分布变动——以桂越边域为例	麻昌港/马骥	《民族问题研究》	2013年09期	17	19	18	19	17.656
我国区域创新差异的形成机制研究——基于新经济地理学的实证分析	张战仁	《区域与城市经济》	2013年10期	15	16	15	13	15.582
中国—东盟自贸区对产业集聚与发展不平衡的影响研究	汪占鳌/张彬	《国际贸易研究》	2013年11期	15	15	15	13	15.366

续表

文章名	作者	转载期刊	转载期数	学术创新	论证完备	社会价值	难易程度	总分
中西部城市群如何实现了对东部城市群的增长赶超？	汪增洋/豆建民	《区域与城市经济》	2013年12期	13	16	14	14	14.483
产业集聚、区域分工与区域经济差距——基于我国经验数据的实证分析	赵祥	《区域与城市经济》	2014年03期	16	17	17	17	17.031
空间集聚会扩大地区收入差距吗	覃一冬/张先锋	《社会主义经济理论与实践》	2014年07期	17	17	18	15	16.612
高速铁路对中国城市经济的外部影响	孙聪/郑思齐/张英杰	《区域与城市经济》	2014年12期	15	15	16	15	15.798

注：需要说明的是表中前四个指标只是总分核算的主要指标，总分的计算并不是对前四个指标简单地加权平均，而是还包括课题立项、被引频次等辅助指标的计算。

由表2我们可以看出，31篇被转载论文平均得分17.13分，达到较好水平，其中论证完备指数平均得分17.67，学术创新指数平均得分17.45，社会价值指数平均得分17.32，难易程度指数平均得分16.64，得分均在16分以上，属于空间经济学研究领域里质量上乘的文章。从上述数据可以看出，相比较而言这些文章的论文完备指数最高，学术创新指数次之，社会价值指数第三，难易程度指数得分排名最后。这说明"复印报刊资料"转载的空间经济学方面文献的作者，对于论文写作的把握精准，研究方法、论据引证以及推理等能力很强，偏重学术创新研究，其学术研究成果社会价值较高。这也从一个侧面反映了中国空间经济学整体的研究状况。

（三）近5年空间经济学中国研究热点分析

近5年，国内对于空间经济学研究的热点集中在微观主体异质性、溢出效应、产业转移、劳动力与产业集聚、劳动力与区际差异、城市、贸易、环境等问题等方向上。

1. "新"新经济地理学——微观主体异质性问题。陈光（2015）提出虽然新经济地理学研究了由微观主体内生决定的经济主体空间布局问题，但是都假设企业和劳动力等微观主体是同质性的，缺乏进一步的微观基础。现实世界中企业有不同的生产率，劳动力有不同的技能水平，消费者有不同的偏好，而这种微观主体的异质性对经济活动的空间分布会产生重要的影响。陈光在文中详细综述和分析了基于企业异质性的"新"新经济地理学的前沿研究，包括基于企业异质性的区位选择与空间集聚、企业异质性对区域政策的影响和基于微观数据的企业异质性实证研究等方面。最后对现有研究进行了评述，并提出了未来研究的重点方向。

郝寿义等（2014）通过借鉴大久保敏弘（Toshihiro Okubo）关于企业异质性的研究，将企业异质性因素引入到自由企业家模型（FE）中，从理论上进一步证实集聚经济的产生以及贸易自由化、企业异质性、集聚经济对经济增长的影响；通过协整检验和误差修正模型的实证研究确认了贸易自由化程度的提高、不同生产率企业的发展、集聚经济的形成促进中国经济增长的经验事实。

2. 贸易问题与FDI问题。王菲等（2014）利用新经济地理学框架下Combes and Lafourcade（2001）的可计算空间均衡模型的优点，来预测对外贸易下滑对于我国未来产业空间格局的影响。首先，在已有模型的基础上，针对中国经济的特殊情况，加入对外贸易因素来完善产业区位的影响机制，使其更准确地描述中国现有的对外贸易与产业空间格局；然后用中国地区与产业数据估计出模型的关键参数，获得可用于预测的模型；接着通过设置情景分析未来对外贸易变化对中国产业空间格局的影响，具体分析产业区域分布的变化差异。通过设置情景分析发现，出口比重下滑对于产业空间格局有着不可忽视的影响，并且这种影响具有一定产业差异性。一个产业出口环境的变化会在改变自身区位的同时改变与其联系紧密的上下游产业的空间分布。

徐春华等（2014）构造了中国2003~2010年20个制造业分行业层面的面板数据，从全国层面、行业差异层面及地区差异层面等视角探讨FDI与制造业集聚的具体关系。研究发现，外资不仅在中国制造业20个行业中的分布存在显著差异，而且是致使高集聚行业的集聚水平呈现"倒U型"特征的主因，即FDI这一外部因素对高集聚产业集聚（包括全国层面和东部地区）具有新经济地理学所推断的非线性影响，但这一非线性作用在低集聚行业中以及内陆地区中均不显著。

3. 溢出效应问题。如前所述，有不少学者从出口以及FDI两个方面深入探讨了对外开放对中国经济发展所产生的影响，从区域间相互影响方面探讨中国地区经济发展的研究相对较少。

潘文卿（2012）使用探索性空间数据分析工具研究了1988~2009年中国各省区人均GDP的空间分布格局与特征，证明存在着全域范围的正的空间自相关性，并且这种相关性随着时间的推移在增大，同时局域相关也显示出中国局域性的空间集聚特征越来越明显。他还以一个表征市场潜能对地区经济发展影响的新经济地理学模型为基础，来揭示中国地区经济增长是如何通过其周边地区的经济发展而受到影响的。分析表明，空间溢出效应是中国地区经济发展不可忽视的重要影响因素，并且中国地区人均GDP增长的空间溢出效应确实随着地区间空间距离的增大而减小。

4. 产业转移问题。近年来，中国学者使用实证分析方法从产业转移的效应入手考察区际产业转移绩效的研究开始不断呈现。

孙久文等（2015）从新经济地理学的视角利用地区相对专业化指数、地区间专业化指数、SP指数来测算京津冀一体化对制造业空间格局的影响。研究结论显示：

区域经济一体化促使京津冀地区实现了产业分工；京津冀三省市的地区相对专业化指数逐年上升，说明区域经济一体化促使京津冀实现了产业分工；地区间专业化指数在三省市之间呈上升态势，区域经济一体化增强了地区之间专业化分工水平。北京正逐步将劳动密集型、资源密集型行业转移到河北与天津，逐步形成高新技术为主的制造业格局。

陈心颖等[*]（2015）应用空间动力学原理，通过对中国东莞与泉州产业空间结构演进进行实证分析，探讨在国际产业转移中由于中心区产业逃逸而造成空间结构塌陷的内在机制，并从深耕内生性产业集群、建构国内价值链、增强自主创新能力、降低产业转移交易成本等方面，提出了治理空间结构塌陷的若干方略。

5. 城市问题。梁婧等（2015）基于一个新经济地理学模型推导出城市规模与城市劳动生产率之间的关系，并利用中国2003~2009年地级及地级以上城市数据对由此得到的计量模型进行估计，发现地级市中城市规模与劳动生产率呈现显著的"倒U型"关系。在可比方法估计下发现中国被低估的城市已明显减少，大部分城市处于最优规模的附近，但同时被高估的城市数量在增加。此外，与东、中部等相对发展较快的地区相比，西部地区城市规模与劳动生产率呈现显著的正相关关系。

6. 劳动力问题。近年利用空间经济学理论分析劳动力问题的研究有增多趋势，主要涉及劳动力与产业聚集关系及劳动力流动与区际差距关系的讨论。

赵伟等（2015）以空间经济学的视野分析了专业化、多样化两种集聚倾向下劳动生产率与工资之间的动态差异。引入不完全竞争的劳动力市场情景，建模并刻画了劳动技能、劳动生产率与工资差异的内生性变化及链条联系，进而从行业层面考虑了两种集聚类型的作用情形，创造性地利用横截面同期相关对集聚经济不可观测的部分进行了测度。选取浙江和广东两个经济发展水平相近但产业多样性差异较大的地区为样本，利用两省2003~2010年制造业行业面板数据以及面板校正标准误（PCSE）的估计方法做了实证检验。结果显示，一个地区集聚产业的多样性越强，越有利于促成工资增长的长效机制，且工资上涨是经济可承受的；多样性较弱或专业化较强地区的工资提升过快或将牺牲劳动生产率；在行业同期相关条件下，劳动力供给短缺对工资的影响不显著；偏向多样化地区的企业平均规模与工资显著负相关，偏向专业化地区的企业平均规模与工资显著正相关。

安虎森等（2014）将新经济地理学理论研究拓展，纳入户籍制度和土地产权制度作为约束，研究中国劳动力钟摆式流动模式下区域经济发展差距的问题。研究表明，当技术进步率达到能够释放出大量农业剩余劳动力时，将发生剩余劳动力向发达地区的转移，这种劳动力流动会加剧区际发展的差距；当技术进步率达到欠发达地区也能够承接产业转移时，原先在发达地区务工的劳动力将反向流动，劳动力反向流动会促进欠发达地区的经济发展，缩小地区发展的差距。

7. 环境问题。近年来环境污染问题越来越受到社会各界的重视，空间经济学者也将理论模型与环境现实问题结合起来，研究环境污染与产业聚集、地区发展之间的关系。

何雄浪（2015）以新经济地理学 TP 模型为基础，将知识创新与扩散、地区间技术吸收效应与环境污染结合在一起，发展了动态的新经济地理学模型，分析新知识的增长机理，探讨知识异质性、地区间知识扩散强度、技术吸收效应与环境污染传播效应等因素对经济空间的演化、稳态以及区域福利动态变化的影响。

朱英明等（2012）在新经济地理学框架下，利用相关省级数据，对中国式财政分权（纵向竞争）和地方政府竞争（横向竞争）双重背景下，资源短缺和环境损害是否对工业集聚产生约束作用问题进行实证研究。研究表明：我国的水土资源短缺是城市化加速发展过程中需求主导型的市场短缺，而非资源性枯竭，总体上没有改变工业企业的区位选择和集聚倾向。水体环境损害、交易成本对地区工业集聚产生显著的约束作用，需求规模、地方政府竞争以及累积循环效应对地区工业集聚具有显著的促进作用。

8. 政策问题。前文分析可看出空间经济学研究成果在党政机关、党政干部院校主办期刊上发布得相对较少，这在一定程度上反映了目前中国空间经济学的研究更多的还是集中在理论模型建构及实证分析上，政策关注度不够，不过近年也有许多政策研究成果涌现出来。

陈秀山等（2012）基于新经济地理学视角，从区域收入政策与区域支出政策两方面来回顾和梳理国外学者的相关文献，探究区域政策在内生非均衡力作用下的实施效果。建议中国中西部地区转变思路，将政策重点转向提供公共产品和服务方面，通过改善区域的投资环境来增强对企业的吸引力；结合地区特点和发展基础合理制定税收政策；在实施区域基础设施或补贴政策时，配套相关产业政策培育地方产业基础和聚集条件。同时建议中央政府加快建立东部地区与中西部地区间的利益协调与分配机制、生态资源补偿机制，以及引导东部地区产业和人才向中西部地区有序转移的激励机制，使原有政策发挥更大的杠杆效应。

何文等（2013）通过细分中国国内各税种、内生化税收和财政支出并纳入财政分权和转移支付，构建了一个 $2 \times 3 \times 2$ 的新经济地理一般均衡模型。研究认为，转移支付政策难以显著缩小区域差距，而税收政策则有明显的效果。此外，所得税对实际 GDP 的影响非中性，其中个人所得税的影响机制与流转税相似。当区域间贸易开放度较高时，降低流转税、个人所得税的税率并提高企业所得税的税率，可以增加总税收和（或）整个经济系统的实际 GDP。建议在中国税制改革中降低流转税和个人所得税的税率，如果为了弥补因此而损失的税收，可以同时提高企业所得税的税率。此外，建议国家与差别化的区域政策相结合，在融资、土地、用工等各方面给予落后地区不同的"待遇"。

9. 基础理论研究。近年来在基础理论研究方面，中国学者也做了不少工作。

陈秀山等（2015）认为空间经济学有狭义和广义之分。狭义空间经济学的研究对象为生产资料在地理空间的配置与生产过程。广义空间经济学是关于空间维度研究的一个系统整合过程，其研究领域覆盖了狭义空间经济学、经济地理学、区域经济学、贸易理论以及城市经济学等学科。广义空间经济学研究的内容广泛、复杂，既包括微观个体行为也包括宏观层面的经济增长与政策分析，关注的是更加一般抽象化的空间因素，既包括有形的又包括无形的，并且是用历史发展的眼光来综合研究空间结构的动态发展。为了更好地在更一般的、抽象的层面研究空间经济问题，应当从广义空间的视角对空间经济问题进行系统整合，构建从微观到宏观层面的空间经济体系。

廉勇（2014）将克鲁格曼提出核心—边缘模型至今，新经济地理学涌现的新的理论模型进行梳理，分析了这些前沿理论模型的基础、假设条件、异同和难点，认为新经济地理学在未来的研究中应对跨区域、跨国家厂商的空间选择问题、厂商之间的博弈策略选择等方面投入更多的关注。此外，对于某些特定化的模型进行实证检验与修正也是需要付出努力的。

三、空间经济学韩国研究现状分析[①]

（一）刊发理论文章总量及分布

1. 数据来源说明。为了分析空间经济学研究在韩国的现状，我们选取了最有代表性的四种学术期刊数据库作为数据来源，这四个库分别为：韩国研究信息服务数据库 KISS（Korean studies Information Service System）[②]、韩国研究信息共享数据库 RISS（Research Information Sharing Service）[③]、韩国学术期刊数据库（DBPIA）[④] 和韩国电子文献数据库（eArticle）[⑤]。

经检索、筛选和查重，共获得自1968年至今韩国学术期刊刊发的关于空间经济学的采用韩文写作的研究文献115篇。

2. 近年研究趋势图。根据来源数据，我们同样可以得到历年学术期刊上关于空间经济学理论研究的发文量，以便直观地观察到韩国空间经济学研究的趋势，如图6所示。

---

① 本节对于韩国研究现状分析，仅限于韩文撰写的公开发表的学术研究成果，并不包括韩国学者用外文在国外发表的学术研究成果。

② http：//kisschn.kstudy.com/检索日：2015-11-08.

③ http：//www.riss.kr/检索日：2015-11-08.

④ http：//www.dbpia.co.kr/检索日：2015-11-08.

⑤ http：//www.earticle.net/检索日：2015-11-08.

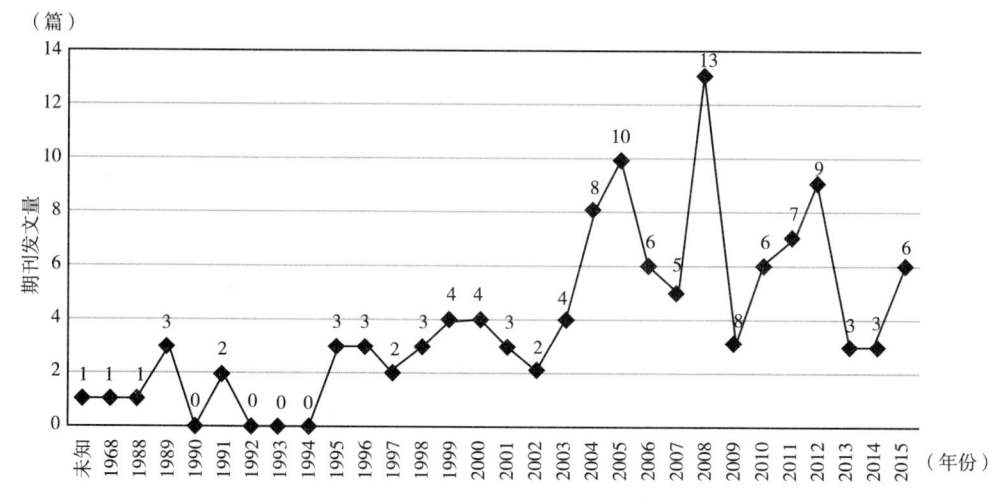

图 6　韩国空间经济学研究趋势

由图 6 可以看出自 1968 年有了首次对空间经济学的探讨和研究之后，韩国空间经济学的研究停滞了一段时间，90 年代中期以前，学术期刊上刊发的相关学术成果寥寥无几。1995 年以后，该领域的学术研究成果才逐渐增多，进入 21 世纪以后发文量加速增长，在 2008 年时达到了最多的 13 篇，而后趋于稳定，保持在每年 10 篇左右。

3. 发文期刊主办系统分布。与中国略有不同的是，韩国学术期刊主管主办机构类型主要有高等院校系统、国立研究机构系统、地方政策研究机构系统、学会协会研究会系统、独立科研院所系统、出版机构系统及其他类型单位七种。经分类统计可得出近年来刊发空间经济学研究文章的不同类型主办机构期刊数量及发文数量，如图 7 所示。

可以看到，在 115 篇文献中，88 篇文献刊发在学会协会研究会为主办机构的期刊上，超过总量的 76%。此外，国立研究机构主办的期刊上发表了 16 篇，高等院校主办的期刊上发表了 7 篇。这与中国的情况有很大差别，也说明在韩国，对空间经济学关注更多的组织是各类学会、协会和研究会组织。

4. 作者所在机构分布。根据韩国的现实情况，我们将韩国文献的作者单位分为高校及附属研究机构、国立研究机构、地方政策研究机构、独立研究机构、企业及产业机构及其他类型单位 6 类。将来源数据文献中的作者基本信息进行比对，可筛选得出全部 115 篇文献涉及作者 181 人，其所在单位类型分布如图 8 所示。

我们可以看到这 181 名作者中，高校及附属研究所中的教授及学生数量最多，共有 117 名，占总人数的 64.6%，就职于国立研究机构的研究员共有 28 名，就职于地方政府属下的研究人员共有 7 名，就职于独立研究机构的 1 人，就职于企业和产业机构的 3 人。

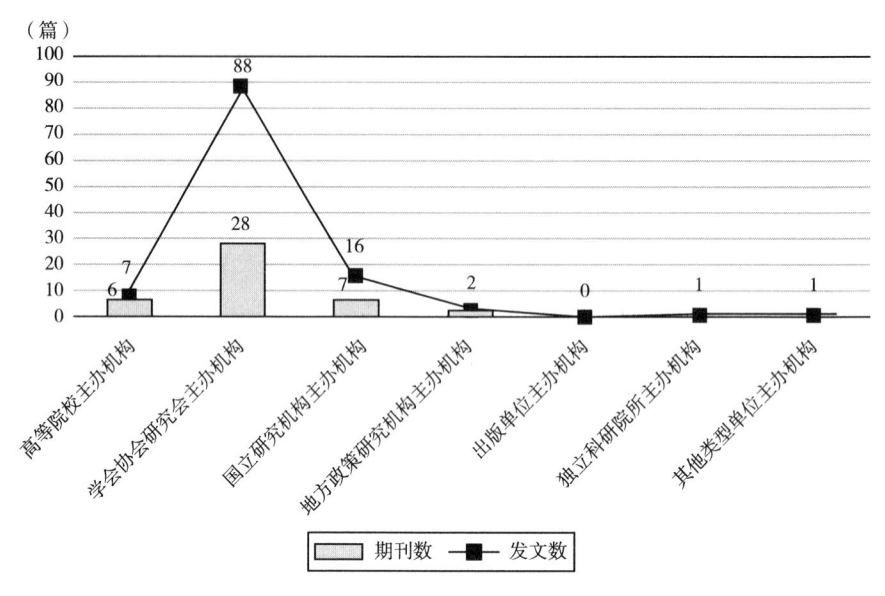

图7 韩国期刊主办机构类型及发文量分布

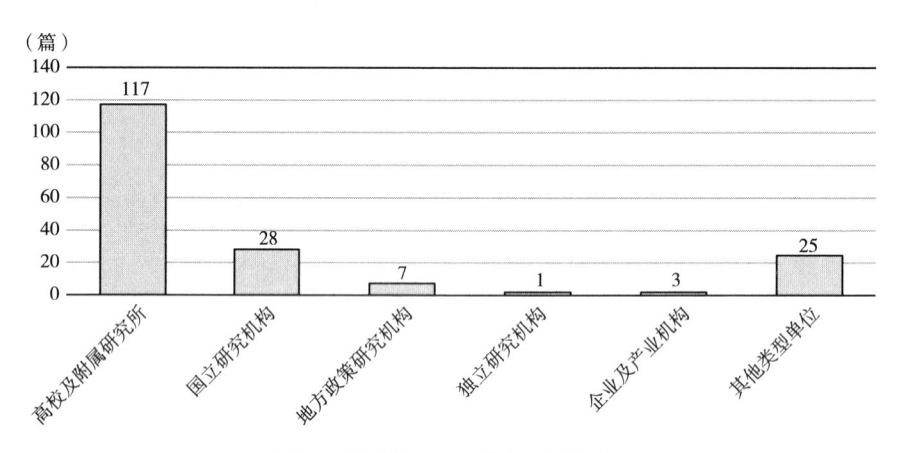

图8 韩国研究学者单位类型分布

（二）近5年空间经济学韩国研究热点分析

值得特别说明的是，虽然拥有2008年诺贝尔奖的光环，新经济地理学在韩国经济学界并没有得到特别的重视，空间经济学、区域经济学、新经济地理学等类似的概念在学界出现混淆。有意思的是，学术界关于新经济地理学的研究很多情况下是为了在理论上进行批判，某些学者甚至对其提出了质疑。

在韩国从事新经济地理学研究的学者主要有3位，分别是朴三玉（박삼옥）、郑俊浩（정준호）、具阳美（구양미）。

朴三玉（박삼옥，2008）发文介绍经济地理学的发源、发展过程以及与其他经

济学的差别，新经济地理学的理论背景和主要研究对象等，文中他提到新经济地理学具有经济学和地理学两大维度，要从研究对象来分辨其学术领域、定义其学术范畴。

具阳美（구양미，2012）更多地从地理学的角度去理解新经济地理学，且与朴三玉持相同观点，主张新经济地理学正处在思潮的转换期。

郑俊浩（정준호，2000，2008）则从经济学的角度上分析新经济地理学，但却持批判态度。他认为新经济地理学，特别是克鲁格曼的学术贡献只不过是把经济与地理现象之间的关系换了个新角度来分析而已，并没有拓展出新的研究领域或提出新的研究主题。最大的问题在于，非市场性外部效应不能模型化，把这一矛盾留给社会学者解决。西方经济学的局限性与拓展"空间"领域的开放性并存，是新经济地理学的最大矛盾。

虽然有着不同的声音，但韩国学界对于空间经济学的研究也是没有停止的，近几年研究的热点问题有以下几点。

1. 贸易问题。

李仲华（이중화，2015）分析了2002年中国加入世界贸易组织以后国内地区间贸易的空间模式，以及国际贸易对国内地区间贸易的影响。采用空间基尼系数（Spatial Gini Index）和分解技术（Decomposition Techniques）的方法，对1997年、2002年、2007年的中国8大区域投入产出表进行分析，得到8大区域之间的贸易空间集中度变化、贸易结构的贸易诱致系数、要素分析、影响力系数与贸易乘数。分析结果表示，2002～2007年中国国内贸易结构极大改善，贸易乘数增加，表明加入世界贸易组织后，中国国内市场一体化水平和比较优势有所提高。

2. 区域增长与区域差距问题。

蔡止民（채지민），李元浩（이원호）（2014）以韩国最大的创新产业集聚地区首都圈为案例，分析了创新产业的社会统合效应。基于创新产业划分的新体系，构造模型测定创新产业的社会统合性影响力，考察创新产业的空间分布特性。分析结果表示，创新产业的增长对区域经济发展具有正面影响。

尹熙正（윤희정），朴美贤（박미현）（2014）以韩国146个城市为研究对象，利用传统回归模型（OLS）和空间回归模型（SLM空间时差模型，SEM空间误差模型），分析研究自然免税资源与社会文化免税资源对区域经济（GRDP）的影响。分析结果显示，免税资源与空间要素有密切的关系，空间回归模型的结果比传统回归模型的结果更有意义。

李顺喆（이순철，2012）利用1980～2009年印度的各州人均收入数据，来分析区域不均衡增长问题。传统回归模型和空间自回归模型分析结果显示，初期收入水平与经济增长率之间没有显著的相关性。但使用空间时差模型与空间误差模型分析发现了空间要素对各州经济增长的有影响。分析结果显示随着印度经济高速发展起

来，国内区域增长差距问题可能会持续一段时间，差距或将继续扩大。

池海明（지해명，2012）利用基尼（Gini）系数分解与 LQ 分散分析了韩国产业空间分布与区域差距之间关系。研究表明 1990~2009 年，韩国区际差距越来越大，基尼系数和 LQ 分散结果显示，20 世纪 90 年代以后，农林渔等第一产业对于区域发展不均等问题有缓解作用，但是基础原材料型制造业、加工装配型制造业等产业集聚和增长却深化了区域经济不均等水平，为了有效缓解区际差距，应重新配置第一和第三产业的空间分布，发挥地区比较优势，实现产业的专业化。

3. 人口与劳动力问题。

朴建英（박건영，2013）分析了韩国各地区的出口市场可达性（从韩国到出口国之间的空间距离及市场潜力）对当地收入差距影响。设定反映韩国国内地理经济的特殊性的国内市场可达性与出口市场可达性变量，对各个地区的制造业部门和服务业部门工资水平进行分析。分析结果显示，韩国区域收入差距受到市场可达性显著影响，其中制造业的工资水平受到出口市场可达性影响较大，而服务业受到国内市场可达性的影响更大。

李相浩（이상호，2012）利用"2009 年大学毕业学生的就业移动调查"资料，分析了空间要素对大学应届毕业生首次就业情况的影响。研究表明空间弹性效应是影响应届毕业生首次就业的关键因素。

卞昌旭（변창욱），崔允奇（최윤기），金东秀（김동수）（2011）使用了先行研究分析、区域经济活动及人口移动现况分析、区域经济活动与人口移动之间相关性实证分析等方法，考察人口移动与区域经济活动之间相关性。研究结果显示，区际差距与人口移动之间存在趋势性因果关系，而且劳动市场与人口移动之间也有趋势性因果关系。其中青年人口移动对区际差距的影响力最大，而影响最大的产业部门是服务业。

4. 城市问题。

李顺成（이순성），李熙妍（이희연）（2015）探讨了 2003~2012 年，以中国 33 个城市为对象，压缩型空间结构要素对城市经济发展的影响力。每个产业从事人均区域总产量作为因变量，压缩型空间结构要素作为可变量，构建模型进行分析。分析结果表示，有压缩型空间结构特性的变量如人口密度、土地利用复杂程度、可利用的公共交通多样性、公共交通可达性以及步行马路面积比率等对城市经济发展都有促进作用。

5. 环境问题。

李元道（이원도），元宗书（원종서），赵昌贤（조창현）（2011）以韩国最发达城市首尔为研究对象，使用其土地利用及交通数据，采用回归分析、GWR 和空气污染物质时间序列上的浓度分析，进行了空气污染指数和城市空间结构特性之间相关性分析。

综上所述，韩国空间经济学的学术研究成果虽然从绝对数量上看并不特别丰富，但研究质量逐年提高，研究领域和方法偏向更精细和更具实证性。对比分析还得出，在全部韩文的115篇文献中，研究对象为非韩国经济问题的有11篇，其中6篇研究的是中国问题，说明韩国空间经济学研究对象偏国际化，对中国的问题尤为关注。

四、中韩两国空间经济学理论建设及研究方向的建议

通过中韩两国学术理论期刊刊发的空间经济学研究成果来看，年发文量呈现逐年增加的趋势，且从2008年之后，发文量明显增多，说明空间经济学研究在学界越来越得到重视。两国在该领域的研究学者都以高校教师、学生及研究人员为主，国家、政府及社会研究组织对该领域的研究重视程度不足。在文献内容方面，由于中国独特的空间环境，使得中国的学者将研究视角更集中在国内区域和产业发展的实际问题上，而在韩国学界研究的思维则更分散、更国际化。在基础理论研究方面，无论从空间经济学的学科建设、理论建设还是教育教学来看，中国学界的表现更为优异。韩国的空间经济学的研究，主要集中在实证研究以及福利和政策含义的探讨上。

在空间经济学研究方面，中韩两国还有很长的路要走，笔者也在这里对中韩两国空间经济学理论建设与研究提出几点建议。

（一）完善空间经济学学科体系建设，推动理论创新

学科建设是推进学科发展与创新的基础。几十年来，空间经济学者进行了大量有益的研究工作，奠定了良好的学科基础，但从中韩两国空间经济学研究现状分析来看，目前学界在学科理论和建设的一些重要问题上尚存在分歧，例如新经济地理学、空间经济学和区域经济学之间的交叉和区别，以及韩国学术界存在的对新经济地理学本身的质疑。

空间经济学理论体系不够完备，重要理论问题的研究滞后于空间经济学发展的迫切需求，在很大程度上影响学科发展和创新，因而完善空间经济学的理论体系是目前学术界应该着手做的。明确研究对象及其属性、学科特点、研究范式、核心理论与支撑理论以及技术分析手段，不断完善空间经济学理论体系，还有很长的路要走。

（二）重视空间经济学研究与本国实际经济问题相结合，提升研究成果的社会价值

通过"复印报刊资料"学术评价指数可以看出，学术评价越来越注重学术成果的社会价值性，理论研究最终是要落实到为社会实践服务的。空间经济学与经济社会发展是相互促进的关系，空间经济学是随着社会经济发展而产生和演变，具有与时俱进的动态性和现实性；与此同时其研究发展又为社会经济发展服务，促进其继续发展。因而，空间经济学的发展目标应该是在继续拓展空间经济学对现实的解释力的同时，注重预测和引领未来，提升空间经济学研究的社会价值性。

（三）重视加强学术理论期刊的传播功能，争取创建空间经济学专业学术期刊

在分析中国学术理论期刊发文量时，我们发现《西南民族大学学报》在发文量上明显多于其他学术理论期刊的发文量，这要归功于该学报 2008 年起就专门设立的"空间经济学"专栏，这在国内的学术理论期刊中尚属首例，为空间经济学理论建设和传播做了很大贡献。学术理论期刊是重要的理论研究、传播和交流的阵地，应多在现有学术理论期刊开辟空间经济学专栏，或创立空间经济学专业学术期刊，为研究学者提供更广阔、更专业的舞台，吸引他们发表该领域的优秀成果，促进空间经济学学术的发展与繁荣。

（四）加大学科研究的国际比较，加强国际交流与合作，共同促进空间经济学研究发展

从文献分析可以看出，中韩两国学者在空间经济学理论发展的国际比较方面研究相对较少，主要以介绍、借鉴和吸收美国、日本的空间经济学理念，并应用于解释、分析本国经济现象，提供政策建议为主。随着中国空间经济学的理论水平逐步提升，国际交流日益频繁，学界应加大学科的国际比较，学习别国开展空间经济学研究的良好经验与做法，国际比较的对象要拓宽到除美国、日本的其他国家，这样有利于及时汲取国外的先进理论，加强与国际学界的交流与合作，共同促进空间经济学的发展。

参 考 文 献

[1] 约翰·伊特韦尔等编，陈岱孙主编译. 新帕尔格雷夫经济学大辞典（第 4 卷）[M]. 北京：经济科学出版社，1996.

[2] 埃德温·S·米尔斯. 区域与城市经济学手册[M]. 北京：经济科学出版社，2003.

[3] 杜斌. 空间经济学研究的新平台——记空间经济学国际研讨会（2011）[J]. 世界经济，2012（6）：160.

[4] 陈光. 基于企业异质性的"新"新经济地理学研究综述[J]. 经济问题探索，2015（4）：160.

[5] 郝寿义，范晓莉. 贸易自由化、企业异质性与空间集聚——探寻中国经济增长影响因素的经验研究[J]. 西南民族大学学报（人文社会科学版），2012（7）：101.

[6] 王菲，毛琦梁. 对外贸易下滑与中国产业空间格局演变——基于一般均衡模型的估计与模拟[J]. 经济学报，2014（9）：122.

[7] 徐春华，刘力. FDI 与我国制造业集聚的倒 U 型关系：基于行业差异和地区差异的视角[J]. 中央财经大学学报，2014（9）：98.

[8] 潘文卿. 中国的区域关联与经济增长的空间溢出效应[J]. 经济研究，2012（1）：54.

[9] 孙久文，姚鹏. 京津冀产业空间转移、地区专业化与协同发展——基于新经济地理学的分析框架[J]. 南开学报（哲学社会科学版），2015（1）：81.

[10] 陈心颖，陈明森. 国际产业转移的空间结构塌陷及其治理方略[J]. 东南学术，2015（4）：103.

[11] 庆华，龚六堂. 城市规模与劳动生产率：中国城市规模是否过小？——基于中国城市数据的研究 [J]. 经济学（季刊），2015（4）：1053.

[12] 赵伟，隋月红. 集聚类型、劳动力市场特征与工资——生产率差异 [J]. 经济研究，2015（6）：33.

[13] 安虎森，刘军辉，劳动力的钟摆式流动对区际发展差距的影响——基于新经济地理学理论的研究 [J]. 财经研究，2015（10）：84.

[14] 何雄浪. 知识创新与扩散、地区间技术吸收效应与环境污染 [J]. 南开经济研究，2015（2）：94.

[15] 朱英明，杨连盛，吕慧君，沈星. 资源短缺、环境损害及其产业集聚效果研究——基于21世纪我国省级工业集聚的实证分析 [J]. 管理世界，2012（11）：28.

[16] 陈秀山，张帆. 新经济地理学视角下区域政策研究的新进展 [J]. 学习与实践，2012（10）：5.

[17] 何文，安虎森. 财税政策对经济总量和区域差距的影响研究——基于多维框架的新经济地理学理论分析 [J]. 财经研究，2013（6）：4.

[18] 陈秀山，李逸飞，左言庆. 论狭义与广义的空间经济学 [J]. 区域经济评论，2015（4）：5.

[19] 廉勇. 新经地理学前沿理论模型研究 [J]. 中国科技论坛，2014（9）：121.

[20] 박삼옥. 경제지리학의 패러다임변화와 신경제지리학. 한국경제지리학회지，2008（11）：15-20.

[21] 이원호，이승철，구양미. Retrospect and Prospect of Economic Geography in Korea. 대한지리학회지，2012（47）：524-525，529-532.

[22] 공간문제에 대한 신경제지리학의 해석. 그논의와 비판적 이해. 공간과 사회，2008（30）：10.

[23] 정준호. 폴 크루그만（Paul Krugman）의 "신경제지리학（New Economic Geography）"을 비판적으로 읽는다. 공간과 사회，2000（13）：325-326.

[24] 이중화，중국 대 권역 간 무역의 공간적 집중도와 요인분해분석：Spatial Gini Index 와 Decomposition Techniques를 통하여，동북아경제연구，2015（27）：97.

[25] 채지민，이원호.수도권 창조산업의 공간분포 패턴과 사회통합적 영향 분석. 한국경제지리학회지，2015（17）：660.

[26] 윤희정，박미현.공간회귀모형을 이용한 어메니티자원의 지역경제 영향력. 관광경영연구，2014（60）：177.

[27] 이순철. 인도경제의 지역불균형 성장과 공간적 요소의 효과에 관한 실증 분석. 국제지역연구，2012（16）：275.

[28] 지해명. 산업의 공간적 분포와 지역간 경제력 격차：Gini계수 분해와 LQ분석. 경제학연구，2012（60）：69.

[29] 박건영. 한국의 지역별 수출시장 접근성이 임금격차에 미치는 영향에 관한 연구. 무역학회지，2013（38）：1.

[30] 이상호. 공간적 요인이 청년 대졸자의 하향취업에 미치는 효과. 공간과 사회，2012（40）：38.

[31] 변창욱，최윤기，김동수. 경제활동의 공간 패턴 분석:지역경제활동과 인구이동 간의 연관성을 중심으로.산업연구원，2011.

[32] 이순성，이희연. 중국 대도시의 압축적 공간구조 특성이 도시경제발전에 미치는 영향력. 한국도시지리학회지，2015（18）：1.

[33] 이원도，원종서，조창현. 대기오염지수와 도시공간구조 특성에 관한 연구：서울시 토지이용과 교통자료를 바탕으로. 한국경제지리학회지，2011（14）：143.

国内空间统计研究进展与评述
——基于 CiteSpace 的知识图谱分析

李 红[*] 李美莲 韦永贵

摘 要：近半个世纪以来，空间统计和空间分析逐渐成为各学科领域，如矿业、农林业、地理学、经济学、医学和社会学等的重要研究方法。本文基于引文空间软件 CiteSpace 对 1990~2015 年 CNKI 中以"空间统计"为主题的中文期刊文献进行知识图谱的分析，以期梳理国内与空间统计相关的研究进展。结果表明，虽起步较晚，但自 20 世纪 90 年代以来，我国关于空间统计的理论与应用研究经历了摸索起步、飞速发展以及沉潜探索 3 个阶段。当前，国内已将空间统计逐步广泛应用到地理信息系统 GIS 等地理学、遥感技术及空间计量经济等不同学科领域。不过，我国在空间统计方面的理论与应用研究仍不够系统，尚未形成较为集中的主题，共同的知识基础也不够明确，学科的发展仍然存在较大的提升空间。从目前的发展趋势来看，国内空间统计的研究将趋向于对研究对象的空间布局、空间集聚和空间相关等方面的分析。

关键词：空间统计 CiteSpace 知识网络 研究进展

一、引　言

空间数据的分析往往隐含着统计学的理论，然而由于概念和假设的局限性，统计学不能直接应用于空间数据的分析，必须建立起一门新的学科——空间统计学，才能对空间数据进行统计分析。空间数据的无顺序性、多格局性、多态性、多形性与多空间性为对空间数据进行全面、有效的统计分析提出了巨大的挑战。经典的统计学主要是研究大量社会现象（主要是经济现象）的总体数量方面的方法论科学，是基于"观测的独立性"的理论假设而建立起来的一门学科。"观测的独立性"主要是指对于统计（抽样）的个体之间是独立的、随机的、不相关的，研究的基本上都是截面数据或者时间序列的数据。然而，当我们研究不同区域的现象之间的关系时，就会涉及相邻区域上的"邻近性"。所谓的"邻近性"是指不同属性在位于相邻位置的研究对象之间的相互关系，也就是说，空间统计涉及的是某种属性的现象在相互作用中形成的关系。这就会与经典统计学的"独立性"理论假设相悖，因为对于空间数据，如果仍采用传统的方法进行建模研究，就会产生失误和有偏估计，

---

[*] 李红（1968— ），男，教授，广西大学商学院应用经济学博士生导师，主要研究方向：地缘经济与空间统计。

从而不能客观地反映研究对象的真实情况。

1854年的伦敦"大霍乱"（黑死病）可以说是空间统计分析的重要起源之一。当时，对于霍乱传染的真正原因，学者们展开了激烈的争论。John Snow在对伦敦Soho区的自来水供应做了详细的调查后，发现引起该地区霍乱高发的真正原因是附近水体传播的病菌。Snow对霍乱传播原因的调查，使空间统计和空间分析对其他学科，如经济学、地理学、医学和社会学等都产生了重要的影响。在此之后，以Anselin和Flora等为代表人物，将空间统计学理论不断发展完善，并形成了不同的学派。近年来，空间统计学因其具有地理空间信息的特性，学者们更将统计学与现代计算机技术结合起来，用直观图形的方法体现研究对象空间相互作用及变化规律，从而展现出空间的数据中所隐含的空间分布、空间结构、空间相互作用和时空变化等特征。

目前，学者们关于空间统计的分支主要有三个：一是连续的空间变量，统计学中的空间点数据；二是离散的空间变量，包括格局和区域单元统计；三是空间点格局分析。其中，地统计学（Geostatistics）是一种既考虑样本值又重视样本空间位置及样本之间距离的方法来研究要素的空间分布格局。目前这类方法可用于大气采矿学、地质学、土壤、农业、水文、气象、生态、海洋、森林和环境治理等广阔领域；格局数据（Lattice Data）分析也称为面数据分析，包括规则的栅格数据（如遥感影像等）和不规则的多边形数据（如地理上的县界和省界等）；空间点格局的分析主要用于探寻空间上集中分布的区域，如人口和经济活动的聚集区等的问题。

空间统计学是20世纪中期正式发展起来的。在国内可以见到1984年汇编的论文集，它反映了国外地理学家、气候学家、人类学家、经济学家等对这一方法的研究与应用。国内空间统计的研究与应用起步较晚，20世纪90年代才开始在我国兴起。国内学者们对于空间统计的研究主要是对西方学者前期的成果应用到我国的实际情况，在国外已有的研究上进行的实证研究与创新性探索。空间统计学和不同学科交叉产生的新研究方向，为国内学者指出了新的研究应用方向。目前，国内许多领域的研究都已经运用空间统计的方法，如矿业、农林业、经济学、人口学、地理信息系统和遥感等。

本文旨在运用知识图谱对国内与空间统计相关的研究进行梳理，分析国内在该领域中的研究进展，进而预测未来的发展趋势。本文首先检索中国知网（CNKI）中以"空间统计"为主题的中文期刊文献，然后运用引文空间软件CiteSpace对检索到的文献进行知识网络的分析，最后对目前我国空间统计的研究与应用作出评述，并预测未来的趋势。

二、数据与方法

为了探索我国关于空间统计研究的发展历程,本文以中国知网(CNKI)中的期刊文献作为研究对象,选择主题为"空间统计"的期刊论文数据进行研究,鉴于我国空间统计的初始发展及研究数据获取的方便性,本文对1990年1月1日至2015年10月31日的期刊文献进行检索,共检索到919篇相关文献。

本文使用 CiteSpace3.9.R10 对检索到的文献进行关键词分析。首先对参数进行设置如下,时间切片(Time Slicing):1990-2015,即文献的时间跨度为1990~2015年;时间分区(#Years PerSlicing):1,即选择每一年作为一个时间分区;节点类型,keyword,即以关键词为节点,对所检索到的文献进行知识网络的分析;网络配置的选择标准,Select Top 10 most cited or occurred from each slice,即选择每一时间片段中被引频次或出现频次最高的10个节点数据形成知识网络;修剪方法,Pathfinder,即对每个时间切片的知识网络及所有切片的合并网络进行修剪,从而精简网络结构,以便突出重要节点及其与其他关键词的联系。其他参数均采用默认设置。由于CiteSpace软件目前对于中文文献分析的功能仍不够完善,CNKI数据库中的引文数据尚未完全开放,转换器没有提供引文处理功能,对于检索到的数据暂无法进行共引分析等,因此本文主要从关键词共现和作者合作两方面对"空间统计"的知识网络进行分析。

(一)基于关键词共现的知识网络分析

1. 关键词共现及其相互关系的分析。表1所示为出现频率排名前10的关键词,从表1中的数据显示来看,中文期刊中以"空间统计"为主题的文献,大多围绕关键词"空间自相关""空间统计分析""GIS(地理信息系统)""空间分析""空间分布""中国""遥感""空间关联""空间计量"等主题展开。其中"空间统计"出现130次之多,而"空间自相关"出现99次,"空间统计分析"出现72次,"GIS"出现69次。由此可见,空间统计在地理学(如地理信息系统GIS)和遥感技术等领域得到了广泛的应用。近年来,随着空间统计的在不同学科上的发展,国际上衍生出了一些分支学科,如空间计量。在国内,空间计量也逐步开始受到学者们的关注,2011年以来,空间计量的研究以更快的速度出现在中文的期刊文献中。

表1　　　　　　　　　　出现频率排名前10的关键词

Freq	Centrality	Keyword	Year
130	0.4	空间统计	1995
99	0.17	空间自相关	2003
72	0.09	空间统计分析	2001

续表

Freq	Centrality	Keyword	Year
69	0.17	GIS	2002
57	0.12	地理信息系统	1994
43	0.12	空间分析	1998
24	0.02	空间分布	2010
22	0	中国	2011
19	0	遥感	2003
18	0.01	空间关联	2006
17	0	空间计量	2011

注：Freq 表示某一频次数对应的文献数量；Centrality 即中心度，指示节点文献在整体网络中所起连接作用大小的度量，中心度大的节点相对地容易成为网络中的关键点，在图谱视图中，中心度大于1的形成外圈；Keyword 表示检索到的文献中出现的关键词；Year 表示最先出现的年份。

如图1所示为关键词共现图谱，图1中所显示的知识网络图可以看出，除去一些离群的节点外，以"空间统计"为中心，向外发出的关联网络影响最大，由此形成复杂的知识网络。在这个网络中，出现频次较高的关键词，如"空间统计""空间自相关""空间统计分析""GIS""地理信息系统""空间分析"等节点内的颜色深浅从早期到近期的演变较为明显，且外圈的颜色越来越偏向深色，各节点之间的连线较为复杂。这说明这些关键词具有较高的中心性，且在知识网络中具有比较重要的作用。但是，在错综复杂的网络之外，离群的节点也较多，这说明我国在空间统计方面的应用和研究仍不够系统，没有形成集中的主题词，共同的知识基础不够明确，学科的发展仍然存在较大的提升空间。

2. 关键词共现的时间变化分析。为了研究1990~2015年，以"空间统计"为主题的关键词的变化情况，需要使用 CiteSpace 的时间交互界面生成关键词的时区视图和时间线视图，以描绘各关键词随时间的演变趋势和相互影响。同样地，年度变化网络中的每一个节点半径的大小表示该关键词出现频率的大小，节点外围圆圈所标记的是具有较高中心性且在知识网络中比较重要的关键词。

图2所示为关键词的时区视图，以便于体现各研究主题随时间的演变趋势和相互影响。自1990年以来，研究者们关于空间统计的研究，以"空间统计"为基点，从"地理信息系统"逐渐跨越到"空间（统计）分析""GIS""空间自相关"等。近年来，"空间分布""空间相关性""空间集聚"和"县域经济"等领域成为空间统计较热门的应用研究热点，但这些热点话题基本上都是基于"空间（统计）分析""GIS"和"空间自相关"等的研究。

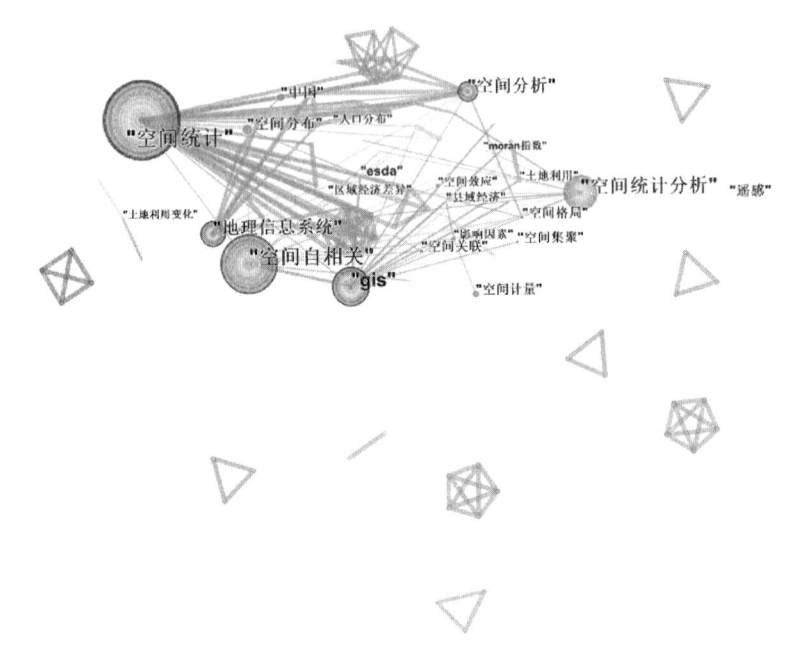

图1 关键词共现图谱

注：图中每个节点表示一个关键词，每个节点中不同深浅的圆圈表示不同的年份，从浅色到深色变化表示时间从早期到近期的时间变化，外圈表明参考文献中心度大于1，圆圈越粗表示相应年份该关键词出现的频次越多。节点之间的连线表示关键词的共现关系，连线越粗表示关键词出现的频次月多，线的颜色深浅表示两个关键词首次共同出现的年份。

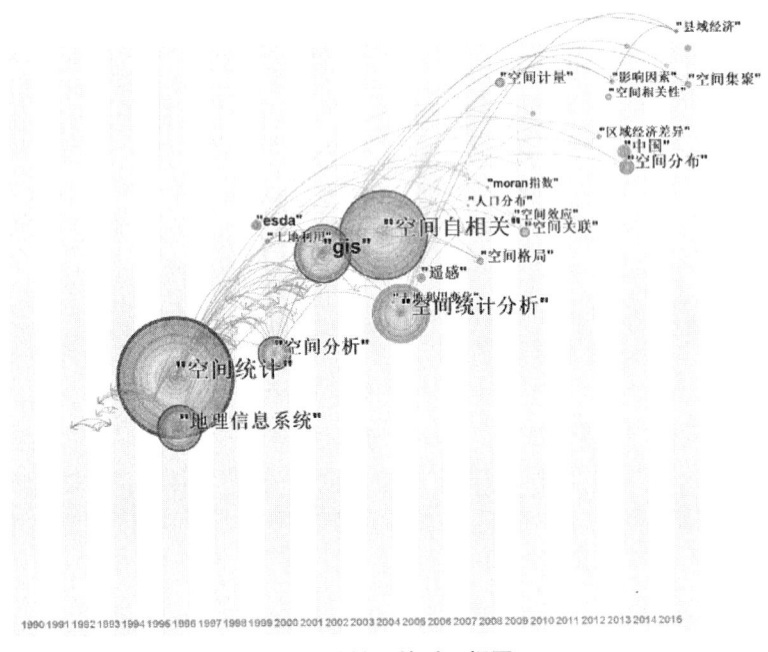

图2 关键词的时区视图

图1和图2的聚类结果显示,基于关键词的分类可以得到30个聚类。其中,Network：N=123,E=187这说明经过参数处理后,由关键词形成的网络共有123个节点,187条节点间连线。Modularity=0.7529,即模块化程度为0.7529(一般认为模块化程度在0.4~0.8的范围比较适合做聚类分析),Mean Silhouette=0.5007,即平均剪影程度为0.5007(平均剪影程度在0~1之间,该值约接近1表明同一聚类内的元素相似性越强)。从结果显示的数据来看,对检索到的数据进行网络聚类是可行的,并且聚类效果较好。对关键词的分析,选择出现频率排名在前10的关键词形成知识网络,再使用寻径的网络修剪法,对其进行选择。Pathfinder算法的作用是简化网络并突出其重要的结构特征,它的优点是具有完备性(唯一解)。

图3所示为关键词的时间线视图,时间线视图便于体现某个研究主题研究基础的时间跨度。如图3所示,CiteSpace共识别出7个关键词共现聚类,分别为:空间信息、空间自相关、地理信息系统、GIS、统计调查、区组设计和分布格局。

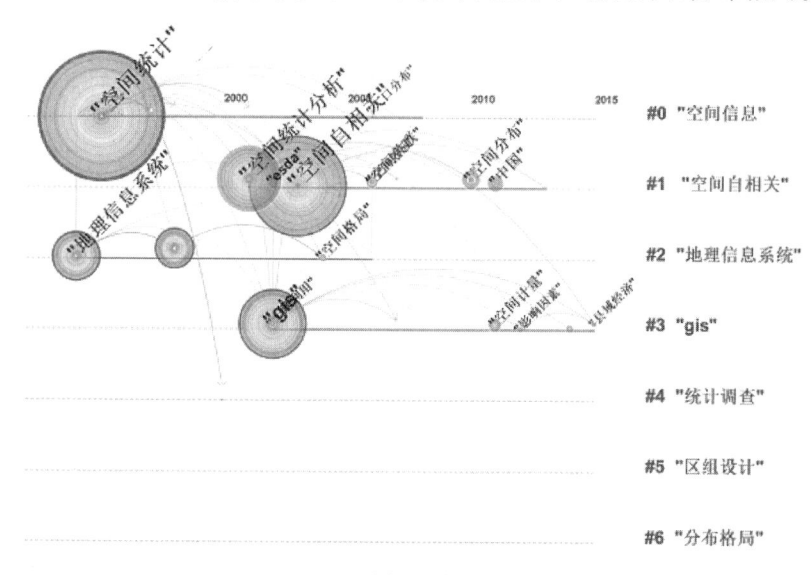

图3 关键词的时间线

(二)基于作者合作的知识网络分析

作者方面,选择出现频率排名在前50的作者形成知识网络,再使用Pathfinder算法,对其进行选择。如图3所示为作者相互关系网络。结果表明,出现频率较高的作者有:赵作权、周杰、俞路、吴玉鸣、陈斐、赵璐、姜庆五、张志杰、徐建华和万洛简等。同样地,在图4的可视化效果中也可以看出,以作者赵作权为中心,研究者们在该领域的应用和研究形成了一张复杂的网络关系图。

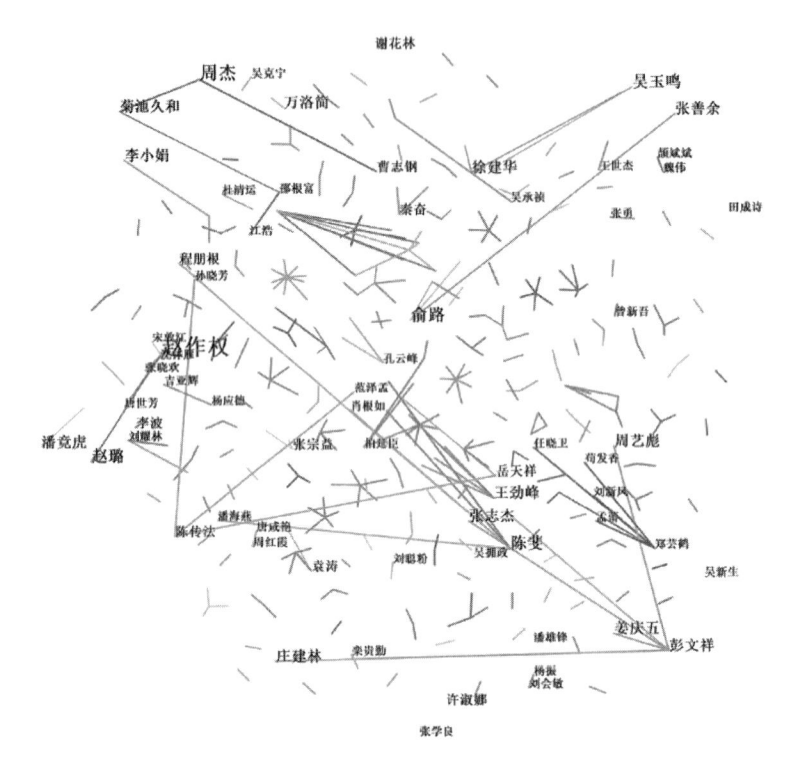

图4 作者合作图谱

三、研究评述

(一) 空间统计的时间发展情况

图5所示为空间统计在1990~2015年中出现频次随时间变化的情况。从时间上来看,国内空间统计的发展可以分为三个阶段。

1. 摸索起步阶段。从1990~1999年的10年时间里,以"空间统计"为主题的中文期刊文献仅有15篇,而关键词"空间统计"从1995年才开始出现,在1990~1999年的10年时间里,只有1995年、1997年和1998年出现过,且出现的频次仅为1。自1990年以来,最早的一篇关于空间统计的文献为王仁华的《等方差加权倒谱失真测度及其在说话人识别中的应用》,该文章根据倒谱系数矢量在特征空间的统计分布特性,提出了一种新的等方差加权倒谱失真测度。迄今为止,该文献共被引4次。而被引次数最多的则为1999年柏延臣在地理研究上发表的《空间数据分析与空间模型》,该文章系统地论述了空间数据的基本特征,GIS中空间数据分析的基本需求,空间统计分析,空间数据探索分析以及空间模型,探讨了GIS与空间模型结合的必要性,迄今为止共被引230次。其他文章也主要是在地理信息统计、卫生统计

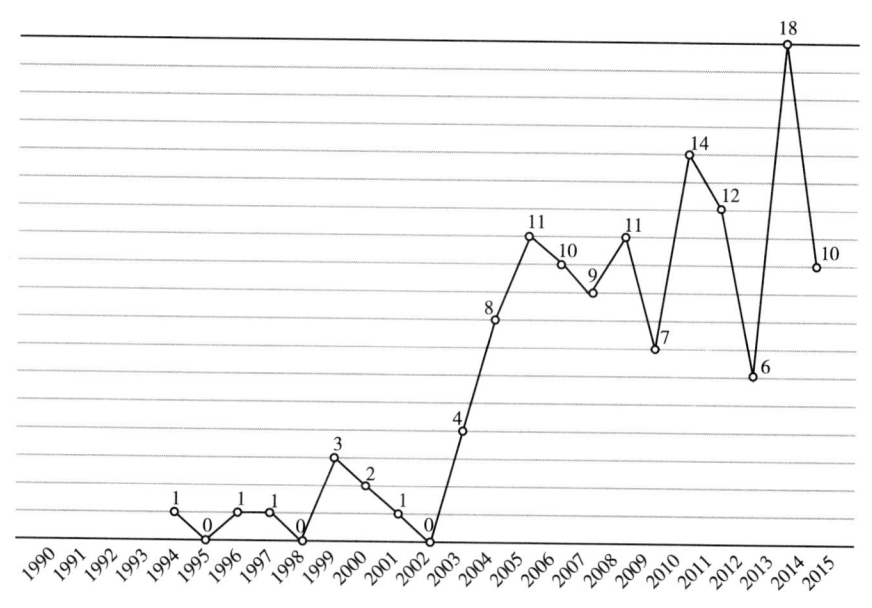

图5 "空间统计"引文历史

和环境科学等领域的应用。

2. 飞速发展阶段。从2000～2009年的10年时间里,以"空间统计"为主题的中文期刊文献共有316篇。从2000～2003年,"空间统计"以关键词出现在文献中的频次呈递减,而2003年以后出现的频次逐渐上升,出现最多的为11次。

如图6所示为"2000～2009年作者合作图谱"。从图中结果可以看出,虽然以作者为节点的知识网络有聚类的出现,但聚类效果不够明显,节点较为分散。其中,较为明显的聚类有关键词"学科体系""人口圈""西部地区"和"空间自相关"等,但每个聚类中没有较为突出的代表作者。这说明,在此阶段研究者们在空间统计上的研究虽然出现了作者合作的网络,但研究基础较为分散,还没有形成系统的知识网络。

3. 沉潜探索前进阶段。从2010～2015年的6年时间里,以"空间统计"为主题的中文期刊文献已达588篇。2010～2015年,关键词"空间统计"出现的频次呈现波动状态,出现最多的年份有18次,出现最少的年份也有6次。

如图7所示为"2010～2015年作者合作图谱",从图中结果可以看出:一方面,从作者合作的角度来看,尽管仍有许多零散的节点,但网络集聚现象趋于明显了;另一方面,从聚类结果来看,出现了更多的分类。其中,以赵作权、赵璐和沈体雁为代表的关键词"区域密度方程"研究,以周杰、菊池久和、曹志钢等为代表的关键词"到达程度"研究所形成的聚类效果最为明显。这说明,学者们在前人的研究基础上,逐渐将"空间统计"应用于更多的领域,形成多样化的聚类。

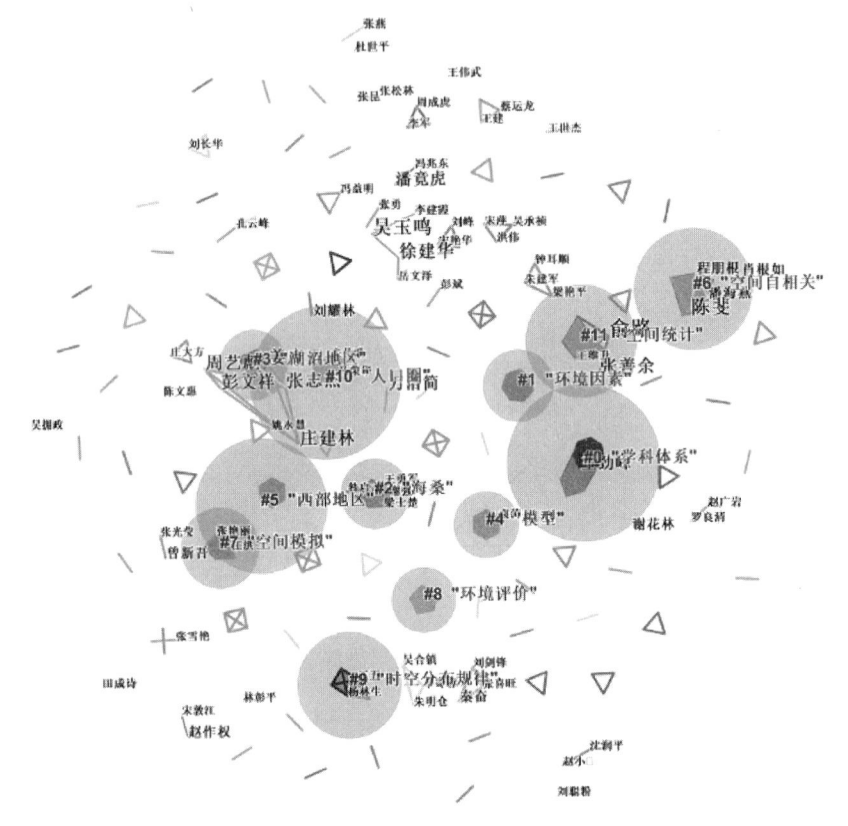

图6 2000～2009年作者合作图谱

总体来说，我国空间统计已广泛应用于各领域的研究。然而，作为一个新兴的学科，国内仍没有形成比较系统的框架，更多的是应用具体的方法进行实证研究，对于整个空间统计的学科体系以及各学科与空间统计之间关系的研究较少。因而，我国空间统计的相关研究应用仍有很大的发展空间。

（二）空间统计的重点领域

目前，我国关于空间统计的研究主要是在空间统计（计量）和地理信息系统的基础上进行。自1990年以来，国内对于空间统计的相关研究，除了基础性的理论和发展研究，如赵永（2011）和张尧庭（1996）等研究了空间分析的主要特点与成就，并总结了空间分析的发展趋势和相关问题，近年来已经被应用到不同领域。总体来说，可以分为以下几个重点领域的应用。

1. 空间计量经济学（Spatial Econometrics）。空间计量经济学从学科的角度来说属于经济学的分支，从方法论的角度来说也属于空间统计学的分支，主要是用空间交互（即空间自相关）和空间结构（即空间误差）的回归模型来处理截面与面板数据。近年来，空间计量经济学在空间位置和空间互动的应用和理论研究都成为学者

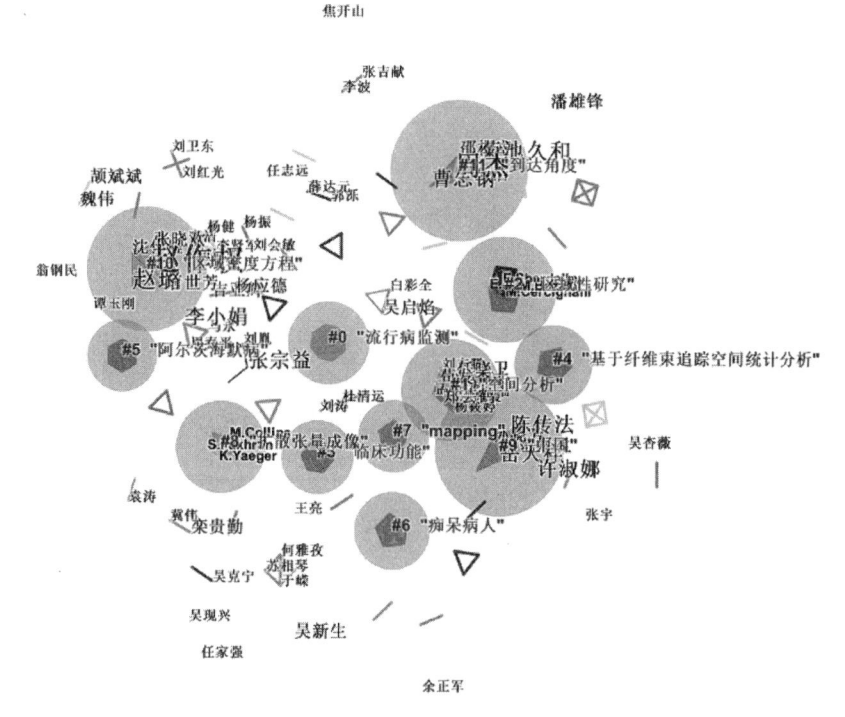

图 7 2010～2015 年作者合作图谱

们关注的热点。传统的空间计量经济模型分的通常是个体数据，这些个体通常是地理空间中与区位关联的经济主体，其几何形态一般是"点"或"面"。而空间互动模型分析的则是两两配对的数据，即两个空间单元的流量数据。国内学者将空间计量经济学原理纳入地理空间因素，研究人口规模、城市化、产业结构、异质型人力资本及对外开放度等与经济发展之间的关系，如吴玉鸣（2012）和王庆喜（2014）等利用截面数据和空间计量经济学模型、空间面板互动模型，分析省域的空间相关性。

2. 地理信息系统（Geographic Information System，GIS）。地理信息系统是在计算机软件的支持下，运用系统工程和信息科学的理论和方法，综合地、动态地获取、存储、传输、管理、分析和利用地理信息的空间信息系统。近年来，随着计算机技术和空间统计学的发展，地理信息系统也随之得到了快速发展，目前地理信息系统处理在理论上有重大的突破外，可视化技术也日益提高，如 ArcGIS、R 和 Matlab 等软件都能很好地实现地理空间数据的可视化，并运用到不同的研究领域中。如毛志红（2002）和褚庆全（2003）系统地介绍了地理信息系统的功能、产生背景、发展过程和发展趋势，又如闫庆武（2015）等，运用 GIS 空间分析技术研究了人口迁移问题。

3. 遥感技术。空间地球信息科学是一门综合性极强的新学科，涉及对地观测领域中的遥感、地理信息系统、导航等学科，地球科学领域中的大气、海洋、地理和地质等学科以及生态、环境、健康领域的诸多学科。空间地球信息科学理论就是研究地球空间数据的获取与聚合方法、表征模型、信息提取与知识发现机理。维护国家的全球利益、灾害快速响应及灾后评估、第三方监督和保障国家安全是遥感的重点应用领域。如吴炳方（2015）在调研国内外遥感案例的基础上，论述了遥感在推动地球系统科学发展方面的作用及在我国的重点应用领域。朱钟正（2011）和张伟（2015）等运用遥感技术研究空间分布及相关性，胡波（2012）结合空间统计和遥感影像的理论知识，研究了利用统计方法的遥感信息提取问题。

四、结论与展望

本文借助与引文空间分析工具 CiteSpace 工具，对 1990～2015 年 CNKI 中以"空间统计"为主题的中文期刊进行了知识图谱的分析，对国内与空间统计相关的研究进行了梳理。研究结果表明：对于空间统计的研究，国内已经应用到不同的学科领域，尤其在地理学科（如运用地理信息系统 GIS）和遥感技术的应用比较广泛。但是我国在空间统计方面的应用和研究仍不够系统化，没有形成集中的主题词，共同的知识基础不够明确，学科的发展仍然存在较大的提升空间。自 1990 年以来，研究者们关于空间统计的研究，以"空间统计"为基点，从"地理信息系统"逐渐跨越到"空间（统计）分析""GIS""空间自相关"等。近年来，在"空间分布""空间相关性""空间集聚"和"县域经济"等领域成为空间统计较热门的应用研究热点，但这些热点话题基本上都是基于"空间（统计）分析""GIS"和"空间自相关"等的研究。

总体来说，国内关于"空间统计"的应用和研究是在引进国外理论的基础上，进行实证分析和探索创新。近年来，各领域的学者们都纷纷注意到所研究问题在地理空间上的相关性和差异性，因而不言而喻，空间统计对于个学科的研究都具有重要的借鉴意义。从目前的发展趋势来看，国内的在"空间统计"上的研究将在已有的相关理论的基础上，趋向于研究对象的空间布局、空间集聚和空间相关等的分析，如区域（包括省域、县域等）经济的空间分析等。

参 考 文 献

[1] 赵作权. 空间格局统计与空间经济分析 [M]. 北京：科学出版社，2014.
[2] 吴系科. 加强死因分析与评价研究 [J]. 中华流行病学杂志，1996（4）：193-194.
[3] Gelfand A. E., Diggle P. J., Fuentes M., et al. Handbook of Spatial Statistics [M]. United States of America：CRC Press，2010.
[4] 岳文泽，徐建华，徐丽华. 基于地统计方法的气候要素空间插值研究 [J]. 高原气象，2005

(6): 974-980.

[5] 张尧庭. 空间统计学简介 [J]. 统计教育, 1996 (1): 35-40.

[6] 王仁华, 何林顺, 黎建宁. 等方差加权倒谱失真测度及其在说话人识别中的应用 [J]. 电子学报, 1992 (8): 49-55.

[7] 柏延臣, 李新, 冯学智. 空间数据分析与空间模型 [J]. 地理研究, 1999 (2): 74-79.

[8] 赵永, 王岩松. 空间分析研究进展 [J]. 地理与地理信息科学, 2011 (5): 1-8.

[9] Anselin L. Spatial Econometrics [M] //Baltagi B H. A Companion to Theoretical Econometrics. Blackwell Publishing Ltd, 2003.

[10] 王庆喜, 蒋烨, 陈卓咏. 区域经济研究实用方法: 基于 ArcGIS、GeoDa 和 RD YUNYONG [M]. 北京: 经济科学出版社, 2014.

[11] 吴玉鸣, 田斌. 省域环境库兹涅茨曲线的扩展及其决定因素——空间计量经济学模型实证 [J]. 地理研究, 2012 (4): 627-640.

[12] 王庆喜, 徐维祥. 多维距离下中国省际贸易空间面板互动模型分析 [J]. 中国工业经济, 2014 (3): 31-43.

[13] 王家耀, 成毅, 吴明光, 等. 地理信息系统的演进与发展 [J]. 测绘科学技术学报, 2008 (4): 235-240.

[14] 毛志红. 地理信息系统 (GIS) 发展趋势综述 [J]. 城市勘测, 2002 (1): 25-28.

[15] 褚庆全, 李林. 地理信息系统 (GIS) 在农业上的应用及其发展趋势 [J]. 中国农业科技导报, 2003 (1): 22-26.

[16] 闫庆武, 卞正富. 基于 GIS 的中国省际人口迁移流的空间特征分析 [J]. 人文地理, 2015 (3): 125-129.

[17] 吴炳方, 邢强. 遥感的科学推动作用与重点应用领域 [J]. 地球科学进展, 2015 (7): 751-762.

[18] 朱钟正, 苏伟. 基于局部空间统计分析的 SPOT5 影像分类 [J]. 遥感学报, 2011 (5): 957-972.

[19] 张伟, 蒋锦刚, 朱玉碧. 基于空间统计特征的城市热环境时空演化 [J]. 应用生态学报, 2015 (6): 1840-1846.

[20] 胡波. 基于统计方法的遥感信息提取研究 [D]. 长沙: 中南大学学位论文, 2012.

租费替代：空间经济生成的内在动力机制
——基于马克思《资本论》的考察

单许昌　周端明*

摘　要：空间经济生成动力机制是集聚力与扩散力的相互作用，然而，促成集聚力的重要因素是交通运输的改进，形成分散力的原因是土地等自然资源的分散性，马克思在《资本论》中深刻地揭示了地租生成机制、交通运输对于空间经济改变，运费的降低有助于改变级差地租Ⅱ，形成租费替代关系。马克思揭示的地租与运费之间的内在机制，可以为中国城市规模建设、交通运输的改进提供有益启示。

关键词：租费替代　集聚力　扩散力　空间压缩

一、租费替代的研究路径考察

空间经济理论表明，集聚力与扩散力是决定经济空间布局的动力机制，问题是，集聚力与扩散力又是由什么决定的？交通运输以其促使经济要素结合的能力被视为决定集聚力的最重要的要素，而土地的固定性和分散性，则被视为扩散力的重要因素。

从现实角度来说，一个企业家在一个城市选址设店，在其他条件不变的情况下，他会比较租金与运费成本支出，如果租金支出大于运费支出，企业家会将厂址选在郊区，相反，则将厂址选在市中心，租金与运费具有替代关系，即"租费替代"关系。在现实生活中，诸如中心与外围的分布、产业布局结构以及城市格局和规模，都隐藏着这种替代性关系。由于租金需要根据需求变化因而具有被动性，而运费变动则相对主动，降低运费就成为克服高租金的一种现实选择。因为运输投入同机器投入一样，也是一种迂回生产，是间接劳动替代直接劳动，以时间替代空间。马克思将之表述为"用时间消灭空间"，艾萨德则将之视为"运输投入（间接的劳动投入）替代了直接的劳动投入"，[1] 用运费替代租金，不仅仅意味着区位选择更具有弹性，还意味着资本能够更有效地扩张，使得整个生产方式更具有灵活性，从而在一定程度上克服过剩危机。

---

* 单许昌（1981-　），男，安徽阜阳人，清华大学经济管理学院博士后；周端明（1973-　）男，安徽太湖人，安徽师范大学经济管理学院教授。

[1] 沃尔特·艾萨德. 区位与空间经济：关于产业区位、市场区、土地利用、贸易和城市结构的一般理论[M]. 杨开忠，等译. 北京：北京大学出版社，2011：73.

从学术链条上来说，主要有以下几个研究路径对这种关系作出了卓有成就的研究。

其一，区位经济学的开山鼻祖冯·屠能（von Thünen）在其《孤立国》中揭示了地租与运输成本具有替代关系。距离中心城市近的土地运输成本少，但地租高，距离城市中心远的土地，地租低，甚至等于零，但是运输成本高。地租与运输成本的权衡，就成为农业区位分布的看不见的手，生产了著名的"屠能环"。工业区位理论大家阿尔弗雷德·韦伯（Alfred Weber）率先提出了集聚理论，他认为，"工业被吸引到那些具有最低运输成本的地方，既要顾及到消费地，又要顾及到原料地"[1]，与集聚依赖规模一样，分散也依赖于规模，"这些分散因素都随土地价值增长而增长，因为伴随着集聚产生了对土地需求的增长。需求的增长不仅提高了土地边际利用的重要性，而且提高了投机商边际利用的贴现率。分散趋势都是从经济地租（地租）上涨的开始的"[2]。无论是农业区位理论还是工业区位理论，运输与地租都是空间经济布局考量的核心因素。

其二，区域经济学创始人沃尔特·艾萨德（Walter Isard）同样分析了作为集聚力量的运输与作为分散力量的土地。他假定规模经济不发挥作用，企业家会把产品生产放置到运输成本最佳的区位，或者把单位区位放置在集聚中心并使之互相靠拢，从而实现地方化经济，每个单位都向中心集聚时，可以用运输支出替代其他各种生产支出。而租金函数都指引着市场的分配之手；与运输设施和系统间的关系是确定有效经济距离的关键；并且，运输网络的变化刺激着动态格局的调整。

其三，当代空间经济学的重要创始人克鲁格曼建构了一个固定成本与运输成本之间关系来解释厂商建厂的策略。运输成本如果小于固定成本，厂商倾向于集中在某一地，当运输成本大于固定成本，则倾向于分散地各自建厂。例如，美国建国之初主要是农业人口，制造业没有规模经济，运输成本很高，不会发生明显的地理集中。

这些研究结果表明，运输工具的改进促进了要素的空间集聚，而土地的固定性则导致了资源、劳动力以及区位的分布具有分散性。集聚力与扩散力，共同决定了空间经济生成路径及其布局。而研究地租与运输费用的替代关系，是解决集聚力与和扩散力之间关系的关键，而马克思对于交通运输特别地租研究，构成了资本论中空间经济思想重要组成部分。

马克思在《资本论》中，深刻地分析了土地及地租和运输及运输费用的特性，更深刻地揭示了地租的本质及其级差性，运输对于空间压缩的作用，为研究租费替代提供了宝贵的思想宝库。需要指出的是，运费与地租不仅仅具有替代关系，而且

---

[1] 阿尔弗雷德·韦伯. 工业区位论 [M]. 李刚剑，等译. 北京：商务印书馆，2010：56.
[2] 阿尔弗雷德·韦伯. 工业区位论 [M]. 李刚剑，等译. 北京：商务印书馆，2010：135 – 136.

还具有互补关系，这里只研究替代关系。

本文的基本思路如下：土地所具有的稀缺性、差异性和固定性成为要素集聚的阻力，每块土地的资源禀赋的差异性和区位的固定性导致了级差地租Ⅰ，通过资本和劳动的投入，改进了某块土地的资源禀赋或改变了某块土地的相对区位，从而形成了级差地租Ⅱ，建筑地租主要受到区位因素的影响。而交通运输集聚效应，主要来自于对土地分散力的有效克服。运输对象的体积、重量、运输难易程度等自然因素具有差异性、要素所处的区位也具有差异性，因此，运费也具有级差性质。交通工具的改进，使得分散性要素流动的单位费用降低，从而促进了分散要素的有效聚集。当要素过度集聚某一区域时，租金上升无法通过交通改善得以克服，那么，扩散力就起主导作用，租费替代从整体上控制了整个城市布局和规模。租费替代所支配的集聚力和扩散力机制，为我国的交通网络的合理布局以及城镇化格局和规模控制提供了有益启示。

二、租与分散力

（一）土地的特性与分散力

学术界认为土地是导致分散力的重要根源，也是集聚力要克服的对象，那么，土地具有什么特性，导致了这种分散力。

土地作为特殊的资源，主要具有以下三种特性：稀缺性、异质性（或差异性）和固定性。其一，地球物理空间意义的土地是有限的，可以利用的土地更是有限的，因此，是一种稀缺的资源，土地的稀缺且必不可少，就会被人占有，甚至成为垄断的对象。其二，每一块土地所蕴藏的对人有利用价值的资源是有差别的，经济资源的丰度是不一致的，每一块土地都是异质的，具有差异性，因此潜在地具有级差自然力。其三，土地的位置是固定的，不像动产那样可以随意挪位置，这种固定的区位导致了土地之间的阻隔，交通运输就是要克服这种分散导致的分割状态，不同区位的土地，所耗费的运输成本是不一致的，因此也具有级差的自然力。

资源禀赋的异质性（土地的丰度）与区位的差异性，是一块土地先天所具有的特征，而通过追加劳动和资本，可以改变土地的级差生产力，主要有两种方式：其一，通过各种化学的、技术的等各种投入，改变土地的肥力（资源禀赋），或者将优势资源集聚于此，从而提高该地块的级差生产能力；其二，通过对交通运输的投入，改变土地的相对位置，从而提高级差生产能力。这两种方式往往互相关联，交通运输的改进，为资源集聚于此提供了便利条件，而资源集聚于此又为交通改进提供了内在支持。

土地的稀缺性，以及每一块的所蕴藏异质性的资源禀赋和异质性的空间区位，使得土地具有级差自然的能力，土地的稀缺性，一方面导致土地的垄断性，另一方面使得所有权可以获取地租，而土地的自然资源禀赋的差异性和固定性（即地理位置的差异性），使得每一块土地具有级差的生产力，如果商品按同一垄断价格出售，会实现级差的超额利润。级差的超额利润是由于物质性内容造成的，即土地的资源禀赋的丰度和土地的区位造成的。反过来，资源在每一块土地上的分布不同，每一块土地的区位不同，这更放大了土地的相对稀缺性，这三大特性导致了资本集聚的内在阻力，即分散力。要想提高社会协作的生产能力，必须要将要素集聚在一定空间内，商品交换也需要集聚在某些商业中心，因此，资本扩张需要不断地克服因土地带来的分散性。那么，如何克服这些阻力，一个重要的手段就是要改变土地的区位，从而能够为充分发掘土地的先天禀赋提供有力的手段，改变区位通常需要对距离的投资，即发展交通运输业。

既然土地具有稀缺性，这种稀缺性会导致土地垄断占有，因此，如果资本使用土地，就需要向土地所有者缴纳一定货币即租。

（二）租的本质、绝对地租与级差地租

李嘉图只承认有级差地租，而不承认有绝对地租。马克思认识到绝对地租的存在，即使条件最坏的土地也产生地租。马克思之所以能够洞察到绝对地租的存在，核心原因在于地租不能仅仅从价格角度理解地租，更重要的是考察地租产生的根源。土地所有权是理解地租的钥匙，即使是最坏土地，"土地所有权本身已经产生地租"。[①] 这里土地还包括自然资源，"为了全面起见，必须指出，在这里，只要水流等等属于一个所有者，是土地的附属物，我们也把它作为土地来理解。"[②]

地租之所以产生，是因为土地所有权被一些人垄断，排除他人免费使用，资本主义生产当然需要作为空间的土地和作为原材料的土地，既然土地不是免费使用的资源，资本家就需要将剩余价值的一部分交给土地所有者，作为使用土地的报酬，"地租是土地所有权在经济上借以实现即增殖价值的形式。"[③]

需要指出的是，级差超额利润只与商品经济有关，而与土地所有权无关。租是土地所有者凭借占有土地资源从而分割剩余价值的一种索求，因此，土地所有权是阻碍资本自由流动的阻力，只要使用他人的所有权的土地，就要支付一定代价。从公式或理论上说，地租可以假定为零，但在现实中，这是资本使用土地的门槛，最坏土地也要支付地租。

既然最坏土地也要支付地租，级差地租则是"由投在最坏的无租土地上的资本的收益和投在较好土地上的资本的收益之间的差额决定的。"[④] 马克思认为，级差地租有两种形态，其中级差地租Ⅰ是因土地丰度不同和位置不同，用等量资本投在不

---

① 马克思恩格斯文集（第七卷）[M]. 北京：人民出版社，2009：854.
② 马克思恩格斯文集（第七卷）[M]. 北京：人民出版社，2009：694.
③ 马克思恩格斯文集（第七卷）[M]. 北京：人民出版社，2009：698.
④ 马克思恩格斯文集（第七卷）[M]. 北京：人民出版社，2009：759.

同的等量土地上所产生的超额利润转化而成的级差地租。级差地租Ⅱ是因在同一地块上连续投资而改变了土地的经济丰度或相对位置，造成不同的生产率所产生的超额利润转化而成的地租。

级差地租Ⅰ是由两个原因导致的：一个是土地的肥力（资源禀赋的丰度），一个是土地的位置（即土地的区位），研究的是投资面积相对肥力不同的土地上的等量资本所产生的不同生产率。级差地租Ⅱ要以级差地租Ⅰ为基础，无论是优等地还是劣等地，其改良效果都要恰当评价，"如果土地改良的效果比较持久，那么，在租约满期时，人工增进的土地的不同肥力，就会和土地的自然的不同肥力合在一起，因此，地租的评定也就会和不同肥力的各级土地的地租的评定合在一起"①，即使是改良，如果先天资源禀赋改良难度不同，不同土地所获得级差利润也是不同的，后天交通运输投入，也因土地先天区位不同而不同。

级差地Ⅰ决定了自然空间分布，级差地租Ⅱ决定了资本支配下集约化生产或者运输投入改变，改变了农业分布格局。前者是一个国家或地区的先天优势，后者说明了一个国家的后天优势。一个国家或地区的发展程度，既依赖于先天优势，也依赖于后天开发程度，先天条件不足，对于一个国家或地区的发展有很大约束，同样，资源非常丰富，没有经过后天的要素投入和改进，可能会陷入所谓的"资源诅咒"陷阱里去。

（三）建筑级差地租

狭义上的农业绝对地租决定了资本介入农业生产的门槛从而决定了农业分布的边界，而级差地租决定了农业的分布，非农业地租也有类似的机制。在考察土地的非农业地租时，马克思主要从资源利用以及地理空间特性两个角度考察建筑地租。"一方面，土地为了再生产或采掘的目的而被利用；另一方面，空间是一切生产和一切人类活动的要素。"② 对建筑地段需求，会提高作为空间和地基的土地价值，对可用作建筑材料或其他再生产材料的各种要素也随之增加。

矿山地租与地下矿产的丰度有关，建筑地租则与区位密切相关，本文侧重考查建筑地租。建筑土地地租，与农业土地的地租由农业地租来调节一样也受到类似机制的调节。

但是，建筑地租有以下几个突出特征：其一，位置对级差地租很重要，位置不同所代表的土地价格就不同。这一特征在大都市里面表现得非常明显，距离市中心远近，决定了土地地租的高低，同时也决定了建筑物租金的高低和价格高低。

其二，土地所有者是被动的，他的主动性在于利用社会进步，而不需要像产业资本那样作出贡献或冒险。因为土地固定特性，城市土地在某种程度上具有被动性，

---

① 马克思恩格斯全集（第二十五卷）[M]. 北京：人民出版社，1974：760.
② 马克思恩格斯文集（第七卷）[M]. 北京：人民出版社，2009：875.

土地价格随着周边环境改变而改变,现代社会中一个显著经济现象是,地铁线路一修好,周边房价纷纷暴涨,主要因为社会投入使得其相对位置发生改变。

其三,垄断价格往往占优势,一旦土地所有权和产业资本结合起来,形成更大的权力,"使得产业资本可以把为工资而进行斗争的工人从他们的容身之所地球上实际排除出去。在这里,社会上一部分人向另一部分人要求一种贡赋,作为后者在地球上居住的权利的代价"①,这是因为土地价格的提高,会发生挤出效应:人口的增加随之带来住房需求的增多,固定资本的发展(如同铁路、工业建筑等)都会提高建筑地段的地租,地租(房租)上涨具有抑制需求的效应,大量付不起房租的劳动者被挤出城市。

当代很多观点分不清房屋投机对象,认为投资房产的主要受益来自于房屋,马克思早就指出:"建筑投机的真正主要对象是地租,而不是房屋。"② 某些人之所以能够占有越来越多的剩余劳动,关键是其拥有所有权,这个事实被资本化的地租(土地价格)掩盖掉了。土地价格可以在地租不增强的情况下提高,原因在于利息率下降或投入土地的资本利息增长了,也可以随着地租的增加而提高。这些使得土地价格上涨的推动要素,还可以互相交替反馈,交替地发生作用。事实上,级差地租通过市场价格机制的作用,影响着需求和供给,从而从一定意义上决定了某一特定地块的用途,同样决定着城市的布局及规模大小。

三、运输费用与集聚力

(一)交通运输的特性

1. 改变资源分布不均衡导致的稀缺性。交通运输是沟通空间之间交换的通道,具有降低土地稀缺性的特征。在某一区位稀缺的土地资源,可以通过交通改进,促进要素的交换,从而逐步降低土地稀缺性。

2. 促成要素和商品的流动性。"空间上的流通,就是指商品运输,不管是指生产出来的商品运往市场出售,还是指它在产地被购买,然后进入再生产过程。"③ 交通运输改变的是商品的区位,这种区位的改变,不管厂商将商品运往市场,还是被别人收购用于再加工,都要产生运输费用。事实上,运输费用发生在循环的各个环节上。一是直接生产过程内部的运输费用,它是生产费用的组成部分。另外是流通过程中因购买和出售产生的运输费用。客运和货运,涉及的是乘客和货物场所的变更,这种场所的变更就是运输业所产生的效用,与生产过程不可避免地联系在一起。

3. 具有替代直接劳动的特性。空间运输工具的投入所替代的直接劳动,很显然

---

① 马克思恩格斯文集(第七卷)[M]. 北京:人民出版社,2009:875.
② 马克思恩格斯文集(第七卷)[M]. 北京:人民出版社,2009:875 - 876.
③ 马克思恩格斯全集(第四十九卷)[M]. 北京:人民出版社,1982:323.

"在运输时间上,他使用工人的时间显然不能超过运输所需要的时间。"[1] 也就是说,对于运输企业来说,运输成本不能大于运输所获得利润,否则,企业家就不会投资运输。对于整个交通业来说,只有对于距离的投入能够补偿直接投入并且能够获得利润,对于距离的投资才划算。如此,生产廉价的交通工具,才能满足资本扩张的要求。"既然直接产品只有随着运输费用的减少才能在远方市场大规模实现价值,另一方面,既然交通工具和运输本身只有在使必要劳动得到补偿而有余的大规模交易的情况下,才能够成为价值增殖的领域,成为资本所推动的劳动的领域,那么生产廉价的交通运输工具就是以资本为基础的生产的条件,因而这种交通运输工具就由资本创立出来。"[2] 只有投在距离上的资本能够替代直接作用的生产资料而且能够获得利润最大化,资本家才愿意修建铁路,置办轮船等。在资本量一定的情况下,耗费在运输形式上的成本越小,用于生产的资本当然就越多。

(二)运费、级差运费及其规律

运输所具有的促进分散的资源有效布局的特性,运输也需要费用。既然要素的空间转移需要运输费用,那么,厂商将原料从原料购买地运到工厂,或者将商品运往市场,消费者从市场上购买商品,劳动者到工厂做工,等等,如果需要利用交通工具,那么,就需要付运费。

由于要素的区位距离所要运送的目的地具有差异、要素本身符合运输的自然条件不同,所要支付的运费也是具有级差性质,我们称之为级差运费Ⅰ,为了改变这种先天的运费布局,可以通过对于距离的投入,追加资本和劳动,不断改进连通这些要素分布空间的通道和运输技术,从而达到改变级差运费Ⅱ的先天布局,使得交通运输布局更加合理,更加有利于克服地租所导致的分散性,促进要素集聚效应。级差运费的产生机制,虽然租与费在性质上不同,但是,在级差性和层级性角度来说,具有类似机制,此处不再赘述。

从整体上来说,运输费用往往与运输业运输能力成反比,与需要运输的距离成正比,这一规律成为企业选址的重要指挥棒之一。"在其他条件不变的情况下,由运输追加到商品中去的绝对价值量,和运输业的生产力成反比,和运输的距离成正比。"[3] 运输成本最终要转嫁到商品上来,运输生产力越发达,追加到商品中的绝对价值量越少,距离越远,这种追加到商品中的绝对价值量越大。因此,厂商的区位选择,往往选定在距离原料集聚地或商品销售中心,这样,可以节省运输成本,"商品的产地离它的个人消费或生产消费的地点越近,需要运输业追加的劳动就越少;因此,在其他条件相同的情况下,国家花在运输上面的劳动的生产力就越高。"[4] 如

---

[1] 马克思恩格斯全集(第三十卷)[M]. 北京:人民出版社,1995:519.
[2] 马克思恩格斯全集(第三十卷)[M]. 北京:人民出版社,1995:521.
[3] 马克思恩格斯文集(第六卷)[M]. 北京:人民出版社,2009:168-169.
[4] 马克思恩格斯全集(第五十卷)[M]. 北京:人民出版社,1985:85.

果一个国家的经济资源结构较好，能够节省更多的资源，从而提供了劳动生产力。

第一，从区位来看，在其他条件不变的情况下，单位运费与运输距离成正比。如果一个地方，先天资源丰度不足，但是，如果距离中心市场的位置较好，占有区位优势，它的开发程度就比其他区位不好但资源丰度较高的地方处于优势。"虽然它的土地总的看来是贫瘠的，但因靠近纽约州，并且可以通过湖泊和伊利运河开辟水上运输，所以这首先就使它比那些土地天然肥沃但更加靠西的各州处于更优越的地位。"①

第二，从运输商品的物质内容本身来说，商品的体积、重量以及难易程度都与单位运费成正比。"在其他条件不变的情况下，由运输费用追加到商品价格中去的相对价值部分，和商品的体积和重量成正比。"② 商品的体积越大，需要的运输的空间越大，重量越重，运输消耗也会增加，因此，由运费追加到商品价格中相对价值部分越大。如果生产那些不易运输的商品，则会增加商品的运输费用。"根据物品容易破碎、腐烂和爆炸的相对程度不同，在运输上就需要采取程度不同的防护措施，因而需要耗费多少不等的劳动和劳动资料。"③ 运输难易程度，也会对运输费用产生影响，易碎品、易腐烂品以及易爆品都增加了运输的难度，增加了运输成本。从原料运输角度来看，将难以运输的原料，转化成为易于运输的原料，有利于降低运输费用，但这取决于生产的转化能力。"原料究竟是就地加工还是以未加工的形式运输出去更有效益，取决于地方工业发展的程度。"④ 追加资本投资，可以改变资源形态，可以使得资源流动得以成行。"酿酒厂使马铃薯变成价值很高而易于运输的酒精。"⑤ 从现代社会来看，煤电厂商将体积大难以运输的煤炭转化成为便于运输的电力，使得煤炭资源的市场开拓得更远。"如果资本主义生产发展程度是既定的，从而交通运输手段的发展程度是既定的，那么生产地点离原料产地的远近就决定着必要生产储备数量的增减。"⑥ 生产力发展程度决定的交通运输手段是既定的，那么，如果厂商离原材料比较近，就可以减少生产储备，因为生产储备也要消耗死劳动和活劳动。

第三，从运输能力角度来说，运输工具越先进，单位运费越少。"这些年代标志着蒸汽发动的运输工具对其他各种运输工具的最终胜利；在海洋上，轮船这时已经取代了帆船；在陆地上，铁路在一切文明国家中都占据了第一位，碎石公路次之；这时运输的速度是过去的四倍，而运费只有过去的四分之一。"⑦ 马克思的见解也得到此后的历史证明：如果没有上面提到的运输成本的急剧下降，人口的聚集是不可

---

① 马克思恩格斯文集（第七卷）[M]. 北京：人民出版社，2009：754.
②③ 马克思恩格斯文集（第六卷）[M]. 北京：人民出版社，2009：169.
④ 马克思恩格斯全集（第五十卷）[M]. 北京：人民出版社，1985：86.
⑤ 马克思恩格斯全集（第二十五卷）[M]. 北京：人民出版社，2001：45.
⑥ 马克思恩格斯全集（第五十卷）[M]. 北京：人民出版社，1985：72.
⑦ 马克思恩格斯文集（第四卷）[M]. 北京：人民出版社，2009：337.

能发生的,除非像伦敦和巴黎等一些大城市那样,得益于自然禀赋、皇权以及密集的通航网络,否则这种人口的聚集需要几个世纪来完成。的确,运输成本的大幅度下降对城市人口的急剧增长是很有必要的,因为大量的食品需要从越来越远的地方运过来。① 不同的交通工具,制约着商品的交换的可能性。新交通工具的不断改进,降低了运输费用。交通运输的规模效应,可以节约运输费用。

运输不单单改变了厂商和消费者的成本,而且还会改变市场的中心位置,引起资本集聚地点的改变,从而使得不平衡地理分布出现资本转移的现象。"这种情况还会使生产地点到较大的销售市场的相对距离发生变化,由此可以说明,随着交通运输工具的变化,旧的生产中心衰落了,新的生产中心兴起了。"②

不同区位和商品特质具有不同运费,不断降低运费是克服地租上升的重要条件。由于土地数量是天然的,我们只有不断改进空间运输通道和发展新的交通工具,才能有效降低地租的垄断性、被动性以及差异性。"如果从一方面说,随着资本主义生产的进步,交通运输工具的发展会缩短一定量商品的流通时间,那么反过来说,这种进步以及由于交通运输工具发展而提供的可能性,又引起了开拓越来越远的市场,简而言之,开拓世界市场的必要性。"③ 交通工具的改进压缩了商品流通时间,同时,这种时间的压缩为资本扩张提供了有力工具,且也使得不断开拓的市场的内驱力不断强化。

(三) 时空压缩效应

交通运输工具的改进,有两层主要意义:从空间上来说,扩大了商品交换的市场范围;从时间角度来说,压缩了市场主体交换的时间成本。"交通运输工具的发展,这种发展有二重意义:它既决定彼此交换者即相互接触者的范围,又决定原料到达生产者手里和产品到达消费者手里的速度"。④ 空间的扩张与时间压缩,看似悖论的结构实质上是一个辩证统一的过程。一方面,交通运输工具的改进,比如,集装箱模式的创造,使得商品的销售市场范围不断扩大,使得市场中心距离生产地地理距离越来越远,如果运输工具效率不变,那么,商品运输时间势必加强,商品销售价格势必抬升;但是,另一方面,资本扩张规律要求商品越来越便宜,那么,克服这种空间拓展导致的时间延长的一个重要策略,就是改进交通运输工具,以更快、更安全、更经济的方式将商品从产地运往销售地,从而缩短了流通时间,降低了流通费用。"发展交通运输工具,创造这些实际的条件,不仅为了扩大市场,而且为了

---

① 库姆斯等.经济地理学:区域和国家一体化[M].安虎森,等译.北京:中国人民大学出版社,2011:8.
② 马克思恩格斯文集(第六卷)[M].北京:人民出版社,2009:277.
③ 马克思恩格斯文集(第六卷)[M].北京:人民出版社,2009:279.
④ 马克思恩格斯全集(第三十卷)[M].北京:人民出版社,1995:137.

缩短商品通过市场的时间，从而为了缩短流通时间。"①

第一，交通运输工具具有规模效应，既体现于空间压缩方面，又体现于时间缩短。"在运输工具发展的同时，不仅空间运动的速度加快了，而且空间距离在时间上也缩短了。"② 动车组列车不仅仅使得列车速度提速，也造成了空间的时间压缩效应：空间距离在时间上大大缩短了。

第二，资本为什么一直追求运输工具的"时空压缩效应"？原因在于，利润率的提高可以依靠压缩流通时间来实现。"利润率可以靠缩短流通时间而提高，也就是说，靠各种各样的发明，交通运输工具的改进，商品形式转化过程的缩短以及靠信用的发展等等。"③

第三，如何促成时空压缩效应，方法主要有以下四种："（1）分离出一个专门从事商业的劳动者阶级；（2）便利的运输；（3）货币；（4）信用。"④ 专门化的商人出现、交通运输的改善、货币的脱域以及信用作为集中的手段，会缩短商品流通的时间，加速资本周转。专门从事商业的商人出现，使得商业逐渐成为独立的产业，使得产业空间更加专门化，分工也越来越细。资本集聚在专门的商业资本家手中，从而会制造出一大批从事商业的工人，资本与劳动力在商业领域的结合，也会产生巨大集聚效应。运输的便利，不仅仅使得商品运费降低，还减少了商品在空间运动的时间，而这一点，对于像蔬菜这样的易腐烂的商品来说，非常关键。货币具有将买卖分离的特征，从空间上来说，货币使得商品脱离了地方化交易的限制；从时间上来说，货币可积累性使得资本有了无限积累的可能。因此，吉登斯认为，货币具有脱域的特性。信用可以降低市场交易成本，最根本的原因在于，信用加速了资本的集聚，使得资本在不确定性环境中，更有利于交易，从而节省了交易费用。分工与协作，是劳动的社会力不断改进的源泉，马克思在论述从规模化协作、工场手工业内分工以及机器为动力的现代工厂的演化过程中，揭示了集聚力不断加强的内在机制。其中，交通工具的时空压缩效应，对于集聚起到了关键性作用。"利用交通和运输工具而达到时间和空间的缩短……劳动的社会性质或协作性质也由于这些发明而得以发展。"⑤

交通运输需要耗费大量的资本投入，这些属于哈维意义上的"固定在国土上的死资本"，固定资本回收需要一定周期，就会面临着巨大的贬值风险和债务风险；固定资本的固定性又导致了保守性，在投资没有收回之前，他们会强烈阻止创新。

---

① 马克思恩格斯全集（第四十九卷）[M]. 北京：人民出版社，1982：330.
② 马克思恩格斯文集（第六卷）[M]. 北京：人民出版社，2009：278.
③ 马克思恩格斯全集（第四十九卷）[M]. 北京：人民出版社，1982：330.
④ 马克思恩格斯全集（第三十一卷）[M]. 北京：人民出版社，1998：26.
⑤ 马克思恩格斯全集（第二十一卷）[M]. 北京：人民出版社，2003：184.

四、级差地租的改进：租费替代

（一）运输的集聚力如何改变土地分散力

距离之所以是阻碍因素，主要在于各种要素分布先天不可能都集聚在一起，如果要改变物质形态以生产出符合人类需要的产品，需要克服这种分散状态，而运输的改进则促进了人类的合作，因此，"改善交通运输工具也属于发展一般生产力的范畴"。[①]

由于土地固有的稀缺性、差异性和固定性，导致了土地空间分布的分散性，而要打破这种空间障碍，使得分散甚至孤立的土地连接起来，就需要空间与空间的通道，以及交换工具，交通运输具有降低土地相对稀缺性以及改变土地资源禀赋和土地区位的性质，因此，有利于生产要素的空间集聚。

运输集聚效应是如何克服要素分布所导致的分散力的？生产要素分布是分散的，每一个区位资源禀赋、劳动力、资本都不一样，但是，生产却需要集聚在某一空间内进行才会更有规模效应，从而更有效率。从克服资源分散分布的地理空间障碍角度来说，改变分散资源之间、资源与生产地之间、生产地与市场之间的距离阻力，就需要对"距离"投入，以清除市场主体交易之间的距离障碍，运输起到改变空间结构的客观动力机作用。从产业资本集聚角度来说，"资本在生产领域内越集中，它在流通领域内就越分散"。[②] 一方面是因为，越是集中化的生产，越需要更多的相关产业的支持，导致产业链不断延长，另一方面是因为生产资本的集聚需要整合更加分散的原料、劳动力和商品销售市场。这时，运输工具的改进，就非常必要。对于克服市场和劳动力的分散性障碍来说，马克思转引霍吉人斯金的话说，"社会生产力便按工人人数的增加乘以分工的效果和知识的增进的复比例而增长……运输方法的改进，如铁路、轮船、运河，一切便利于遥远各国之间交往的手段，对于分工起着与人口的实际增加同样的作用，它们促使更多的劳动者互相交往或者使更多的产品进行交换。"[③] 人口增减会改变劳动力市场和需求市场的规模，这会对社会分工程度和范围起到至关重要的影响，分工越细化，诸多的生产环节就逐渐转化新的产业，同样，交通运输发展扩张了商品和原料市场的范围，这有利于促进了要素在空间上的集聚，有利于促进资本的集中。

（二）运费降低如何克服租的分散效应

土地自然禀赋和区位的异质性形成的级差地租Ⅰ，可以通过对要素的投入增加土地级差生产能力，也可以通过对距离（改变交通条件）的投入改变土地的相对区

[①] 马克思恩格斯全集（第三十卷）[M]. 北京：人民出版社，1995：520.
[②] 马克思恩格斯文集（第七卷）[M]. 北京：人民出版社，2009：328.
[③] 马克思恩格斯全集（第三十二卷）[M]. 北京：人民出版社，1998：398.

位，从而形成级差地租Ⅱ。基于这样的思路，我们可以通过发展交通业，克服资源分布的分散性和土地区位的固定性，从而更好地开发资源。

由于某个区位有用土地的先天稀缺性、禀赋差异性和区位固定性，导致地租上升往往是被动的，是随着市场需求的提高而提高。要想改变这种垂直线的供给曲线，增加土地有效供应，降低地租，需要不断地改进交通基础设施和交通工具。运费降低，有利于降低地租，二者具有一定的替代关系。这是因为，运费与运输能力成反比，与运输商品的体积、重量、难易程度以及距离成正比，地租与开发能力成反比，与资源禀赋丰度、可开发难易程度以及距离成正比。

租与费具有替代关系（租费也有互补关系，本文只考察典型的替代关系），这种替代关系在现实中表现为很多类型，这里选择几种主要的类型加以分析。

第一，假定企业位于区位A，从B地买一批原料，比如煤炭，企业的选择是，要么采取分批购买原料，这会增加运费，要么一批次购买大量原料，这需要增加仓储成本，我们假定仓储成本仅仅取决于地租，那么，如果分批次额外增加的总运费大于因为租借仓库所增加的租金，那么，企业倾向于选择仓储，反之，倾向于增加运费。

第二，假定原料生产企业，例如煤企，是选择转化成为其他重量较轻的商品，例如电力，还是直接运输原料，这需要考察技术转化条件，这种技术使得原料自然特质得到改变，从而压缩了体积和重量，便于运输。但是，这种技术转化需要付出各种固定资本，例如购买机器，修建煤电站，架设高压输电线。假设这些成本都由租借带来，那么，所额外付出的租金与选择通过交通运输所付出的大小，就可以得知企业家倾向于选择哪种方式。

第三，假设企业位于区位A，要将一定量的商品运往B地销售，是选择在中心地租房存储付出地租，还是将商品运往B地兜售，只考虑运费和租的关系，这时，运费与租的比较就决定了企业选择"坐销"方式，还是选择"游销"方式。

通过交通改善，可以改变某块土地的区位价值，更加便利的投资，有利于改变土地的开发程度，改善土地的资源禀赋，从而形成级差地租Ⅱ。由于土地固定性导致土地所有者对土地价值的被动性，那么，交通运输则能够改变土地与某一中心的相对位置，改变土地资源的开发程度。由此可见，运输业要改变的不仅仅是区位，还改变的是初始资源禀赋的分布。也就是，交通运输能够克服土地分散性所带来的阻力，有利于克服特殊地块区位阻力，创造更多次级中心市场，有利于资本的扩张；另一方面，这也加剧了城市与农村土地的区位差别，城市的土地价格不断走高，与之相对的是，农村土地价格相对降低。交通运输对于级差地租来说，具有双向作用。"很明显，整个社会生产的进步，一方面，由于它创造了地方市场，并且通过建立交通运输手段而使位置变得便利，所以对形成级差地租的位置会发生拉平的作用；另一方面，由于农业和工业的分离，由于一方面大的生产中心的形成，以及由于另一方面农村的相对孤立化,土地的地区位置的差别又会扩大。"①

资本扩张既可以利用有利的资源禀赋,也可以利用区位,"级差地租的这两个不同的原因,肥力和位置,其作用可以是彼此相反的。一块土地可能位置很好,但肥力很差;或者情况相反。这种情况很重要,因为它可以向我们说明,一国土地的开垦为什么既可以由较好土地推向较坏土地,也可以相反。"②

马克思在这里强调了肥力与区位之间彼此相反的,一方面,如果土地位置很好,但肥力不足,土地仍然可能通过大量的要素投入而得到开发,而且可以从坏向好逐渐推进,相反,如果土地位置不好,但肥力很好,足以弥补运往中心市场的运送成本,从肥地向贫瘠土地逐渐开发。

资本扩张不仅仅要克服地理障碍,还要克服因文化、制度等人文差异制造的障碍,都可能最终体现在运输成本上。"资本主义生产方式,由于交通运输工具的发展,由于运输积聚(规模扩大),使单个商品的运输费用减少。"③ 这种运费降低,主要是由于适度的规模经济效应引起的。

如果交通运输费用显著降低,建构一个特大仓储中心,从而将大量的商品堆积于此,构建一个便利的网络交易平台,特别有利于降低单个商品所分担的租的费用。电子商务网络的兴起,部分地导致了传统零售业的衰落,运输费用的降低,快递业有利可图,加速了现代社会网络化。

交通运输改进,虽然有利于交通沿线某些站点周边区域级差地租的提高,但是,却制造了新的不平等:强化了某些地方的级差地租优势,但却使得另一些地区的级差地租变差。比如,原来的铁路运输线经过 A、B、C 三个区域,如今,在中间 B 区域不再停靠,固然加速了 A 和 B 之间的运输效率,提高了两地的级差地租,但是,B 区域却很可能衰落。资本的目的不仅仅是通过压缩必要劳动时间来获取更多的剩余价值,还要通过尽量降低地租来打击土地所有者的势力。

(三)城市经济空间布局的内在动力

土地位置的固定性和差异性,是不同区位土地具有不同地租的重要原因,也阻止城市过度集聚的分散力,资本可以通过对"距离投入"(交通),来克服这种分散力,改变土地的相对区位,或者通过空间的优化重组,改变某些区位土地的功能。

周立群等人构建了一个模型解释了三种"租"的发展,随着城市化的加快,郊区的土地潜在增值明显,这时产生的地租为级差地租1(区位租)由农村的土地转变为城市用地时,需要做些投资,如三通一平或七通一平,经过对该土地追加投资后形成配套的基础设施,土地又发生了增值,这时产生的租金被称为级差地租2(投资租),还有对土地用途和指标的管制,由此产生的租金也可称为管制租。④ 级差地

---

①② 马克思恩格斯文集(第七卷)[M]. 北京:人民出版社,2009:733.
③ 马克思恩格斯文集(第六卷)[M]. 北京:人民出版社,2009:169.
④ 周立群等. 从农地到市地:地租性质、来源及演变[J]. 经济学家,2010(12).

租内在机制，构成了城市扩张基础，进一步证明，租是自然资源的所有权一种报酬，具有制衡城市发展的功能。

是选择对级差地租的投入，还是选择对交通的投入，为城市生成路径及其规模控制提供了重要理论依据。某地因为某一资源优势或者区位优势（先天条件）而在该地集聚，这一优势可能通过两种机制进行扩张：其一，假设建筑物的高度不变，土地级差仅仅取决于位置（区位），且这种级差简化为运输费用（包括时间成本）。起初，位置最优的土地得以开发，比如中央商务区，紧接着是中央商务区周围的土地，以此扩张，城市就会出现围绕着市场中心的不规则"环形"分布，在人口集聚或资本集聚等主导因素构成巨大需求时，最边缘的土地（相对于需求而言）也要参与生产，随着需求一轮一轮地提高，最不利土地的位置也一轮一轮地向外推进。其二，城市规模的扩张，会导致交通费用的增加，就需要对土地集约化投资，对原有位置较好的土地进一步追加资本和劳动。以住宅为例，假定城市规模和建筑技术已定，如果增加楼层高度的成本，大于边缘地区的交通成本，则倾向于粗放型扩张，如果增加楼层的成本低于交通成本，则倾向于集约化扩张。也就是说，两种级差地租的比较，决定了城市扩张模式是粗放型还是集约型的。

参 考 文 献

[1] 沃尔特·艾萨德. 区位与空间经济：关于产业区位、市场区、土地利用、贸易和城市结构的一般理论 [M]. 杨开忠，等译. 北京：北京大学出版社，2011：73.
[2] 阿尔弗雷德·韦伯. 工业区位论 [M]. 李刚剑，等译. 北京：商务印书馆，2010.
[3] 保罗·克鲁格曼. 地理和贸易 [M]. 张兆杰，译. 北京：北京大学出版社，中国人民大学出版社，2000：14-21.
[4] 库姆斯，等. 经济地理学：区域和国家一体化 [M]. 安虎森，等译. 北京：中国人民大学出版社，2011.
[5] 周立群，等. 从农地到市地：地租性质、来源及演变 [J]. 经济学家，2010（12）.
[6] 马克思恩格斯文集（第四卷）[M]. 北京：人民出版社，2009.
[7] 马克思恩格斯文集（第六卷）[M]. 北京：人民出版社，2009.
[8] 马克思恩格斯文集（第七卷）[M]. 北京：人民出版社，2009.
[9] 马克思恩格斯全集（第二十五卷）[M]. 北京：人民出版社，1974.
[10] 马克思恩格斯全集（第四十九卷）[M]. 北京：人民出版社，1982.
[11] 马克思恩格斯全集（第三十卷）[M]. 北京：人民出版社，1995.
[12] 马克思恩格斯全集（第三十一卷）[M]. 北京：人民出版社，1998.
[13] 马克思恩格斯全集（第三十二卷）[M]. 北京：人民出版社，1998.
[14] 马克思恩格斯全集（第五十卷）[M]. 北京：人民出版社，1985.

新常态经济发展的新动力：产业协同集聚下的城市生产效率增进

陈建军　刘　月　邹苗苗*

摘　要：产业协同集聚已经成为未来促进城市发展和提升城市竞争力的重要走向，是优化产业布局、促进结构转型的重要手段。本文基于修正的 E-G 指数，利用中国 2004~2012 年 240 个城市面板数据，探讨了产业协同集聚的效率增进效应和空间外溢效应。研究发现：(1) 产业协同集聚对于城市生产效率具有增进作用，周边城市效率提升也能带动本地效率增进；(2) 产业协同集聚的效率增进效应不仅存在地区差异，还具有行业异质性特征；(3) 受交易成本和"面对面"接触需求的影响，产业协同集聚的空间外溢效应随距离增加而衰减，在 300 公里范围内的空间外溢效应最强，超过 750 公里后空间外溢效应明显下降。本文政策含义在于，以产业协同集聚进行空间布局调整是实现城市生产效率增进的现实选择，但这不仅需要差别化和精细化指导，还需要突破行政区划限制进行协调。

关键词：协同集聚　效率增进　空间外溢　拥挤效应　发展动力转变

一、引言与文献综述

中国经济发展进入新常态，是我国经济发展阶段的新特征。"进入新常态后，经济增长速度正从高速增长转向中高速增长，经济结构不断优化升级，发展动力从要素驱动、投资驱动转向创新驱动"①。事实上，新常态经济发展的这三个主要特征是一个具有内在统一逻辑的体系。研究以产业层面的经济结构调整激发创新活动，在效率提升的基础上保持经济中高速增长，从而实现三者的良性互动对于我国优化产业布局、适应新常态和引领新常态具有重要现实意义。

产业集聚不仅是单一产业在空间上的不断集中，更伴随着相关产业的协同集聚（Ellison and Glaeser, 1997；Duranton and Overman, 2005, 2008；Ellison, Glaeser, and Kerr, 2010；陈晓峰、陈昭锋, 2014）。一个显著的特征性事实是，经济发达的

---

* 陈建军（1955- ），男，教授、博士生导师，主要研究方向为空间经济学、产业经济学；刘月（1987- ），男，博士研究生，主要研究方向为空间经济学、产业经济学；邹苗苗（1989- ），女，博士研究生，主要研究方向产业经济学、劳动经济学。

① 2014 年 11 月 9 日，习近平主席在 APEC 工商领导人峰会开幕式主旨演讲中概括了"新常态"经济的新特征。

国家（地区）均实现了现代服务业和先进制造业的"双轮驱动"，产业协同集聚成为优化产业布局、促进结构转型的重要手段。中国各城市也相继提出积极发展生产性服务业，使城市产业结构由制造业单一驱动向制造业与服务业"双轮驱动"转化（江曼琦、席强敏，2014）。产业的协同发展、融合发展已经成为未来促进城市发展和提升城市竞争力的重要走向。本文考察重点聚焦于，产业协同集聚提升城市生产效率的内在机理是什么？产业协同集聚对城市生产效率增进的作用大小如何？生产效率增进效应是否存在地区差异和行业异质特征？特别地，如何利用产业协同集聚的生产效率增进效应在有限空间范围内合理产业布局，从而实现协调发展？这些问题的解决将有助于形成新常态下的经济发展新思路。

最早关注产业协同集聚现象的是 Ellison and Glaeser（1997），他们发现多样化的产业倾向于共同集聚，Ellison, Glaeser, and Kerr（2010）进一步对共同集聚的微观机制进行了详细探讨，研究表明不同产业间的共同集聚同样源于 Marshall（1920）所强调的三个关键因素，即投入产出关联、共享劳动力市场以及知识溢出。Venables（1996）基于垂直关联模型，理论上解释了上下游产业在空间上的协同区位选择问题。此后的研究，大多以制造业和生产性服务业之间的协同集聚为研究重点，探讨二者之间的相互作用及影响。Marshall（1982）研究生产性服务业和制造业关系时发现，生产性服务对于制造业的发展非常关键。差异化空间生产性服务业的供给不同，不但影响制造业的发展模式，还会对地区增长产生影响，并认为若要促进制造业和地区增长，其手段之一就是发展关键的生产性服务业。江静等（2007）基于地区和行业面板数据研究了生产性服务业对制造业效率的提升，发现生产性服务业对于提高制造业发展竞争力有重要推动作用。赵伟、郑雯雯（2011）也得出了相似结论。陈建军、陈菁菁（2011）以浙江省 69 个城市和地区的产业分布为样本，验证了生产性服务业与制造业之间的协同定位关系，发现二者的相互作用在不同规模城市中存在差异，由此决定了产业发展顺序的差异，提出大城市要推进制造业的转型升级，应首先关注生产性服务业的发展与集聚，而中小城市则首先要推动制造业的集群，才能吸引生产性服务业集聚。

随着研究的深入，近年国内学者开始进行产业协同集聚的效应研究。高峰、刘志彪（2008）定性分析认为，产业协同集聚是通过相关产业和支援性产业的集聚，以及产业间的外部经济而与集聚产业之间产生的协同效应，不断强化产业集群的"集体效率"和"外部经济"，提升产业集群内在的"知识含量"和竞争水平。陈晓峰、陈昭锋（2014）在产业协同集聚水平测度的基础上，研究了东部沿海地区十省市生产性服务业与制造业协同集聚的演进关系及其效应，发现两者协同集聚对区域经济增长、专业化水平及产业优化升级有正向促进作用，但其产业协同集聚水平的度量方法有待商榷。胡艳、朱文霞（2015）研究发现生产性服务业与制造业的协同集聚效应明显，对于城市经济增长有正向促进作用；但生产性服务业与其他服务业的协同集聚效应在现阶段城市经济增长的作用未能显现。此外，陈国亮（2015）以海洋产业为例，研究发现产业协同集聚存在空间外溢效应，并受区域边界约束。

综上所述需要指出的是，目前关于产业协同集聚效应的研究大多尚处于现象观察和定性分析阶段，仅有的研究也只考察了产业协同集聚对于区域（城市）经济增长的作用，没有研究对产业协同集聚的生产效率增进效应进行系统性探讨。基于现实背景和文献的可拓展之处，本文在构建产业协同集聚指标的基础上，利用中国 2004~2012 年 240 个城市面板数据，实证考察了产业协同集聚的对于城市生产效率的增进作用，以及产业协同集聚效应的空间外溢作用范围，以期更好地指导地区（城市）的产业结构优化和生产效率的提升。

二、产业协同集聚与城市生产效率测算及空间特征

（一）相关指标的选取与构建

目前衡量产业协同集聚的指标主要有 Ellison 和 Glaeser（1997）和 Ellison 等（2010）构建的 E-G 指数；Duranton and Overman（2005，2008）构建的 D-O 指数。由于 D-O 指数数据难以获得，适用性有限。根据 E-G 指数，衡量产业 i 和 j 协同集聚度的计算公式为：

$$\gamma_{ij} = \frac{\sum_{m=1}^{M}(S_{mi} - X_m)(S_{mj} - X_m)}{1 - \sum_{m}^{M} X_m^2} \quad (1)$$

其中：m 表示城市；S_{mi} 表示 i 产业在 m 城市的就业比重；S_{mj} 表示 j 产业在 m 城市的就业比重；X_m 表示城市加总产业的平均就业比重。正值表示两个产业在相同城市共同集聚；0 表示两个产业没有共同集聚趋势；负值表示两个产业在不同城市集聚。

借鉴 Ellison 和 Glaeser（1997）和 Ellison 等（2010）的思想，本文构建了新的产业协同集聚指数，计算公式为：

$$\Theta_{ij} = [1 - |S_{mi} - S_{mj}| / |S_{mi} + S_{mj}|] + [S_{mi} + S_{mj}] \quad (2)$$

其中，S_{mi} 表示 i 产业在 m 城市的集聚度；S_{mj} 表示 j 产业在 m 城市的集聚度。这里，我们选取区位商指标来衡量产业集聚度水平。显然，该指数值越大表示产业协同集聚水平越高；值越小表示产业协同集聚水平越低。

比较 E-G 指数与本文构建的产业协同集聚指数，在样本范围内二者的相关系数高达 0.9409。而本文构建的产业协同集聚指数好处在于，不仅能够反映"协同质量"还能够反映"协同高度"，因为高度集聚的城市产业通常是优势主导产业，能够带动相关产业的协同发展。因此，考虑"协同高度"能够全面反映产业协同集聚水平。

（二）测算结果及分析

根据修正的 E-G 指数，本文对 2003~2011 年中国地级及以上城市产业协同集

聚水平进行了测算。图 1 显示，从时间序列上看中国城市产业协同集聚水平小幅下降，但 2010 年后有上升趋势。分地区看，东部地区城市产业协同集聚水平一直保持在较高水平，平均值为 2.69；而中西部地区城市产业协同集聚水平分别 2.39、2.31，两地区产业协同集聚水平呈下降趋势，但在 2009 年、2010 年后有所好转。另一个明显的特点是，中部与西部产业协同集聚水平呈现出反向变动关系（2006~2010 年），表明两地在产业要素资源方面存在竞争性。

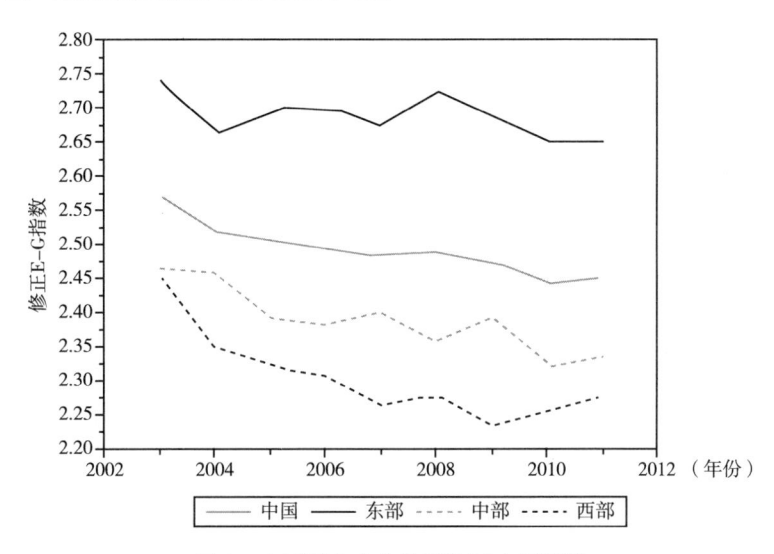

图 1 中国城市产业协同集聚水平测算

此外，近年来中国城市生产效率总体上提升明显，特别是处于"外围"的中西部地区城市与处于"中心"的东部沿海城市的差距有收敛趋势。通过 Moran's I 指数的测算（见表 1），发现城市生产效率存在空间外溢，这种外溢效果随着距离的增加而逐渐衰弱。

表 1　2003~2011 年中国城市生产效率 Moran's I 指数

	2003 年	2004 年	2005 年	2006 年	2007 年	2008 年	2009 年	2010 年	2011 年	均值
Rook	0.5044	0.4424	0.4580	0.4506	0.4402	0.4309	0.4167	0.3858	0.3835	0.4347
0~300km	0.3708	0.3070	0.3327	0.3417	0.3160	0.3147	0.3205	0.3266	0.3349	0.3294
0~500km	0.3416	0.2803	0.3063	0.3108	0.2988	0.2982	0.2914	0.2945	0.2926	0.3016
0~1 000km	0.3167	0.2622	0.2965	0.3030	0.2939	0.2905	0.2802	0.2856	0.2857	0.2905

三、理论分析与模型构建

（一）产业协同集聚促进城市生产效率的内在机理

1. 基于产业关联的产业协同集聚效率增进效应。产业关联是新经济地理学产业空间分布演化的主导机制，在产业层面的规模经济下发生作用。具有前向关联和后向关联的上下游企业，通过集聚的货币外部性（包括价格指数、本地市场和拥挤效应），倾向于选址在毗邻空间以节约运输成本。显然，该机制同样适用于不同产业间的协同集聚，具有投入产出关系的不同产业为了节约运输成本，倾向于在空间上的协同定位。具体地，生产性服务业与制造业就是典型的具有投入产出关系的上下游产业。

在产业关联机制的作用下，城市生产效率的改变取决于产业协同集聚水平的高低。当产业协同集聚水平较高时，具有投入产出关系的企业的供给和需求达到均衡状态，不存在过度供给或需求，相关产业生产效率达到最大化，从而促进城市生产效率的高水平；相反，当产业协同集聚水平较低时，具有投入产出关系的企业的供给和需求极不均衡，存在过度供给或需求，相关产业生产存在效率损失，从而导致城市生产效率的低水平。

2. 基于知识关联的产业协同集聚效率增进效应。知识关联是主导产业空间分布演化的另一条机制，通过将重要但无法观察到的个体知识与能力差异、学习效应以及知识溢出效应等非经济因素的影响反映到生产效率上来（陈建军、袁凯，2013）。知识关联机制在知识溢出效应的发挥下，产生聚集使得具备相似知识的产业工人可以"面对面"交流和互动（Gabe and Abel, 2013），进行知识、技能和经验的分享、激发创新，并提升产业总体的生产效率。该机制主要发生在相邻链条上的产业，是一种横向关联。具体地，制造业、生产性服务业内部产业之间就是通过知识关联机制增进生产效率。

在知识关联机制的作用下，城市生产效率的改变同样取决于产业协同集聚水平的高低。当产业协同集聚水平较高时，产业工人知识与能力差异较小，通过知识溢出，相互学习知识、技能和经验，更容易激发协同创新，从而促进城市生产效率的高水平；相反，当产业协同集聚水平较低时，产业工人知识与能力差异较大，学习效应难以发挥，创新可能性降低，从而导致城市生产效率的低水平。

（二）模型设定和方法

本文通过扩展 Ciccone 和 Hall（1996）的生产密度模型考察产业协同集聚的生产效率增进作用。C-H 模型用以研究经济活动密度导致的集聚外部性，基本形式为：

$$q_m = \theta_m((e_m H_m)^\beta \kappa_m^{1-\beta})^\alpha (Q_m/A_m)^{(\lambda-1)/\lambda} \tag{3}$$

其中：q_m 是产出密度，即 m 城市单位土地面积上的产出；θ_m 是 m 城市希克斯中性的全要素生产率；e_m 为就业密度，即单位土地面积上的就业人数；H_m 是人力资本平均水平；κ_m 是物理资本密度，即单位土地面积上的物理资本数额；Q_m 是总产出；A_m 是城市面积；α 是劳动和资本回报系数；β 是劳动投入份额，$0<\beta\leqslant 1$；λ 是产出密度系数，若 $\lambda>1$ 表示产业集聚正的外部性。

Ciccone 和 Hall（1996）及以往研究通常以就业密度来衡量集聚经济。然而，集聚的三个微观基础并不仅仅依赖就业密度体现，还包括规模经济。缺乏产业关联和知识关联机制下经济活动的有效互动，就业密度不一定产生集聚效应。同时，就业密度的提高产生集聚经济的同时还会产生拥挤效应，导致集聚不经济。因此，就业密度作用于城市生产效率的净效应无法保证恒为正（Ke，2010）。基于上述考虑，本文将产业协同集聚（Θ）引入模型，从产业协同视角和就业密度视角共同考察集聚经济。将模型修正为：

$$q_m = \theta_m((e_m H_m)^\beta \kappa_m^{1-\beta})^\alpha (\Theta^\gamma Q_m/A_m)^{(\lambda-1)/\lambda} \tag{4}$$

其中，γ 是系数。

将式（4）进行变换后得到城市劳动生产率方程如下：

$$Q_m/N_m = \theta_m^\lambda((H_m^\beta(K_m/N_m)^{1-\beta})^{\alpha\lambda})(N_m/A_m)^{\alpha\lambda-1}\Theta^{\gamma(\lambda-1)} \tag{5}$$

其中：N_m 是就业人口；K_m 是物理资本存量。令 $LP_m=Q_m/N_m$，$k_m=K_m/N_m$。

线性化后的城市劳动生产率方程为：

$$\text{Ln}LP_m = \lambda\text{Ln}\theta_m + \beta_1\text{Ln}H_m + \beta_2\text{Ln}k_m + \beta_3\text{Ln}e_m + \beta_4\text{Ln}\Theta \tag{6}$$

其中：$\beta_1=\alpha\beta\lambda$；$\beta_2=\alpha\lambda(1-\beta)$；$\beta_3=\alpha\lambda-1$；$\beta_4=\gamma(\lambda-1)$。

人力资本因素和人均资本存量因素对于城市劳动生产率的促进作用得到了学术界的普遍共识，故 $\beta_1>0$ 和 $\beta_2>0$；根据本文产业协同集聚促进城市生产效率的内在机理分析，协同集聚外部性为正，$\lambda>1$，产业协同集聚变量系数应为正，即 $\beta_4>0$；而由于集聚的净效应不确定，故就业密度变量的系数 β_3 无法确定正负。另外，本文用一组反映城市固定效应的控制变量（X）替代全要素生产率变量，则待估方程为：

$$\text{Ln}LP_m = \beta_0 + \beta_1\text{Ln}H_m + \beta_2\text{Ln}k_m + \beta_3\text{Ln}e_m + \beta_4\text{Ln}\Theta + \beta_x X_m \tag{7}$$

本文考虑空间维度，实证检验产业协同集聚对城市的生产效率增进效应。实证策略上，由于我国地区发展差异、产业发展路径依赖特征明显，本文将分地区、分行业进行分析。

四、变量、数据和处理

（一）变量说明

除核心变量产业协同集聚水平（Θ）之外，其他主要变量的选取和处理如下：

1. 劳动生产率（LP），城市劳动生产率为城市总产出与就业人口总数之比得出。
2. 人力资本变量（H），以城市每万人中高等学校在校学生数代表。

3. 人均资本存量（k），人均资本存量为城市资本存量与总人口之比。本文参考 Wu（2000）与邵军、徐康宁（2010）的方法，采用永续盘存法对中国 2003~2011 年城市资本存量进行了估算。估算关键在于基期初始资本存量的确定，以 2003 年为基期，假设该期资本存量为之前投资的加总，第 t 期的固定资产投资额为 $I(t) = I(0)e^{\eta t}$，η 是增长率。则基期资本存量计算公式为：

$$K(2003) = \int_{-\infty}^{2003} I(t)(1-\delta)^{(2003-t)} \mathrm{d}t = \int_{-\infty}^{2003} I(0)e^{\eta t}(1-\delta)^{(2003-t)} \mathrm{d}t$$

其中，折旧率 δ 取 5%。

$I(0)$ 和 η 通过 2003~2011 年固定资产投资额数据进行线性回归求得：

$\ln I(t) = \ln I(0) + \eta t$，$t = 2003, \cdots, 2011$

$I(0)$ 和 η 确定后，得到基期资本存量 $K(2003)$。那么，其他年度的资本存量就可以通过下式计算得到：

$K(t) = K(t-1)(1-\delta) + I(t)$，$t = 2004, \cdots, 2011$

4. 就业密度（e），为就业人数与城市土地面积之比求得。

5. 控制变量：政府规模（GOV）和外商直接投资（FDI）。政府规模大小反映其对市场干预力度，本文以预算内支出额代表；外商直接投资在增加资本存量的同时，通过引进先进技术和管理经验带动生产效率提升（席强敏等，2015），本文以外商直接投资存量表示，估算方法与资本存量方法类似。控制变量预期符号均为正。

（二）数据和相关处理

本文数据主要来源于 2004~2012 年《中国城市统计年鉴》市辖区统计数据，其他数据来源于《中国统计年鉴》以及国家基础地理信息系统数据库。剔除缺失数据，共选取 240 个城市有效样本数据。行业数据的选取根据《国民经济行业分类》（GB/T4754-2011）的标准，将交通运输仓储和邮政业、信息传输计算机服务和软件业、金融业、房地产业、租赁和商务服务业、科学研究技术服务和地质勘查业六类作为生产性服务业细分行业。本文对数据均进行了对数化处理以消除异方差的影响，为避免因反向因果关系产生的内生性问题，对因变量作滞后一期处理。

五、实证结果分析

本文以空间计量的方法实证检验了产业协同集聚的城市生产效率增进效应。空间权重选择地理临近权重，当 m 城市与 n 城市空间上临近时，w_{mn} 取 1，否则为 0。根据 LM 检验结果，本文选取空间滞后模型。Hausman 检验结果显示，均为固定效应。空间相关系数在 1% 的水平下通过检验，验证了空间溢出效应的存在。

（一）制造业-生产性服务业产业协同集聚的城市生产效率增进效应

如表 2 所示，模型 1 结果显示，全国样本范围内核心解释变量均在 1% 水平上显著，整体拟合优度高达 84.55%。模型 2 加入控制变量后，结果依然稳健，拟合度也有所提高。与全国样本方法类似，模型3～模型8为分地区检验结果。从全国来看，制造业－生产性服务业产业协同集聚显著促进了城市生产效率的提高（0.1507），并显示出对临近空间城市的空间外溢效应，但城市生产效率增进仍然以要素驱动和投资驱动为主，特别地，人均资本存量的系数高达0.3190。政府因素和FDI因素与预期一致，呈现出一定程度的正向作用。

表2　制造业－生产性服务业产业协同集聚的城市生产效率增进效应

变量	全国 1	全国 2	东部 3	东部 4	中部 5	中部 6	西部 7	西部 8
Θ	0.1509 *** (9.7052)	0.1507 *** (9.8444)	0.1252 *** (6.4171)	0.1242 *** (6.4038)	0.1679 *** (6.4373)	0.1672 *** (6.5102)	0.1555 *** (3.7818)	0.1587 *** (3.8782)
e	−0.0942 *** (−8.3893)	−0.1058 *** (−8.3155)	−0.0448 ** (−2.5055)	−0.0553 *** (−3.0649)	−0.1061 *** (−6.8705)	−0.1530 *** (−8.4587)	−0.0325 (−0.6394)	−0.0423 (−0.8297)
H	0.0893 *** (6.1650)	0.0775 *** (5.2977)	0.1161 *** (6.6248)	0.1201 *** (6.7819)	0.0977 *** (3.5392)	0.0503 * (1.7026)	0.0629 ** (2.0170)	0.0488 (1.5341)
k	0.3941 *** (41.6315)	0.3190 *** (23.9373)	0.1894 *** (12.2751)	0.1500 *** (7.9065)	0.2748 *** (13.4576)	0.2384 *** (9.8788)	0.5808 *** (23.7253)	0.5541 *** (19.5405)
GOV		0.0761 *** (7.0500)		0.0271 * (1.8749)		0.0315 ** (1.9434)		0.0154 (0.8709)
FDI		0.0248 *** (2.9385)		0.1005 *** (2.8398)		0.0590 *** (4.9575)		0.0383 * (1.6706)
空间相关系数	0.2500 *** (8.8303)	0.3020 *** (11.0283)	0.4390 *** (14.2279)	0.4260 *** (13.3315)	0.3150 *** (8.4756)	0.3040 *** (8.0397)	−0.2361 *** (−5.6395)	−0.2361 *** (−5.5621)
N	2160	2160	882	882	828	828	450	450
R^2	0.8455	0.8467	0.8899	0.8912	0.8347	0.8397	0.8111	0.8129

注：***、**、*分别代表1%、5%、10%下的显著性水平，括号内为t统计值。

从区域角度来看，产业协同集聚的城市生产效率增进效应依然显著，但效应大小存在地区差异，呈现"东－低、中－高、西－中"特征。其他因素方面；其一，东部城市人均资本存量、人力资本、FDI变量作用与产业协同集聚相差不大，体现了发展动力由要素驱动、投资驱动，向创新驱动转变的多路径均衡发展态势；其二，中部和西部城市产业协同集聚变量作用高于东部城市，但仍旧过度依赖投资驱动，人均资本存量系数分别为0.2384和0.5541，与近年的中部崛起和西部大开发政策不无关系；其三，中部城市人力资本、政府规模和FDI因素作用较小，而西部城市人力资本、政府规模变量则没有通过显著性检验。然而，西部城市空间相关系数显著为负，表明存在竞争效应，应避免产业同质化、要素向少数产业集聚导致竞争性加剧。

值得一提的是，无论是全国样本还是分地区的结果显示，就业密度变量的系数均为负。本文的结果与 Ke（2010）一致，表明中国城市拥挤效应明显。原因在于：一方面，中国就业密度远远高于发达经济体，是美国的 3.9 倍（Carlino et al.，2007；Ke，2010）；另一方面，中国城市基础设施承载能力远不能满足现实需求，导致效率损失。因此，在有限城市空间范围内，加强基础设施建设，提高承载能力和有效供给成为目前较为现实的选择。

（二）行业视角下产业协同集聚的城市生产效率增进效应

行业方面，本文从制造业与生产性服务业细分行业之间协同集聚和生产性服务业细分行业之间协同集聚两个角度进行考察（见表3）。研究发现，产业协同集聚生产效率增进效应的行业异质性特征明显。例如，全国样本中，制造业与生产性服务业细分行业协同集聚的城市生产率增进效应最大的为制造业—金融业（0.1650），最小的为制造业—房地产业（0.0459）；生产性服务业细分行业之间协同集聚的城市生产率增进效应最大的为交通运输仓储和邮政业—金融业（0.1608），最小的为租赁和商务服务业—科学研究技术服务和地质勘查业（-0.0076）。

表3　　　　　　　　　　细分行业产业协同集聚的城市生产效率增进效应

变量	全国 Coef.	t	东部 Coef.	t	中部 Coef.	t	西部 Coef.	t
制造业与生产性服务业细分行业协同集聚的城市生产率增进效应									
zz-jt	0.1303***	8.9427	0.1272***	6.9668	0.1120***	5.4081	0.1769***	4.9968
zz-xx	0.1216***	8.9745	0.0660***	4.129	0.1591***	8.1485	0.1325***	3.8237
zz-jr	0.1650***	11.5557	0.1048***	6.1101	0.2096***	10.1614	0.1501***	4.2257
zz-fc	0.0459***	3.6612	0.0531***	3.5846	0.0628***	3.3582	0.0405	1.3744
zz-zl	0.0174	1.5793	0.0389***	3.118	-0.0169	-1.0957	0.0487	1.3769
zz-ky	0.1233***	8.4155	0.1233***	8.4155	0.1347***	6.2086	0.1028***	2.9337
生产性服务业细分行业之间协同集聚的城市生产率增进效应									
jt-xx	0.1230***	10.023	0.0835***	5.3157	0.1170***	6.5524	0.1332***	4.9172
jt-jr	0.1608***	12.4748	0.1512***	9.1252	0.1370***	7.3009	0.1558***	5.1113
jt-fc	0.0552***	4.4753	0.0915***	5.6497	0.0367**	2.0116	0.0436*	1.7163
jt-zl	0.0336***	3.2522	0.0336***	3.2522	-0.0163	-1.1742	0.0814***	2.6963
jt-ky	0.1199***	9.1262	0.1263***	7.088	0.0931***	4.8941	0.1127***	4.0243
xx-jr	0.1233***	10.7041	0.0696***	5.0389	0.1393***	8.1372	0.1068***	3.9569
xx-fc	0.0430***	3.767	0.0486***	3.4929	0.0453**	2.5402	0.0295	1.2601
xx-zl	0.0403***	3.9164	0.0441***	3.8682	0.0004	0.0266	0.0635**	2.1628

续表

变量	全国		东部		中部		西部	
	Coef.	t	Coef.	t	Coef.	t	Coef.	t
生产性服务业细分行业之间协同集聚的城市生产率增进效应								
$xx-ky$	0.1041 ***	8.4534	0.0819 ***	5.4055	0.0944 ***	5.0734	0.0719 ***	2.6178
$jr-fc$	0.0550 ***	4.5427	0.0868 ***	5.7801	0.0406 **	2.226	0.0202	0.7815
$jr-zl$	0.0539 ***	5.1538	0.0625 ***	5.1319	0.0157	1.0631	0.0696 **	2.239
$jr-ky$	0.1317 ***	10.0378	0.1398 ***	8.323	0.1034 ***	5.3732	0.0799 ***	2.6601
$fc-zl$	0.0085	0.8131	0.0394 ***	3.2194	-0.0134	-0.9106	-0.0055	-0.193
$fc-ky$	0.0393 ***	3.1896	0.0857 ***	5.3004	0.0206	1.1396	0.0173	0.6886
$zl-ky$	-0.0076 ***	-2.859	0.0565 ***	4.4187	0.0054	1.4925	0.0428	1.3582

注：***、**、*分别代表1%、5%、10%下的显著性水平，括号内为t统计值。受篇幅限制，此处并未报告其他变量的回归结果。

分地区来看，无论是制造业与生产性服务业细分行业协同集聚还是生产性服务业细分行业之间协同集聚，东、中、西部发挥生产效率增进作用的行业配对数依次减少，但东部城市所有细分行业之间协同集聚均在1%水平下通过检验，显示出产业协同发展、融合发展的良好态势，而中西部地区城市应在现有产业优势基础上，注重相关产业链条的延伸和横向扩张，优化产业布局。

（三）空间外溢范围估计

产业协同集聚对城市生产效率增进具有空间外溢效应。为了考察空间溢出效应的边界，本文对空间距离进行了区间划分，假设两个城市之间的空间距离区间为$[d_{\min}, d_{\max}]$，v是$d_{\min}$到$d_{\max}$的递进距离，设$v=20$km。

$$W_d \mid d = d_{\min}, d_{\min}+v, d_{\min}+2v, \cdots, d_{\max}$$

其中，$W_d = [W_{mn}, d]_{N \times N}$是空间权重矩阵，$W_{mn,d} = \begin{cases} 1/d_{mn}, & 当 d_{mn} \geq d \\ 0, & 当 d_{mn} < d \end{cases}$

本文通过该设置方法将不同递进距离的权重矩阵带入模型，观察空间相关系数显著性和大小来确定产业协同集聚生产效率增进效应的空间溢出边界。

根据上述方法，本文将不同递进距离的权重矩阵带入回归模型，得到了从14公里至2514公里范围内的126个空间外溢估计系数以及对应的t检验统计值。结果显示，空间外溢系数均在1%的水平上通过显著性检验，证明估计系数可信。

空间外溢系数与地理距离关系如图2所示，可以看出，产业协同集聚对城市生产效率增进的空间外溢效应随着距离的增加而逐渐衰减，总体上空间外溢系数变动可分为三个区间：区间（1）为0~300千米范围，区间内空间外溢系数处于最高水平；区间（2）为300~750千米范围，空间外溢系数缓慢下降，仍处于相对较高水平；区间（3）为750千米以外的范围，空间外溢系数下降明显，直至下降至0.1左右。

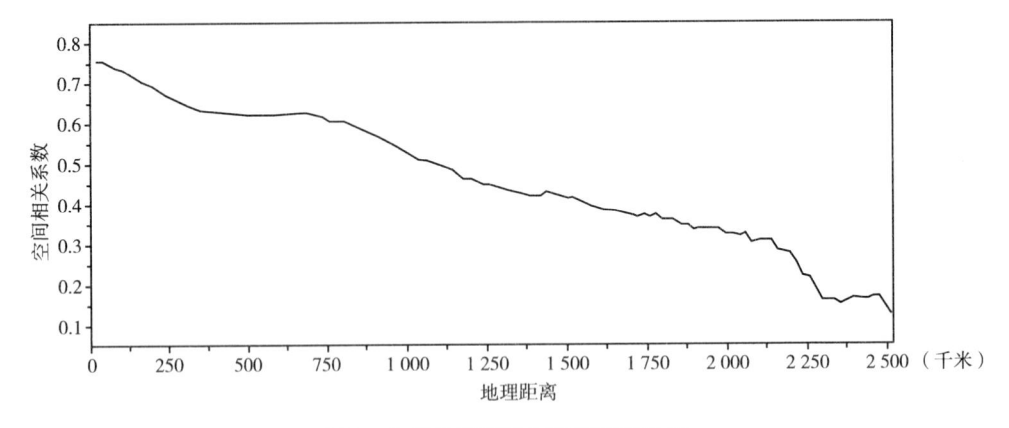

图 2　空间外溢系数与地理距离关系

六、结论和政策建议

以产业协同集聚进行空间布局调整从而实现城市生产效率增进对"新常态"下推进经济结构优化和发展动力转变具有重要现实意义。本文在梳理产业协同集聚促进城市生产效率的内在机理基础上，从空间维度实证验证了产业协同集聚的效率增进效应和空间外溢效应。研究还发现：产业协同集聚对城市生产效率的增进效应存在地区差异，呈现"东-低、中-高、西-中"特征，但中、西部地区城市仍以投资驱动为主，东部地区城市形成了发展动力由要素驱动、投资驱动，向创新驱动转变的多路径均衡发展态势；产业协同集聚的效率增进效应还具备行业异质性，不同行业间协同集聚对效率增进的作用大小不同；在产业关联和知识关联作用机制下，受交易成本和"面对面"接触需求的影响，产业协同集聚对城市生产效率增进的空间外溢效应随距离增加而衰减，在 300 千米范围内的空间外溢效应最强，超过 750 千米后空间外溢效应明显下降。政策建议：

第一，由于产业协同集聚对城市生产效率增进具有地区差异性和行业异质性特征，产业发展应予以差别化和精细化指导，东部地区城市应进一步促进产业间的融合和深化，特别是生产性服务业内部细分行业之间的协同和融合发展；而中、西部地区城市则应利用主导产业优势注重产业链条的横向扩张和纵向延伸，避免同质竞争，在此基础上逐步优化产业结构调整。

第二，在单个城市拥挤效应显现的情况下，产业协同发展应突破行政区划限制，以同城化发展进行产业要素的合理分配，加强基础设施建设，提高城市基础设施承载能力的同时，特别要注重区域城市间的交通基础设施建设，加速要素在更大空间范围的自由流动，改善经济空间联系格局，利用同城化产生的正的外部性（规模经济和效率溢出）缓解单个城市的负的外部性（拥挤效应）。

第三，应加大教育和创新投入，提高人力资本的知识、能力水平，激发和鼓励学习效应和有效互动下的可能创新；吸引 FDI 在本地选址，加大政府支出规模以及固定资产投资。

参 考 文 献

[1] Anthony J. Venables, "Equilibrium Locations of Vertically Linked Industries," International Economic Review, Vol. 37, No. 2 (1996), pp. 341 – 359.

[2] Antonio Ciccone and Robert E. Hall, "Productivity and the Density of Economic Activity," The American Economic Review, Vol. 86, No. 1 (1996), pp. 54 – 70.

[3] Duranton Gilles and Henry G. Overman, "Testing for Localization Using Micro-Geographic Data," Review of Economic Studies, Vol. 72, No. 4 (2005), pp. 1077 – 106.

[4] Duranton Gilles and Henry G. Overman, "Exploring the Detailed Location Patterns of U. K. Manufacturing Industries Using Micro-geographic Data," Journal of Regional Science, Vol. 48, No. 1 (2008), pp. 213 – 43.

[5] Gabe Todd M. and Abel, Jaison R., Shared Knowledge and the Co-agglomeration of Occupations, Staff Report, Federal Reserve Bank of New York, Working Paper, No. 612 (2013).

[6] Gerald A. Carlino, Satyajit Chatterjee, Robert M. Hunt, "Urban density and the rate of invention," Journal of Urban Economics, Vol. 61, No. 3 (2007), pp. 389 – 419.

[7] Glenn Ellison and Edward L. Glaeser., "Geographic Concentration in U. S. Manufacturing Industries: A Dartboard Approach," Journal of Political Economy, Vol. 105, No. 5 (1997), pp. 889 – 927.

[8] Glenn Ellison, Edward L. Glaeser and William R. Kerr, "What Causes Industry Agglomeration: Evidence from Coagglomeration patterns," American Economic Review, Vol. 100, No. 3 (2010), pp. 1195 – 1213.

[9] Marshall A., 1920, Principles of Economics, Macmilan press.

[10] Marshall J. N., "Linkages between manufacturing industry and business services," Environment and Planning A, Vol. 14 (1982), pp. 1523 – 1540.

[11] Shanzi Ke, "Agglomeration, Productivity, and Spatial Spillovers across Chinese Cities," The Annals of Regional Science, Vol. 45, No. 1 (2010), pp. 157 – 179.

[12] Yanrui Wu, "Is China's Economic Growth Sustainable? A Productivity Analysis," China Economic Review, No. 11 (2000), pp. 278 – 296.

[13] 陈国亮. 海洋产业协同集聚形成机制与空间外溢效应 [J]. 经济地理, 2015 (7): 113 – 119.

[14] 陈建军, 陈菁菁. 生产性服务业与制造业的协同定位研究——以浙江省69个城市和地区为例 [J]. 中国工业经济, 2011 (6): 141 – 150.

[15] 陈晓峰, 陈昭锋. 生产性服务业与制造业协同集聚的水平及效应——来自中国东部沿海地区的经验证据 [J]. 财贸研究, 2014 (2): 49 – 57.

[16] 高峰, 刘志彪. 产业协同集聚：长三角经验及对京津唐产业发展战略的启示 [J]. 河北学刊, 2008 (1): 142 – 146.

[17] 胡艳,朱文霞. 基于生产性服务业的产业协同集聚效应研究 [J]. 产经评论, 2015 (2): 5-14.

[18] 江静,刘志彪,于明超. 生产者服务业发展与制造业效率提升:基于地区和行业面板数据的经验分析 [J]. 世界经济, 2007 (8): 52-62.

[19] 江曼琦,席强敏. 生产性服务业与制造业的产业关联与协同集聚 [J]. 南开学报(哲学社会科学版), 2014 (1): 153-160.

[20] 邵军,徐康宁. 我国城市的生产率增长、效率改进与技术进步 [J]. 数量经济技术经济研究, 2010 (1): 58-66.

[21] 席强敏,陈曦,李国平. 中国城市生产性服务业模式选择研究——以工业效率提升为导向 [J]. 中国工业经济, 2015 (2): 18-30.

[22] 赵伟,郑雯雯. 生产性服务业—贸易成本与制造业集聚:机理与实证 [J]. 经济学家, 2011 (2): 67-75.

新常态下转型发展亟待解决的若干问题

隋映辉[*]

摘　要：中共十八届三中全会以来，我国各地抓住战略调整、结构布局契机，积极适应新常态，谋划新思路，破解新"瓶颈"，促进新发展，进入了创新驱动、转型发展的轨道。然而，一些城市或地区在发展过程中也面临着战略不落地、体制不协调、政策不到位、园区无支撑、产业无链接等一系列亟待解决的问题。本文认为，进入新常态阶段，要深谋远虑，登高远望。从国内外科技经济转型发展的视角，系统总结"新常态"的来龙去脉，深入解析新常态下的发展"瓶颈"，梳理新常态下转型发展误区，规避转型发展各类风险，明确创新驱动与转型发展的方略与路径，进一步提供新空间，拓展新思维，激发新动力。

期间，尤其要以结构性、跨越式推进战略，加大区域创新及科技产业化、市场化驱动，实现科技产业为主导的实体经济战略重组与转型升级；以区域战略要素和区位优势为基础，以产业替代和资产重组为支柱，通过实施"一带一路"战略，推进国家或地区之间在产业、技术、资金、服务等领域的合作，加快产业布局、资源重组和优化升级，实现系统性、差异化、链接性和协调性发展。

关键词：新常态　转型发展　风险　路径

一、新常态转型发展面临的问题

进入"新常态"，需要在总结大国盛衰的世纪变迁，以及国内外历史经验教训的基础上，加快系统创新、协调发展，推动中国制造向中国创造转变、中国速度向中国质量转变、中国产品向中国品牌转变的要求，加快创新驱动与转型升级。

按照经济转型发展以及市场需求，除了要解决体制改革滞后、粗放型外延发展、自主创新能力不强，空间扩张冲动、产业缺乏关联、结构趋同等顽疾。要高度重视创新驱动转型发展的作用，坚定不移地推动经济结构优化和产业转型升级，大力破解制约新常态科学发展、健康发展的若干问题。

1. 战略不落地。中央虽然出台了一系列创新驱动、转型发展战略及政策，但经

---

[*] 隋映辉，研究员（二级）、教授、博士生导师，山东国家级科技思想库顾问委员会成员、山东科技大学科技经济与管理研究所所长、青岛社科院科技经济与管理研究中心主任、青岛科学学与科研管理研究会理事长、《科学学研究》编委等。研究方向：经济发展与战略管理、产业转型与可持续发展、区域创新与集群生态等。

层层下达，往往逐级递减变异，以致影响了国家战略落地。例如，一些城市或地区虽然高调进入新常态，但要么"张冠李戴""穿新鞋走老路"；要么思路不清晰、执行力打折扣，导致转型发展与创新战略久驱不动，政策漂移。在"四无"（无科技成果转化、无新兴产业替代、无转型升级配套、无实体经济对接）情况下，仍延续规模扩张的发展思路，形成一轮新的非可持续投资冲动，将创新驱动与转型发展演变为改头换面的另类地产物业形态，再造新债务膨胀和高负债风险。

2. 体制不协调。在政府职能转变滞后、体制负面清单、权力清单、责任清单弊端仍然积存的情形下，一些部门改革出现"梗阻现象"，利益矛盾突出，有利齐插手、无利全推诿，谁都在管，谁都不管，谁都管不好。一些研究项目重复性延续或重叠，资源投入浪费，成果转化率低下，科研经费成无效投入。迫切需要转变政府职能，简政放权，通过政府体制协调为主题的深化改革，实现从政策推动向制度引领转变，进一步激发创新驱动、转型发展的活力。

3. 政策不到位。一些城市或地区相继出台了名目繁多的政策措施，但真正落实到科技实体、关键部件及创新配套等项目，撒胡椒面多，精准服务少；刮风措施多，持续服务少。政策制定与规划，各部门各行其是，缺少政策对接及有效协调。一些出台的优惠政策，落地无根，优而不惠，呈现出政策断链与措施碎片化现象，其结果是，政策高高举起，轻轻落地，创新成效一带而过。

4. 园区无支撑。园区创新驱动是实现产业转型升级的主要支撑与基础，也是实现结构优化的关键环节。目前一些科技园（谷）、孵化器，"点高面低"，高科技不高、孵化器不符，存在着科技虚拟化、企业空壳化、产业空心化、园区出租化等一系列问题。不仅耗费大批资源、资金，还持续造成产能过剩、空城、空园、巨额债务和资源破坏、环境污染。

5. 产业无链接。我国产业经济已形成规模，但却大而不强、散而不聚、转而无形。一些城市或地区纳入重大战略性产业的专项主要集中在大型企业。而围绕区域发展、产学研资金链接合作，具有关键性、链接性的创新型产业项目的支持不够。在产业链接、服务配套及集群政策倾斜等方面，项目不够明晰，措施不很给力。

为此，从国家战略来看，实现新常态，亟待通过战略、体制、政策、管理等系统创新驱动，推进产业创新、研发模式、园区建设、城乡一体等转型升级，激发经济新动能，持续完善规划布局，真正实现战略落地、政策到位。

加大城镇化建设的配套改革。2013年中共中央、国务院印发了《国家新型城镇化规划（2014～2020年）》，涉及全国20多个城市群、180多个地级以上城市和1万多个城镇的建设，为新型城镇化建设提出了土地制度、产业布局、就业配套、医疗卫生、教育、交通、户籍等一系列政策，但需要进一步分类别类、一域（地）一策、政策细化，进一步缩小城乡差距、区域差距，形成城乡共富的新常态发展格局。

加快"一带一路"的规划建设。通过将"一带一路"建设与均衡发展、新兴经济体的基础设施建设、承接产业及产能转移紧密结合起来，推动产业、资产、资源等转移，提升链接与配套能力，加快产能、科技、资本、人才、服务转移，拓展具有比较优势产业的区域市场空间，为产业转型升级提供发展机遇。以政策沟通、道路联通、贸易畅通、资本流通的全面建设，延展我国可持续发展的战略机遇期。

加快"自贸区"建设布局与体制探索。目前，全国30多个城市都提出申报"自贸区"，推动设立自贸区，需要立足国家战略、长远利益与空间布局，通过阶段性试点探索与差异化发展布局，将发挥产业优势与资源优势重组相结合；将扩大国内外有效开放和体制创新相结合，把职能转变、服务功能与政策配套相结合，形成具有国际规则、中国优势的"自贸区"基本制度框架，建设区域经济贸易一体化的合作园区。

加快制造业转型升级。以"中国制造2025"发布为契机，从研发资源、创新环境、产业链接和运作模式等入手，重构产业创新体系。推动关键领域技术的持续突破、不断融合和加速应用，引发制造业发展理念、技术体系、制造模式和价值链的重大变革。以智能、绿色、服务等制造业的核心价值，推进虚拟化技术、3D打印、工业互联网、大数据等技术嵌入制造业体系，构建基于信息物理系统的智能工厂，形成网络重包、协同设计、个性化订制、精准供应链管理等竞争优势，加速形成区域性的特色高端制造与服务基地。

二、如何规避新常态转型发展风险

新常态发展，要登高远望、深谋远虑。进一步提供新空间，拓展新思维，激发新动力。期间，尤其要以结构性、跨越式推进战略，加大区域创新及科技产业化、市场化驱动，实现科技产业为主导的实体经济的战略重组与转型升级；以区域战略要素和区位优势为基础，以产业替代和资产重组为支柱，通过"一带一路"国家或地区之间在产业、技术、资金、服务等领域的合作，加快产业布局、资源重组和结构调整，推动我国产业结构优化升级。同时，注意规避新常态发展误区及风险。

1. 规避"蜂窝经济"。在新一轮经济转型期，一方面抓住产业转型升级机遇，合理转移或调整煤炭、化工、钢铁等传统产业及房地产产能；另一方面把握新一轮科技产业发展趋势，加快创新资源整合与结构优化调整，抢占智能制造、网络通信、生物医药、生态环保、新能源汽车等战略性新兴产业的制高点，按照国内外市场需求，合理规划布局，避免新项目、新投资、新园区无序竞争、重复建设的"一窝蜂"乱象，造成新的产能过剩及无效投入。

2. 规避"闭环产能"。大数据、网络化时代到来的重要标志，是大批创新性知识、技术与专利的涌现。需要围绕市场需求定制，并贯穿于"产学研资介用"全流程的链接合作。要及时调整规模化的传统发展模式，重视创新驱动的产业链接合作及服务效应。跳出一城一域的全封闭、断链式集聚，以跨界、跨域、跨行业的融合链接，加快产业集群链建设，推动产学研资介用之间的互动、链接与合作。

3. 规避"空壳规划"。要规避一些大项目、大园区缺乏科学论证，炮制空壳的发展规划。这类发展规划除了盲目追求速度，"跑马圈地"，主要是为了将来可以通过变更土地用途，变异发展的房产物业项目。为此，既要加大民生工程、创新驱动等重点项目投入力度，又要警惕新的一次性GDP的"大干快上"，避免造成科技园区、孵化器（谷）、城市圈、自贸区等产业规划悬空，最终落得不着调、不接轨、不落地。

4. 规避"网络泡沫"。网络经济发展，既是创新驱动机遇，也是转型发展问题。研究表明，互联网上的数据每年将增长50%，每两年便将翻一番，而目前世界上90%以上的数据是最近几年才产生的。"互联网+"在一定程度上服务中国转型升级，但要全面研判实体经济、产业结构等方面的链接程度，以及网络经济周期、互联网管制、网络商业安全、网络经济与实体经济的利益分配等。避免网络经济产生的结构性泡沫，构成另类风险。

因此，要主动规避创新驱动与转型发展风险，进一步转变发展方式，明确创新定位，选择转型路径，立足创新驱动，加快科学发展，推进产业、技术、投资等政策协调，完善区域间的战略合作等，真正实现战略落地和政策到位。

明确转型发展路径。国内外经验表明，实现新常态，必须按照本国国情及发展阶段，确立本国创新驱动与转型发展模式，明确"一带一路"、城镇化、自贸区、制造业创新等发展路径，加大资源整合、创新要素集聚、园区转型发展，进一步推动要素投入向创新要素投入为主的根本转变，实现以新产业、新业态、新模式、新资源为链接的科技经济转型。

加快产业政策协调。在转型升级的背景下，实现新常态要促进产业投资和鼓励产业转移，并与国家产业战略和投资政策相协调。但由于中国的市场日趋开放（在某些领域开放度甚至大于一些发达国家或地区），竞争日趋激烈，产业投资、经济科技发展受到制约。因此，应加快实施国家产业政策协调，积极引导国内外投资者根据产业转型和市场需求，加快创新驱动步伐，共建科技园区、产业基地，形成共生共存型产业结构。

推进科技转移合作。我国产品制造跃居世界前列，但在若干科技产业的研制、转化和孵化等合作方面，还落后于欧美等发达国家或地区，相关高科技产业具有较强的互补性。但"一带一路"国家或地区发展能力参差不齐，科技交流和人才交流不畅，不利于区域性产业技术转移，提高技术领域的整体竞争实力。国家要设立专项基金，建立若干区域产业结构转型、科技转移合作的技术成果转化、转移平台。在科技产业的研制开发、成果转化、技术孵化、产业创新等领域开展跨域合作，实现资源共享。

拓展区域空间。跨域投资不仅能带动经济的增长，还能带动产业内贸易的发展，除了在中国沿海城市、沿江、沿边城市在更大的范围建立科技园区或创新基地，还要逐渐拓展到中西部城市，缓解区位投资格局不合理等问题。因势利导，促使中心部地区在高新技术产业领域的投资比重，通过投资带动战略合作与发展。在跨域合作的基础上，进一步推动投资合理化，削减投资有关的政策壁垒。

实现服务配套。为推进跨域合作，成立相关的合作机构提供信息技术和金融支持，包括有关部门提供数据，构建投资、重组、人才、技术等内容广泛的数据库；建立投资合作基金或投资银行；建立有效的处理风险机制；建立咨询服务研究机构，加强部门咨询合作与交流；联合加强区域合作的专业人才培训合作；强化咨询交流，建立跨学科、多层次的专家学者交流机制。

三、实现新常态转型发展的路径

进入新常态发展阶段，须从国内外科技经济转型发展的视角，系统总结与解析"新常态"的来龙去脉，明确基于创新驱动与转型发展的方略与路径。真正实现系统性、差异化、链接性和协调性发展。

其一，强化系统发展。以全球创新资源整合，有效集合大数据、云计算等网络资源，服务创新生态系统建设，实施空间拓展、链接配套、网络整合、多元融合等一系列转型。围绕科技经济发展重点，引导互联网与经济结构调整相结合，全面系统地解决创新驱动"各自为战""无的放矢"等问题，推动经济、社会与科技在新常态下实现系统联动、转型升级。

其二，推进差异发展。通过差异化发展战略，提高优势领域自主创新能力，利用小型化、智能化、专业化的产业新技术、新模式，突破传统产业发展"瓶颈"，形成独到的"制高点"结构，以及个性化定制的生产模式，以经济结构优化升级行动计划，建立各具特色的区域创新基地及新兴产业，建设研发、配套、制造产业链，推动科技产业园转型。

其三，实施链接发展。借助创新与转型体制机制优势，建立资源整合、学科交叉、跨界合作、多元协调的科技经济链接管理体系。以知识链、产业链和价值链的协调整合，实施"府产学研资介用"的系统链接。以创新产业链接，推进创新链，完善资金链，实现创新驱动的链接效应，进而实现科技产业的规模经济和集聚效应。

其四，加快协调发展。以发展战略、体制、政策与管理的要素联动、多维协调，推动科技、经济、社会与区域的协调发展。通过"解卷众明、纲举目张"，实施创新驱动与转型发展的一体化进程，构筑新常态的协调发展、科学发展机制。

总之，以国家战略利益及可持续发展为主轴，紧紧围绕"稳增长、调结构、促创新、惠民生"的目标，加快要素驱动、投资驱动转向产业创新驱动，进一步挤压

"非理性泡沫"，提升经济社会发展质量，优化创新驱动布局结构，中国经济才能步入科学发展、转型发展、共享发展的"新常态"，进而实现"质量更高、效益更好、结构更优"的可持续发展目标。

<h2 style="text-align:center">参 考 文 献</h2>

［1］隋映辉．协调发展：结构、量度与体系［J］．经济科学，1989（6）.
［2］隋映辉．协调发展论［M］．青岛：中国海洋大学出版社，1990.
［3］隋映辉．21世纪是中国世纪吗［M］．济南：济南出版社，1997.
［4］隋映辉．我国沿海经济区：产业转型特点、问题与战略选择［J］．发展研究，2010（9）.
［5］隋映辉．创新驱动与沿海经济区转型升级［J］．发展研究，2012（11）.
［6］周立群．创新、整合与协调［M］．北京：经济科学出版社，2007.

"10+3" 自由贸易区成立后的福利效应

安虎森　栾秋琳[*]

摘　要：本文基于新经济地理学理论建立模型，对"10+3"自由贸易区成立后的产业份额和福利水平变化进行分析。研究发现，自由贸易区成立后，参与国的福利水平都有所提升，而没有参与自由贸易区的国家，福利水平都在下降。同时，市场规模、比较优势和区内贸易自由度都会影响各国的产业份额和福利水平。一般情况下，在贸易自由度较低时，市场规模是主要影响因素；而贸易自由度较高时，比较优势是主要影响因素。同时，区内具有较大市场规模或较高比较优势的国家，集聚力较强，在达到一定贸易自由度时会吸引其他国家产业向该国家转移。

关键词："10+3"自由贸易区　比较优势　产业份额　市场规模

一、引　言

当前世界区域经济一体化进一步发展，北美建立了较为成熟的北美自由贸易区，西欧则建立了高度一体化的欧盟。而东亚各国只有中国—东盟、中国—韩国两个自由贸易区，中日韩自贸区还处在谈判阶段，东亚的合作还主要以三个"10+1"的形式进行。然而应对经济全球化的浪潮，尤其亚洲金融危机以后，建立完全统一的自由贸易区，积极推动"10+3"合作进程的发展，对于中日韩以及东盟的经济发展具有重要的影响。数据显示，中、日、韩三国人口总数占世界的20%左右，东盟占9%，四个地区经济总量占世界的26%。因此，"10+3"贸易自由区的成立对世界经济的发展具有重要意义。从目前来看，建立统一自由贸易区面临诸多问题，一方面各国经济发展水平存在差异，东盟有些国家发展较为落后，致使各国的产业结构以及国际分工不同，各国之间贸易竞争大于合作。另一方面各国技术水平也存在差异，日本和韩国的技术水平较高，处在国际贸易中的有利地位，这使得东盟有些国家，在某些行业不愿意与日本和韩国开展贸易。因此，本文以新经济地理学的研究角度，根据不同国家的实际情况，引入比较优势变量和市场份额变量，研究"10+3"自由贸易区成立后，各国家各地区的产业份额变化，以及对福利水平的影响。如果成立贸易自由区后各国福利水平有所提升，则说明建立"10+3"自由贸易区成立

---

[*] 安虎森（1952—），男，南开大学经济研究所，教授、博士生导师；栾秋琳（1988—），男，南开大学经济研究所博士研究生。

具有重要经济意义。

二、理论模型

本模型主要建立在新经济地理学的 FC 模型（自由资本模型）上，涉及 5 个地区 2 个部门。5 个部门分别是国家 1，国家 2，国家 3，国家 4 以及除了这四个国家的其他国家，称为国家 5。每个国家都涉及 2 个部门，分别是农业部门和工业部门。其中，农业部门是以规模收益不变和完全竞争为特征，生产同质产品，且使用劳动力一种生产因素。而制造业部门是以规模收益递增和不完全竞争为特征，生产差异化产品，并且利用劳动力和资本两种生产要素。资本在国家间流动是无成本的，同时资本收益返回母国消费，而劳动力不能在国家间流动。同时，根据 FC 模型的特点，农产品在国家的交易是没有成本的，所以农产品不会影响最终的均衡，同时也不会影响各国的产业份额和福利水平。制造业产品在国家间流动是有成本的，用 τ 表示，即冰山交易成本。

假设不同国家消费者的都具有多样化偏好，不同国家的消费者都消费农产品和工业品，并实现其效用最大化。根据基本假设，农产品是同质产品，而工业品为一组产品。用 C_M 表示对一组工业品的消费量，该效用函数为 CES 型效用函数，即 $C_M = (\int_{i=0}^{n^w} c_i^{(\sigma-1)/\sigma} \mathrm{d}i)^{(\sigma-1)/\sigma}$ 其中，$0 < \mu < 1 < \sigma$，c_i 是第 i 种产品的消费量，n^w 为整个经济系统工业品种类总数。消费者的总效用函数是 C-D 型效用函数，即 $U = C_M^\mu C_A^{1-\mu}$，其中 C_M 和 C_A 分别为工业品和农产品的消费量，μ 和 $1-\mu$ 分别为总支出中对工业品和农产品的支出份额。同时，根据 FC 模型相关结论，可以得出工业品价格指数为 $P_M = (\int_{i=0}^{n^w} p_i^{1-\sigma} \mathrm{d}i)^{1/(1-\sigma)} = (\Delta n^w)^{1/(1-\sigma)}$，其中 $n^w = 1$，即全世界的产业份额假设为 1。因此根据等式关系，$\Delta = P_M^{1-\sigma}$ 可以视为价格指数。

假设不同国家厂商的偏好是相同的，每个厂商都试图最大化其收益，每个厂商都使用单位资本作为固定成本，资本收益率为 π。而厂商的可变成本为 $W_L \alpha_m x_i$，其中，W_L 为工资水平，a_m 为单位产品所需要的劳动量，x_i 为厂商 i 的总产出。根据 FC 模型的基本结论，可以求出产品在生产国的价格为 $p_i = w_L a_m (1 - 1/\sigma)$，利润函数为 $\pi_i = p_i x_i / \sigma$。本文假设各国生产技术不同，即生产单位产品所需要的劳动力数量不同。本文用 x_i 表示相对于国家 1 的比较优势，如 $x_i = (a_m^i / a_m^1)^{1-\sigma}$，若 $x_i > 1$，说明第 i 个国家相对国家 1 具有比较优势；如果 $x_i < 1$，说明第 i 个国家相对国家 1 具有比较劣势。

假设资本可以在国家间无成本的流动，且向资本收益率最高的国家流动。当资本不再流动时，各个国家的资本收益率都相等，即达到长期均衡。这时，不同国家企业和居民的名义收益率都相等，唯一不相同的是各个国家的价格指数。因此，各个国家福利水平的变化只与各个国家的价格指数相关，与本地的名义工资无关。本文利用实际收入来表示不同国家的福利水平,因此,价格指数 Δ_i 就与福利变化息息相关。为了简化模型,在本文的研究中,把东盟10国看作一个国家来研究,这样本模型中就有4个国家,即中、日、韩和东盟。4个国家成立自贸区后各个国家之间交易成本对称且相等,都为 τ^*,成立自贸区后4个国家与其他国家的贸易成本对称且相等,都为 τ。即在本模型的研究中,各国之间不存在单边贸易问题。由于成立自贸易区可以有效地降低交易成本,自贸区内各国之间的贸易自由度要大于自贸区各国与其他国家之间的贸易自由度,即 $\phi^* = (\tau^*)^{1-\sigma} > \phi = (\tau)^{1-\sigma}$。

三、数值模拟分析

用 $SE_i = E_i/E_w$ 来表示第 i 个国家在世界总市场规模中所占的份额,其中 E_i 为第 i 国市场规模,E_w 为世界市场的规模;用 $SN_i = n_i/n_w$ 来表示第 i 个国家产业份额在世界产业总份额所占的比例,其中,n_i 为第 i 个国家产业份额,n_w 为世界产业总规模;用 π_i 来表示第 i 国代表性厂商的利润函数,用 x_i 表示第 i 国相对于其他国家的比较优势;用 μ_i 来表示第 i 国消费者对工业品的支出份额。根据上面的假设建立中、日、韩东盟4国成立自贸区后的福利表达式。

$$W_1 = (SN_1 + SN_2\phi^* + SN_3\phi^* + SN_4\phi^* + SN_5\phi)^{a1}$$

$$W_2 = (SN_1\phi^* + SN_2 + SN_3\phi^* + SN_4\phi^* + SN_5\phi)^{a2}$$

$$W_3 = (SN_1\phi^* + SN_2\phi^* + SN_3 + SN_4\phi^* + SN_5\phi)^{a3}$$

$$W_4 = (SN_1\phi^* + SN_2\phi^* + SN_3\phi^* + SN_4 + SN_5\phi)^{a4}$$

$$W_5 = (SN_1\phi + SN_2\phi + SN_3\phi + SN_4\phi + SN_5)^{a5}$$

$$SN_1 = \frac{E}{S}\left[\frac{U^1SE^1 + U^2SE^2\phi^* + U^3SE^3\phi^* + U^4SE^4\phi^*}{1-\phi} + \frac{\phi SE^5 U^5}{1-4\phi+3\phi^*}\right]$$

$$SN_2 = \frac{E}{S}\left[\frac{U^1SE^1\phi^* + U^2SE^2 + U^3SE^3\phi^* + U^4SE^4\phi^*}{1-\phi} + \frac{\phi SE^5 U^5}{1-4\phi+3\phi^*}\right]$$

$$SN_3 = \frac{E}{S}\left[\frac{U^1SE^1\phi^* + U^2SE^2\phi^* + U^3SE^3 + U^4SE^4\phi^*}{1-\phi} + \frac{\phi SE^5 U^5}{1-4\phi+3\phi^*}\right]$$

$$SN_4 = \frac{E}{S}\left[\frac{U^1SE^1\phi^* + U^2SE^2\phi^* + U^3SE^3\phi^* + U^4SE^4}{1-\phi} + \frac{\phi SE^5 U^5}{1-4\phi+3\phi^*}\right]$$

$$SN_5 = \frac{E}{S}\left[\frac{U^1SE^1\phi + U^2SE^2\phi + U^3SE^3\phi + U^4SE^4\phi}{1-\phi} + \frac{SE^5 U^5}{1-4\phi+3\phi^*}\right]$$

$$E = 1 - 4\phi^2 + 3\phi^*$$

$$S = U^1SE^1 + U^2SE^2 + U^3SE^3 + U^4SE^4 + U^5SE^5$$

其中,$a_i = \mu_i/(\sigma - 1)$,W_5 代表除了自贸区外其他国家的福利。在上述模型中,我们假设各国的技术水平都相同,下面我们将分析各个国家技术水平不相同的情况。利用上面的产业份额和福利水平的表达式,进行数值模拟。

1. 比较优势、市场规模和工业品支出份额相同的情况下，产业份额和福利水平随区内贸易自由度变化的情况。即 $SE^1 = SE^2 = SE^3 = SE^4 = SE^5 = 0.2$，$\mu^1 = \mu^2 = \mu^3 = \mu^4 = \mu^5 = 0.8$，模拟结果如图1所示。

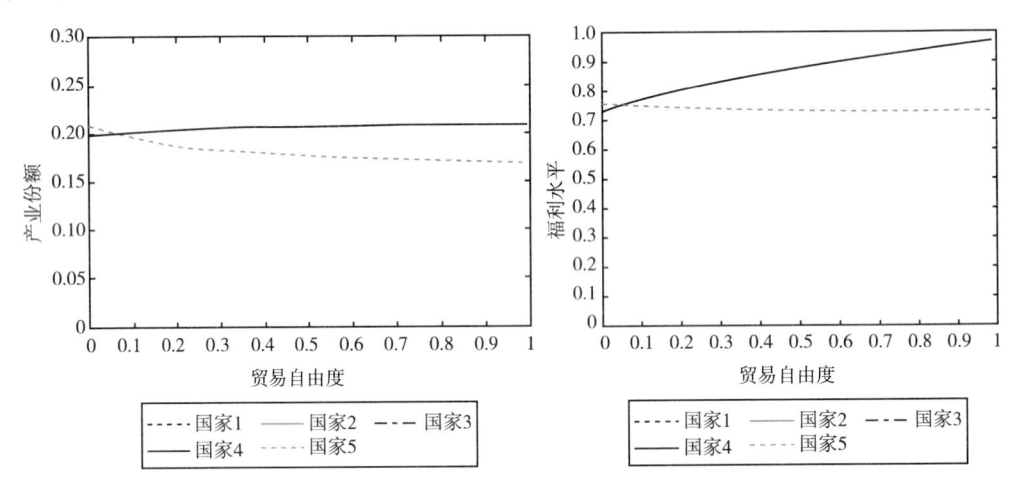

图1　成立贸易自由区后，各国产业份额和福利水平的变化

从图1可以看出，建立自贸区后，区内各国的产业份额和福利水平都在增加，而区外其他国家的产业份额和福利水平都在减少。这说明，成立自贸区对区内国家是有利的，同时对区外国家是不利的，尤其是随着区内各国贸易自由度的提高，区外国家的福利损失越来越大。

2. 比较优势、工业品支出份额相同的情况下，但市场份额不同的情况下，产业份额和福利水平随区内贸易自由度变化的情况。$\mu^1 = \mu^2 = \mu^3 = \mu^4 = \mu^5 = 0.8$，$SE^1 = 0.21$，$SE^2 = 0.19$，$SE^3 = 0.11$，$SE^4 = 0.09$，$SE^5 = 0.4$，模拟结果如图2所示。

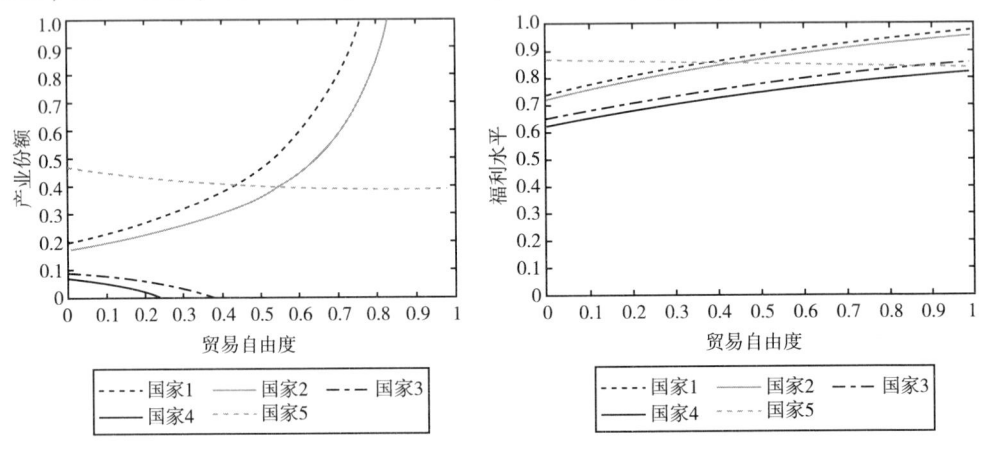

图2　市场份额不同的情况下，各国产业份额和福利水平的变化

从图 2 可以看出，自贸区成立后，在贸易自由度较低的情况下，区内各国的产业份额随着贸易自由度的提高而增加，区外国家的产业份额一直在下降。即使区外国家的市场规模很大，但是成立自贸区后，还是不能遏制产业向自贸区内国家转移。这是因为 4 个国家成立自贸区后，具有较强的本地市场放大效应，企业会转移到市场规模较大的地区进行生产，同时在市场较小的地区出售商品。随着区内贸易自由度提高，市场规模较小国家的产业份额依次开始出现下降，而区内市场规模较大国家的产业份额获得明显上升，这说明在自贸区内，随着贸易开放度的提高，有利于市场规模较大的国家，不利于市场规模较小的国家。但从模型模拟中可以看出，随着区内贸易自由度的提高，区内各国的福利水平都有显著提高，而区外国家即使具有较大的市场规模，产业份额和福利水平都在下降。

在上述的模拟中，没有比较优势（即技术水平的差异）所带来影响，现加入比较优势进行模拟比较，加入比较优势后，模型变为以下形式。

$$W_1 = (SN_1 + SN_2\phi^* + SN_3\phi^* + SN_4\phi^* + SN_5\phi)^{a1}$$

$$W_2 = (SN_1\phi^* + SN_2 + SN_3\phi^* + SN_4\phi^* + SN_5\phi)^{a2}$$

$$W_3 = (SN_1\phi^* + SN_2\phi^* + SN_3 + SN_4\phi^* + SN_5\phi)^{a3}$$

$$W_4 = (SN_1\phi^* + SN_2\phi^* + SN_3\phi^* + SN_4 + SN_5\phi)^{a4}$$

$$W_5 = (SN_1\phi + SN_2\phi + SN_3\phi + SN_4\phi + SN_5)^{a5}$$

$$SN_1 = \frac{A}{S}\left[\frac{U^1 SE^1 X_1}{C_1} + \frac{U^2 SE^2 X_2 \phi^*}{C_2} + \frac{U^3 SE^3 X_3 \phi^*}{C_3} + \frac{U^4 SE^4 X_4 \phi^*}{C_4} + \frac{U^5 SE^5 X_5 \phi}{C_5}\right]$$

$$SN_2 = \frac{A}{S}\left[\frac{U^1 SE^1 X_1 \phi^*}{C_1} + \frac{U^2 SE^2 X_2}{C_2} + \frac{U^3 SE^3 X_3 \phi^*}{C_3} + \frac{U^4 SE^4 X_4 \phi^*}{C_4} + \frac{U^5 SE^5 X_5 \phi}{C_5}\right]$$

$$SN_3 = \frac{A}{S}\left[\frac{U^1 SE^1 X_1 \phi^*}{C_1} + \frac{U^2 SE^2 X_2 \phi^*}{C_2} + \frac{U^3 SE^3 X_3}{C_3} + \frac{U^4 SE^4 X_4 \phi^*}{C_4} + \frac{U^5 SE^5 X_5 \phi}{C_5}\right]$$

$$SN_4 = \frac{A}{S}\left[\frac{U^1 SE^1 X_1 \phi^*}{C_1} + \frac{U^2 SE^2 X_2 \phi^*}{C_2} + \frac{U^3 SE^3 X_3 \phi^*}{C_3} + \frac{U^4 SE^4 X_4}{C_4} + \frac{U^5 SE^5 X_5 \phi}{C_5}\right]$$

$$SN_5 = \frac{A}{S}\left[\frac{U^1 SE^1 X_1 \phi}{C_1} + \frac{U^2 SE^2 X_2 \phi}{C_2} + \frac{U^3 SE^3 X_3 \phi}{C_3} + \frac{U^4 SE^4 X_4 \phi}{C_4} + \frac{U^5 SE^5 X_5}{C_5}\right]$$

$$C_1 = X_2 X_3 X_4 X_5 (1 - 3\phi^2 + 2\phi^*) + X_1 X_2 X_3 X_4 (\phi^* \phi - \phi) + B$$

$$C_2 = X_1 X_3 X_4 X_5 (1 - 3\phi^2 + 2\phi^*) + X_1 X_2 X_3 X_4 (\phi^* \phi - \phi) + B$$

$$C_3 = X_1 X_2 X_4 X_5 (1 - 3\phi^2 + 2\phi^*) + X_1 X_2 X_3 X_4 (\phi^* \phi - \phi) + B$$

$$C_4 = X_1 X_2 X_3 X_5 (1 - 3\phi^2 + 2\phi^*) + X_1 X_2 X_3 X_4 (\phi^* \phi - \phi) + B$$

$$C_5 = X_2 X_3 X_4 X_5 - X_1 X_2 X_3 X_4 (1 + 3\phi^*) + D$$

$$A = X_1 X_2 X_3 X_4 X_5 (1 - \phi^*)(1 + 3\phi^* - 4\phi^2)$$

$$B = (\phi^2 - \phi^*)(X_1 X_2 X_3 X_5 + X_1 X_2 X_4 X_5 + X_1 X_3 X_4 X_5)$$

$$D = \phi(X_1 X_2 X_3 X_5 + X_1 X_2 X_4 X_5 + X_1 X_3 X_4 X_5)$$

$$S = U^1SE^1 + U^2SE^2 + U^3SE^3 + U^4SE^4 + U^5SE^5$$

3. 四国具有相同的市场规模和工业品支出份额，但是每个国家的比较优势不相同，定义国家 1 的比较优势为 1，是研究的 5 个国家中比较优势最低的。那么，$SE^1 = SE^2 = SE^3 = SE^4 = SE^5 = 0.2$，$\mu^1 = \mu^2 = \mu^3 = \mu^4 = \mu^5 = 0.8$，$X_1 = 1$，$X_2 = 1.03$，$X_3 = 1.05$，$X_4 = 1.07$，$X_5 = 1.3$。模拟结果如图 3 所示。

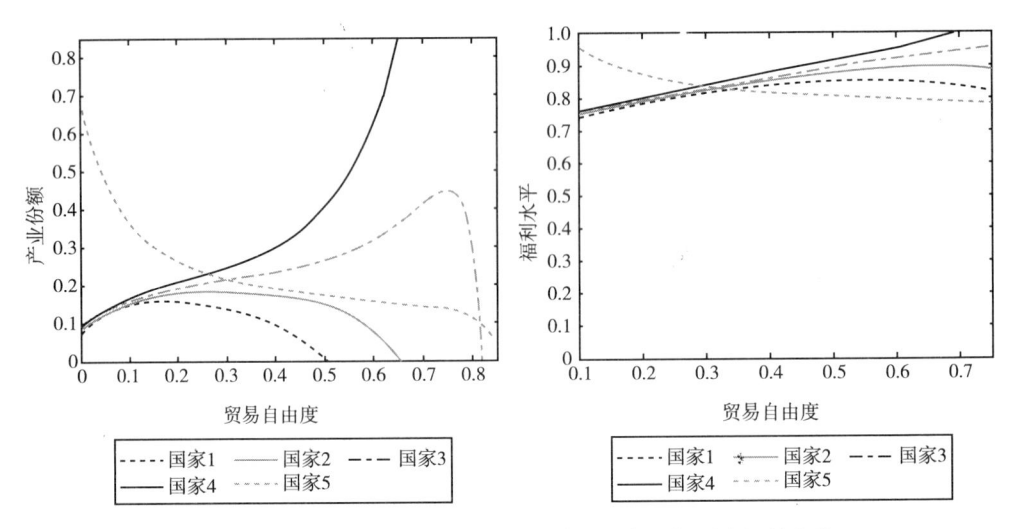

图 3　比较优势不同的情况下，各国产业份额和福利水平的变化

从图 3 可以看出，即使区外国家具有较强的比较优势，但是也不能遏制随着自由贸易区内国家间贸易自由度的提高，而导致产业份额和福利水平的下降。在一定贸易自由的范围内，区内国家的产业份额随贸易自由度的提高而上升，但到达某一自由度，比较优势较弱的国家的产业份额开始下降，最后只有比较优势最高的国家产业份额会一直上升。从变化规律来看，比较优势越弱下降得越快，这说明成立自由贸易区对于技术水平落后的国家是不利的。所以在自由贸易区建立的谈判中，往往会有优惠贸易协定来保护技术水平较落后的国家。即使如此，成立自由贸易区还是利大于弊，4 个国家的福利水平都有明显的上升。

4. 四国具有相同的工业品支出份额，但是市场规模和比较优势不同。即 $X_1 = 1$，$X_2 = 1.03$，$X_3 = 1.05$，$X_4 = 1.07$，$X_5 = 1.3$；$SE^1 = 0.3$，$SE^2 = 0.16$，$SE^3 = 0.16$，$SE^4 = 0.22$，$SE^5 = 0.16$；$\mu^1 = \mu^2 = \mu^3 = \mu^4 = \mu^5 = 0.8$。模拟结果如图 4 所示。

从图 4 可以看出，自贸区内国家 1 的市场规模最大，而国家 4 具有较强的比较优势，在自由贸易度较低的情况下，国家 1 的产业份额增长很快，且产业份额总量大于国家 4，而国家 4 的产业份额增长缓慢。随着贸易自由度的进一步升高，国家 1 的产业份额有明显的下降，而国家 4 的产业份额在不断地上升，这说明在贸易自由度达到一定水平时，比较优势对产业份额起到决定作用，而在贸易自由度很低时，

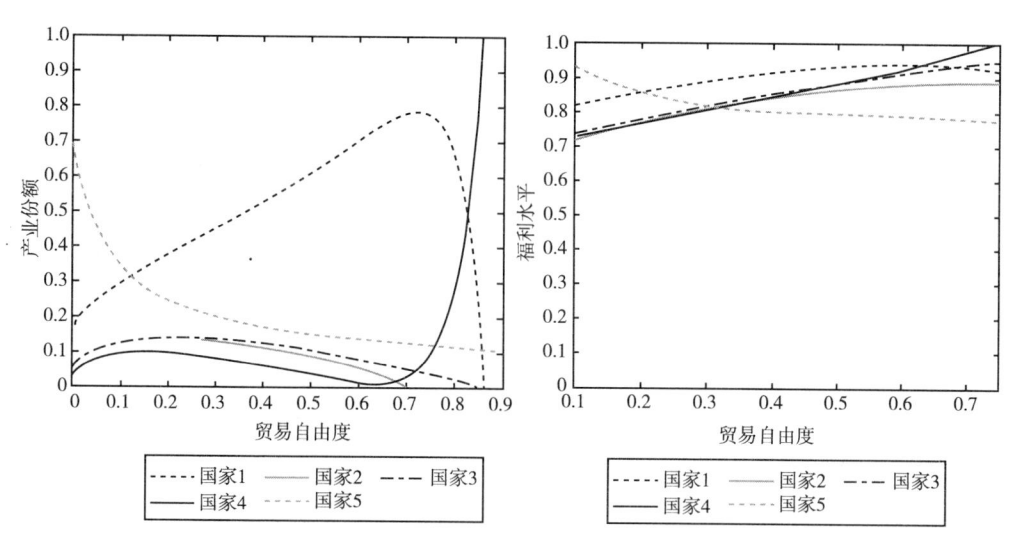

图4 比较优势和市场规模不同，各国产业份额和福利水平的变化

市场规模对产业份额起到决定作用。同时也可以看出，不管区外国家具有多强的比较优势，随着贸易自由度的升高，区外国家的福利在不断下降，而区内国家的福利水平在不断提高。

四、结　论

建立"10+3"自由贸易区，有利于中、日、韩及东盟四地区福利水平的提高，同时在一定区内贸易水平下，也会扩大参与国家的产业份额。因此，许多国家都愿意成立或参与这样的组织，故这种现象为参与自贸区的"多米诺效应"。一般情况下，没有加入的国家都会通过提高贸易壁垒的方式，来保护本国的产业和资本不会转移和流出。自贸区能有效吸引产业转移，主要是因为，各个参与国家形成了一个较大的市场规模。在市场放大效应下，各种要素向市场规模大的区域聚集。若区内国家间的贸易自由度不高，那么这种集聚效应并不明显，因此，自由贸易区内的国家应该相互开放市场，降低贸易壁垒，提高贸易自由度。但从研究中还可以看出，市场规模在区内贸易自由度很低的情况时，起到决定作用，而随着区内贸易自由度的提高，技术水平具有较大的决定性作用。所以对于技术水平较低的国家在加入自由贸易区时，例如东盟某些较落后的国家，要适度开放其市场。同时，在技术水平相同的情况下，产业会向市场规模较大的国家集聚，这会进一步降低落后国家的市场规模。因此，自由贸易区要建立在合适的贸易自由度上。从福利角度来看，参与国家的福利都有所提升，而没有加入自由贸易区的国际福利都在减少，所以，中、日、韩、东盟形成"10+3"自由贸易区是有利于各国经济发展。

参 考 文 献

[1] 安虎森. 新经济地理学原理 [M]. 北京: 经济科学出版社, 2009.
[2] 安虎森, 刘军辉. 中日韩成立自贸区对三国经济福利的影响——基于新经济地理学理论的研究 [J]. 现代经济探讨, 2014 (7): 49 – 54.
[3] Richard Baldwin, Rikard Forslid, Philippe Martin, Gianmarco Ottaviano and Frederic Robert-Nicound. Economic Geography and Public Policy [M]. Princeton University Press, 2003.

"一带一路"背景下跨境人口较少民族差别化扶贫政策研究[*]

谈玉婷[**]

摘 要：跨境民族与人口较少民族的重合部分，是我国目前贫困程度最深，扶贫攻坚最困难的群体。在世界性民族主义浪潮的影响下，跨境人口较少民族的贫困问题成为一个新生态的民族问题。随着国家兴边富民行动的进一步开展，以及人口较少民族的发展问题引起的政府关注，特别是"一带一路"战略构想提出后，我们更应将扶贫目光聚焦在这群人口极少、亟须扶贫政策指引和帮扶的群体上。在"一带一路"新的平台下，提升跨境人口较少民族扶贫效率，提高其发展水平，对于我国完成脱贫任务，全面迈入小康社会有着重要意义。

关键词：人口较少民族 跨境民族 扶贫政策

一、引 言

2015年11月27日至28日在北京召开的中央扶贫开发工作会议上，习近平主席强调，脱贫攻坚战的冲锋号已经吹响，我们要立下愚公移山志，咬定目标、苦干实干，坚决打赢脱贫攻坚战，确保到2020年所有贫困地区和贫困人口一道迈入全面小康社会。随着国家兴边富民行动的进一步展开，尤其是2000年国家民委组织专家学者开展了"中国人口较少民族经济和社会发展调查研究"后，人口较少民族的发展问题也引起了政府的关注。从研究主题上看，学者对人口较少民族的文化、社会经济发展、教育等宏观问题关注较多，但对其社会保障、就业、妇女儿童、大学生等相对具体的领域关注不够。而从文献资料中来看，针对跨境人口较少民族扶贫和发展问题的研究少之又少。跨境民族是一个不容忽视的群体，在世界性民族主义浪潮的影响下，跨境民族问题成为一个新生态的民族问题。2015年3月，艾克拜尔·米吉提在接受采访时说，在"一带一路"建设中，中国的跨境民族将起到不可替代的作用。"一带一路"战略构想的提出，为沿线国家优势互补、开放发展，开启了新的机遇之窗，也为跨境民族的发展提供了新的平台，同时也将提升我国跨境人口较少民族发展水平和扶贫效率。

---

[*] 基金项目：国家社会科学基金项目"支持人口较少民族地区发展的差别化政策研究"（15BMZ004）。
[**] 谈玉婷（1983－），女，助理研究员，主要从事中国少数民族经济研究。

二、跨境人口较少民族现状

（一）跨境人口较少民族的构成

我国是一个统一的多民族国家，共有 56 个民族，与 14 个国家接壤，有陆地边界线 2.2 万公里，其中 1.9 万多公里在少数民族地区，全国有 34 个民族跨境而居。实际上在陆路边境地区，几乎到处都居住着跨境民族。通过表 1 可以看到，跨境人口较少民族共有 18 个，不管是对于人口较少民族还是跨境民族而言，其比例均超过了 50%。

表 1　　　　　　　　　　跨境人口较少民族的组成

人口较少民族	跨境人口较少民族	跨境民族
高山族、裕固族、保安族、基诺族、普米族、撒拉族、毛南族、达斡尔族、锡伯族、仫佬族、土族、珞巴族、赫哲族、塔塔尔族、独龙族、鄂伦春族、门巴族、乌孜别克族、俄罗斯族、德昂族、京族、怒族、鄂温克族、阿昌族、塔吉克族、布朗族、景颇族、柯尔克孜族	珞巴族、赫哲族、塔塔尔族、独龙族、鄂伦春族、门巴族、乌孜别克族、俄罗斯族、德昂族、京族、怒族、鄂温克族、阿昌族、塔吉克族、布朗族、景颇族、柯尔克孜族、仫佬族	朝鲜族、蒙古族、哈萨克族、维吾尔族、藏族、傣族、彝族、哈尼族、傈僳族、拉祜族、佤族、壮族、布依族、苗族、瑶族、珞巴族、赫哲族、塔塔尔族、独龙族、鄂伦春族、门巴族、乌孜别克族、俄罗斯族、德昂族、京族、怒族、鄂温克族、阿昌族、塔吉克族、布朗族、景颇族、柯尔克孜族、仫佬族、侗族

资料来源：根据国家民委网站资料收集整理。

（二）贫困类型

一般来说，民族居住区位越偏远，发生贫困的可能性就越大；聚居程度高的民族贫困面大、贫困程度重，如独龙族、怒族、门巴族、珞巴族、塔吉克族等；居住相对分散的民族经济社会发展水平普遍较高，族群内部贫困人口所占比例低，如俄罗斯族、塔塔尔族、乌孜别克族等，这是因为居住分散有利于族群生存环境的优劣补偿，扩大与外界交流、沟通的机会，优化本民族的文化结构。表 2 是在各类文献和贫困理论基础上，总结出的贫困类型。

表 2　　　　　　　　　　贫困类型

	类型	贫困类型释义
类别	收入贫困	家庭总收入不足以支付仅仅维持家庭成员生理正常功能所需的最低生活必需品开支
	人类贫困	以寿命、教育、保健等结果综合反映某一地区的总体贫困情形及其变化
主体	区域贫困	超越国界尺度贫困
	国家贫困	最不发达国家、低收入国家

续表

	类型	贫困类型释义
主体	地区贫困	国内贫困落后的地区，如贫困县、贫困乡、贫困村
	群体贫困	一国或一地区的贫困人口群体
	家庭贫困	居民家庭的贫困，例如城市贫困家庭、农村贫困家庭
	个体贫困	单个穷人或者贫困者的贫困
原因	物质性贫困	缺乏维持生存或体面生活所必需的物质生活资料。可分为收入贫困、资产贫困、公共产品贫困和环境资源约束性贫困
	能力性贫困	体质、智力、知识、技能和心理能力低下。可分为健康贫困、知识贫困和精神贫困
	参与性贫困	缺乏应有的经济、社会、文化和政治生活的参与权，不同程度地被社会所排斥或歧视
程度	绝对贫困	收入无法满足衣、食、住等人类生活的最低需求
	基本贫困	收入不能满足社会认可的人的基本需求或体面生活水准
	相对贫困	低于社会认可的收入水准。通常把低于社会平均收入30%~40%的人口视为相对贫困

资料来源：李周. 中国反贫困与可持续发展 [M]. 北京：科学出版社, 2007: 19.

结合表2的分类，跨境人口较少民族从类型上属于收入贫困；从主体上，属于区域、地区、群体、家庭和个人贫困；从原因来看，兼具物质性、能力性和参与性贫困；从贫困程度上说，一般都在基本贫困和绝对贫困的程度。

（三）跨境人口较少民族贫困现状

我国的跨境人口较少民族一般处于国家的边疆地区。这些地区的国土面积广阔，民族构成多样，民族、宗教关系错综复杂，具有资源丰富、条件恶劣、邻国众多、区位显要等特点。由于地缘经济的影响、个体素质的差异、贫困文化的作用以及政治影响，这些地区的经济社会发展长期处于落后状态，贫困人口数量庞大，程度深重，且具有很强的贫困惯性，扶贫难度极大。边民贫困是我国边境民族地区普遍性的社会现实，虽然我国政府进行了大规模的扶贫投入，学术界也进行了多维研究。然而，市场化进程的加快使得边民社会关系更趋复杂，国家的扶贫政策在边境民族地区的有效性更待加强，从而导致巨大的扶贫投入制造出扶贫产出低下，扶贫效果不佳。

三、跨境人口较少民族贫困特殊成因

跨境人口较少民族大多聚居在集边疆、山区、民族、欠发达于一体的典型的边疆民族地区。在这些地区既有贫困的民族地区，也有老少边穷地区，许多地方是典型的集老少边穷、民族、边疆于一身的地区，比如，已经列入"十二五"时期国家重点扶持开发的乌蒙山区、石漠化地区、高寒藏区等。这些地区和人民的贫困有其特殊成因。

（一）致贫因素的特殊性

1. 区位屏蔽型贫困。这是一种由居住区位偏远和交通、通信障碍等为主导因素所引发的贫困问题。德昂族、布朗族、阿昌族、怒族、独龙族、门巴族、珞巴族等民族中存在的贫困问题基本属于区位屏蔽型贫困。这些民族大多居住在边远地区的深山老林之中，矿产资源、动植物资源、水资源、自然景观资源和人文资源都比较丰富，但沟壑纵横，山势险峻，道路崎岖，交通不便，信息闭塞。

2. 经济活动模式转轨型贫困。这是一种在经济活动方式转换过程中的不适应而引发的贫困问题。在长期的生存、发展过程中，居住在不同自然地理条件下的少数民族，适应当地生态环境条件而形成了独特的经济活动模式，如赫哲族、鄂伦春族、鄂温克族等。

3. 直过民族式贫困。中国少数民族进入社会主义社会之前，在社会形态等方面存在着较大差别，有些民族当时都处在原始公社的末期，而有些民族则还保存着农奴社会或封建领主经济特点。我们将这些民族称为直过民族。在跨境人口较少民族中，怒族、独龙族、布朗族、珞巴族、门巴族、鄂伦春族、鄂温克族、阿昌族、德昂族、景颇族等都属于直过民族。

（二）社会环境的复杂性

在跨境人口较少民族聚居的地区，贫困与环境是相互制约的。不仅体现在自然因素和灾害因素上，还有政治、经济、文化、甚至是宗教方面的复杂因素。我们知道，宗教信仰是维系民族认同感、规范和督导民族的行为、传承民族文化思想的非正式制度。这种制度会影响人们的生产和消费行为，进而影响到农户收入。而特别是在经济活动模式转型和直过民族中，宗教的影响力更甚。社会环境的复杂性，加大了这些民族的扶贫难度，也使得扶贫政策在这些民族的有效性大大降低。

（三）生态环境的脆弱性

跨境人口较少民族居住的地区，一般生态环境十分复杂、脆弱、敏感，同时这些地方的生物多样性高度丰富、有些民族所处地区甚至肩负维系大江大河下游的生态安全、承担巨大的生态功能的重责，这些都成为国内外高度关注的焦点。发展与保护的矛盾是最典型也最有影响的例子。由于耕地有限，脆弱的生态过度地承载了过量的人口，为了吃饭，老百姓只有靠陆坡垦殖、广种薄收的方式来满足基本的生存，而这种人与地异常尖锐的矛盾，造成严重的生态破坏。在西藏和云南的三江流域区，由于地势险峻、乱砍滥伐、造成水土流失严重、洪灾频繁；内蒙古、新疆由于气候恶劣，过度垦殖放牧，干旱多风，造成森林、草场退化，土地沙漠化，形成了大面积的风沙区。生态环境承载力的降低，又使经济发展受到限制，降低了其可持续发展能力。

（四）扶贫有效性的缺失

目前，"政府主导型"的扶贫是扶贫政策的主体。在这些政策实施的过程中，兜底式扶贫是最直接但却最难见扶贫成效的。而在"市场主导"或者"民众主导"的扶贫政策中，我们可以显而易见，跨境人口较少民族被边缘化。不仅因为他们的发展缺乏内生动力，而更存在当地基层干部"远民"，当地边民远离扶贫"游戏"圈的情况。同时，在扶持人口较少民族政策实施过程中，由于扶持政策的"一刀切"，出现了一些影响人口较少民族地区的民族关系的负面因素，在一定程度上影响、触动了固有的民族关系。这些都导致了在跨境人口较少民族中扶贫有效性的缺失。

四、跨境人口较少民族差异化扶贫政策

（一）"一带一路"带来的机遇与挑战

"一带一路"是指"丝绸之路经济带"和"21世纪海上丝绸之路"。据调查，陕西、甘肃、青海、宁夏、新疆、四川、云南、广西民族8省区；江苏、浙江、广东、福建、海南东部5省将参与其中，部分"区域段"已有框架规划，并启动项目建设。新时期，沿着陆上和海上两条古代丝绸之路构建新经济走廊，将给中国以及沿线国家和地区带来更加紧密的经济联系和更加广阔的发展空间。

首先，跨境人口较少民族所处的民族地区位于丝绸之路经济带核心区域，特别是宁夏、新疆等地与中亚和阿拉伯地区有密切的地缘文化联系，云南、广西与东南亚国家区域经济合作紧密，"丝绸之路经济带"的发展将改变民族地区传统意义的内陆封闭型区位条件，使之成为我国向西向南开放的重要枢纽和桥梁。因此，当前形势下，传统的"画地为牢""各自为政"的分散经营模式已不能适应。我们常说"要想富，先修路"，基础设施联通的挑战实实在在摆在眼前。到周边国家的交通设施落后，存运输成本高，过货量有限，这也成为制约与周边国家进一步开展经贸合作的因素之一。从现实来说，考虑到西部基础设施薄弱，为了更好地外引内联，打通顺畅的交通动脉是第一位的，也符合"一带一路"的题义。

其次，在跨境地区，一般都有着厚重的民族历史文化积淀，在漫长的人类社会历史进程中，中原文化、印度文化、波斯文化、阿拉伯文化、古希腊文化、古罗马文化，以及基督教文化、佛教文化和伊斯兰文化等都能交流荟萃。同时，正是因为不同宗教信仰、思潮的交锋，这些地区的社会稳定的面临挑战。如近年来，在新疆发生的暴力恐怖事件，严重地影响了当地经济社会的发展。社会稳定是影响跨境人口较少民族地区发展的首要因素。可见，社会稳定是实现跨境人口较少民族地区跨越式发展的前提和基础。

最后，在"一带一路"的大机遇下，拥有地缘优势的跨境人口较少民族拥有先行、先试的机遇。但是，我们也看到，能充分利用先行、先试权，改进政府的行为方式，搭建出有利于创新、创业的平台，为企业创造更优的发展、竞争的环境的大前提是有与之相配套的人力资源。做好这些民族的劳动力素质提高工作，才能承接

我国发达地区产业的转移，同时也能促进本地劳动力的转移，带动当地经济的发展，进而改善当地人民的生活水平，这才是发展的目的所在。

（二）差异化扶贫政策建议

人们普遍用救济式、开发式与参与式三种模式来分析边疆民族的贫困问题。而且在谈论这三种模式时，采用的是时间序列分析法。也就是说，随着扶贫工作的推进，人们一直在不断提升扶贫模式，并认为后者比前者更加有效。

但是针对跨境人口较少民族的贫困特殊性，我们不仅要按照不同区域分布及生态类型采取分类指导政策。如边境地区人口较少民族扶持重点为边疆稳定、幸福安居；高寒地区人口较少民族扶持重点应为移民搬迁、发展特色产业；石漠化地区人口较少民族扶持重点应为解决人畜饮水问题、移民搬迁；沿海类人口较少民族扶持重点应为发展特色产业，保护民族文化等。同时，我们也应该将三种扶贫模式有针对性地结合利用起来。

1. 兜底式扶贫模式。兜底式扶贫一般是指扶贫主体直接向扶贫客体提供生产和生活所需的粮食、衣物等物资或现金，以帮助贫困人口渡过难关。

目前，各省基本上采用的是平衡发展战略，即对扶持范围的民族平均投入、齐步推进。而我国人口较少民族众多，发展总体水平参差不齐、差异较大，此外每个民族发展的"瓶颈"和短板各不相同。因此，在兜底式扶贫中，我们也不能采取"一刀切"的大一统政策，而应该根据不同地区和民族的特殊情况加以差异性的规划。所谓的兜底，是兜经济的底，还是兜民族发展的底，也是需要从长远进行考虑的问题。

比如，对于区位屏蔽型贫困类型，我们就应该采取兜底式的扶贫模式，重点从基础设施建设、"五通十有"上进行兜底。由于这些民族大多是"守着金山讨饭"，因此，我们主要要做的就是加大扶贫资金的前期投入，引导经济发展水平较低的民族加强基础设施建设、扶持特色产业、促进群众增收，走资源型发展之路。同时，对于处在生态功能保护区的地区，不能仅仅由财政转移支付进行补偿，而更多地应该强调社会责任，加强上下游的代偿机制的建立与完善。对于兜底式扶贫工作，我们不能将其看作对民族地区的施舍，而应该从长远考虑，这是基于民族团结、生态保护等方方面面考虑的。

2. 合作开发式扶贫模式。合作开发式扶贫模式是在国家和社会必要的帮助和支持下，动员贫困地区的干部群众，合理地寻求合作开发利用当地资源，并形成自我积累和发展的能力，通过合作和自身的努力来增加收入、解决温饱、摆脱贫困。与以前的开发式扶贫最大的区别在于，合作开发的主体是当地民众，而不是引进的企业。这样可以有效地避免一些"富了老板，苦了边民""有水无电""有旅无游"的情况发生。

从贫困治理的角度来说，应该在合作开发方式上进行赋权，引入股份制合作开发模式。让当地政府参与建设，政府做基础配套，搭建平台，为企业穿针引线。这样不仅能够让当地政府在财政上增收，也能充分地增加民众就业，同时规避企业对资源"掠夺"、当地的地方保护主义及强买强卖的可能。

3. 创新参与式扶贫模式。在开发式扶贫的基础上，为了防止当地民众游离在利益圈之外，人们直接将"民众参与"引入到扶贫开发的模式中来，正式提出参与式扶贫模式。在政府的政策支持和社会各界的帮助下，提高受益群体的发展能力，使他们逐渐走上自我觉醒、自我管理、自我发展的道路，最终彻底摆脱贫困。

而根据目前倡导的大众创业、万众创新理念，对经济发展水平较好的民族扶持重点应为提升发展的水平和层次，创新发展模式、创品牌、创效益。如加强人口较少民族文化建设与保护、加强海外地质资源产业链的构建、创新区域性跨境旅游模式、劳动力双向流动的可能性、创新合作共享机制，建设重点经贸产业园区，打造建立国际产业链。

参 考 文 献

[1] 李周. 中国反贫困与可持续发展 [M]. 北京：科学出版社，2007：19.
[2] 徐志超. 边疆少数民族地区贫困治理研究 [D]. 昆明：云南大学博士论文，2013.
[3] 吕怀玉. 边疆民族地区减贫战略研究 [D]. 昆明：云南大学硕士论文，2013.
[4] 李艳琴. 八年论战硝烟又起——再争怒江建坝—反坝者的信念 [J]. 地球，2011 (5).
[5] 朱玉福. 中国扶持人口较少民族政策实践程度评价及思考 [J]. 广西民族研究，2011 (4).
[6] 张群. 喀什在"一带一路"战略下的机遇与挑战 [J]. 经贸实践，2015 (9).
[7] 张志元. "一带一路"战略的空间经济学分析 [J]. 区域经济研究，2015 (5).
[8] 蒋屹. "一带一路"战略下海外地质资源产业链构建 [J]. 人民论坛，2015 (9).

"一带一路"沿线各国贸易影响因素分析
——基于贸易引力模型的实证研究

俞 路*

摘 要：本文利用 UN Comtrade、EFW、CEPII 等数据库的数据，基于扩展的引力模型拟合了"一带一路"沿线各国的出口贸易流量模型，并在此基础上对各影响因素进行了研究。研究结果表明，对于"一带一路"各国贸易：进出口双方的 GDP、双边距离、进出口双方的贸易自由度、使用共同语言和共同的宗主国等因素对各国出口产生显著的影响；而相对距离、边界相邻、区域贸易协定、内陆国、殖民联系等因素也对双边贸易有一定的影响。

关键词：一带一路 引力模型 动态面板模型

一、引 言

2013 年 9 月和 10 月，国家主席习近平在出访中亚和东南亚国家期间，先后提出共建"丝绸之路经济带"和"21 世纪海上丝绸之路"（以下简称"一带一路"）的重大倡议，得到国际社会高度关注。在现今的全球化多边时代，重启新时代的丝绸之路具有重要的意义，共建"一带一路"将促进亚欧非沿线各国经济要素有序自由流动、资源高效配置和市场深度融合，推动沿线各国实现经济政策协调，开展更大范围、更高水平、更深层次的区域合作，共同打造开放、包容、均衡、普惠的区域经济合作架构。

习近平主席提出"一带一路"可以从"政策沟通、道路联通、贸易畅通、货币流通、民心相通"先做起来，以点带面，从线到片，逐步形成区域大合作。本文认为上述的 5 个方面中，其中贸易畅通应是"一带一路"建设的重点和基础，也是连接其他方面的桥梁和纽带，可以说丝绸之路首先是贸易之路。在此背景下，了解近年来各国贸易发展的基本情况，知晓促进和阻碍"一带一路"沿线各国贸易发展的因素是发展"一带一路"的关键。因此，本文需要研究是什么因素促进或限制了"一带一路"各国相互间的贸易？该问题的研究将丰富和完善"一带一路"的内涵，推动和加快"一带一路"的建设，因而具有重要的理论价值和现实意义。

本文对此问题进行分析需要相应的研究方法，而贸易引力模型是研究贸易各因

---

* 俞路（1976— ），男，上海海事大学经济管理学院副教授。

素具体影响最常用的方法。贸易引力模型能够精确地衡量各种因素对国际贸易的影响程度，比如可以用来衡量贸易壁垒的影响效果，可以用来衡量区域贸易协定对双边贸易的影响等。近年来已有大量的国内外学者采用引力模型来分析各种因素对不同区域、不同条件、不同类型国际贸易的影响（McCallum，1995；赵雨霖、林光华，2008；林玲、王炎，2004；陈汉林、涂艳，2007）。

与现有文献相比，本文贡献在于两个方面：一方面是在较为严谨的计量经济学研究范式下，代入尽可能多的变量来分析"一带一路"各国贸易，将其他文献往往忽略的殖民地联系、宗主国、共同语言、共同地区等影响贸易的因素纳入到分析当中，在内容的详细程度方面力求做得更为全面。另一方面是选择了合适的实证分析方法，并通过对不同形式回归方程的考察验证了估计结果的稳健性。除了标准的静态面板数据固定效应估计之外，为了充分引入动态因素并解决潜在的内生性问题，使用了动态面板数据模型（DFE）和广义矩（GMM）的方法对模型进行了估计。回归方法的合理选择以及多个回归结果的相互验证使得本文的实证结果具有较高的可信度，也使相应的政策建议更具合理性。

本文其余部分的安排如下：第二部分介绍了基本模型，并对数据来源和变量进行说明；第三部分进行实证分析并说明分析结果；第四部分是本文的结论和相关政策建议。

二、模型与数据说明

（一）扩展的引力模型

对于国家间的贸易影响因素的研究大多基于引力模型。最早使用引力模型来研究国际贸易的是 Tinbergen（1962），引力模型认为两国之间的贸易量与两国的 GDP 成正比关系，而与两国的距离成反比关系，模型相对简单，而且对现实具有较高的解释程度。因此贸易引力模型的应用越来越广泛，成为国际贸易流量的主要实证研究工具。但是，由于引力模型缺乏理论基础，使得作为分析工具的引力模型受到了很多学者的质疑。Anderson（1979）基于 CES 垄断竞争模型从理论上推出多边贸易阻力模型，使得贸易引力模型在理论上得到了肯定。多边贸易阻力模型基于各国具有 CES 不变替代弹性，其具体形式以下：

$$M_{ij} = \left(\frac{Y_i Y_j}{Y_w}\right)\left(\frac{T_{ij}}{P_i P_j}\right)^{1-\sigma} \tag{1}$$

其中，M_{ij} 为 i 国到 j 国的出口金额，Y_i 和 Y_j 分别为两国的 GDP，Y_w 为世界的 GDP，T_{ij} 代表 i 国到 j 国的冰山运输成本，σ 为差异化商品之间的替代弹性（大于1），P_i 和 P_j 分别为两国的综合物价指数。T_{ij} 包含了各种阻碍国家间贸易的各种因素，这些因素中包含自然障碍和人为障碍，自然障碍即两国间距离，人为障碍包括关税壁垒、非关税贸易壁垒和文化差异等众多内容，其中有些因素如距离可以定量，而有些因素只能定性分析（取虚拟变量）。因此，可将 T_{ij} 分解为：

$$T_{ij} = \prod_{i=1}^{m} D_i^{Y_m} \times \exp(\sum_{k=1}^{n} Y_k V_{ij}) \tag{2}$$

其中，D_i 为两国间距离和其他可以定量的 m 个因素，而 V_{ij} 为无法定量而取虚拟变量的 n 个因素，两边取自然对数后，Y_m 为相应因素的弹性，而 Y_k 为半弹性。

对于式（2），下面需要做进一步的解释和说明。首先，在多边贸易阻力模型中，包含了两国的综合价格指数。但是综合物价指数比较难以获取和衡量，因此在实际的应用中，常用两国的相对距离（即偏远度）（Remoteness）指标来代替。一国的相对距离实际上代表了本国在世界范围内的经济位置，根据克鲁格曼（1999）的观点，如果一国在世界范围内的经济位置越偏僻，越远离经济集聚区，则产出种类较少，实际生活成本较高，即综合物价指数越高，因此可用相对距离来代表一国的综合物价指数。

其次，在上述的多边阻力模型中，距离因素（Distance）是妨碍国家间贸易的主要因素，但除了距离这种自然障碍之外，各国的经济贸易自由度对国家间贸易也起到了很大作用。加拿大菲莎研究所（Fraser Institute of Canada）从1996年开始编制世界主要经济体的经济自由度（Economic Freedom of the World，EFW）指数，该指数涉及多个领域，内容涵盖很多，由于本文主要是研究经济自由度对国际贸易的影响，因此本文仅选择其中的第4大领域国际贸易自由度来检验经济自由度对"一带一路"沿线各国双边贸易流量的影响。

最后，在实际应用多边贸易阻力模型中，上述因素只是影响两国贸易量的主要因素，但是在现实情况下，贸易还会受到其他社会经济因素的影响。在本文中，这些其他因素包括两国边界是否相邻（Adjacency）、语言的互通程度（Language）、两国是否有殖民地关系（Colony）、两国是否曾经拥有共同的宗主国（ComColony）、两国之间是否签订贸易协定（RTA）、两国是否同处于同一地域（ComDistrict）、双方是否为内陆国（Landlocked）等。下面对此分别进行说明：(1) 如果两国边界相邻，一般情况下，两国将会有更多的直接经济文化交流，两国之间也将具有大量直接的边界通商口岸，这些都会对两国之间的贸易产生一定的带动作用。McCallum（1995）发表了著名的有关美加贸易的论文，该论文提出了国际贸易中存在着明显的边界效应。(2) 两国语言的互通程度对于贸易有一定的影响，它促进了国家之间的沟通和合作，通过更多的沟通和交流能够使两个国家产生更多的贸易和经济往来。(3) 两国是否有殖民地关系对两国间的贸易有一定影响，如果两国曾经具有殖民地关系，那么两国之间必然形成过某种的经济关系，这种经济关系往往不会随着殖民地的独立而中断。(4) 同理，如果两国具有共同的宗主国对两国的贸易也有一定影响，这是因为殖民地和宗主国的联系不会因殖民地的政治独立而立刻消失，尤其是贸易与投资、文化联系上。例如，英联邦就是一个典型的例子，虽然大英帝国早已衰落，但是这些曾经的殖民地国家之间还是具有密切的经济联系。(5) 如果两国签订了贸易协定，那么由于贸易的优惠政策，这将对两国间的贸易产生重要影响。(6) 如果两国同处于同一地域，比如同处于西非，那么国家之间往往具有相近的距离、文化和制度，一般来说，这对两国的国际贸易也会产生一定的影响。(7) 双方是否为内陆国，海运是所有货运运输成本最低的形式，内陆国意味着没有出海港，那么贸易成本将会提高。

因此，本文的贸易引力模型在包含 GDP 和距离等基本因素的基础上，在贸易引力模型的右边进一步加入了上述各变量。本文的基本模型建立如下：

$$\ln M_{ijt} = \alpha + \beta_2 \ln Y_{it} + \beta_2 \ln Y_{jt} + \beta_3 \ln Distance_{ij} + \beta_4 \ln Remoteness_{it}$$
$$+ \beta_5 \ln Remoteness_{jt} + \beta_6 \ln EFW_{it} + \beta_7 \ln EFW_{jt} + \beta_8 Adjacency_{ij}$$
$$+ \beta_9 RTA_{ij} + \beta_{20} Language_{ij} + \beta_{21} Colony_{ij} + \beta_{22} ComColony_{ij}$$
$$+ \beta_{23} ComDistrict_{ij} + \beta_{24} Landlocked_{i}$$
$$+ \beta_{25} Landlocked_{j} + \delta_t + \varepsilon_{ijt} \tag{3}$$

式 (3) 中，其中 i 下标表示为出口国，j 下标为进口国，各变量如前所述，增加的 δ_t 为时间固定效应。需要注意的是，该模型并不包含国家固定效应，这是因为国家固定效应将和模型中的很多变量（如 GDP，EFW 等）产生多重共线性，从而使得估计的结果出现偏差。借鉴 Kimura 和 Lee（2006）和黄满盈（2015）的做法，仅保留时间固定效应 δ_t，其他固定效应假定为常数。

由于企业进行出口需要先行建设一定的分销和服务网络，以及需要了解外国市场，学习外国规制环境（Melitz，2003），这种固定成本一旦投入，就会影响到企业后续的国际贸易行为。此外，进口国的消费者一旦对该国家的产品比较熟悉，后续的消费习惯形成会促使该消费继续进行下去（Zarzoso et al.，2009）。据此说明，出口贸易量具有延续性的特点，即前一期出口贸易量往往会影响到后一期的出口，因此本文在上述静态面板引力模型的基础上加入出口的滞后项，得到下面的动态面板引力模型：

$$\ln M_{ijt} = \alpha + \gamma \ln M_{ij,t-1} + \beta_1 \ln Y_{it} + \beta_2 \ln Y_{jt} + \beta_3 \ln Distance_{ij} + \beta_4 \ln Remoteness_{it}$$
$$+ \beta_5 \ln Remoteness_{jt} + \beta_6 \ln EFW_{it} + \beta_7 \ln EFW_{jt} + \beta_8 Adjacency_{ij} + \beta_9 RTA_{ij}$$
$$+ \beta_{10} Language_{ij} + \beta_{11} Colony_{ij} + \beta_{12} ComColony_{it} + \beta_{12} ComDistrict_{ij}$$
$$+ \beta_{14} Landlocked_{i} + \beta_{15} Landlocked_{j} + \delta_t + \varepsilon_{ijt} \tag{4}$$

其中，$\ln M_{ij,t-1}$ 表示双边出口的滞后一阶项，对于动态面板数据，主要有差分 GMM 和系统 GMM 两种估计方法，二者区别在于是否将水平方程纳入工具变量。相对而言，系统 GMM 的估计结果更有效，应用也更广泛。因此，本文将采用系统 GMM 对式 (4) 进行估计。

(二) 数据来源与变量说明

"一带一路"涉及沿线国家众多，按照国家的有关报道，总数有 65 个，其中包括中国、蒙古国、俄罗斯、东南亚 11 国、独联体 6 国、中亚 5 国、西亚北非 16 国、中东欧 16 国等多个亚欧区域国家。针对各国的数据，本文尽量选择更多的国家和更长的时间跨度，但是部分变量近年来才开始统计，如 EFW 的主要数据是从 2000 年开始统计的。另外，一些国家由于战乱、社会动荡和政治体制等各方面原因，很多年份的数据严重缺失。这些国家分别是东帝汶、马尔代夫、缅甸、塞尔维亚、黑山、罗马尼亚、阿富汗、伊拉克、叙利亚和巴勒斯坦，因此本文最终以 2000~2012 年 55 个国家相互间的数据作为"一带一路"的样本。

在本文的数据中，各国的出口数据来自联合国 Comtrade 数据库；EFW 数据来自加拿大菲莎研究所的 EFW 数据库；GDP 数据来自世界银行 WDI；区域贸易协定（RTA）数据来自 WTO 组织的 RTA 数据库；距离、语言、边界、殖民联系、共同的宗主国、共同的地域等数据来自法国 CEPⅡ 数据库；相对距离根据世界银行的 GDP 数据和 CEPⅡ 的距离数据自行计算。

对于两国间的距离，常用的定义标准是两国首都之间的距离，但该指标过于简单，如果两国面积较大，仅通过首都之间的距离无法综合衡量两国之间的距离。因此，本文的距离采用 CEPⅡ 数据库中的加权距离，该指标最早由 Zignago 和 Mayer（2011）提出，即根据城市人口加权的多个主要城市的综合距离。

$$d_{ij} = (\sum_{k \in i}(Pop_k/Pop_i) \sum_{l \in j}(Pop_l/Pop_j) d_{kl}^{\theta})^{1/\theta} \tag{5}$$

其中，Pop_k 代表 i 国 k 个主要城市的人口，Pop_l 代表 j 国 l 个主要城市的人口，Pop_i 代表 i 国的总人口，Pop_j 代表 j 国的总人口，d_{kl} 代表 i 国第 k 个城市与 j 国第 l 个城市之间的距离。θ 代表贸易量对于双边距离的敏感程度，θ 可取 1 或 -1，对于贸易引力模型的估计，θ 通常取 -1。

相对距离的计算采用通用的计算方法，即 $Remoteness_i = \sum_{j=i} D_{ij}/GDP_j$，其中 D_{ij} 表示两国间的距离，GDP_j 表示他国的 GDP，数据分别来自 CEPⅡ 数据库和世界银行的 WDI 数据库。

两国语言的互通程度为虚拟变量，CEPⅡ 数据库对语言有两种定义标准：一种为两国具有共同的官方语言；另一种为两国有 9% 以上的人口使用同一种语言。本文认为，需要检验这两种定义标准对"一带一路"沿线各国贸易的实际影响，因此建立 comlang_offical 和 comlang_ethno 这两个虚拟变量来代表这两种标准。

对于 EFW 数据，EFW 取值在 0~10 之间，EFW 值越大，表明一国的经济自由度越高。由于 EFW 数据库仅提供了全世界部分国家的贸易自由度指数，因此本文中有些国家的 EFW 数据缺失。这些缺失的国家一般都是政治体制限制较多的国家，由此本文对这些国家的贸易自由度都定义为 4（比较低的自由贸易度）。

Colony 变量为殖民地虚拟变量，如为 1 表示两国中其中一国曾经是另一国的殖民地。Comcol 为共同宗主国虚拟变量，为 1 表示两国曾经同是某国的殖民地。对于"一带一路"各国来说，两国拥有共同的宗主国的情况较多，这是因为在历史上，亚洲各国和东欧是一些大国如英国、法国、俄国的主要势力范围。RTA 为区域贸易协定的虚拟变量,即如果两国在某年签订了贸易协定,那么从该年开始,RTA 为 1,否则为 0。*ComContinent* 表示两国同处于同一大洲,如亚洲。*Comdistrict* 表示两国同处于同一亚区域,如西亚。*Contig* 代表两国边界相邻。*Landlocked* 代表内陆国虚拟变量,如为 1 表示该国为内陆国。

此外,对于样本的零贸易现象,处理不当会产生有偏估计,本文借鉴 Kalbasi (2001) 和周念利 (2012) 等的做法,在两国贸易量为 0 的情况下,其对数值均以 0.025 代替。

三、"一带一路"沿线各国贸易影响因素分析

(一) 实证模型估计

为了防止出现伪回归的情况,本文对各对数变量进行 ADF 单位根检验,均不存在单位根。同样,对各回归变量进行了 VIF 检验,各变量的 VIF 均低于 10,说明模型不存在多重共线性问题。因此,本文直接将各对数变量代入方程进行回归,具体的回归结果如表 1 所示,其中 (1) 和 (2) 为考虑不同变量的时间固定效应模型,(3) 为动态面板 GMM 模型,(4) 为考虑了不同贸易线路的时间固定效应模型。

表 1　　　　　　　　　　引力模型的回归结果

	(1)	(2)	(3)	(4)
$\ln GDP_i$	1.419 ***	1.437 ***	0.962 ***	1.414 ***
	(0.010)	(0.010)	(0.237)	(0.010)
$\ln GDP_j$	1.127 ***	1.145 ***	0.766 ***	1.123 ***
	(0.010)	(0.010)	(0.188)	(0.010)
$Lnre_i$	0.216 **	0.276 **	0.218 **	-0.047
	(0.094)	(0.129)	(0.106)	(0.132)
$Lnre_j$	0.606 ***	0.663 ***	0.458 ***	0.342 **
	(0.094)	(0.133)	(0.145)	(0.135)
$\ln distance$	-1.554 ***	-1.462 ***	-0.926 ***	-1.546 ***
	(0.028)	(0.031)	(0.243)	(0.028)
$\ln EFW_i$	1.768 ***	1.864 ***	1.311 ***	2.051 ***
	(0.062)	(0.064)	(0.305)	(0.064)
$\ln EFW_j$	1.150 ***	1.251 ***	0.869 ***	1.436 ***
	(0.060)	(0.062)	(0.216)	(0.062)
$contig$	0.524 ***	0.243 ***	0.142 **	0.213 ***
	(0.076)	(0.076)	(0.071)	(0.075)

续表

	(1)	(2)	(3)	(4)
colony	1.237***	0.769***	0.456***	0.655***
	(0.111)	(0.114)	(0.164)	(0.108)
comcol	1.970***	1.671***	1.048***	1.612***
	(0.053)	(0.055)	(0.281)	(0.056)
$Landlocked_i$	0.004	-0.096**	-0.091***	-0.111***
	(0.038)	(0.038)	(0.032)	(0.039)
$Landlocked_i$	-0.211***	-0.312***	-0.221***	-0.326***
	(0.039)	(0.039)	(0.058)	(0.039)
RTA	1.149***	0.543***	0.357***	0.836***
	(0.046)	(0.046)	(0.097)	(0.045)
comlang_ethno	-0.455***			
	(0.075)			
comcontinent	-0.400***			
	(0.035)			
comlang_off		1.995***	1.275***	0.689***
		(0.123)	(0.335)	(0.072)
东南亚		0.490***	0.507***	
		(0.140)	(0.119)	
独联体		1.976***	1.331***	
		(0.106)	(0.325)	
中蒙俄		2.257***	1.436***	
		(0.215)	(0.437)	
南亚		-0.665***	-0.411**	
		(0.160)	(0.161)	
西亚北非		-1.773***	-1.137***	
		(0.132)	(0.290)	
东欧		1.203***	0.842***	
		(0.073)	(0.207)	
Lnexport 的一阶滞后项			0.344**	
			(0.165)	
北线				1.743***
				(0.078)

续表

	（1）	（2）	（3）	（4）
中线				-0.133***
				(0.043)
南线				-0.221***
				(0.048)
截距	-44.479***	-45.800***	-31.159***	-48.921***
	(0.597)	(1.336)	(7.707)	(1.425)
R^2	0.622	0.632	0.808	0.626

注：括号内为相应的稳健标准误，* 为10%的显著性水平，** 为5%的显著性水平，*** 为1%的显著性水平。由于篇幅原因，未列出时间效应。

（二）实证结果说明

通过对引力模型的估计及稳健性检验，本文发现：

1. 进出口双方的经济规模对双边出口具有显著性的影响，并且出口国经济规模的影响更大一些，这说明贸易中存在着显著的母市场效应。进口国经济规模代表需求效应，而出口国经济规模代表供给能力，因此"一带一路"沿线各国贸易更体现出供给特性。

2. 相对距离即经济位置对双边出口贸易具有一定影响，但影响程度不大，并且进口国的经济位置对出口贸易产生更大的影响，体现出一国如果经济位置越偏僻，产品种类更少，生活成本更高，因此需要进口大量的商品来满足自身的需求。

3. 两国间的距离对双边出口贸易产生显著的负影响，即符合距离越远，双边的经济活动越少的规律。

4. 进出口方的经济自由度对双边出口贸易产生显著的影响，这同贸易壁垒降低，双边贸易增加的经济规律完全吻合。从中可见，出口国的经济自由度对出口贸易的影响更大一些，与上述"一带一路"各国贸易体现出供给特性相对应，这说明对于出口贸易而言，自身的限制减少，将松绑出口国的出口能力。

5. 两国边界是否相邻对双边贸易具有一定的影响，这符合 McCallum（1995）提出的国际贸易中普遍存在的边界效应，但从中可见，"一带一路"相邻各国的贸易边界效应不大。

6. 两国是否具有殖民联系对双边贸易具有一定的影响，这说明历史上形成的某种经济关系对现今"一带一路"各国贸易依然具有重要影响。"一带一路"内部各国之间具有的殖民联系主要是沙皇俄、奥斯曼土耳其帝国、奥匈帝国时期形成的，这些殖民联系相对于西方主要国家英国、法国等国建立的殖民地体系相对较弱，瓦解的时间距离现今已经年代久远，但依旧对现有的贸易产生重要影响。本文认为这主要是因为曾经被统治的殖民地都是这些帝国附近的地区，因此即使殖民地独立之后，这些国家之间的联系依旧很密切。

7. 两国曾经具有共同的宗主国对双边贸易具有显著的影响，"一带一路"沿线很多国家原来都曾经是西方国家（主要是英国）的殖民地，这些西方国家比奥匈帝国、沙皇俄国等国所建立起的殖民地经济体系更为稳固，殖民的时间更长，在这些国家也长时间推行本国语言，因此对这些国家间的贸易具有强烈影响。

8. 进出口双方是否为内陆国对双边贸易有较少的负面影响，尤其是出口国是否为内陆国对双边贸易影响很小，但进口国是否为内陆国对双边贸易还是有一些障碍作用，这主要是因为内陆国没有海港，进口的运输成本相对较高所致。

9. 两国是否签署贸易协定对于双边贸易产生显著的正向影响，这符合贸易协定降低贸易成本从而促进双边贸易的原则。

10. 对于语言对双边贸易的影响，本文先采用第一种标准进行回归（见表1第（1）栏），发现其对双边国际贸易反而产生一定的负面影响，而后本文又使用第二种标准（官方语言）进行回归（见表1第（2）栏），则产生强烈的正向影响。这说明"一带一路"沿线国家众多，种族、民族众多，语言和文化各异，因此双边即使有一定的人口使用同一种语言，但是两国人口中依然有很大的比例无法直接沟通，因此第一种语言标准对双边贸易影响不大。但是如果双边采用共同的官方语言，那么由于其正式的文件、资料均采用同一种语言书写，这就为双边贸易带来了很大的便利。

11. 两国是否处于同一大洲对双边贸易影响不大。这是由于"一带一路"只涉及亚欧两个大洲，这两大洲幅员广阔，很多国家之间距离较远，文化、制度等差异较大，因此处于同一大洲对贸易并没有多少影响。为了更精确地分析是否处于同一区域对贸易的影响，本文进一步将"一带一路"各国分为南亚、独联体、中蒙俄、西亚北非、东欧、东南亚几个亚区域，根据这些亚区域建立相应的虚拟变量。通过分析发现，大多数地区虚拟变量对双边贸易起到了正向影响，这说明同处于一个地理区域，距离较近，文化语言相近，对促进双边贸易起到了一定的作用。但个别地区如南亚和西亚北非，同处于一区域反而降低了双边贸易。本文认为，这主要是因为这些区域情况非常复杂，领土纠纷、种族、宗教矛盾和历史遗留问题较多，导致这一区域内部各国贸易受到影响。

12. 根据表1的（3）栏，出口的一阶滞后项对当期贸易有一定的影响，这就证明了出口是依赖于前期的固定成本投入。

四、结论及政策启示

本文基于扩展的引力模型对"一带一路"沿线各国的贸易影响因素及贸易潜力进行了实证研究，结果表明：两国GDP、两国自由贸易度、双边距离、共同的官方语言、共同的宗主国对"一带一路"沿线各国贸易的影响最大，其中双边距离的影响为负,其他因素的影响都为正;相较于这些因素,相对距离、是否边界相邻、是否签订区域贸易协定、是否是内陆国、是否具有殖民联系也对双边贸易有一定的影响,其中是否是内陆国的影响为负,其他因素的影响均为正。

根据实证研究的结果,为了促进中国对"一带一路"沿线各国贸易的发展,本文认为应该从以下几个方面着手:一是从实证来看,共同的官方语言、殖民联系、共同的宗主国都会极大地促进双边的贸易,说明进行国际贸易需要先期的投入,现期的贸易往往和早期发生的贸易是相关的,因此中国要加强和"一带一路"各国的文化联系、社会交往,加强贸易文件的翻译工作,学习和了解对方的文化习惯,这样才能加强在他国的社会网络,培养消费习惯,从而促进双边的贸易。二是进出口双方的经济自由度对双边出口贸易具有显著的影响,特别是出口方的影响更大,因此应加大国内经济体制改革的力度,逐渐放开对国内经济的管制,以提高我国的贸易自由度,这会大力促进我国出口贸易的发展。三是区域贸易协定对促进双边贸易有一定的作用,因此,中国有必要在多边或区域层面与一些具有较高贸易壁垒的经济体开展削减贸易壁垒的相关谈判,并促使他们放松对境内经济的管制,进一步放宽市场准入条件,加强同这些国家各方面的合作。

参 考 文 献

[1] McCallum, John. National Borders Matter: Canada-U. S. Regional Trade Patterns [J]. American Economic Review, June 1995, 85 (3): 615 – 623.

[2] 赵雨霖,林光华. 中国与东盟10国双边农产品贸易流量与贸易潜力的分析——基于贸易引力模型的研究 [J]. 国际贸易问题, 2008 (12): 69 – 77.

[3] 林玲,王炎. 贸易引力模型对中国双边贸易的实证检验和政策含义 [J]. 世界经济研究, 2004 (7): 54 – 58.

[4] 陈汉林,涂艳. 中国—东盟自由贸易区下中国的静态贸易效应——基于引力模型的实证分析 [J]. 国际贸易问题, 2007 (5): 47 – 50.

[5] Tinbergen J.. Shaping the World Economy—Suggestions for an International Economic Policy [M]. New York: The Twentieth Century Fund, 1962.

[6] Anderson, J. E. Theoretical Foundation for the Gravity Equation [J]. American Economic Review, 1979 (69): 106 – 116.

[7] Masahisa Fujita, Paul Krugman and Anthony J. Venables. The Spatial Economy: Cities, Regions and International Trade [M]. Cambridge: the MIT Press, 1999.

[8] Kimura F. and H. - H. Lee. The Gravity Equation in Services Trade [J]. Review of World Economics, 2006, 142 (1): 92 – 121.

[9] 黄满盈. 中国双边金融服务贸易出口潜力及贸易壁垒研究 [J]. 数量经济与技术经济研究, 2015 (2): 3 – 18.

[10] Melitz, M. J.. The Impact of Trade on Intra-Industry Reallocations and Aggregate Industry Productivity [J]. Econometrica, 2003 (7): 1695 – 1725.

[11] Inmaculada Martinez-Zarzoso, Felicitas Nowak-Lehmann. Augmented Gravity Model: An Empirical Application To Mercosur-European Union Trade Flows [J]. Journal of Applied Economics, 2003, 6 (2): 291-316.

[12] Mayer T., Zignago S. Notes on CEPII's Distances Measures: The GeoDist Database [R], CEPN Working Paper, 2011, No. 2011-25.

[13] Kalbasi H. The Gravity Model and Global Trade Flows [C]. Global Economic Modeling Conference, 2001.

[14] 周念利. 基于引力模型的中国双边服务贸易流量与出口潜力研究 [J]. 数量经济技术经济研究, 2010 (12): 67-79.

产业集聚、空间溢出效应与地区工资差距
——基于285个地级市的面板数据

王雪辉　谷国锋　王建康[*]

摘　要：本文选取2004~2013年我国285个地级市的面板数据，通过构建空间计量模型分析产业集聚对地区工资差距的影响及空间溢出效应。结果表明：我国的地区工资水平有明显的空间自相关性，虽然相关性逐年减弱但仍非常显著；制造业集聚对本地区工资水平有显著负影响，服务业集聚和共同集聚显著促进本地区工资水平的提升；产业集聚过程中相邻地区间经济差距对地区工资水平的影响整体上大于单纯的地理空间上相邻对其的影响，制造业集聚的溢出效应不显著，服务业集聚有显著的溢出效应，且溢出效应大于直接效应，共同集聚的直接效应显著为正，而间接效应显著为负，因此共同集聚在促进本地区经济发展的同时也会增大城市地区工资水平差距。

关键词：产业集聚　地区工资差距　空间计量模型　空间溢出效应

一、引言及文献回顾

改革开放以来，地区间名义工资差距持续扩大一直是社会关注的热点问题，虽然近几年开始出现差距增大趋势减缓的迹象，但该迹象并不明显，地区间工资差距仍悬殊。2013年地级以上城市名义平均工资水平最低为黑龙江省伊春市的24 786元，最高为北京市的93 996元，是伊春市的3.79倍。地区间最高最低城市工资差距由2003年的25 720元增高至2013年的69 210元。众多研究表明，地区间的经济差距不利于我国经济效率的提升和社会的协调发展。

国内外学者对于地区工资差距的研究主要包括以下三个方面：

一是基于完全竞争和规模效益不变等假设的基础上，通过新古典经济增长理论对地区工资差距的影响因素进行分析，主要影响因素来自市场和政策因素两个方面。如Fleisher（1997）从人力资本、外商直接投资和基础设施建设等方面解释了我国沿海和内陆地区工资差距的形成原因；张建红（2006）认为制度的变迁和市场机制的共同作用影响了我国地区工资水平；Dennis Tao Yang（2015）论述了我国政策和制度对地区收入差距的影响机制；而万广华（2005）认为资本才是影响地区收入差距

---

[*] 王雪辉（1989- ），女，黑龙江延寿人，在读博士生。研究方向：区域经济增长与可持续发展研究。谷国锋（1966- ），男，吉林农安人，教授，博士，主要从事区域经济增长与可持续发展研究。

最重要的因素，教育和空间因素的影响均在减弱。

二是基于强调地理距离和货币外部性（市场潜能）的新经济地理学，定量研究就业密度、市场潜能、人力资本等因素对地区工资差距的正负效应及其作用机制。如Fingleton（2006）通过运用英国工资数据发现新经济地理学的工资方程比新古典经济增长理论的解释力更显著，Brackman和Garretsen（2004）采用德国区域数据确立德国空间工资结构，我国的学者刘修岩（2007）、范建勇（2009）、陈博（2012）、谢长青（2012）、刘海洋（2012）均认为就业密度和市场潜能对地区工资具有显著的正向促进作用，张文武和梁琦（2011）说明了人力资本对产业集聚尤其是制造业集聚的重要作用，而我国制造业与工资溢价的负相关反映了现阶段制造业集聚与低劳动成本粘合。

三是建立在通过技术外部性解释地区工资差异的城市经济学空间集聚理论的基础上，从城市化的角度讨论产业空间集聚对地区工资差距的影响。国内目前主要从两个方面衡量产业空间集聚程度，一方面认为产业集聚的源泉是非农产业规模报酬递增地方化，所以非农就业人员密度越大，产业间交流或外部性越明显，劳动生产率越高，地区工资水平越高，支持这种观点的主要有Ciccone和Hall（1996）、范建勇（2006）、刘修岩（2008）等。另一方面从产业集聚的角度分析不同产业内、产业间及产业的共同集聚与地区工资水平的关系。王海宁等（2010）研究产业内集聚对工资水平有负影响，而产业间集聚对其影响并不显著。桑睿聪（2011）、杨仁发（2013）、程中华（2014）的研究结果均表明制造业集聚显著抑制工资水平，而服务业集聚显著促进地区工资水平的提升，共同集聚对地区工资水平的影响显著为正。

通过文献梳理发现，上述研究均忽视了地理距离对地区工资水平的影响，袁冬梅（2012）、韩峰和柯善咨（2012）认为产业集聚存在空间相关性和依赖性，因为产业集聚过程中会受到空间临近的其他经济体影响，王开科（2013）分析了不同影响因素作用下的工资水平空间分异及其空间误差效应。因此在分析工资差异的效应问题时，必须考虑空间溢出效应对其的影响。本文在已有研究基础上利用2004~2013年中国285个地级市的面板数据，分析基于不同空间权重矩阵下的制造业集聚、服务业集聚及共同集聚对地区工资差距的影响机制，并分别研究其直接和间接的溢出效应，以期从产业集聚的视角利用空间计量经济学方法为减小地区工资差距提供政策建议。

二、模型的选取与设定

桑瑞聪和杨仁发在新经济地理学和城市经济学空间集聚理论的基础上建立了地区工资决定方程，本文在此方程的基础上构建如下基本模型：

$$\ln wage_{it} = \alpha + \beta_1 magglo_{it} + \beta_2 sagglo_{it} + \beta_3 coagglo_{it} + \beta_4 X_{it} + \varepsilon_{it} \quad (1)$$

其中，wage 为工资水平，magglo、sagglo、coagglo 分别为制造业集聚、服务业集聚、共同集聚水平，X_{it} 为其他控制变量，ε_{it} 为随机误差项。

随着空间单位数据集的增加，空间面板数据为研究者扩展空间建模提供了更多的可能性，与截面数据背景下的单方程模型相比，基于空间面板计量关系的模型设定与估计已逐渐成为空间计量经济学文献的焦点。通过把具有 N 个观测值的横截面数据的一般嵌套空间模型扩展成具有 N 个观测值且跨 T 个时期的面板数据的一个空间 – 时间模型建立 GNS 模型。根据 Vega 和 Elhorst（2013）对溢出效应的说明，SLM 与 SDM 能够更好地解释区域的滞后效应和溢出效应。

（一）空间滞后模型

空间滞后模型（SLM）适用于研究空间中某一地区的经济行为受其临近地区经济行为溢出影响，根据是否包含外生的自变量，分为纯滞后模型和一般空间滞后模型，本文采用一般空间滞后模型，其模型形式如下：

$$\ln wage_{it} = \alpha + \rho \sum_{j=1}^{m} W_{ij}\ln wage_{it} + \beta_1 magglo_{it} + \beta_2 sagglo_{it} + \beta_3 coagglo_{it} + \beta_4 mp_{it} \\ + \beta_5 edu_{it} + \beta_6 fdi_{it} + \beta_7 \inf_{it} + \beta_8 gov_{it} + \mu_i + \lambda_t + \varepsilon_{it} \qquad (2)$$

其中，W_{ij} 为 $m \times m$ 阶的空间权重矩阵；ρ 为空间自相关系数。μ_i 和 λ_t 表示特定的空间效应和时间效应，需通过 Hausman 进一步检验进而选择固定效应或随机效应。

（二）空间杜宾模型

通过对空间滞后模型（SLM）和空间误差模型（SEM）进行设定相应的约束和扩展，空间杜宾模型（SDM）同时考虑了解释变量和被解释变量各自的空间相关性，二者的权重矩阵可以相同或不同，本文为保持空间的完整性和一致性，对二者采用相同的权重矩阵。

$$\ln wage_{it} = \alpha + \rho \sum_{j=1}^{m} W_{ij}\ln wage_{it} + \beta_1 magglo_{it} + \beta_2 sagglo_{it} + \beta_3 coagglo_{it} + \beta_4 mp_{it} \\ + \beta_5 edu_{it} + \beta_6 fdi_{it} + \beta_7 \inf_{it} + \beta_8 gov_{it} + \gamma_1 \sum_{j=1}^{m} W_{ij} wage_{it} + \gamma_2 \sum_{j=1}^{m} W_{ij} sagglo_{it} \\ + \gamma_3 \sum_{j=1}^{m} W_{ij} coagglo_{it} + \gamma_4 \sum_{j=1}^{m} W_{ij} mp_{it} + \gamma_5 \sum_{j=1}^{m} W_{ij} edu_{it} + \gamma_6 \sum_{j=1}^{m} W_{ij} fdi_{it} \\ + \gamma_7 \sum_{j=1}^{m} W_{ij} \inf_{it} + \gamma_8 \sum_{j=1}^{m} W_{ij} gov_{it} + \mu_i + \lambda_t + \varepsilon_{it} \qquad (3)$$

其中，γ 为解释变量的空间自相关系数，其余同上。

（三）直接效应与间接效应

如果一个特定单位中特定解释变量的变化改变了这个单位自身的被解释变量，这种变化为直接效应，若这种变化也会改变其他单位的被解释变量，这种变化就称为间接效应（溢出效应）（Elhorst，2014）。James 和 Kelly（2009）提出了直接效应和间接效应影响的计算方法，其主要思想是通过预先设定权重矩阵和系数的次数来避免求方程左侧逆矩阵烦琐的过程，分解公式如下：

$$(I - \rho W)^{-1} = I + \rho W + \rho^2 W^2 + \rho^3 W^3 + \cdots \tag{4}$$

三、变量说明与数据来源

（一）变量说明

1. 解释变量

（1）集聚指数（agglo）：制造业（magglo）和服务业（sagglo）。为了消除区域规模差异因素，真实地反映区域空间要素状况，本文借鉴了陈国亮（2012）和刘军（2010）等学者的做法，以区位熵作为衡量产业集聚的指标，区位熵值越大，产业集聚程度越强，反之则越弱。

（2）共同集聚指数（coagglo）。目前国内外主要以 E-G 系数为基础度量产业共同集聚，考虑到数据的可获取性及计算过程的简化，本文借鉴程中华（2015）等学者的思想，采用区位熵指标予以替代并通过产业集聚指数的相对差异来衡量制造业和服务业的共同集聚水平，具体计算公式如下：

$$coagglo_i = 1 - |magglo_i - sagglo_i|/(magglo_i + sagglo_i) \tag{5}$$

其中，magglo、sagglo 分别为 i 地区制造业与服务业的区位熵，共同集聚指数值越高，说明制造业和服务业的共同集聚水平越高。

2. 控制变量

（1）市场潜能（mp）。本文将市场潜能作为影响地区工资差距的重要控制变量，以减少核心变量的遗漏变量误差。目前国内对于市场潜能的计算方法没有形成较为一致的意见，本文采用 Harries（1954）函数进行衡量，其公式为：

$$mp_i = \sum_{j \neq i} Y_i/d_{ij} + Y_i/d_{ii} \tag{6}$$

其中，Y 为 i 城市的 GDP，d_{ij} 为 i 城市到 j 城市的距离，即两城市行政中心之间的欧式直线距离，根据刘修岩等（2007）的思想，将城市区域面积半径的 2/3 作为城市内部距离，即：$d_{ii} = 2/3 \cdot \sqrt{area_i/\pi}$，$d_{ii}$ 为城市的内部距离，这里 $area_i$ 为城市的区域面积。

（2）人力资本（edu）。本文采用每万人中高等学校在校生人数来衡量。

（3）外商直接投资（fdi）。本文采用实际外商投资额占 GDP 的比重作为外商直接投资的代理变量。

（4）基础设施状况（inf）。本文采用城市道路人均占有面积作为其代理变量。

（5）政府规模（gov）。本文以城市财政收入占 GDP 的比重来衡量政府的规模。

（二）数据来源

本文选取 2004~2013 年中国 285 个地级市的面板数据，所用数据主要来源于同时期的《中国城市统计年鉴》和《中国统计年鉴》以及国家统计局官方网站。通过

Matlab 和 Geoda 的空间计量模型软件包实现空间数据处理过程。

(三) 空间权重矩阵的设定

空间权重矩阵表征空间单元之间的相互依赖与关联程度，设定科学合理的空间权重矩阵有利于有效的空间计量分析。产业在空间集聚的过程中，对地区工资差距的影响不应只停留在地理因素的依赖性上，还应考虑经济发展水平在空间上的交互作用。因此，本文从地理和经济两个角度分别建立权重矩阵，以便更准确地说明产业集聚对地区工资差距的影响机制。地理距离矩阵以距离衰减函数的倒数作为空间权重（Tiiu Paas and Friso Schlitte，2006），而经济距离矩阵参考了王建康（2015）根据地区经济发展水平在地理权重的基础上按人均 GDP 平均值所占比重进行加权，即通过地理权重距离矩阵与人均 GDP 所占比重的平均值矩阵的乘积建立经济距离矩阵。

四、实证结果分析

(一) 空间相关性分析

在设定空间经济计量模型之前，需要对被解释变量即中国职工名义平均工资进行空间效应检验。本文通过 Moran's I 指数检验其空间相关性，通过表1发现，中国职工平均工资在 2004~2013 年的 Moran's I 均通过了 1% 的显著性检验，说明地区工资水平具有明显的空间相关性，即某一地区的工资水平受本地区影响的同时也受周边地区的影响。为进一步检验这种相关性，本文借鉴 Anselin（1988）对空间相关性三个来源的思想，采用拉格朗日乘数（LM）检验以及在其基础上考虑了被忽略的空间相关性的稳健（R-LM）修正检验。通过检验发现，误差项与滞后项的统计量均通过了 1% 的显著性检验，其中滞后项的统计量远大于误差项的统计量。说明空间滞后项对被解释变量的影响程度更大，根据 Lesage 和 Pace 的研究可以判定，空间滞后模型和空间杜宾模型是最优选择，正对应上文中的分析。

表1　　2004~2013 年中国职工平均工资的 Moran's I 及相应的 P 值

	2004年	2005年	2006年	2007年	2008年	2009年	2010年	2011年	2012年	2013年
Moran's I	0.428	0.401	0.372	0.341	0.328	0.323	0.315	0.309	0.301	0.294
Z-value	10.914	10.574	9.701	8.760	8.628	8.377	8.328	7.813	7.833	7.433
P值	0.001	0.001	0.001	0.001	0.001	0.001	0.001	0.001	0.001	0.001

通过表1还可以发现，Moran's I 在研究期间呈现出较平稳的减弱趋势，说明中国职工平均工资的空间相关性逐年减小，从 2004 年的 0.428 减小到 2013 年的 0.294。在受相邻地区的影响逐年减小的情况下，我国地区工资差距仍持续加大，究其原因可能有以下几点：一是自中国加入 WTO 以来，地区经济发展及工资的收入情

况受到国际形势的影响加大，受相邻地区的影响减弱，而地区间的联系随着交通方式的多样化和便捷度的提高可以扩展到地理距离上更远的地区；二是随着互联网的发展，地区间的联系受到地理距离的约束越来越小，信息化通过提高人力资本和技术进步率带来地区的经济增长（滕丽，2006），进而提高该地区的平均工资；三是地区间的工资差距不止受地理空间的影响，也与经济发展程度有关，林光平（2006）认为相邻地区间的经济发展水平的差异程度越小，其经济上的相互联系强度就越大。鉴于以上三点原因，本文建立了地理距离权重矩阵和经济距离权重矩阵，以期更好地阐述制造业和服务业集聚在地理和经济距离下对地区工资差距的影响机制。

（二）模型估计结果与分析

1. 空间面板模型估计结果。在前文构建的空间计量经济学模型基础上，通过 Matlab2010b 软件实现对模型的估计和检验，并通过 Hausman 检验选择固定效应模型。通过运行 OLS 和在地理距离和经济距离空间权重矩阵下的 SLM 和 SDM 进行模型的估计，估计结果如表 2 所示。

表 2　　　　　　　　　　空间计量模型估计结果

变量	OLS	SLM 地理距离	SLM 经济距离	SDM 地理距离	SDM 经济距离
$magglo$	−0.0281 ** (−2.0922)	−0.0243 * (−1.9445)	−0.0179 (−1.4077)	−0.0246 * (−1.9304)	−0.0272 ** (−2.1171)
$sagglo$	0.0586 *** (3.9436)	0.0680 *** (4.8997)	0.0720 *** (5.1022)	0.0555 *** (3.9598)	0.0549 *** (3.8819)
$coagglo$	0.0259 (1.3185)	0.0359 * (1.9734)	0.0275 (1.4855)	0.0421 ** (2.2856)	0.0399 ** (2.1463)
mp	0.0001 ** (1.6892)	0.0001 *** (7.0396)	0.0001 *** (9.1119)	0.0001 *** (4.3099)	0.0001 *** (3.7071)
edu	0.0002 *** (6.8589)	0.0001 *** (4.3715)	0.0001 *** (4.2512)	0.0001 *** (4.9481)	0.0002 *** (5.0456)
fdi	1.0155 *** (7.7493)	0.5997 *** (4.8649)	0.4923 *** (3.9244)	0.6446 *** (4.9645)	0.6945 *** (5.3842)
inf	0.0015 *** (3.2906)	0.0016 *** (3.8576)	0.0014 *** (3.4561)	0.0013 *** (3.2137)	0.0013 *** (3.1949)
gov	0.0011 (0.7674)	0.0030 ** (2.3257)	0.0038 *** (2.9040)	0.0011 (0.7843)	0.0011 (0.7926)
$W \times magglo$				0.0081 (0.2398)	0.0640 * (1.7993)

续表

变量	OLS	SLM 地理距离	SLM 经济距离	SDM 地理距离	SDM 经济距离
$W \times sagglo$				0.0080 (0.2231)	0.0719 (1.5310)
$W \times coagglo$				-0.2150*** (-4.2174)	-0.1242** (-2.2056)
$W \times mp$				0.0002*** (5.8186)	0.0002*** (6.2632)
$W \times edu$				0.0003*** (4.0289)	0.0004*** (5.7660)
$W \times fdi$				0.4985 (1.3209)	0.0325 (0.1043)
$W \times inf$				0.0000 (0.0174)	0.0007 (0.6622)
$W \times gov$				0.0082* (1.9358)	0.0163*** (4.0442)
ρ		0.9345*** (123.7012)	0.9607*** (297.0770)	0.8545*** (58.8991)	0.8569*** (72.6787)
R-squared	0.9765	0.9790	0.9782	0.9791	0.9787
Log-L	3 503.1060	3 488.1985	3 450.5731	3 539.9787	3 537.2081

注：***、**、*分别表示通过1%、5%、10%水平下的显著性检验；括号内为渐近的t统计量。

由上文可知，产业集聚与地区工资差距均具有显著的空间相关性，单纯从经济学角度分析可能会由于对地理距离的忽略难以全面揭示其作用机制和空间效应。且从拟合优度来看，SLM与SDM较OLS拟合效果更好，说明将空间要素纳入到计量模型的估计中能够更好地解释产业集聚对地区工资差距的影响过程。估计结果显示：空间自相关系数（ρ）在两种模型下均为较大的正值且通过了显著性检验，说明被解释变量具有明显的空间溢出效应，且在不同的空间权重矩阵下周边地区工资水平对本地区的工资水平影响不同。其中，基于经济距离的溢出效应总体上（0.9607、0.8569）大于基于地理距离的溢出效应（0.9354、0.8545），说明产业集聚过程中相邻地区间经济差距对地区工资差距的影响整体上大于单纯的地理空间上相邻的影响。根据地理学第一定律（Tobler W. R.，1970）：事物间普遍存在联系，而距离较近的事物通常比距离较远的事物联系更紧密。然而，空间中事物的联系不只受地理距离的影响，例如，与某一地区地理距离相同的两个地区与该地区的经济关系不可能完全相同，现实情况是经济发展水平较高的地区对经济发展水平较低的地区通常产生更强的空间影响与辐射作用（李婧，2010）。尤其是服务业以及在第二产业中占比重较大的制造业，在集聚过程中会通过循环积累作用不断增强本地区的集聚程度，进而通过对周边地区产生辐射带动作用影响周边地区的工资水平。综合对比三个模型的拟合优度与对数似然值发现，空间杜宾模型的估计效果整体上优于其他两个模型，下面将以空间杜宾模型为主对全国层面的回归结果进行分析。

在回归结果中，制造业集聚的系数显著为负，而服务业集聚和共同集聚的系数不同程度地显著为正，这表明制造业集聚显著降低了本地区的工资水平，而服务业集聚和共同集聚显著提升本地区工资水平。本文认为，制造业的负效应一方面是由于我国的制造业仍被困于 GVC 的低端环节，难以脱离低成本生产要素、低技术含量、低附加值的生产形式，这种以劳动密集型产业为主的"扎堆式"小型企业群技术创新水平较低，同质化竞争严重，仅仅形成地理上集聚而远未能发挥 Krugman 所认为的产业上的集聚效应。另一方面是因为中国制造业仍停留在通过降低工人工资而非选择提高代工生产型技术来降低生产成本，因此对劳动力教育水平要求不高的制造业在我国东部地区集聚，吸引大量中西部地区农村劳动力拿着较低的劳动报酬从事简单重复的低技术工作，进而降低了地区的工资水平。通过回归结果还可以发现，加入空间因素的参数估计总体上小于 OLS，说明在忽略空间要素的前提下 OLS 估计夸大了制造业对地区工资水平的负效应，因为大量农村流动人口在城市从事制造业总体上会促进城市经济增长，而通常经济发达的城市工资水平也比较高。

服务业集聚提高地区的工资水平，一方面是由于服务业对劳动力的素质要求较高导致需求大于供给，直接提高服务业劳动力市场的工资水平；另一方面服务业有易于集聚的特征，在产业关联和累计循环机制的作用下，服务业较发达的集聚地区对外围地区的要素和资源产生较长时期的吸引力（袁冬梅，2012），进而可以更好地发挥产业集聚的优势，如共享基础设施，有效的知识技术外溢，因此降低成本、提高劳动生产率、提高地区工资。可能由于我国可以充分发挥服务业集聚效应的地区仍停留在地理条件优越和早期具有优惠政策的东部地区，而位于中西部的大部分城市的基础性服务业仍占较大比例，难以对周围地区产生明显的辐射带动作用，因此服务业的空间滞后项系数并不显著。

计量结果显示，通过 OLS 估计制造业和服务业共同集聚回归系数并不显著，在加入空间因素模型尤其是 SDM 估计下共同集聚的系数较大且显著为正（0.0421、0.0399），但共同集聚的空间滞后项系数较大且显著为负（-0.2150、-0.1242），说明在考虑空间影响的情况下制造业与服务业的共同集聚可以显著提高本地区工资水平，但对周边地区的工资水平有显著的负效应。制造业与服务业的共同集聚主要是通过与生产性服务业之间的内在联系的作用，生产性服务业的知识技术溢出效应带动相关制造业发展并提升制造业价值链，通过降低要素成本和交易成本，进而提高本地区工资水平。当某一地区随着集聚的增强吸引周边地区的物质和人力资本向增长极靠近时，周边地区的经济发展水平会由于资本的缺乏失去经济增长的持续动力，进而降低周边地区的工资水平。

绝大多数控制变量符号与预期一致，如市场潜能、人力资本、外商直接投资、基础设施状况和政府规模均对本地区及周边地区的工资水平有促进作用。即市场潜能越大、教育水平越高、外商投资的增加，政府的规模大，用于基础设施等方面的财政投入力度越大，对本地区及周边地区的劳动生产率促进能力越大，越能够有效提高地区工资水平。

2. 变量的直接效应与间接效应。Lesage 和 Pace 认为可以将偏微分作为检验是否存在空间溢出效应的基础，并给出了一个具有空间滞后解释变量 WX 的例子，其中解释变量的系数为负且不显著，但它的空间溢出效应却显著为正。正如本文的制造业和服务业共同集聚的系数通过 SLM 的估计，如表 3 所示，基于地理距离的直接效应和间接效应均显著为正（0.0438、0.5046），但同样是基于地理距离，通过 SDM 估计的直接效应不显著，间接效应却显著为负，说明制造业与服务业的共同集聚对本地区工资水平的直接促进作用仍主要受地理距离的影响，即在某地区内部的经济体，距离二者共同集聚的增长极越近，受到的辐射带动作用越明显，而对于该地区的周边地区，共同集聚作用主要通过集聚效应产生的知识溢出效应吸引其资本的间接效应限制了周边地区劳动生产率的提高，而非直接降低周边地区的工资水平，因此直接效应不明显，尤其是距离较近的地区，因此在 SDM 的估计中，基于地理距离的间接效应系数（-1.2103）大于基于经济距离的系数（-0.6178）。根据以上分析可知，共同集聚通过促进本地区经济增长，限制周边地区的经济增长动力，扩大了地区间的工资差距。由于我国制造业仍以"世界工厂"的身份处于国际产业价值链的低端位置，很难产生较强的溢出效应，因此其直接效应显著为负而基于地理距离和经济距离的间接效应均不显著。

表 3　　　　　　　　　　产业集聚的直接效应与溢出效应

变量	SLM（地理距离）		SLM（经济距离）		SDM（地理距离）		SDM（经济距离）	
	direct	indirect	direct	indirect	direct	indirect	direct	indirect
$magglo$	-0.0304**	-0.3498	-0.0226*	-0.4248	-0.0267*	-0.0968	-0.0223*	0.2852
	(-2.0685)	(-0.9998)	(-1.9344)	(-1.4195)	(-1.8095)	(-0.4345)	(-1.9219)	(1.1595)
$sagglo$	0.0826***	0.9482***	0.0915***	1.7170***	0.0649***	0.3776***	0.0701***	0.8390**
	(4.7457)	(4.2302)	(4.9661)	(4.8332)	(4.1286)	(4.5185)	(4.5149)	(2.5215)
$coagglo$	0.0438*	0.5046*	0.0340	0.6396	0.0159	-1.2103***	0.0290*	-0.6178*
	(1.9448)	(1.8874)	(1.4448)	(1.4357)	(0.7409)	(-3.4335)	(1.9625)	(-1.8117)
mp	0.0001***	0.0009***	0.0001***	0.0019***	0.0001***	0.0008***	0.0001***	0.0007***
	(7.3170)	(11.1075)	(9.8664)	(14.4112)	(3.9384)	(8.3976)	(3.0402)	(8.4413)

续表

变量	SLM（地理距离） direct	SLM（地理距离） indirect	SLM（经济距离） direct	SLM（经济距离） indirect	SDM（地理距离） direct	SDM（地理距离） indirect	SDM（经济距离） direct	SDM（经济距离） indirect
edu	0.0002 *** (4.2934)	0.0018 *** (3.7940)	0.0002 *** (4.2024)	0.0030 *** (3.9115)	0.0001 *** (3.4066)	0.0014 ** (2.5276)	0.0001 *** (3.5966)	0.0016 *** (3.4182)
fdi	0.7380 *** (4.8050)	8.4807 *** (4.2173)	0.6191 *** (4.0017)	11.6414 *** (3.8288)	0.8050 *** (5.6531)	7.1240 *** (2.9762)	0.7618 *** (5.3999)	3.8750 * (1.8620)
inf	0.0019 *** (3.8888)	0.0219 *** (3.7228)	0.0018 *** (3.4140)	0.0334 *** (3.3334)	0.0015 *** (3.0124)	0.0076 (0.7642)	0.0015 *** (3.2950)	0.0127 (1.5925)
gov	0.0037 ** (2.3190)	0.0421 ** (2.2684)	0.0049 *** (2.9878)	0.0911 *** (2.9773)	0.0025 (1.6451)	0.0614 ** (2.3128)	0.0032 ** (2.1977)	0.1191 *** (4.5310)

注：***、**、* 分别表示通过1%、5%、10%水平下的显著性检验；括号内为渐近的t统计量。

服务业的间接效应整体大于直接效应，其中基于经济距离的系数明显大于基于地理距离的系数。这是由服务业本身的性质决定的，如金融业、房产业等对人力资本的水平及知识技术信息的及时更新要求较高，经济较发达地区的服务业知识溢出对周边地区相关产业的发展起带动作用，而地区间产业内及产业间的溢出效应能够加强生产与消费的联系，更好地在不同地区各部门之间起有效的连接和协调作用。市场潜力、人力资本、外商直接投资、基础设施状况和政府规模的间接效应系数均显著为正且大于直接效应，说明其溢出效应对本地区及周边地区的工资水平有显著的提高作用。其中，外商直接投资基于经济距离下的间接效应明显大于基于地理距离下的直接效应，一方面，由于外商直接投资产生的竞争效应、示范效应以及知识溢出效应明显；另一方面，我国服务业占总体FDI的比重已从2004年的23%增加到2011年的50%，成为吸引外资流入的第一大产业，因此其作用效应类似于服务业对地区工资的影响。

五、结论与启示

本文基于新经济地理学和城市经济学理论选取2004～2013年中国285个地级市的面板数据，运用空间计量经济学方法分析了制造业和服务业产业集聚的直接效应和间接效应对地区工资水平的影响，研究结果表明：第一，我国的地区工资水平有明显的空间自相关性，虽然相关性逐年减弱，但仍非常显著。第二，不同产业集聚对本地区工资水平的影响差异很大，且对本地区和周边地区影响也不同。制造业集聚对本地区工资水平有显著负影响，但经济较发达地区的制造业集聚会显著提高周围地区的工资水平；服务业集聚和共同集聚显著促进本地区工资水平的提升，但共同集聚会由于极化作用限制周边地区的经济发展，对周边地区的工资水平有显著的负效应。第三，产业集聚过程中相邻地区间经济差距对地区工资水平的影响整体上大于单纯的地理空间上相邻的影响，且对地区工资水平具有一定的溢出效应，我国制造业集聚对地区工资水平的溢出效应不显著，服务业集聚有显著的直接效应和溢出效应，且溢出效应大于直接效应，共同集聚的直接效应显著为正，而间接效应显著为负，因此共同集聚虽然会促进本地区的经济发展但会增大城市地区工资水平的差距。

参 考 文 献

[1] Fleisher B., Chen J. The coast-noncoast income gap, productivity and regional economic policy in China [J]. Journal of Comparative Economics, 1997, 25 (2): 220 – 236.

[2] 张建红, J. Paul Elhorst, Arjen van Witteloostuijn. 中国地区工资水平差异的影响因素分析 [J]. 经济研究, 2006 (10): 62 – 71.

[3] Dennis Tao Yang. Urban-Biased Policies and Rising Income Inequality in China [J]. The American Economic Review, 1999, 89 (2): 306 – 310.

[4] 万广华, 陆铭, 陈钊. 全球化与地区间收入差距：来自中国的证据 [J]. 中国社会科学, 2005 (3): 17 – 26, 205.

[5] Fingleton. B. Beyongd Neoclassical Orthodoxy: A View based on the New Economic Geography and UK Regional Wage Date [J]. Regional Science, 2006, 84 (3): 351 – 375.

[6] Brakman. S., H. Garretsen and C. Marrewijk. An Introduction to Geographcal Economics [M]. Cambridge: Cambridge University Press, 1997.

[7] 刘修岩, 贺小海, 殷醒民. 市场潜能与地区工资差距：基于中国地级面板数据的实证研究 [J]. 管理世界, 2007 (9): 48 – 55.

[8] 范剑勇, 张雁. 经济地理与地区间工资差异 [J]. 经济研究, 2009 (8): 73 – 84.

[9] 陈博. 市场潜力与地区工资差异——来自中国地级面板数据的实证分析 [J]. 经济经纬, 2012 (5): 17 – 21.

[10] 谢长青, 范剑勇. 市场潜能、外来人口对区域工资的影响实证分析——以东西部地区差距为视角 [J]. 上海财经大学学报, 2012 (3): 67 – 74.

[11] 刘海洋, 马靖, 宋巧. 中国地级以上城市的工资差异：原因及趋势 [J]. 中国软科学, 2012 (5): 93 – 102.

[12] 张文武, 梁琦. 市场冲击、劳动共享与制造业集聚——基于中国城市面板数据的研究 [J]. 中国科技论坛, 2011 (5): 57 – 60.

[13] Ciccone. A. and Hall, R. Productivity and the Density of Economic Activity [J]. American Economic Review, 1996, 86 (1): 54 – 70.

[14] 范剑勇. 产业集聚与地区间劳动生产率差异 [J]. 经济研究, 2006 (11): 72 – 81.

[15] 刘修岩, 殷醒民. 空间外部性与地区工资差异：基于动态面板数据的实证研究 [J]. 经济学（季刊）, 2008, 8 (1): 22.

[16] 王海宁, 陈媛媛. 产业集聚效应与地区工资差异研究 [J]. 经济评论, 2010 (5): 72 – 81.

[17] 桑瑞聪, 王洪亮. 本地市场需求、产业集聚与地区工资差异 [J]. 产业经济研究, 2011

(6): 28 - 36; 62.

[18] 杨仁发. 产业集聚与地区工资差距——基于我国 269 个城市的实证研究 [J]. 管理世界, 2013 (8): 41 - 52.

[19] 程中华, 刘军. 产业集聚、市场潜能与地区工资差距 [J]. 财经论丛, 2015 (3): 10 - 16.

[20] 袁冬梅, 魏后凯, 于斌. 中国地区经济差距与产业布局的空间关联性——基于 Moran 指数的解释 [J]. 中国软科学, 2012 (12): 90 - 102.

[21] 柯善咨, 赵曜. 城市规模、集聚经济与资本的空间极化——基于我国县级以上城市面板数据的实证研究 [J]. 财经研究, 2012 (9): 92 - 102.

[22] 王开科, 曾五一, 王开泳. 中国省域城镇工资水平的区域分异机制与空间效应 [J]. 地理研究, 2013 (11): 2107 - 2120.

[23] Solmaria Halleck Vega and J. Paul Elhorst. On spatial econometric models, spillover effects, and W [J]. 53rd ERSA conference, Palermo, 2013.

[24] J. Paul Elhorst. Spatial Econometrics: From Cross-Sectional Data to Spatial Panels [M]. New York: Springer, 2014.

[25] James P. LeSage, R. Kelly Pace. Introduction to Spatial Econometrics [J]. Boca Raton, US: CRC Press Taylor&Francis Group, 2009.

[26] 陈国亮, 陈建军. 产业关联、空间地理与二三产业共同集聚——来自中国 212 个城市的经验考察 [J]. 管理世界, 2012 (4): 82 - 100.

[27] 刘军, 徐康宁. 产业聚集、经济增长与地区差距——基于中国省级面板数据的实证研究 [J]. 中国软科学, 2010 (7): 91 - 102.

[28] 程中华, 于斌斌. 产业集聚与地区工资差距——基于中国城市数据的空间计量分析 [J]. 当代经济科学, 2014 (6): 86 - 94, 125.

[29] Harris. C. The Market as a Factor in the Localization of Industry in the United state [J]. Annals of the Association of American Geographers, 1954, 44 (4): 315 - 348.

[30] Tiiu Paas, Friso Schlitte. Regional Income Inequality and Convergence Processes in the EU - 25 [J]. ERSA Conference Papers, 2006.

[31] 王建康, 谷国锋, 姚丽. 城市化进程、空间溢出效应与城乡收入差距——基于 2002~2012 年省级面板数据 [J]. 财经研究, 2015 (5): 55 - 66.

[32] Anselin L. Spatial Econometrics: methods and models [M]. Dordrecht, Kluwer Academic Publishers, 1988.

[33] 滕丽, 王铮, 庞丽, 李刚强. 信息化对中国区域经济的影响 [J]. 人文地理, 2006 (1): 72 - 75.

[34] 林光平, 龙志和, 吴梅. 中国地区经济 σ - 收敛的空间计量实证分析 [J]. 数量经济技术经济研究, 2006 (4): 14 - 21, 69.

[35] Tobler W. R., A Computer Movie Simulating Urban Growth in the Detroit Region. Economic Geography [J]. 2006, 46 (2): 234 - 240.

[36] 李婧, 谭清美, 白俊红. 中国区域创新生产的空间计量分析——基于静态与动态空间面板模型的实证研究 [J]. 管理世界, 2010 (7): 43 - 55, 65.

产业结构、文化因素与风险投资阶段选择

汪 洋[*]

摘 要：文章利用2005~2012年省际面板数据，检验了产业结构与文化因素对风险投资阶段选择的影响。静态模型检验结果显示，工业企业获利能力越强，第二产业越发达或地位越重要，越不利于风险投资选择早期阶段项目；人口流动性越强，风险规避程度越低，越有利于风险投资选择早期阶段项目；各地之前的IPO数量越多，越是吸引了风险投资机构选择后期阶段项目；高税率会降低投资早期阶段项目的意愿。动态模型检验结果显示，风险投资阶段选择行为受到自身发展规律的影响。在控制了自身周期性的发展规律影响后，作为外生影响因素的产业结构与文化因素，依然表现出对风险投资阶段选择行为的影响。

关键词：产业结构 文化因素 风险投资 阶段选择

一、研究背景

风险投资阶段选择是指风险投资选择处于不同发展阶段的企业作为投资重点的行为偏好。这种选择行为会导致风险投资对被投企业产生不同的作用，主要表现为风险投资在企业早期阶段进行投资，往往具有明显的积极作用，而选择企业后期阶段进行投资时，积极作用不明显，甚至会出现负面影响（Avnimelech & Teubal，2006；Cowling et al.，2008；苟燕楠和董静，2013）。

阶段选择是一种决策行为。Muth（1961）认为理性预期会受经济环境结构的影响；Simon（1956）曾经指出选择行为与环境结构有关。也就是说无论我们假设决策者的内在理性程度如何，外在环境条件都是左右决策行为的重要因素。

中国风险投资在阶段选择上具有两层特征：一是总体上偏好企业后期阶段，二是各地区间差异较大（万钢，2010；王元等，2012；成思危，2012）。对于中国风险投资的阶段选择行为，学者们主要从环境结构中的正式制度加以解释：Cumming & Dai（2010）、Lerner（2010），以及Lerner和Tag（2012）认为是新兴市场国家正式制度缺陷所致。然而，在中国建立起创业板、有限合伙制，以及各地政府成立引导基金和引导政策等正式制度后，中国风险投资的总体选择偏好并未改变，区域间的

---

[*] 汪洋（1974- ），男，安徽芜湖人，安徽师范大学经管学院，副教授，上海财经大学公共经济与管理学院博士研究生，研究方向为投融资理论与政策。

差异也没有缩小。究其原因,很可能是当前研究中忽视了环境结构中的文化和产业结构因素所致。文化形塑了一国(区域)的非正式制度,在社会决策中也扮演着重要角色,使得同样的正式制度加诸到不同的社会往往得不到相同的结果(North,1990)。而产业结构决定了现存社会中产业分布、不同企业数量,以及对不同技术知识的使用频率与程度,自然影响到创业机会、资金需求和个体知识结构。这些方面都在决策中发挥着重要作用。因此,论证文化因素和产业结构在投资决策中的作用,对于深刻理解中国风险投资阶段选择行为具有深远意义。

本文的目的就是以产业结构和文化为切入点,研究其对中国风险投资阶段选择行为的影响,以此来提出相关政策建议,推动中国风险投资阶段前移,更好地发挥风险投资经济助推作用。

二、理论分析与研究假设

(一)产业结构对阶段选择的影响

1. 产业结构通过影响机会成本,来影响风险投资的阶段选择。North(1990)认为现实中交易费用的存在,使得制度具有报酬递增的特点,从而决定了经济发展存在路径依赖的现象。路径依赖实际上意味着转变路径时必然要承担机会成本,这种机会成本实质是制度为经济沿原有路径发展所带来的递增回报。依赖程度越高,机会成本越大(汪洋,2013)。总体上,中国经济长期以第二产业或者说工业经济为主。但同时,各地区经济发展状况又是非常不平衡的,对工业经济的适应和需求程度不同,这从东、中、西部之间的产业转移和承接即可看出。某地区越是适应和依赖工业经济,则该地区相应出台有利于工业经济的经济制度就越多,继续工业经济的发展路径产生的回报就越高,而转变发展路径所要承担的机会成本就越大。工业经济属于成熟产业,可供投资的潜在项目多数处于成熟期。而处于早期阶段的潜在投资项目属于高科技领域居多,主要出现在第三产业。也就是说在对工业经济路径依赖越强的地方,选择早期阶段项目要承担更大的机会成本。因此,提出本文的假设1:

H1 工业经济路径依赖越强,选择早期阶段项目投资的机会成本越高,越不利于风险投资选择早期阶段项目。

2. 产业结构通过影响默会知识,来影响风险投资的阶段选择。波兰尼将默会知识表述为一种蕴涵于个人实践活动之中,无法用语言表达和传授的知识。显然其与个人工作环境和工作经历密切相关。产业结构决定了地区各类企业的数量和企业所处发展阶段,也就决定了当地不同阶段项目对风险投资的需求强度,在投资实践中自然会影响到风险投资家的默会知识类型,进而会强化他们在新项目选择时的偏好。另外,产业结构也决定了当地的产业分布,也就决定了不同技术知识的使用频率与程度,所以决定了当地大部分从业者有关"特定时间和特定地点的知识"(即默会知识)(Hayek,1945)。要知道"硅谷模式"最为成功的原因之一就是曾经的从业者,后来转而成为风险投资家,他们根据自己以往的经验来进行投资选择。之前的默会知识类型往往决定了他们后来的投资方向。由于不同产业的成熟度不同,其中企业所处的发展阶段也会有所差异。如果某地区第二产业比较发达,则很可能意味着其间的投资者对成熟期项目相关的默会知识掌握较多。因此,提出本文的假设2:

H2 第二产业越发达的地方,风险投资家有关成熟期项目的默会知识越丰富,越不利于风险投资选择早期阶段项目。

(二)文化因素对阶段选择的影响

1. 文化会影响默会知识难以共享的程度,进而影响风险投资的阶段选择。哈耶克认为,文化规则是作为一种"群体默会知识"而存在的,在一定意义上,规则本身就是默会知识的载体,或者直接就是默会知识。如果某地的文化传统相对保守,默会知识体现的是一种"各自为政""互不往来""闭关自守"的态度,则一些探索性的新知识、新发现就更加难以推广和共享。早期阶段项目投资中所需的知识往往属于探索性的新知识和个人体验,如果文化传统趋于保守,将更加不利于此类知识的传播。有关早期阶段项目投资的默会知识越是缺乏,进行此类投资的数量必然越少。人口的流动性是打破保守文化,促进共享合作的关键。原因在于,如果人们来自"他乡",则意味着都没有"根基",独自存活或者发展难度加大,合作的重要性增强。另外,外来人口没有来自家族或者家乡风俗的约束,他们在共享一些专有知识时也变得容易些。"硅谷模式"的成功也是得益于它的人才高流动性,从而提高了投资早期阶段项目的特定知识的传播和共享。因此,提出本文的假设3:

H3 人口流动性越低,文化传统越保守,越不利于早期阶段项目投资。

2. 文化对社会群体风险规避程度产生影响,进而影响到风险投资的阶段选择。文化传统在现实生活中有力地左右着人们的决策行为:它不仅直接影响人们对待风险的态度——偏好风险或厌恶风险,而且还影响着投资者在决策模型中所使用的主观概率分布。如果某地的文化传统中特别强调风险意识,不提倡冒险,则人们对风险的感知将更加敏感,对损失赋予更高的主观概率,进而导致选择更高风险的早期阶段项目投资的可能性更小。另外,中国是将风险投资作为一种正式制度引进的。如果这种正式制度与当地文化不相适应,则制度的执行将困难重重。风险投资,尤其是早期阶段项目风险投资,代表的是一种敢于承担风险的精神内核,如果某地的文化传统是强调风险规避的,即便当地有引导政策的扶持,该地区早期阶段项目投资发展也将更加困难。因此,提出本文的假设4:

H4 文化传统中风险规避程度越高,越不利于早期阶段项目投资。

三、实证检验

(一) 数据来源

数据来源于三个渠道:一是从《中国创业风险投资发展报告》收集了各省风险投资机构在各阶段项目投资比例数据,以及资金来源和机构规模的数据;二是从国家统计局网和国研网站收集了分省的 GDP、人口和税收数据;三是从同花顺数据库获得各省 IPO 数据和证券市场指数。

本数据集为短面板数据,截面数据为全国 30 个省和直辖市(除西藏),时间跨度为 2005~2012 年。

(二) 变量指标

1. 被解释变量。参照现有研究(Dimov & Murray, 2008; Cumming & Dai, 2010; del-Palacio et al., 2010),本文采用各地风险投资机构投资早期阶段的项目数占所有投资项目数的比例,反映风险投资行业的选择性投资行为。其中早期阶段项目数为投资种子期和起步期项目数之和。另外,本文将投资种子期项目数占总投资项目数的比例和投资起步期项目数占总投资项目数的比例,也作为被解释变量。原因在于,种子期和起步期虽然都属于早期阶段,但是,在风险投资机构眼中这两个阶段还是有较大区别。种子期比起步期的风险更大。独立专业的风险投资机构[①]一般不投资种子期项目。种子期项目投资主要来源于天使投资和公司风险投资。所以,二者在影响因素的检验结果上很可能存在差异。

2. 解释变量。工业企业资产报酬率。为了检验假设 1,本文用规模以上工业企业资产报酬率代表各地经济对工业经济的路径依赖程度。该指标越高说明当地工业经济越发达,放弃工业经济项目投资的机会成本越高,该地区继续投资工业经济中成熟期项目的可能性越大。预计该指标系数为负。

二产增加值占比。为了检验假设 2,本文用第二产业增加值占当地 GDP 比重代表各地经济中第二产业的重要程度。该比值越高说明当地的二产越发达,有关二产的默会知识越多,而二产项目多数处于成熟期(除了新兴产业),所以预期系数为负。

人口稳定性。为了检验假设 3,本文用有本地户口的居民占本地人口的比例代表各地的人口流动性。该指标越高,说明本地的人口流动性越低,文化传统越保守,越不利于早期阶段项目投资,所以预计系数为负。

私营企业人口比。为了检验假设 4,本文用当地居民中每万人所对应的私营企业

---

① 在《全球风险投资研究》(兰德斯顿,2010) 中风险投资分为三类:非正式风险投资、独立专业的风险投资和公司风险投资。

数代表各地的风险规避程度。该指标越高,说明当地居民的创业精神越强,风险规避程度越低,越有利于早期阶段项目投资。因此,预期该指标系数为正。

3. 控制变量。个人所得税总额占地方 GDP 的比重。Armour 和 Cumming (2006)、Da Rin 等 (2006)、Bonini 和 Alkan (2012) 都证明税收与早期阶段项目风险投资负相关。预计系数为负。

中小板指数涨跌幅。Armour 和 Cumming (2006)、Dimov 和 Murray (2008) 均用证券市场指数代表一国资本市场对早期阶段项目风险投资的影响。但是结果并不统一。本文用中小板指数涨跌幅作为我国资本市场的代表,原因在于,样本取值期间 (2005~2012 年) 各地 IPO 公司大部分集中在中小板和创业板,沪深主板指数不具有代表性。而创业板从 2009 年才开板,年度指数信息不能覆盖整个样本取值期间段。中小板指数与创业板指数相关性较强,用它代替相对合适。

各地每年 IPO 的数量。Black 和 Gilson (1998)、Jeng 和 Wells (2000)、Bonini 和 Alkan (2012) 都曾用各国年度 IPO 数量代表一国融资体系对风险投资阶段选择的影响,但是结果也存在矛盾。本文使用该指标作为控制变量还有一个原因:我国 IPO 仍采用审批制,公司很难自主选择上市时机。某地历史上 IPO 比较多,则会刺激投资该地区的风险投资家选择后期阶段投资,通过"搭便车"尽快获利退出,因此,预计系数为负。

GDP 增幅。经济增长意味着更多的可投资本、更多的创业机会和更多的消费能力,自然意味着更有利于早期阶段项目投资。现有研究 (Jeng & Well, 2000; Armour & Cumming, 2006; Bonini & Alkan, 2012) 一致认为经济增长有利于早期阶段项目风险投资发展。只有 Dimov 和 Murray (2008) 的研究显示,经济增长对种子期项目风险投资的影响显著为负。

政府资金占比。研究表明不同来源资金对不同阶段的投资偏好不同 (Mayer et al., 2005; Schertler, 2005; Cumming, 2006a)。我国非正式风险投资市场尚未得到充分发展,政府资金是早期阶段项目投资的主要资金来源。因此,本文选取各省风险投资中政府资金来源多少代表该控制变量。[①]

小规模基金占比。投资机构规模对早期阶段风险投资的影响有两种论断:一种认为规模越大的公司越有利于早期阶段项目投资发展 (Dimov & Murray, 2006);另一种则认为小规模风险投资机构更会关注早期阶段投资 (Gompers & Lerner, 1998)。本文从《中国创业风险投资发展报告》中选取各省 5 000 万元以下机构表示小规模

[①] 由于在《中国创业风险投资发展报告》中各省政府资金来源占比是以图的形式给出,无法获取具体百分比数值,只能根据观测,将各省当年政府资金来源占比 20% 以下的赋值 1; 20%~40% 的赋值 2; 40%~60% 的赋值 3; 60%~80% 的赋值 4; 80%~100% 的赋值 5。

投资机构。①

所有变量指标的定义、计算和数据来源见表1。

表1　　　　　　　　　　　　变量汇总

变量名	符号	指标描述	数据来源	系数
被解释变量				
早期阶段	*early*	各地投资早期阶段项目数占总投资数比	中国创业风险投资发展报告	
种子期	*seed*	各地投资种子期项目数占总投资数比	中国创业风险投资发展报告	
起步期	*stup*	各地投资起步期项目数占总投资数比	中国创业风险投资发展报告	
解释变量				
二产增加值占比	*secu*	各地第二产业增加值除以各地GDP的百分数	国家统计局网	负
工业企业资产报酬率	*roa*	各地规模以上工业企业利润总额除以各地规模以上工业企业资产总额的百分数	国家统计局网	负
人口稳定性	*indi*	有本地户口人数占本地人口的百分数	国家统计局网	负
私营企业人口比	*priv*	各地每万人对应的私营企业数量	国研网	正
控制变量				
个人所得税占比	*ptax*	各地个人所得税总额除以各地GDP的百分数	国家统计局网	负
IPO数量	IPO	各地每年公司IPO的数量	同花顺数据库	负
中小板指数涨跌幅	*index*	每年中小板指数的涨跌幅	同花顺数据库	
GDP增幅	*gdpr*	各地每年GDP增幅	国家统计局网	
政府资金占比	*gover*	各地每年风险投资总额中政府资金所占比重	中国创业风险投资发展报告	
小规模基金占比	*sfund*	各地每年5 000万元以下规模机构数占总机构数的比例	中国创业风险投资发展报告	

① 《中国创业风险投资发展报告》中将各地风险投资机构的规模划分为四类：5 000万元以下、5 000万～1亿元、2亿～5亿元、5亿元以上。

（三）研究方法

首先考虑静态模型。现有相关研究中主要采用静态模型。在静态模型下，短面板数据有三种处理形式：作为混合数据处理、作为固定效应模型处理和作为随机效应模型处理。从理论上讲，在省际面板数据中采用固定效应和随机效应模型，是担心存在反映地方特点的变量被遗漏，这样的变量以反映文化的变量为最突出的代表，由于本文已将反映文化的变量提取出来，所以在本文检验中，混合回归的效果应该与固定效应和随机效应模型回归的结果相差无几。技术层面的检验结果也证实这一猜想，Hausman 和 LM 检验结果均不显著，即不能拒绝混合回归与固定效应和随机效应无差别的原假设，因此可以选用混合回归。

考虑到因变量与自变量之间可能存在的逆向因果关系，对存在内生性风险的自变量采用滞后变量代替。这些变量包括：二产增加值占比、工业企业资产报酬率、人口稳定性、私营企业人口比、IPO 数量。同时，在 OLS 中使用聚类稳健标准误差，以克服数据中可能存在的异方差和自相关情况。待检验模型如下：

$$early_{it} = \partial + \beta_1 secu_{it-1} + \beta_2 roa_{it-1} + \beta_3 indi_{it-1} + \beta_4 priv_{it-1} + \beta_5 IPO_{it-1} + \beta_6 ptax_{it} \\ + \beta_7 index_{it} + \beta_8 gdpr_{it} + \beta_9 gover_{it} + \beta_{10} sfund_{it} + \varepsilon_{it} \quad (1)$$

$$essd_{it} = \partial + \beta_1 secu_{it-1} + \beta_2 roa_{it-1} + \beta_3 indi_{it-1} + \beta_4 priv_{it-1} + \beta_5 IPO_{it-1} + \beta_6 ptax_{it} \\ + \beta_7 index_{it} + \beta_8 gdpr_{it} + \beta_9 gover_{it} + \beta_{10} sfund_{it} + \varepsilon_{it} \quad (2)$$

$$stup_{it} = \partial + \beta_1 secu_{it-1} + \beta_2 roa_{it-1} + \beta_3 indi_{it-1} + \beta_4 priv_{it-1} + \beta_5 IPO_{it-1} + \beta_6 ptax_{it} \\ + \beta_7 index_{it} + \beta_8 gdpr_{it} + \beta_9 gover_{it} + \beta_{10} sfund_{it} + \varepsilon_{it} \quad (3)$$

其次考虑动态模型。考虑动态模型的原因在于，行业发展具有自身规律，早期阶段项目与后期阶段项目在数量上应具有一定比例关系，不可能长期处于失衡状态。因此，之前年份风险投资选择早期阶段项目的数量，会影响到随后时期该地区的投资行为。动态模型与静态模型实际上是相通的，动态模型相当于对含有滞后变量的静态模型进行了科伊克（Koyck）方法转换。[1]

在动态模型中因变量的滞后变量也包含在解释变量中。为了避免动态模型产生的内生性问题，一般有三种处理方法：差分 GMM、水平 GMM 和系统 GMM。其中系统 GMM 方法是将差分 GMM 与水平 GMM 结合在一起，即将差分方程与水平方程作为一个方程系统进行 GMM 估计。系统 GMM 相比差分 GMM 具有更高的估计效率。对于其他可能存在内生性的解释变量，依然采用滞后变量作为工具变量。待检验模型如下：

$$early_{it} = \partial + \beta_1 early_{it-1} + \beta_2 secu_{it} + \beta_3 roa_{it} + \beta_4 indi_{it} + \beta_5 priv_{it} + \beta_6 IPO_{it} + \beta_7 ptax_{it} \\ + \beta_8 index_{it} + \beta_9 gdpr_{it} + \beta_{10} gover_{it} + \beta_{11} sfund_{it} + \varepsilon_{it} \quad (4)$$

$$seed_{it} = \partial + \beta_1 seed_{it-1} + \beta_2 secu_{it} + \beta_3 roa_{it} + \beta_4 indi_{it} + \beta_5 priv_{it} + \beta_6 IPO_{it} + \beta_7 ptax_{it}$$

---

[1] 李子奈. 计量经济学（第三版）[M]. 北京：高等教育出版社，2010：170.

$$+ \beta_8 index_{it} + \beta_9 gdpr_{it} + \beta_{10} gover_{it} + \beta_{11} sfund_{it} + \varepsilon_{it} \tag{5}$$

$$stup_{it} = \partial + \beta_1 stup_{it-1} + \beta_2 secu_{it} + \beta_3 roa_{it} + \beta_4 indi_{i1} + \beta_5 priv_{it} + \beta_6 IPO_{it} + \beta_7 ptax_{it}$$
$$+ \beta_8 index_{it} + \beta_9 gdpr_{it} + \beta_{10} gover_{it} + \beta_{11} sfund_{it} + \varepsilon_{it} \tag{6}$$

(四)统计性描述

2005~2012年全国各地风险投资机构，投资早期阶段项目数占全部项目数的比例平均为43.72%，其中种子期投资平均为18.21%，起步期投资平均为25.51%。各地第二产业增加值占GDP比重平均为48.08%，我国依然是一个以第二产业为主导产业的国家。二产占比最低的是北京，最高的是山西省。规模以上工业企业平均资产报酬率为7.32%，相对于第三产业的收益率而言是较低的。各地本地户口人口占人口总数的比例平均为85.44%，比例最低的为34.88%，出现在2011年的上海，充分说明上海是一个人口流动性极强的城市，也是一个充分开放的城市。比例最高的为97.89%，出现在2007年的甘肃省。各地每万人中平均有私营企业62家，最低的不到11家，出现在2005年的贵州省；最高的近356家，出现在2012年的上海。这组数字也较好地反映出各地的创业精神和创业条件的差异。各地个人所得税总额占GDP的比值平均为0.41%，最低为0.14%，最高的为1.68%。各地平均每年有不到5家公司IPO，广东省在2010年里共计有69家公司IPO，为历年各地最多。中小板自开板以来平均年涨幅达33.19%，各地GDP年平均增长率达12.78%，各地风险投资总额中平均约有35%的资金来自政府基金，各地风险投资机构中5 000万元以下的机构平均约占到21%。其他信息如表2所示。

表2　　　　　　　　变量指标描述性统计

变量	obs	mean	sd	min	max
early	216	43.72	28.27	0	100
seed	216	18.21	21.78	0	100
stup	216	25.51	22.97	0	100
secu	240	48.08	7.57	22.7	59.05
roa	240	7.32	3.31	1.89	22.28
indi	240	85.44	11.44	34.88	97.89
priv	240	62.05	63.62	10.99	355.86
ptax	240	0.41	0.30	0.14	1.68
IPO	240	4.82	9.14	0	69
index	240	33.19	64.93	−53.94	137.71
gdpr	240	12.78	2.24	5.4	23.8

续表

变量	obs	mean	sd	min	max
gover	221	1.73	1.18	0	5
sfund	219	20.98	21.86	0	100

各变量之间，除了 *indi*、*priv* 和 *ptax* 变量之间有较强的相关性，其他变量的相关系数均在 0.5 以下，不存在高度相关的情况。代表产业结构的 *secu* 自变量与 *early* 和 *stup* 呈负相关，与预期相符；*roa* 自变量与 *early* 和 *seed*，相关系数在 5% 水平上显著。代表文化因素的 *indi* 和 *priv* 自变量与因变量在相关性方向上均与预期相符。其他具体信息如表 3 所示。

表 3　　　　　　　　　　　　变量相关系数表

	early	*seed*	*stup*	L.*secu*	L.*roa*	L.*indi*	L.*priv*	*ptax*	L.*IPO*	*index*	*gdpr*	*gover*	*sfund*
early	1												
seed	0.6*	1											
stup	0.66*	−0.20*	1										
L.*secu*	−0.07	0.08	−0.17*	1									
L.*roa*	−0.18*	−0.22*	−0.01	0.39*	1								
L.*indi*	−0.02	−0.01	−0.02	0.18*	−0.01	1							
L.*priv*	0.06	0.05	0.03	−0.24*	−0.06	−0.72*	1						
ptax	−0.04	0.01	−0.03	−0.42*	−0.20*	−0.62*	0.62*	1					
L.*IPO*	−0.1	−0.12	−0.01	0.04	0.12	−0.51*	0.42*	0.24*	1				
index	−0.04	0.17*	−0.21*	−0.06	−0.19*	0.14*	−0.09	−0.04	−0.26*	1			
gdpr	−0.02	0.03	−0.05	0.11	−0.13*	0.34*	−0.35*	−0.25*	−0.41*	0.23*	1		
gover	0.11	0.06	0.07	0.06	−0.02	0.12	−0.13	−0.05	−0.20*	0.03	−0.01	1	
sfund	0.02	0.03	0	0.06	−0.13	0.05	−0.02	0.01	−0.08	0.11	−0.02	−0.07	1

注：表中 * 表示变量相关性在 5% 水平上显著。自变量前加 L 表示自变量的滞后值。

（五）回归检验结果

1. 静态模型检验。模型 1 检验结果显示，自变量中：工业企业资产报酬率系数在 1% 置信水平上显著为负，与本文预期相符。说明各地工业企业获利能力越强，越不利于风险投资选择早期阶段项目。假设 1 通过检验。

二产增加值占比系数在 5% 置信水平上显著为负，与本文预期相符。说明各地第二产业越发达或地位越重要，越不利于风险投资选择早期阶段项目。假设 2 通过检验。

人口稳定性系数为负，但不显著，说明各地流动性越低，文化传统越趋于保守，越不利于风险投资选择早期阶段项目投资。假设3基本通过检验。

每万人中私营企业数系数在1%置信水平上显著为负，与本文预期相符。说明各地风险规避程度越低，越具有创业精神，越有利于风险投资选择早期阶段项目投资。假设4通过检验。

控制变量中：IPO系数在5%置信水平上显著为负，说明各地之前公司上市记录实际上吸引了风险投资机构更多的选择后期阶段投资，希望通过搭便车行为实现短期回报；个人所得税系数在1%置信水平上显著为负，说明高税率会降低创业精神，不利于风险投资选择早期阶段项目；中小板指数涨跌幅、GDP增幅、政府资金和小规模机构占比变量的系数均不显著。

模型2检验结果与模型1最大的不同在于，二产增加值占比系数在1%置信水平上显著为正。这一结果该如何解释呢？当我们从宏观角度检验风险投资的阶段选择行为时，这里的投资主体既包含了独立专业的风险投资，也包括了公司风险投资。[①]在《全球风险投资研究》（兰德斯顿，2010）中，作者认为独立专业的风险投资并不是种子期投资的主要来源，天使投资人和公司风险投资才是种子期投资的主要来源。由于我国天使投资尚未得到良好发展，所以公司风险投资才是种子期项目投资的主要来源。第二产业地位重要的地方，例如，中、西部承接东部产业转移的主要城市，它们并不是简单承接，往往是在创新和发展中承接。也就是说这些地方二产中新兴产业很可能发展得也很好，是二产增加值的主要增长点，所以这些地区会有较多的公司风险投资，进行新兴产业的种子期研发投资。这一点从模型2的个人所得税系数得到证实。模型2中的个人所得税系数，相比于模型1，在显著性和影响力方面急剧下降。如果投资主体是专业独立的风险投资，它的有限合伙人一般是个人，个人所得税直接影响其投资收益，所以对个人所得税会非常敏感。但是，如果投资主体是公司风险投资，它的资金来源是企业，个人所得税的变动对公司风险投资的投资行为不会有什么影响，所以系数绝对值小且不显著。在模型2中，二产增加值占比系数因为部分的代表了公司风险投资的水平，才会对种子期投资形成正面影响。中小板指数涨跌幅在10%置信水平上显著为正。中小板指数与创业板指数高度相关，该指数上升会增加公司风险投资机构加大投资种子期的信心。

模型3检验结果中，二产增加值占比系数在1%置信水平上显著为负。但是工业企业资产报酬率系数由负变正，但不显著。IPO数量系数为负，绝对值变小，并且不再显著。起步期和种子期虽然同属于早期阶段，但是在投资者眼里还是有较大差别，风险投资家一般认为种子期的投资风险要比起步期高得多。起步期在特征上更加接近于早期阶段与后期阶段的过渡。工业企业资产报酬率和IPO数量的系数变化

---

① 本章检验数据来源于《中国创业风险投资发展报告》，该报告的数据既包括独立专业的风险投资机构的投资数据，也包括公司风险投资机构的投资数据。

正是这一过渡特征的表现，即负面影响减弱（根据理论分析，这两因素对早期阶段项目应产生负面影响），并不再显著。另外，私营企业人口比系数和个人所得税占比系数均在1%置信水平上显著。起步期投资主要来源于独立专业的风险投资，所以对个人所得税很敏感。同样道理，私人企业数量所代表的冒险精神（或者风险规避程度）和民间融资需求对独立专业的风险投资主体也会有很大影响。政府资金在10%的置信水平上显著为正，结合模型2的结果，可以了解到，政府引导基金主要是投资在早期阶段的起步期而不是种子期。其他信息如表4所示。

表4　　　　　　　　　　　　静态模型检验结果

自变量	因变量		
	1	2	3
	early	*seed*	*stup*
L. roa	−1.64*** (0.50)	−1.78*** (0.20)	0.13 (0.46)
L. secu	−0.70** (0.30)	0.68*** (0.19)	−1.38*** (0.23)
L. indi	−0.26 (0.23)	−0.07 (0.21)	−0.19 (0.24)
L. priv	0.23*** (0.07)	0.03 (0.04)	0.19*** (0.06)
L. IPO	−0.48** (0.19)	−0.41** (0.15)	−0.08 (0.14)
ptax	−56*** (15)	−0.38 (10.28)	−56.36*** (16.00)
index	−0.01 (0.02)	0.04* (0.02)	−0.05* (0.03)
gdpr	0.06 (0.91)	−0.71 (0.85)	0.77 (0.70)
gover	0.10 (0.09)	−0.04 (0.09)	0.13** (0.16)
sfund	0.01 (0.15)	−0.05 (0.13)	0.06 (0.09)
常数项	123.88*** (28.41)	16.41 (24.98)	107.47*** (28)

续表

自变量	因变量		
	1	2	3
	early	seed	stup
样本数	181	181	181
R^2	0.13	0.12	0.17
$prob > F$	***	***	***
VIF	2.99	2.99	2.99

注：表中 *** 表示在1%水平上显著，** 表示在5%水平上显著，* 表示在10%水平上显著。自变量前加 L 表示自变量的滞后值。

2. 动态模型检验。动态模型检验结果主要有两个特点：第一，因变量的滞后项作为自变量，在所有3个模型中系数符号均为负，其中 early 的滞后项系数在10%置信水平上显著。说明风险投资阶段选择行为受到自身发展规律的影响，投资早期阶段项目的高潮与低谷呈现出交替状态。研究表明有两种原因会导致这种状态：一是随着被投资的企业渐趋成熟，如果多轮投资普遍存在（在欧美国家多轮投资非常普遍），原先的早期阶段项目投资自然演变成了后期阶段项目投资，就会出现阶段选择的交替状态。二是风险投资机构会出现"趋同"的投资行为，造成一定时期内处于某阶段的项目的过度投资。并且在随后，业绩较差的投资者被踢出（Sahlman & Stevenson，1986），如此形成不同阶段投资项目多寡的交替。回顾美国1985年至今的风险投资的阶段选择行为，能清晰看出其中周期性的变化（早期阶段项目风险投资额占比由1985年的45%下降至2002年的19%，目前回升到33%）。但是，我国早期阶段项目投资的周期性过短（一年滞后项系数即显著为负），显然不利于早期阶段项目投资对创新的促进作用（Sahlman & Stevenson，1986）。

第二，模型4中代表产业结构（roa、secu）和文化因素（indi、priv）的变量系数方向与本文预期相符，但系数绝对值和显著性，相较于模型1，均有所下降。动态模型相当于对含有滞后变量的静态模型进行了科伊克（Koyck）方法转换，[1] 因变量滞后项反映出一部分原自变量滞后项的解释力度。所以，动态模型中自变量会表现出影响力和显著性下降的特征。这一特征也说明在控制了风险投资自身周期性发展规律后，作为外生影响因素的产业结构与文化因素依然表现出预期的影响。这一点在模型5和模型6中也有同样的表现。

模型6相较于模型3最大的变化在于工业企业资产报酬率系数由正变负，与本文预期相符。当控制住风险投资自身周期性发展规律后，产业结构所形成的机会成本的确对风险投资选择早期阶段项目形成了阻碍。

---

[1] 李子奈. 计量经济学（第三版）[M]. 北京：高等教育出版社，2010：170.

控制变量中值得关注的是，模型 4 中政府资金占比系数在 10% 置信水平上显著为正，该变量系数方向在模型 4、模型 5 和模型 6 中也趋于一致，说明政府引导基金对于发展各地早期阶段风险投资的确发挥了引导作用。另外，基金规模系数在 3 个模型中一致为正，且在模型 4 中在 5% 置信水平上显著，说明小规模风险投资基金更偏好于选择早期阶段项目投资。

系统 GMM 方法采用了 173 个样本，模型 1、模型 2 和模型 3 均使用了 93 个工具变量。系统 GMM 方法适用的前提条件有两个：一是扰动项不存在自相关，二是所有工具变量都有效。自相关检验和过度识别检验均不能拒绝原假设，即满足前提假设。系统 GMM 方法适用。其他信息如表 5 所示。

表 5　　　　　　　　　　　动态模型检验结果

自变量	因变量		
	4	5	6
	early	*seed*	*stup*
L1	−0.15* (0.09)	−0.16 (0.14)	−0.02 (0.20)
roa	−2.85 (2.29)	−2.51 (2.17)	−0.59 (1.95)
secu	−2.91* (1.72)	0.71 (1.26)	−1.95 (1.34)
indi	−0.11 (0.68)	−0.04 (0.59)	−0.09 (0.36)
priv	0.14 (0.21)	0.04 (0.17)	0.18 (0.16)
IPO	−0.05 (0.29)	−0.06 (0.32)	0.25 (0.27)
ptax	−65.02* (33.59)	17.10 (25.77)	−73.22*** (23.98)
index	−0.04 (0.03)	0.03 (0.03)	−0.08*** (0.02)
gdpr	2.56 (2.12)	1.95 (1.48)	1.34 (1.66)
gover	0.23* (0.13)	0.02 (0.14)	0.07 (0.18)

续表

自变量	因变量		
	4	5	6
	early	*seed*	*stup*
sfund	0.50** (0.23)	0.05 (0.20)	0.30 (0.17)
常数项	187.76** (86.60)	−27.26 (63.08)	98.20 (98.61)
样本数	173	173	173
工具变量	93	93	93
prob > chi2	***	***	***

注：表中 *** 表示在1%水平上显著，** 表示在5%水平上显著，* 表示在10%水平上显著。

四、结　论

本文利用2005～2012年省际面板数据，检验了产业结构与文化因素对风险投资阶段选择的影响。静态模型检验结果显示，工业企业获利能力越强，第二产业越发达或地位越重要，越不利于风险投资选择早期阶段项目；人口流动性越强，风险规避程度越低，越有利于风险投资选择早期阶段项目；各地之前的IPO数量越多，越是吸引了风险投资机构选择后期阶段项目；高税率会降低投资早期阶段项目的意愿。动态模型检验结果显示，风险投资阶段选择行为受到自身发展规律的影响。在控制了自身周期性的发展规律影响后，作为外生影响因素的产业结构与文化因素，依然表现出对风险投资阶段选择行为的影响。

风险投资阶段选择行为与各地根深蒂固的区域性特征有关。这些特征主要表现为产业结构和文化因素。引导政策的设计既要因势利导，又要有的放矢，才能显现作用。根据研究结论，本文有如下建议：短期内，（1）在第三产业发达，流动性强的城市，引导政策应通过个人所得税手段，以激励独立专业的风险投资机构投资起步期项目为重点。（2）在承接产业转移的主要城市和地区，引导政策应通过加大对新兴产业的研发资助，以激励风险投资机构投资种子期项目为重点。（3）降低公司上市审批中规模和获利能力指标的权重，让早期阶段项目有更多的IPO机会。（4）重新设定政府引导基金管理者的考核条件，促进其更多地投资种子期项目。长期内，一是打破工业经济中的行业垄断现象，压缩传统行业的制度性获利空间。二是破除影响区域人才流动的陈旧制度，以创业精神为文化建设的重点，建立更加适宜的创业环境。

参 考 文 献

[1] Avnimelech, G., & Teubal, M. (2006). Creating venture capital industries that co-evolve with high tech: Insights from an extended industry life cycle perspective of the Israeli experience. Research Policy, 35 (10), 1477-1498.

[2] Cowling, M. Britain, G. Revenue, H. M. Study of the impact of the Enterprise Investment Scheme (EIS) and Venture Capital Trusts (VCTs) on company performance [M]. Institute for Employment Studies, 2008.

[3] 苟燕楠, 董静. 风险投资进入时机对企业技术创新的影响研究 [J]. 中国软科学, 2013 (3): 132-140.

[4] Muth, J. F. (1961). Rational expectations and the theory of price movements. Econometrica: Journal of the Econometric Society, 315-335.

[5] Simon, H. A. (1956). Rational choice and the structure of the environment. Psychological review, 63 (2), 129.

[6] 万钢. 发展有中国特色风险投资, 加快培育新兴产业 [N]. 科技日报, 2010.

[7] 王元等. 中国创业风险投资发展报告2012 [M]. 北京: 经济管理出版社, 2012.

[8] 成思危等. 中国风险投资年鉴2012 [M]. 北京: 民主与建设出版社, 2012.

[9] Cumming, D., & Dai, N. (2010). Local bias in venture capital investments. Journal of Empirical Finance, 17 (3): 362-380.

[10] Lerner, J. (2010). The future of public efforts to boost entrepreneurship and venture capital. Small Business Economics, 35 (3), 255-264.

[11] Lerner, J., & Tåg, J. (2013). Institutions and venture capital. Industrial and Corporate Change, 22 (1): 153-182.

[12] North, D. C. (1990). Institutions, institutional change and economic performance. Cambridge university press.

[13] 汪洋. 产业结构, 文化因素与我国风险投资"保险化" [J]. 上海财经大学学报: 哲学社会科学版, 2013, 15 (4): 49-56.

[14] Hayek, F. A. (1945). The use of knowledge in society. The American economic review, 519-530.

[15] Dimov, D., & Murray, G. (2008). Determinants of the incidence and scale of seed capital investments by venture capital firms. Small Business Economics, 30 (2): 127-152.

[16] Del-Palacio, I., X. T. Zhang, et al. (2010). The capital gap for small technology companies: public venture capital to the rescue? Small Business Economics 38 (3): 283-301.

[17] Armour, J., & Cumming, D. (2006). The legislative road to Silicon Valley. Oxford Economic Papers.

[18] Da Rin, M., Nicodano, G., & Sembenelli, A. (2006). Public policy and the creation of active venture capital markets. Journal of Public Economics, 90 (8): 1699-1723.

[19] Bonini, S., & Alkan, S. (2012). The political and legal determinants of venture capital investments around the world. Small Business Economics, 39 (4): 997-1016.

[20] Black, B. S., & Gilson, R. J. (1998). Venture capital and the structure of capital markets: banks versus stock markets1. Journal of financial economics, 47 (3): 243-277.

[21] Jeng, L. A., & Wells, P. C. (2000). The determinants of venture capital funding: evidence across countries. Journal of corporate Finance, 6 (3): 241-289.

[22] Mayer, C., Schoors, K., & Yafeh, Y. (2005). Sources of funds and investment activities of venture capital funds: evidence from Germany, Israel, Japan and the United Kingdom. Journal of Corporate Finance, 11 (3): 586-608.

[23] Schertler, A. (2005). European venture capital markets: fund providers and investment characteristics. Applied Financial Economics, 15 (6): 367-380.

[24] Cumming, D. J. (2005a). Capital structure in venture finance. Journal of Corporate Finance, 11, 550-585.

[25] Dimov, D. P. and G. C. Murray (2006). An examination of the determinants of the incidence and scale of seed capital investments by venture capital firms, 1962-2002. Working Paper, Instituto de Empresa and University of Exeter.

[26] Gompers, P., & Lerner, J. (1998). Venture Capital Distributions: Short-Run and Long-Run Reactions. The Journal of Finance, 53 (6): 2161-2183.

[27] 汉斯·兰德斯顿. 全球风险投资研究 [M]. 湖南: 湖南科学技术出版社, 2010.

[28] Sahlman, W. A., & Stevenson, H. H. (1986). Capital market myopia. Journal of Business Venturing, 1 (1): 7-30.

产业转移、劳动力流动与区域协调发展

皮亚彬* 陈 耀 周洪霞

摘 要: 产业扩散和劳动力流动是缩小区域人均收入差距的手段。本文建立一个包含地区效率差异和劳动力流动成本的两部门两地区模型,研究城镇化和工业化背景下,产业转移、劳动力流动的福利效应以及对城乡区域协调的影响。结论如下:(1)劳动力流动可以缩小城乡间和地区间人均收入差距,但无助于缩小区域经济总量差距;产业扩散既可以缩小城乡间和区域间人均收入差距,也可以缩小区域经济总量差距。在一定条件下,产业扩散和劳动力流动都可以实现居民福利的帕累托改进。(2)由于存在人口转移成本,即使欠发达地区产业生产率低,产业从发达地区向欠发达地区扩散仍能提高社会总体整体福利。(3)当劳动力转移成本在个体间存在差异时,经济系统中会同时存在劳动力转移和产业扩散的情形,劳动力区际转移成本越低,转移到异地就业的劳动力数量越多。(4)本文的政策启示是,在城镇化进程中应选择就地城镇化还是异地城镇化道路,要综合考虑劳动力转移和产业转移的成本,依据人口和产业的空间布局的趋势进行调整;在区域平衡政策中,产业转移和劳动力转移两类政策并不存在内在逻辑冲突,不应将二者对立,而应同时推进。不同于传统的采用补贴等财政手段为基础的产业转移政策,本文提出降低劳动力流动成本和产业转移成本,通过构建全国统一的社会保障体系、推动要素市场一体化、消除市场分割等措施,让市场力量决定产业和劳动力的流向,促进区域城乡协调发展的同时,避免造成资源空间配置的扭曲。

关键词: 产业转移 劳动力流动 区域差距 社会福利

一、引言与文献综述

中国幅员辽阔、人口众多,地区间和城乡间资源禀赋和经济社会发展水平差距很大,地区经济平衡发展有着重要的意义。随着经济发展水平的提高和中国参与全球化的程度加深,经济集聚的力量使得沿海地区和大城市发展比较快。从缩小区域收入差距的角度看,劳动力流动、产业转移和转移支付都有助于提高欠发达地区居民的福利水平,三者都是实现区域和城乡平衡的手段。

产业空间集聚能够提高企业收益,使企业愿意并能够支付发达地区较高的土地和劳动力成本。地区间效率差异的来源有两类:一类是技术层面的,即马歇尔外部性,产业集聚可以分享专业化的劳动力资金池、基础设施及相关产业的成长、技术

---

* 皮亚彬(1988—),男,河南周口人,中国社会科学院工业经济研究所博士后,经济学博士。

和知识的传播，提高企业生产效率。知识和技术创新的空间扩散特征，随距离而衰减。第二类是金融外部性的影响，新经济地理学理论强调需求因素对企业和劳动力空间决策的影响，由于存在商品区际贸易成本，接近原材料和中间品市场，接近消费市场能够降低企业成本、提高销售额和企业利润（Krugman，1991）。吴要武（2013）估算了由于地区间劳动力工资差异，产业从东部地区向中、西部地区转移存在的潜在收益。但是，尽管劳动力在地区间流动存在成本导致工资差异，但是产业转移到欠发达地区同样存在成本，企业转移到欠发达地区可能会降低生产效率，忽视企业在地区间生产效率差异会高估产业转移的收益。

多数学者认同人口和产业空间分布不平衡是区域差距产生的重要因素，生产在东部沿海地区集中的同时，人口却存在流动障碍而没有相应的集中，劳动力迁移壁垒对地区差距扩大有着显著的推动作用（蔡翼飞和张车伟，2012），通过促进劳动力流动来缩小区域差距还有很大的潜力（姚枝仲和周素芳，2003；李国平和范红忠，2003）。

受到户籍制度等因素的影响，中国劳动力在城乡和地区间迁移产生了较大的非货币成本，造成了迁移劳动力的福利损失，劳动力流动的短期行为和劳动力回流现象表明，异地就业劳动力承受着较大迁移成本（Dustmann and Mestres，2010），导致移民比城市原住民幸福感更低（Faini et al.，1997；Collier，2013）。在我国，户籍制度以及依附于户籍制度的城乡、区域分割的社会保障体系，增大了劳动力跨地区转移的成本。经济理论和国际经验均证明，在一个国家内部，如果没有劳动力流动的阻碍，随着经济发展阶段的提高，经济集聚的同时，地区间差距将逐步缩小（World Bank，2009）。一些经济发达国家经济集中度高于我国，但由于这些国家人口流动更自由，地区收入差距问题却比中国小得多（Ellison and Glaeser，1997；Puga，1999）。

产业转移和劳动力转移存在替代关系。许多学者从产业转移的研究视角，认为劳动力流动延缓了产业向中、西部地区的转移。在一国内部劳动力区域流动壁垒及其成本要低于国家间劳动力转移成本，通过劳动力跨区域流动，发达地区的资本不必通过跨区投资就可以实现与欠发达地区廉价劳动力的结合，中、西部地区价格低廉的劳动力优势将受到抑制，使劳动力要素的丰缺程度对国内不同地区比较优势的影响度大为下降，从而阻碍了产业转移的演化进程。樊士德等（2015）认为，转移到发达地区的劳动力呈现出不回流的刚性，阻碍了产业转移的发生或延缓产业转移的时间，并使得欠发达地区承接的产业转移增量偏向于用资本替代劳动。

有研究认为，转移支付以及其他的政策偏向来推动区域平衡的措施会带来一定的问题。陆铭和向宽虎（2014）认为，通过土地资源配置和转移支付推动中西部地区发展的政策会降低经济效率，而通过增强劳动力的流动性可以实现效率和平衡的双赢。通过割裂生产要素市场以使产业分散化而实现区域平衡的做法，阻碍了集聚效应带来的效率提升，会损害中国作为一个大国的优势。吴福象和蔡悦（2014）单纯依靠转移支付对中、西部地区倾斜无法从根本上解决我国产业空间不平衡困境和中、西部劳动力外移造成的留守现象，需要进一步转向产业转移和区域平衡战略。

Krugman（1991）讨论了在存在商品运输成本条件下的聚集收益，劳动力区际流动导致经济活动空间分布的不平衡。朱希伟（2004）在新经济地理学模型中引入了人口流动成本和地区间技术差异，在发展中国家的城镇化和工业化进程中，人口流动成本是比商品运输成本更关键的因素，当城乡之间的技术差异小于劳动力空间流动成本时，产业将可能向农村地区扩散①。但其研究没有进一步分析在农村劳动力向工业部门转移过程中，随着农业人口减少，劳动力工资发生的变化。本文考虑在存在农村剩余劳动力的情形下，分析劳动力流动成本降低和产业扩散对区域收入差距和社会总福利改进的影响，并进一步引入劳动力转移成本的异质性，使劳动力转移成本内生化。

本文剩余部分结构如下：第二部分是基本模型，考虑消费者对工业品的多样化偏好，农村劳动力转移到工业部门，能够降低工业品成本并增加商品种类，提高消费者福利。第三部分，考虑劳动力流动成本和产业向欠发达地区扩散产生的效率损失，并比较产业转移和人口转移的福利效应及其对区域差距的影响。第四部分考虑了劳动力流动成本的差异，解释了劳动力向发达地区流动和产业向欠发达地区扩散同时存在的情形。第五部分是结论和启示。

二、基本模型

区际产业转移实际上是各类生产要素在各地区间流动和重新聚集的过程，特别是劳动力要素的流动。产业转移影响就业空间分布、导致就业空间重构的中介是产业转移带动劳动力的流动，并与其形成互动发展关系。本节在克鲁格曼（1991）"中心—外围"模型的基础上，借鉴朱希伟（2004）的分析方法，不考虑商品空间运输成本，探讨产业转移与劳动力流动的变化规律。

克鲁格曼在假定要素流动无成本、产品运输有成本的前提下，揭示初始状态无差异的两地，因具有报酬递增的制造业企业为实现规模经济、降低运输成本而选择"接近市场"的区位，进而形成产业空间集聚（即"中心—外围模型"），在此过程中关键是劳动力可以无成本的跨地区流动。然而，在我国受户籍制度及附着其上的福利待遇的限制，导致劳动力跨区域流动成本较高。因此，为更好地解释我国东部产业向中、西部等内陆地区转移，以及劳动力跨区域流动问题，本文构建如下基本模型。

假设一国内部存在两地区，经济发达地区和欠发达地区。经济发达地区是工业

---

① 朱希伟. 偏好，技术与工业化 [J]. 经济研究, 2004 (11).

化区域，劳动力数量为 θ_0，该地区所有劳动力都进入工业部门。欠发达地区是传统农业区，其劳动力总量为 $1-\theta_0$，其中农民数量为 L_A，由于农业部门工资低于工业部门，欠发达地区劳动力有 θ_1 转移到本地工业部门就业，θ_2 转移到发达地区工业部门就业；劳动力由欠发达地区向发达地区流动存在成本，假定流动成本系数为 Y（$0 < Y < 1$）。

（一）消费者偏好

假定经济发达地区和欠发达地区居民具有相同偏好，代表性消费者的效用函数可表示为：

$$U = \frac{1}{\mu^\mu (1-\mu)^{1-\mu}} M^\mu A^{1-\mu} \tag{1}$$

其中，M 代表工业品的消费组合，A 是农产品的消费量，μ 是工业品的支出份额，代表地区的工业化水平。M 是定义在工业品种类的连续空间上的子效用函数：

$$M = \left[\int_{i=0}^{N} c_i^{\frac{\sigma-1}{\sigma}} di \right]^{\frac{\sigma}{\sigma-1}} \tag{2}$$

消费者面临的工业品价格指数为：

$$P_M = \left(\int_{i=0}^{N} p_i^{1-\sigma} di \right)^{1/(1-\sigma)} \tag{3}$$

其中，c_i 代表对第 i 种工业品的消费，p_i 代表对第 i 种工业品的价格，N 为工业品种类数，σ 为任意两种工业品之间的替代弹性，且 $\sigma > 1$。

假定 Y 为消费者总支出，p_A 为农产品价格，其预算约束为 $M \cdot P_M + A \cdot p_A = Y$。消费者追求效用最大化，则其对工业品组合和农产品的消费量分别为：

$$M = \mu Y / P_M, A = (1-\mu) Y / p_A \tag{4}$$

对差异化工业品 i 的消费量为：

$$C_i = \mu Y p_i^{-\sigma} / P_M^{1-\sigma} \tag{5}$$

（二）工业生产均衡

发达地区和欠发达地区企业存在效率差异，这反映在企业的生产成本上。在经济发达地区，企业生产技术具有规模报酬递增的特性，代表性工业品的生产成本函数为：

$$l_i^c = \alpha + \beta x_i^c \tag{6}$$

其中，l_i^c 为工业品生产过程中所用劳动力数量，x_i^c 为工业品产出，α 表示企业的固定投入，β 表示企业的边际成本，即每增加一单位产出所需要增加的劳动力投入。

垄断厂商追求利润最大化，由式（5）和式（6）可知，工业品价格为：

$$p_i^c = \frac{\sigma}{\sigma-1} \beta w^c \tag{7}$$

其中，w^c 代表发达地区工人的工资水平。在垄断竞争市场上，厂商盈利或亏损时可自由进入或退出该行业，即垄断厂商超额利润为零。厂商的销售收入等于厂商的总成本，即 $l_i^c w^c = p_i^c x_i^c$。因此，可得厂商销售量（即企业的生产规模）为：

$$x_i^c = \frac{\alpha(\sigma-1)}{\beta} \quad (8)$$

由于发达地区与欠发达地区之间的工业生产存在技术差异，因此，欠发达地区工业的成本函数可表示为：

$$l_j^p = \rho(\alpha + \beta x_j^p) \quad (9)$$

其中，$\rho > 1$，表示欠发达地区工业生产的技术水平较低，故需要投入的劳动力数量较多。换言之，$1/\rho$ 反映欠发达地区工业品的生产效率。若欠发达地区的"农民工"在本地工业中就业，企业成本函数如式（6）；若"农民工"流向发达地区的工业中就业，则成本函数如式（9）。

ρ 表示产业转移的成本，ρ 值越大，则厂商从发达地区转移到欠发达地区产生的效率损失越大。相应地，欠发达地区工业品的价格为：

$$p_j^p = \frac{\sigma}{\sigma-1} \rho \beta W^p \quad (10)$$

其中，w^p 为欠发达地区从事工业生产的工人工资水平。同理可得欠发达地区工业厂商均衡时的产量和价格：

$$x_j^p = \frac{\alpha(\sigma-1)}{\beta} \quad (11)$$

$$p_i^c = \frac{\sigma}{\sigma-1} \beta W^c \quad (12)$$

将厂商产量代入厂商的成本函数，则两地区每个厂商雇佣的劳动力数量分别为：

$$l_i^c = \alpha\sigma, \quad l_i^p = \rho\alpha\sigma \quad (13)$$

（三）农业部门生产

假设农业生产，只存在于经济欠发达地区。农业部门存在剩余劳动力，农业部门总产出与耕地数量正相关而与务农人数 L_A 无关，假设耕地总量不变，则农业总产出为常数 A，则人均农业产出为 A/L_A。相对于 Krugman（1991）农业部门产出与劳动力投入成正比的假设，我们的设定更符合我国现实。事实上，尽管大量农村剩余劳动力转移到二三产业就业，但我国农业部门总产出并未随劳动力转出而下降，根据国家统计局数据，到 2014 年，我国粮食产量实现 11 连增。

农业部门劳动力总收入、农业部门总产值与消费者对农产品总支出相等，则有：

$$W_A \cdot L_A = (1-\mu)Y = P_A \cdot A \quad (14)$$

其中，W_A 为欠发达地区农民的收入水平。以农产品为价格标的物，设农产品价格 $P_A = 1$，同时令农业总产出 $A = 1 - \mu$，则农业部门工资 $W_A = (1-\mu)/L_A$。尽管农村劳动力边际产出为零，但其进入工业部门的保留工资并非为零，而是农业部门的平均工资。

不难得出 $\partial W_A / \partial L_A < 0$，这说明，在农业部门，务农的农民数量越多，其收入水

平会越低。农业部门剩余劳动力向外转移有助于提高农民收入水平。转移到工业部门就业的劳动力对留在农业部门的农民收益产生"外部性",欠发达地区由于劳动力流出,使劳动力流出地的人均农业资源(包括土地、自然资源等)占有量上升,能够提高留在农村务农的劳动力的人均产出和收入水平。

(四)消费者的福利

根据消费者面临的工业品价格综合指数 P_M、农产品价格水平 P_A 和消费者支出 Y,结合式(1)和式(4),可以得到消费者获得的最大效用水平,即消费者的福利函数:

$$V = U_{max} = Y/(P_M^{\mu} P_A^{1-\mu}) = P_M^{-\mu} Y \tag{15}$$

消费者的福利水平受到工业品价格综合指数和支出水平的影响,当厂商和劳动力空间布局均衡时,消费者的福利差距只和其相对收入有关。

随着产业和人口的区位调整,在工业部门空间分布达到均衡时,两地区的工业品价格相等,否则,企业继续向生产成本低的地区流动,则 $p_i^c = p_i^p = w^c$。另一种可能是,产业没有向欠发达地区转移,所有产业集中在发达地区,此时仍有 $p_i^c = w^c$。总之,在工业品生产实现区位均衡时,所有工业品的价格相等,可将其记为 $p_i = w^c$。

则消费者面临的工业品价格 P_M 可以简化为:

$$P_M = N^{\frac{1}{1-\sigma}} \frac{\sigma}{\sigma - 1} \beta w^c \tag{16}$$

其中,N 为工业品种类数,产品种类越多,P_M 值越小,消费者在名义收入不变的情况下获得的福利越高。

假设发达地区在工业部门就业的人数为 θ_0。根据式(13),在不存在劳动力转移、也不存在产业转移时,工业品种类为:

$$N_0 = \frac{\theta_0}{l_i^c} = \frac{\theta_0}{\alpha \sigma} \tag{17}$$

工业部门劳动力工资为工业部门总销售收入与工业部门就业量之比为:

$$w_0^c = \mu/\theta_0 \tag{18}$$

将式(17)、式(18)代入式(16),工业品价格指数为:

$$P_M^* = \frac{\mu \beta \sigma}{(\sigma - 1)} \theta_0^{\frac{\sigma}{1-\sigma}} (\alpha \sigma)^{\frac{1}{\sigma-1}} \tag{19}$$

经济欠发达地区的劳动力从农业部门转移到工业部门时,要么就地转变为工人,要么流向发达地区。从城镇化角度看,前者对应就地城镇化,后者对应异地城镇化。从空间集聚角度看,前者导致经济活动分散布局,后者则导致经济活动集聚。假设若"农民工"就地转变为工人,这一过程并不存在转移成本,则其获得的工资收入与务农的收入相等,即 $\tilde{w}^c = w_A$。

三、产业转移与劳动力流动

假定经济发达地区本地工人占全国总人口的数量为 θ_0,欠发达地区仍在农业部门就业的农民数量为 L_A,从欠发达地区农业部门转移到异地工业部门的"农民工"数量为 θ_2,转移到本地工业部门的"农民工"数量为 θ_1,即满足条件 $L_A + \theta_0 + \theta_1 + \theta_2 = 1$。工业部门收入高于农业部门,则 $\mu > \theta_0$。本文引入偏离系数 k 来反映部门收入和就业结构之间的偏离,该系数反映在不存在产业转移和劳动力流动时地区间(也即工业部门和农业部门间)劳动力的收入差距,将其定义为:

$$k = \frac{w_c^*}{w_A^*} = \frac{\mu}{\theta_0} \Big/ \frac{1-\mu}{1-\theta_0} \tag{20}$$

偏离系数 k 值越大,工业部门劳动力收入相对越高。当劳动力转移成本 $\gamma > 1/k$ 时,才可能发生人口流动;当产业扩散成本 $\rho < k$ 时,才可能发生产业从发达地区向欠发达地区的转移。

由于发达地区和欠发达地区工业品的定价分别为:

$$\begin{cases} p_1^c = \dfrac{\sigma-1}{\sigma}\beta w^c \\ p_2^p = \dfrac{\sigma}{\sigma-1}\rho\beta\mathring{w}^c \end{cases} \tag{21}$$

进一步地,由公式(21)可得:

$$\frac{p_1^c}{p_2^p} = \frac{1}{\rho}\frac{w^c}{\mathring{w}^c} \tag{22}$$

(一)只有产业扩散的情形

若 $\rho < 1/\gamma$,且 $\rho < k$ 时,发达地区与欠发达地区之间的技术差距小于劳动力跨地区流动的成本,即经济欠发达地区"农民工"到发达地区就业获得的技术收益难以补偿其流动成本。在此阶段,随着发达地区工业的技术扩散水平增强,产业向欠发达地区转移。此时,"农民工"将从发达地区向欠发达地区回流,由跨地区流动就业向本地就业转变。均衡条件下,产业向欠发达地区转移,将提高当地工资水平,直至在两地生产的成本相当,即 $p_1^c = p_2^c$,可得:

$$\mathring{w}^c = \frac{1}{\rho}w^c \tag{23}$$

此时,欠发达地区务农农民的收入为:

$$w_A = \frac{1-\mu}{L_A} \tag{24}$$

"农民工"本地转移就业的收入满足式(25),否则"农民工"会继续转移:

$$\mathring{w}^c = w_A = \frac{1-\mu}{L_A} \tag{25}$$

发达地区工人的效率较高，工资水平为：

$$w^c = \rho \frac{1-\mu}{L_A} = \rho w_A \quad (26)$$

均衡时，消费者对工业部门的总支出等于工业部门劳动力获得的总收入，则：

$$\mu = w^c \theta_0 + w^c(1-\theta_0-L_A) \\ = \rho w_A \theta_0 + w_A(1-\theta_0-L_A) \quad (27)$$

结合式（25）和式（26），将 $1-\mu = w_A \cdot L_A$ 代入式（27），可得劳动力工资水平：

$$w_A = \frac{1}{\rho\theta_0+(1-\theta_0)}, \quad w_c = \frac{\rho}{\rho\theta_0+(1-\theta_0)} \quad (28)$$

劳动力在部门和地区间的分布：

$$\theta_1 = 1-\theta_0-(1-\mu)[\rho\theta_0+(1-\theta_0)], \quad L_A = (1-\mu)[\rho\theta_0+(1-\theta_0)] \quad (29)$$

由 $\frac{dw_A}{d\rho}<0$，说明欠发达地区生产技术水平的提高会引起产业向欠发达地区扩散，更多农村剩余劳动力转移到本地工业部门就业，对农民收入提高产生正向作用。同时，由于 $\frac{dL_A}{d\mu}<0$，$\frac{dL_A}{d\rho}>0$，工业化水平的提高以及欠发达地区生产技术的提升也会减少欠发达地区务农农民的数量，加快其向工业转移。

在只存在产业转移、不存在劳动力流动时，消费者获得的工业品总种类为：

$$N_1 = \frac{\theta_0}{l_i^c} + \frac{\theta_1}{l_i^c} = \frac{\theta_0}{\alpha\sigma} + \frac{\theta_1}{\rho\alpha\sigma} \quad (30)$$

消费者面临的物价指数为：

$$P_{M1} = \left(\frac{\theta_0+\theta_1/\rho}{\alpha}\right)^{\frac{1}{1-\sigma}} \frac{\sigma\beta}{\sigma-1} \frac{\rho}{\rho\theta_0+(1-\theta_0)} \quad (31)$$

当存在产业转出时，发达地区劳动力的工资会下降，但工业品消费价格会降低、种类会增多。考虑存在产业转移且不存在劳动力流动时发达地区劳动力福利的变化。根据式（18）、式（19）和式（31），可得：

$$\frac{V_1}{V_0} = \left(\frac{P_1}{P_0}\right)^{-\mu} \frac{w_1^c}{w_0^c} = \left(\frac{\rho\theta_0}{\rho\theta_0+\theta_1}\right)^{\frac{-\mu\sigma}{\sigma-1}+1} = \left(\frac{\rho\theta_0/\mu}{\rho\theta_0+(1-\theta_0)}\right)^{\frac{-\mu\sigma}{\sigma-1}+1} \quad (32)$$

易得，当 $\mu > \frac{\sigma-1}{\sigma}$ 时，发达地区初始劳动力从产业转移中福利增加（$V_1 > V_0$）。此时，欠发达地区务农劳动力和就地转移到工业部门就业的劳动力福利也提升，产业扩散导致社会福利的帕累托改进。

社会总体福利函数为：

$$\Omega(\theta_0,\theta_1,\theta_2,L_A) = \theta_0 \cdot V(\theta_0) + \theta_1 \cdot V(\theta_1) + \theta_2 \cdot V(\theta_2) + L_A \cdot V(L_A) \quad (33)$$

当不存在劳动力跨地区流动时，$\theta_2 = 0$，此时社会总福利函数为：

$$\Omega(\theta_0, \theta_1, 0, L_A) = (\theta_0 \cdot w^c + (\theta_1 + L_A) \cdot w^A) P_M^{-\mu} \quad (34)$$

所有劳动力获得的总体收入不变，即 $\theta_0 \cdot w^c + (\theta_1 + L_A) \cdot w^A = 1$。则相对于既没有产业转移也没有劳动力转移时，欠发达地区获得 θ_1 产业份额时，社会总体福利相对变化情形为：

$$\frac{\Omega(\theta_0, \theta_1, 0, L_A)}{\Omega(\theta_0, 0, 0, L_A)} = \left(\frac{\theta_0 + \theta_1/\rho}{\theta_0}\right)^{\mu\sigma/(\sigma-1)} \quad (35)$$

由于 $\frac{\mu\sigma}{\sigma-1} > 0$，易知式（35）>0，这表明当只发生产业转移时，相对于既无劳动力转移又无人口流动的情形，社会总体福利会增加。

下面进一步考察区域劳动力收入差距的变动情况。定义初始状态发达地区劳动力工资和欠发达地区农业劳动力工资工资之比为 $w_c^*/w_A^* = k$。当发生产业转移时，由于欠发达地区劳动力可以在工业部门和农业部门无成本流动，劳动力的工资差距为 $w_c/w_A = w_c/\overset{\circ}{w}^c = \rho$。由于产业转移发生的条件是产业扩散成本 $\rho < k$，所以：

$$\frac{w_c}{w_A} \Big/ \frac{w_c^*}{w_A^*} = \frac{\rho}{k} < 1 \quad (36)$$

说明产业转移能够缩小区域间劳动力收入差距。

结论1：$\rho < 1/\gamma$ 且 $\rho < k$ 时，产业转移能够缩小地区间人均收入差距，且区域间经济总量差距也缩小；当同时满足 $\mu > \frac{\sigma-1}{\sigma}$ 时，产业扩散能够同时提高发达地区初始劳动力、欠发达地区务农劳动力和就地转移到工业部门就业的劳动力福利，产业扩散导致社会福利的帕累托改进。

（二）只有劳动力流动的情形

若 $\gamma > 1/\rho$，且 $\gamma > 1/k$ 时，在发达地区生产的技术优势产生的收益足以弥补劳动力跨地区流动的成本。

若"农民工"流向发达地区从事工业生产，他们将获得与发达地区工人相同的工资水平。由于劳动力在地区间流动存在成本。设流动成本系数为 γ，则流向发达地区从事工业生产的"农民工"获得的实际福利变为 $\gamma w^c P_M^{-\mu}$。

因此，欠发达地区"农民工"跨地区流动就业的前提条件是，他们在发达地区从事工业生产的实际收入不低于其务农收入，即 $\gamma w^c \geq w_A$。在长期均衡条件下，流入发达地区的"农民工"实际效用将与欠发达地区务农农民的效用相等，否则"农民工"的跨地区流动将一直存在。由于地区之间劳动力面临的价格指数相等，劳动力的实际效用差异取决于工资水平，即均衡条件下存在：

$$w_A = \gamma w^c \quad (37)$$

又因为 $w_A = (1-\mu)/L_A$，则在劳动力流动均衡时：

$$w^c = \frac{1-\mu}{\gamma L_A} \quad (38)$$

根据式（38），地区间劳动力流动成本 γ 的降低会引发欠发达地区"农民工"向发达地区的流入，进而会导致发达地区工人工资水平下降。

欠发达地区"农民工"到发达地区就业获得的技术溢出（获得效率提升和工资提高）大于其流动成本，那么"农民工"将从欠发达地区向发达地区流动。此时，欠发达地区和发达地区的劳动力生产率差异较大，发达地区的工业生产具有相对优势。由于欠发达地区务农农民的收入为 $(1-\mu)/L_A$，到发达地区就业的"农民工"收入（即工业部门的收入）为 $\mu/(1-L_A)$。均衡时，根据式（37）欠发达地区工人选择农业和异地工业部门就业获得的实际效用相当，即：

$$\frac{\mu\gamma}{1-L_A} = \frac{1-\mu}{L_A} \tag{39}$$

整理式（39），可得农业部门就业数量：

$$L_A = \frac{1-\mu}{\gamma\mu + 1 - \mu} \tag{40}$$

由于 $\theta_2 = 1 - L_A - \theta_0 = \frac{\gamma\mu}{\gamma\mu + 1 - \mu} - \theta_0$，易得，$dL_A/d\mu < 0$，$dL_A/d\gamma < 0$，$d\theta_2/d\mu > 0$，$d\theta_2/d\gamma > 0$。可见，工业化水平（$\mu$）越高，"农民工"从欠发达地区流动到发达地区的收益就越大，就越有利于推动"农民工"向发达地区流动，进而减少欠发达地区务农农民比重。其次，当 γ 增加，即劳动力跨地区流动的成本降低时，流向发达地区流动就业的"农民工"数量增加，农业部门就业减少。

进一步地，农业劳动力获得的总收入等于全社会对农产品的总支出，$w_A = (1-\mu)/L_A$，结合式（40）可以得到农业劳动力的工资为：

$$w_A = \mu\gamma + 1 - \mu \tag{41}$$

工业部门劳动力的工资水平为：

$$w_c = \mu + (1-\mu)/\gamma \tag{42}$$

由于 $0 < \gamma \leq 1$，$\mu < 1$，根据式（41）和式（42）可知，$\frac{dw_A}{d\mu} = \gamma - 1 < 0$，$\frac{dw_A}{d\gamma} = \mu > 0$，$\frac{dw_c}{d\mu} = 1 - \frac{1}{\gamma} < 0$，$\frac{dw_c}{d\gamma} = -\frac{1-\mu}{\gamma^2} < 0$。工业化水平的提高会降低农业部门和工业部门的名义工资水平，此时，留在农业部门的劳动力工资和发达地区初始劳动力工资都下降，从欠发达地区转移到发达地区的劳动力工资提高。同时，随着劳动力跨地区流动成本降低，劳动力从农业部门流出，能够提高农业部门工资，但工业部门竞争加剧，降低了工业部门工资，区域和部门间劳动力收入差距都缩小。

从社会总体福利看，γ 降低提高社会总体福利水平。证明之。

在只存在劳动力转移不存在产业转移时，工业品种类为：

$$N_2 = \frac{\theta_0}{l_i^c} + \frac{\theta_2}{l_i^c} = \frac{\theta_0 + \theta_2}{\alpha\sigma} \tag{43}$$

考虑存在劳动力流动但不存在产业扩散时发达地区劳动力福利的变化。

$$\frac{V_2}{V_0} = \left(\frac{P_2}{P_0}\right)^{-\mu} \frac{w_2^c}{w_0^c} = \left(\frac{\theta_0}{\theta_0 + \theta_2}\right)^{\frac{-\mu\sigma}{\sigma-1}+1} = \left(\frac{\mu/\theta_0}{\gamma\mu - \mu + 1}\right)^{\frac{-\mu\sigma}{\sigma-1}+1} \quad (44)$$

当 $\mu > \frac{\sigma - 1}{\sigma}$ 时，发达地区初始劳动力从劳动力流动中获得的福利增加（$V_1 > V_0$）。此时，欠发达地区务农劳动力和转移到发达地区就业的"农民工"福利也提升，劳动力跨地区流动实现帕累托改进。

$$\frac{\Omega(\theta_0, 0, \theta_2, L_A)}{\Omega(\theta_0, 0, 0, L_A)} = \left(\frac{\gamma\mu/\theta_0}{\gamma\mu - \mu + 1}\right)^{\mu\sigma/(\sigma-1)} \left[1 - (1-\gamma)\left(\mu - \theta_0 \frac{\gamma\mu - \mu + 1}{\gamma}\right)\right] \quad (45)$$

当式（45）大于 1 时，劳动力流动的社会总福利大于基准情形。劳动力流动会对居民福利带来多种效应。第一，农村剩余劳动力转移，增加了农民的人均产出和收入；第二，劳动力从农业部门流向工业部门，增加了工业部门商品多样化，提高了居民总体福利；第三，劳动力流动，产生对发达地区初始居民的竞争效应，造成工业部门名义工资下降；第四，劳动力在从欠发达地区转移到发达地区的过程中，产生的非货币损失。前两种效应增加社会总福利，后两种效应减少社会总福利。

发生劳动力跨地区转移时，劳动力的工资差距为 $w_c/w_A = 1/\gamma$。由于产业转移发生的条件是产业扩散成本 $\gamma > 1/k$。所以 $\frac{w_c}{w_A}/\frac{w_c^*}{w_A^*} = \frac{1}{\gamma k} < 1$，说明劳动力跨地区转移能够缩小区域收入差距。

结论 2：若 $\gamma > 1/\rho$，且 $\gamma > 1/k$ 时，劳动力跨地区转移能够缩小部门和区域间劳动力收入差距。当同时满足 $\mu > \frac{\sigma - 1}{\sigma}$ 时，发达地区初始劳动力从劳动力、欠发达地区务农劳动力和转移到发达地区就业的"农民工"福利都随着劳动力流动而提高，劳动力跨地区流动实现帕累托改进。

（三）同时存在劳动力流动和产业扩散的情形

若 $1/\rho = \gamma > 1/k$，且说明企业在发达地区与欠发达地区生产成本相等，发达地区的产业可能向欠发达地区转移，也可能不转移。对于劳动力流动，由于发达地区与欠发达地区生产技术的差距恰好等于劳动力跨地区流动成本，欠发达地区"农民工"在本地就业和到发达地区就业所获得的收益并无差异，那么"农民工"向发达地区流动就业和在本地就业可能会同时存在。

在产业转移和劳动力流动同时发生的情形下，消费者获得的工业品总种类为：

$$N_1 = \frac{\theta_0}{l_i^c} + \frac{\theta_1}{l_i^c} = \frac{\theta_0 + \theta_2}{\alpha\sigma} + \frac{\theta_1}{\rho\alpha\sigma} \quad (46)$$

同时存在劳动力流动和产业扩散时，发达地区劳动力福利相对于不存在劳动力流动和产业转移时：

$$\frac{V_2}{V_0} = \left(\frac{P_2}{P_0}\right)^{-\mu} \frac{w_2^c}{w_0^c} = \left(\frac{\theta_0}{\theta_0 + \theta_2 + \theta_1'\rho}\right)^{\frac{-\mu\sigma}{\sigma-1}+1} \quad (47)$$

当 $\mu > \frac{\sigma-1}{\sigma}$ 时，劳动力流动和产业扩散都使发达地区初始劳动力的福利增加（$V_1 > V_0$）。此时，欠发达地区务农劳动力、就地转移到工业部门就业的劳动力和转移到发达地区就业的"农民工"福利都有提升，劳动力跨地区流动和产业扩散都可以实现帕累托改进。

结论：若 $1/\rho = \gamma > 1/k$，劳动力转移和产业转移都缩小区域差距。当 $\mu > \frac{\sigma-1}{\sigma}$ 时，劳动力跨地区流动和产业扩散都可以实现帕累托改进。

下面，我们引入劳动力转移的异质性，考察哪些劳动力会转移到异地就业？并分析就地转移到工业部门就业和跨地区转移就业的劳动力数量。

四、拓展模型：劳动力转移成本的异质性

在现实中，既存在劳动力的跨地区流动，也存在产业从发达地区向欠发达地区的扩散。劳动力的转移既存在就地转移，又存在跨地区转移。产业扩散还是劳动力转移，对应城镇化的不同路径：如果劳动力跨地区转移为主，则我国城镇化的重点应在东部沿海地带和中、西部的部分城市群；如果劳动力就地转移的情形为主，那么城镇化的重点区域应在那些周边有众多农村剩余劳动力的中小城镇。

在考虑劳动力异质性时，有两种思路：一是劳动力之间存在生产率差异[1]，具有较高生产率的劳动力倾向于集聚；二是劳动力从相互协作中获得的收益存在差异，通过协作而获得生产效率大幅提升的劳动力，倾向于集聚[2]。这两种思路有助于我们从另一个角度来理解地区生产率的差异。鉴于本文的研究目标，我们更关注劳动力的转移成本，因而，我们采用第三种思路，即劳动力转移成本存在差异。

设欠发达地区的劳动力个体存在差异，他们跨地区转移付出的成本不相同。不同劳动力外出务工获得的收益和付出的成本存在差异，这和劳动者的冒险精神、学习能力、劳动技能、家庭状况、社会网络、个人的乡土情结等多种因素相关。部分劳动力跨地区转移付出的经济成本和心理成本很高，另一部分劳动力付出的成本则相对较低。转移成本的高度，决定劳动力是否跨地区转移以及转移的顺序。

将欠发达地区劳动力的转移成本从低到高排序，设转移成本服从 $(0, 1-\theta_0)$

---

[1] Baldwin, R. E. and T. Okubo (2006). Heterogeneous Firms, Agglomeration and Economic Geography: Spatial Selection and Sorting. Journal of Economic Geography 6 (3).

[2] Behrens K., Robert-Nicoud F. Agglomeration theory with heterogeneous agents. In: Gilles Duranton, J. Vernon Henderson and William C. Strange, Handbook of Regional & Urban Economics, 2015: 171–245.

上的均匀分布，则第 i 个转移到异地就业的劳动力转移成本为 $m\theta_i$。其中，m 为劳动力转移成本系数，受到户籍制度等除劳动力个人特征外的经济社会因素的影响。设转移到发达地区就业的劳动数量为 θ_2 个，则处于转移临界点的劳动力转移成本为 $m\theta_2$，易得 $\gamma = 1 - m\theta_2$。对第 θ_2 个转移到发达地区就业的劳动力来说，其在外地务工与在本地农业部门就业获得的福利水平相当，即 $w_A = \gamma w_c$。

同时，其在外地务工与在本地务工获得的实际收入也相同。$\tilde{w}_c = \gamma w_c = w_c/\rho$，则 $\rho = 1/(1 - m\theta_2)$。可得，$\theta_2 = 1/m - 1/(m\rho)$。劳动力总量为 1，即 $L_A + \theta_0 + \theta_1 + \theta_2 = 1$。工业部门劳动力收入等于消费者对工业部门总支出，$(\theta_0 + \theta_1/\rho + \theta_2) w_c = \mu$。农业部门劳动力收入等于消费者对农业部门总支出，$L_A w_A = 1 - \mu$。农业部门工资与发达地区存在工资差距，$w_A = w_c/\rho$。

工业部门所有劳动力收入之和等于全社会对工业品的总支出，即：

$$\rho(1-\mu)(\theta_0 + \theta_1/\rho + \theta_2)/L_A = \mu \tag{48}$$

进一步地，$\theta_1 = \mu(1 - \theta_0 - \theta_2) - \rho(1-\mu)(\theta_0 + \theta_2)$，将 $\theta_2 = 1/m - 1/(m\rho)$ 代入，得：

$$\theta_1 = \mu\left(1 - \theta_0 - \frac{1}{m} + \frac{1}{\rho m}\right) - \rho(1-\mu)\left(\theta_0 + \frac{1}{m} - \frac{1}{\rho m}\right) \tag{49}$$

由于 $\rho > 1$，$0 < \mu < 1$，易得，$\dfrac{d\theta_1}{d\rho} = -\mu \dfrac{1}{m\rho^2} - \dfrac{1}{m} < 0$，$\dfrac{d\theta_1}{dm} = (\mu + \rho - \rho\mu)\left(\dfrac{1}{m^2} - \dfrac{1}{\rho m^2}\right) > 0$，$\dfrac{d\theta_2}{d\rho} = \dfrac{1}{m\rho^2} > 0$，$\dfrac{d\theta_2}{dm} = -\dfrac{1}{m^2} + \dfrac{1}{m^2\rho} < 0$。

结论 3：当劳动力转移成本存在异质性时，跨地区转移成本低的劳动力首先转移到发达地区工业部门。劳动力转移成本系数 m 越小，异地转移的劳动力人数越多；地区之间效率差异越小，就地转移的劳动力人数越多。

若 ρ 非常大，或 m 非常小时，所有转移到工业部门的农村剩余劳动力都转移到发达地区就业，欠发达地区没有工业生产活动，即 θ_1 值为 0。工业部门劳动力获得的总收入等于消费者对工业部门的总支出 $(\theta_0 + \theta_2) w_c = \mu$。农业部门劳动力获得的总收入等于消费者对农业部门的总支出 $L_A w_A = 1 - \mu$。农村剩余劳动力转移的均衡条件是农民工在发达地区务工与务农获得的实际效用相等，即 $w_A = (1 - m\theta_2) w_c$。整理，可得：

$$\mu m \theta_2^2 - (1 + \mu m - \mu m \theta_0)\theta_2 + (\mu - \theta_0) = 0 \tag{50}$$

令 $A = \mu m$，$B = -(1 + \mu m - \mu m \theta_0)$，$C = \mu - \theta_0$。劳动力在工业部门的收入大于在农业部门的收入，则 $\theta_0 < \mu$，$\theta_0 + \theta_2 < \mu$。则 $A > 0$，$B < 0$，$C > 0$。则可以获得式的两个解：

$$q_1 = \frac{-B - \sqrt{B^2 - 4AC}}{2A}, \quad q_2 = \frac{-B + \sqrt{B^2 - 4AC}}{2A} \tag{51}$$

其中，$B^2 - 4AC > [1 - \mu k (1 - \theta_0)]^2$，$q_2 > \dfrac{-B + [1 - \mu k (1 - \theta_0)]}{2A} = \dfrac{1}{\mu k}$。尽管欠发达地区劳动力转移会产生效用损失，但获得的福利仍为正，即 γ 值恒大于 0。则 $1 - k (\mu - \theta_0) > 0$，易得，$\dfrac{1}{k} > \mu - \theta_0$。所以，$q_2 > \dfrac{1}{k\mu} > \dfrac{\mu - \theta_0}{\mu} > \mu - \theta_0$。当转移到发达地区的劳动力人数大于 $\mu - \theta_0$ 时，工业部门劳动力份额超过工业产出份额，则工业部门工资小于农业部门工资，q_2 值缺乏现实意义，舍弃。

综上所述，$\theta_2 = q_1$ 是唯一解。此时，由于地区间效率差异过大，只存在劳动力转移。

五、结论与启示

在区域协调政策的选择上，要进一步研究以下几个问题。降低人口地区间流动障碍和推动产业转移，哪种措施的成本更低？目前的政策组合是什么特征？选择政策组合的标准是什么？

本文考虑在存在农村剩余劳动力的情形下，分析劳动力流动成本降低和产业扩散对区域收入差距和社会总福利改进的影响。研究发现，人口流动和产业转移都可以缩小地区间人均收入差距；当同时满足工业份额足够大，或者消费者对差异化工业品的消费弹性较小时，产业扩散能够同时提高发达地区初始劳动力、欠发达地区务农劳动力和就地转移到工业部门就业的劳动力福利，产业扩散导致社会福利的帕累托改进。进一步引入劳动力转移成本的异质性，使劳动力转移成本内生化时，跨地区转移成本低的劳动力首先转移到发达地区工业部门。劳动力转移成本系数 m 越小，异地转移的劳动力人数越多；地区之间效率差异越小，就地转移的劳动力人数越多。

欠发达地区的生产效率低于发达地区，但这是否意味着产业向欠发达地区转移？意味着总体效率降低或全民福利的损失呢？本文认为，作为一个发展中的大国，中国存在丰富的劳动力资源，但由于劳动力流动障碍，地区工资水平存在差异，产业向欠发达地区转移推动了农村剩余劳动力从农业部门向工业部门的转移。产业转移和劳动力转移的过程，同时也是农业人口参与工业化和融入世界经济的过程，有助于发挥劳动力成本优势，延缓劳动力密集型产业转出，为产业升级换取空间和时间。因而，由于劳动力流动障碍，欠发达地区工资水平足够低时，产业转移到效率较低的地区，未必会产生效率损失，且能够提高产业的总体效率。

在研究区域协调问题时，可以基于地区间经济总量差距以及地区间人均收入水平差距。当考察对象和目标不同时，产业转移和劳动力扩散的效应存在差异。产业扩散和劳动力转移都可以缩小地区收入差距，但其对地区间经济总量差距的影响存在差异。产业向欠发达地区转移和劳动力向发达地区集中，都有助于缩小地区人均收入差距。但前者产业分散布局，地区总产值差距缩小且地区人均收入差距缩小；后者产业空间集聚，地区经济总量差距扩大，但人均收入差距缩小。在城镇化进程中应选择就地城镇化还是异地城镇化道路，宜根据人口和产业的空间布局趋势调整。因而，区域平衡政策组合的标准区域平衡发展的目标需要转变，从地区经济总量平衡转变为人均收入差距缩小以及居民福利水平的趋同。

在考虑应当采取产业扩散还是人口流动来实现区域平衡发展，实现效率与公平的统一时，只注重劳动力成本差异，或者只注重地区间生产率差异，都失之偏颇。一方面，不宜因为地区间劳动力存在工资差异，就忽视产业转移可能产生的整体效率损失，将产业转移作为区域平衡政策的主要手段，甚至通过财政补贴、税收优惠和减免土地出让金等一系列可能会扭曲资源配置的行政手段吸引产业转移。地方政府为争夺产业而进行的竞争，使得这类吸引产业的财税和土地政策以及区际贸易壁垒得以实施，其负面影响也随区际竞争的激烈而日益显现出来，包括区际产业结构雷同、热门行业产能过剩，地方政府债务高企等。另一方面，也不宜因为东西部、发达地区和欠发达地区之间企业生产率的差异，就否定产业转移的重要性，实际上，由于地区间工资差异，欠发达地区的低工资能够弥补产业转移到欠发达地区的效率损失，产业转移到欠发达地区生产仍能够降低生产成本，提高企业竞争力。

本文从劳动力转移成本和产业"转移成本"角度出发，认为劳动力转移和产业转移是城镇化和工业化背景下必然发生的，而无论是劳动力流动成本和产业扩散成本的降低，都有利于缩小区域差距，提升总体效率，而产业转移和劳动力流动只是相应成本降低的结果。在进行政策分析时，研究产业转移好还是劳动力转移好，是本末倒置。应将研究重点聚焦于降低劳动力转移成本，通过提高一体化水平、跨地区技术扩散等缩小欠发达地区与发达地区技术差异。

本文的政策启示如下：（1）降低劳动力流动成本和产业转移的效率损失，让市场在产业和劳动力空间配置中发挥主导作用。此时，无论是劳动力流动还是产业转移，都有利于社会总体福利的提高，并降低地区间劳动力收入差距。（2）在产业转移中，由于地方政府在土地、税收等方面的干扰，行政力量主导的产业转移可能会造成资源配置的扭曲，本文的产业转移主要是指通过改善地区间公共基础设施、促进技术扩散、地区间交易成本降低等因素影响下，基于市场因素的产业自发转移。降低产业效率差异的措施有：加强区际交通基础设施建设，降低交易成本；加强地方政府间政策协调，消除市场分割；区域创新资源合作，建立异地创新成果转化基地。（3）降低劳动力流动成本的措施是构建全国一体化的社会保障体系。受到户籍制度以及社会保障体制的制约，在劳动力流动中，更多的是劳动力个体的转移而非家庭的转移。许多异地就业人员在子女就业、社会保障和享受公共服务方面面临更多的困难，只有劳动力流动而没有家庭流动的人口流动是不完整也是不稳定的。要从根本上解决这一问题，需要转变地方政府职能，打破唯GDP论，鼓励地方政府将更多的财力和精力放在提升居民福利的公共服务方面。此外，在土地制度方面，推动土地经营权有序流转。

参 考 文 献

[1] 蔡翼飞，张车伟. 地区差距的新视角：人口与产业分布不匹配研究［J］. 中国工业经济. 2012（05）.

[2] 姚枝仲，周素芳. 劳动力流动与地区差距［J］. 世界经济，2003（4）：35–44.

[3] 李国平，范红忠. 生产集中，人口分布与地区经济差异［J］. 经济研究，2003（11）：79–86.

[4] Krugman, P. (1991) Increasing returns and economic geography. Journal of Political Economy 99：483–99.

[5] 王志刚，龚六堂，陈玉宇. 地区间生产效率与全要素生产率增长率分解（1978~2003）［J］. 中国社会科学，2006（2）：55–66.

[6] 彭国华. 中国地区收入差距，全要素生产率及其收敛分析［J］. 经济研究，2005（9）：19–29.

[7] 傅晓霞，吴利学. 中国地区差异的动态演进及其决定机制：基于随机前沿模型和反事实收入分布方法的分析［J］. 世界经济，2009（5）：41–55.

[8] Dustmann, C. and J. Mestres (2010) Remittances and temporary migration. Journal of Development Economics 92：62–70.

[9] Faini, R., Galli, G., Gennari, P. and F. Rossi (1997) An empirical puzzle: Falling migration and growing unemployment diferentials among Italian regions. European Economic Review 41：571–79.

[10] Collier, P. (2013) Exodus: How Migration Is Changing Our World. Oxford: Oxford University Press.

[11] 蔡昉，王德文，都阳. 劳动力市场扭曲对区域差距的影响［J］. 中国社会科学，2001（2）.

[12] 林理升，王晔倩. 运输成本，劳动力流动与制造业区域分布［J］. 经济研究，2006，3（11）：5–125.

[13] Ellison, G. and E. L. Glaeser (1997) "Geographic Concentration in U. S. Manufacturing Industries: A Dartboard Approach", Journal of Political Economy 105：889–927.

[14] Puga, D. (1999) "The Rise and Fall of Regional Inequalities", European Economic Review, 43：303–334.

[15] 刘秉镰，杜传忠等. 区域产业经济概论［M］. 北京：经济科学出版社，2010.

[16] 郭丽，张美云. 产业区域转移粘性分析［J］. 经济地理，2009，29（3）.

[17] 陆铭，向宽虎. 破解效率与平衡的冲突——论中国的区域发展战略［J］. 经济社会体制比较，2014（4）.

[18] 吴福象，蔡悦. 中国产业布局调整的福利经济学分析［J］. 中国社会科学，2014（2）：96–115.

[19] 朱希伟. 偏好，技术与工业化［J］. 经济研究，2004（11）.

空间视角下的产业链式化转移与承接

张明龙　张琼妮[*]

摘　要：产业采取链式化转移与承接，取代掏空式转移，是实现空间视角下区域合作的一种可行模式。其具体表现是：以价值链为基础，按照纵向、横向价值链或不同地点，拆分产品各个价值段，实现产业转移与承接。以供应链为基础，先进企业加强控制技术要求高、获利能力强的关键供应环节，同时把不含核心技术的其他供应环节转移出去，让相对落后的企业承接。以生产链为基础，按照生产链纵向环节、横向联系和指向性要求，实现产业的转移与承接，由于它不是通过拆分而是通过集合链条各环节来进行，可以在承接地点很快形成产业集群。

关键词：空间视角　产业转移　产业承接　价值链　供应链　生产链

多年来，空间视角下，产业转移与承接总的趋势并没有发生太大变化，仍然表现为发达国家或发达地区是转移方，发展中国家或欠发达地区是承接方；技术领先国家或地区是转移方，有成本、市场优势的国家或地区是承接方。但是，如果我们仔细分析，就会发现，现阶段空间视角下产业的转移与承接，出现了一个与以往有明显区别的新特征：从转移方来说，公司转移不再采取掏空式的搬迁方式，而只是选择价值链、供应链或生产链中的某个环节，转移到合适的地点。从承接方来说，承接的只是某个公司转移过来的一个分厂、一个车间甚至一个工段，并不是整个公司。目前，这种链式化转移与承接现象，呈现迅速发展趋势，正在逐步取代整个企业搬迁的掏空式转移或承接，并成为空间视角下产业区际流动的主流。从空间视角来看，产业链式化转移与承接，与传统的掏空式转移相比，更有利于实现发达地区与欠发达地区之间的合作。所以，应该把产业链式化的转移与承接，当作现阶段空间视角下合作的一种可行模式来研究。

---

[*] 张明龙（1953 -　），男，浙江三门人；台州学院首届副校长，二级教授，浙江省重点学科"区域经济学"负责人，省"151人才工程"第一层次入选者，省有突出贡献专家，享受国务院政府特殊津贴。在《中国社会科学》（1996年第6期）、*Social Sciences in China*（1997年第4期）等发表论文、译文300多篇。有3篇论文呈中央政治局领导决策参考。主要研究方向为区域经济与创新管理。张琼妮（1981 -　），女，浙江三门人；浙江财经大学东方学院讲师，博士，现为英国格林威治大学商学院访问学者，主要研究方向为企业管理信息化和创新管理。

一、空间视角下以价值链为基础的产业转移与承接

（一）空间视角下产业链式化的转移与承接

随着产品创新和技术含量的提高，生产过程出现了更多的增值环节和供应环节，工艺工序在技术上也出现了更多的可分性。这样，产业在区域之间的转移或承接，就有更多的选择方式。从链式化角度看，产业可以在分解价值链的基础上实施转移，也可以通过分解价值链来承接；可以在拆分供应链的基础上实施转移，也可以通过拆分供应链达到承接目的。同时，可以基于生产链来寻找适宜的转移区域，或在某一地点上吸引可以承接的合适产业。这种新出现的区际间产业流动方式，实质上是以价值链、供应链和生产链为基础，进行产业结构的再次优化和调整。如果发达地区与欠发达地区之间，能够按照价值链、供应链和生产链实现产业的合理转移与承接，它在本质上也就实现了不同区域之间的合作与互补。

（二）空间视角下产业以价值链为基础的转移与承接

这里先谈以价值链为基础的产业转移与承接问题。产业是推动社会进步的动力源泉，一个国家或一个地区的经济实力和发展后劲，与产业的发展水平息息相关。产业的核心部分是制造业，各种制造业都有自己特有的价值链，每种不同的产品也都有一条属于自己的完整价值链。一个能与消费者见面的制造业产品，需要经过构思设计的研究开发阶段，需要经过零部件和半成品的生产加工阶段，需要经过整个产品的总体装配和集成阶段，需要经过仓储运输并进入商场的阶段，还需要经过货物上架陈列等一系列销售服务阶段。空间视角下，产品在这条必经之路中，每个阶段都有一条不断增值的价值链。尽管这些价值链只是产品完整价值链的一部分，但是它们可以相互分离，拆解成一段段各自独立的价值链。而且，这些拆解开来的价值链，通常都包含有多个增值环节，每个增值环节又包含着一定量的附加值，以及相应的盈利量。

一个产品在不同的阶段有不同的增值环节，致使各阶段有不同的获利能力。不同产品在同一阶段，由于增值环节存在差别，其附加值和获利水平也是不一样的。发达国家或发达地区的先进公司，空间视角下按照价值链实施产业转移时，作为直接转移方，它们通常把高附加值的增值环节和高利润率的价值链留下来，同时将其他部分拆解开来转移出去。对于作为承接方的欠发达地区来说，这是与发达地区合作的一次好机会，因为有些产品的生产环节，在发达地区由于成本过高属于无利可图，但到了一些欠发达地区，可能由于当地自然和人力资源丰富，成本随之降低，还是有较大盈利空间的。

（三）空间视角下产业按照价值链转移与承接的主要表现

以价值链为基础的产业转移与承接，主要包括以下几种情况：

1. 按照纵向价值链拆分产品各个价值段。空间视角下，不同的产品有不同的增值环节，也有不同的价值段，它们可以拆分的价值段是多种多样的。但就通常情况看，一个产品不管具体价值增值环节如何，从其空间视角下的纵向价值链考察，都含有研发、制造和销售三个价值段。有关统计资料显示，这三个价值段，在产品全部利润中所占的比重，存在明显差别。对于知识和技术含量较高的产品来说，由于研究开发和设计创新，需要采用大量前沿技术，这一过程决定着产品的性质、功能和效用，所以，研发价值段所得的利润，一般要占产品全部利润的40%。同时，由于产品技术复杂，品牌创新、应用推广和客户服务等方面有着很高的要求，这使得销售价值段的利润，也可高达40%。这样，产品全部利润，留给制造价值段的，就只有20%了。在此情况下，一些实力雄厚的跨国公司或国内跨区域大公司，为了维持高利润率，会根据价值链各个增值段的利润含量，重新调整发展战略，把经营重点集中在研发、销售等利润含量高的价值段，而把利润含量相对较低的制造价值段转移出去，成为产业区际流动的转移方。根据这一规律，一些地价低、劳动力资源丰富，具有成本优势的区域，如相对落后地区的一些市、县，抓住时机就可以成为产业区际流动的承接方，尽管这里利润量不是很大，但有机会通过接纳产品的制造价值段，顺势进入一些先进产品的生产行列。

2. 按照横向价值链取舍不同的产品。从一个产品来说，其价值链的不同价值段，利润厚薄存在差别。从空间视角看，就不同产品来说，各个产品之间整条价值链的利润大小，更是相差悬殊。虽然一条价值链含有多少利润很难用确切数字来表示，但不同价值链具有不同的获利能力，却是一种客观存在。一般来说，产品价值链中增值环节多，附加值和盈利量大，其获利能力就强，反之亦然。如果从空间视角下对不同产品的整条价值链进行比较，可以发现，处于获利能力顶端的是知识密集型产品，它甚至比高新技术密集型产品还要强。而高新技术密集型产品比一般技术密集型产品强，一般技术密集型产品又比资金密集型产品强，资金密集型产品则强于资源密集型产品。处于获利能力末端的是劳动密集型产品，它甚至低于资源密集型产品。一些能够成为产业转移方的大公司，通过不同产品价值链的横向比较，很快就明白，必须优化产品组合，把原先归属于自己门下的劳动或资源密集型产品，抓紧转移到有廉价劳动力和廉价资源的地方。接着把获利能力中等的资金或一般技术密集型产品，也设法转移到合适的区域里，从而使自己能够集中资金和精力，加强研发知识密集型产品和高新技术密集型产品，以便牢牢控制住利润量最大的高端价值链。有关统计资料表明，在信息产业中，计算机核心软件、中央处理器（CPU）等知识密集型和高新技术密集型产品，其利润率，比常用电子元器件等资金密集型和一般技术密集型产品高1~2倍，而比简单冲压或挤压成型的计算机壳体配件等劳动密集型产品高4~5倍，甚至更高。所以，微软、英特尔、IBM等著名信息企业，牢牢掌握高利润率的计算机核心软件研制和CPU开发，而把其他产品，特别是属于劳动密集型的产品，转移到劳动力价格低廉的国家去。对于发展中国家或欠发达地区来说，作为产业转移的承接方，能够承接某个产业的一部分，哪怕是承接劳动密集型产品的生产，也是拥有一个新产业的可喜开端，随着这个初始产品的培育，将来有可能进一步跨入资金密集型、技术密集型产品的生产。国内著名企业苏泊尔集团创建于偏僻的海岛县玉环，最初的产品，是承接一家大公司转移过来的压力锅胶木手柄，没有多少技术含量。随着企业的发展，技术和资金实力逐步增强，进而承接转移过来的整条压力锅生产线。此后，通过不断提高压力锅质量，终于创造出自己有的品牌。目前，它已成为我国最大的炊具研发、制造商，国家重点高新技术企业，炊具行业首家上市公司。在苏泊尔集团等企业的带动下，玉环也从一个闭塞偏远的海岛小县，一跃成为全国百强县。

3. 按照不同的地点合理配置产品价值链。从空间视角看，产品价值链的获利能力，不仅取决于产品内含的增值环节和附加值，而且还会受到生产该产品所在地的影响。同种产品的价值链，配置到不同地点，由于生产环境的差异，可以形成大不相同的利润率。（1）有的产品价值链内含的增值环节，涉及敏感的环保政策，在民众环保意识强，政府环保政策要求高的区域，很难生存下去，更不要奢望获取利润了。但在环保政策相对宽松的区域，由于环保考核指标不会过于苛求，或许它不仅可以存在，而且还有相当大的获利空间。（2）有的产品价值链，需要耗费大量稀缺资源才能完成，在稀缺资源敞开供应的区域，它可以获得丰厚利润。但在政府严格管制的区域，无法得到稀缺资源配给份额的企业，只得关门大吉。（3）有的产品价值链某些增值环节，涉及国家安全或社会安全，在其必须由国家直接生产和经营的地方，私营企业是无法进入的。而在采取特许经营等有一定灵活性的地方，私营企业只要能够获得特许经营权，就可以生产和经营这类产品，并能获得不菲的利润。（4）有的产品价值链，包含的某些增值环节，自动化或机械化水平低，需要耗费大量人工劳作，在人力资本昂贵的发达国家，已属于无利可图。然而，从空间视角看，如果把它转移到人力资本低廉的区域，其获利能力可能还是相当强的。作为产业转移方的大公司，会根据不同地点对自身产品价值链的影响情况，把某些产品的整条价值链，或一条价值链的某些增值环节，通过转移配置到合适的区域，以便绕开各种限制，甩掉低利润部分，确保整个产品组合具有高利润率。作为承接方的一些区域，特别是欠发达地区，只要吸纳产业转移带来的综合收益，大于为此付出的代价，就是一项成功的区际合作项目，因为它有利于促进当地的发展。

二、空间视角下以供应链为基础的产业转移与承接

（一）供应链的性质与特点

从空间视角看，供应链表现为：从提供原材料开始到最终制成品交给消费者的

全过程。它是由多根链条有机拧成一股绳的组合链,其中紧密相关的链条有4根:一是人员链,由采购商、供应商、制造商、直销商、特许经销商、授权经销商、批发商、分销商、零售商,以及最终用户等组成。二是货物链,包括原材料、元器件、零部件、半成品、最终产品等。三是信息链,包括货物名称、品牌、商标、厂商、品种、规格、色彩、价格、交货时间和地点,以及运输方式等。四是资金链,含有原材料采购基金、生产加工费用、运输仓储开支、市场营销成本、购买消费品货款等。

在现代社会中,随着信息化的推进,以及产业转移与承接活动的增多,供应链已经由原来单向线性形式,发展为网络交织状态。通常供应链以一家核心企业为基础,类似于蜘蛛织网一般向外围推进,形成不同层级网格紧密联结的立体型网络体系。如果把核心企业作为某种产品的制造中心,从它出发向产品加工的前端分析,供应链含有:它与一级供应商的关系、二级供应商的关系、三级供应商的关系,以及一级供应商相互之间的关系、一级与二级供应商之间的关系、一级与三级供应商之间的关系,还有二级供应商相互之间的关系、二级与三级供应商之间的关系,三级供应商相互之间的关系等。从它出发向产品消费的后端分析,供应链含有:它与一级用户的关系、二级用户的关系、三级用户的关系,以及一级用户相互之间的关系、一级与二级用户之间的关系、一级与三级用户之间的关系,还有二级用户相互之间的关系、二级与三级用户之间的关系,三级用户相互之间的关系等。

每个企业,都可以编织出一张供应链网络。不同的供应链网络,是以不同的企业为核心编织的。一个较小区间的供应链网络,可能只有一家核心企业;而一个较大区间的供应链网络,可能同时包含几家、几十家甚至成百上千家核心企业。一个含有众多企业的供应链网络,如果各企业相互之间是平起平坐的,没有主从或隶属关系,那么它是非主从型的供应链。如果其中有一家企业在整个供应链网络中占据主导地位,发挥起主导作用,其他企业都从属于或隶属它,受其制约或支配,那么这时的供应链是主从型的。

主从型供应链网络,一般是以实力雄厚的大企业为核心编织起来的。它的范围大小,与核心企业对外扩散的能量直接相关。如果主导供应链的大企业,辐射能量和吸引能量可以波及整个国家,它编织的供应链网络就是全国性的。倘若其辐射和吸引的能量,能够波及整个世界,那么以它为核心的供应链网络,必定具有全球性的特点。

从空间视角看,一个产业的完整供应链,往往既有主从型供应链,又有非主从型供应链。对于大多数制造业来说,它们的整个供应链网络,是以单体主从型供应链为基础,形成整体非主从型供应链。例如,世界汽车产业,分别由丰田、大众、通用、戴姆勒、福特、本田、日产、现代、宝马、标致雪铁龙、中国一汽、东风、雷诺、菲亚特、克莱斯勒、沃尔沃、铃木、马自达、三菱、印度塔塔等大公司,以自己为核心,编织成各自的主从型供应链。同时,这些具有不同核心企业的众多主从型供应链,它们相互之间的关系通常是平等的,不存在谁服从谁,也没有哪一家企业凌驾于所有供应链之上占据主导地位,所以,从其整体上看,它们又属于非主从型供应链。

(二)空间视角下产业按照供应链进行的转移与承接

以供应链为基础实施的产业转移与承接,大多发生在主从型供应链网络系统中。这是主导供应链的大企业,根据自己利润最大化原则采取的一项举措。从理论上说,大企业需要全面控制人员链、货物链、信息链和资金链,才能实现对整个供应链网络的控制。实际上,大企业要在一个供应链网络上发挥主导作用,不必全面控制供应链内含的各根链条,甚至不必把整条货物链掌控在自己手中。在通常情况下,大企业只要掌控某些技术要求高、获利能力强的关键供应环节,就能在整个供应链网络中行使主导权。例如,一些世界著名汽车制造商,没有必要控制前向供应链的钢铁、生铁、焦炭、铁矿石等产品的生产,也没有必要控制后向供应链的运输与仓储、分销与零售、维护与修理,以及车辆报废回收等环节,甚至没有必要控制通用零部件,如齿轮、轴承、减震器、离合器、传动轴等供应环节,它只要掌控汽车研发和设计制造的核心技术,同时掌控发动机和变速器等关键部件的研制与开发,就能牢牢占据供应链网络的主导地位,并能获得丰厚利润。这样,对它来说,从空间视角看,没有必要直接掌控的供应环节,都可以通过寻找合适的地点或企业转移出去。

对于欠发达地区或者相对落后的企业来说,这是承接产业转移的一次机会。能够与发达地区的先进企业对接,除了有机会承接产品的生产任务外,还可以顺势了解这一产业的发展趋向,顺势引入先进的管理理念和质量标准,顺势提高生产装备水平和改造工艺流程,甚至顺势实施传统产业的信息化改造。浙江台州市就是依靠承接摩托车及汽车产业的转移,逐步建成全国最大的摩托车及汽车配件生产基地之一。台州在承接产业转移前,当地没有专业的摩托车与汽车制造企业,只有几家汽车修理厂。20世纪70年代初,台州玉环县坎门镇的一些渔机修配厂,开始承接汽车配件的加工业务。1982年,台州开始承接汽车半挂改装和挂车生产业务。1984年,台州开始承接摩托车整车组装业务。至今,台州拥有全国第一家生产轿车的民营企业吉利集团,拥有销售和利润在全国同行名列前茅的钱江摩托集团,拥有国内规模最大的散装齿轮制造商浙江双环齿轮集团,拥有著名的车用冷却器制造商浙江银轮机械公司等。目前,台州年产汽车17万辆,摩托车230万辆。汽车冷却器、齿轮、轴承、减震器、刮雨器、刹车管、方向盘、汽车电器等产品,在国内外市场均有较好的知名度和影响力。汽车用皮带轮、摩擦片、橡胶密封件、紧固件、高强度螺栓、离合器、传动轴、气门推杆、刹车泵、汽车水泵、微型车凸架总成、车内装饰件、空调压缩机等已形成较大规模,在国内汽车市场占有一定地位。目前,随着汽车整车生产企业的逐步发展,发动机、变速器、制动器、方向助力器等汽车关键部件的研发也正在向纵深发展，开始形成一批具有自主知识产权的创新成果，配套范围也在不断扩大。

(三) 空间视角下产业按照供应链转移产生的新现象

在主从型供应链网络体系中，一家实力雄厚的大企业，只需控制拥有核心技术的某些关键供应环节，就能对整个供应链实施控制。现代产业，特别是高新技术产业，其核心技术往往具有引领产业未来发展的作用。这类技术，不仅拥有前瞻性的特点，而且拥有先导性和探索性的性质，通常需要经过大量科学研究和应用开发，才能在生产过程中普遍使用。处于世界前列的大公司，为了有效地控制自己主导的供应链，一般很早就建立了专门从事科技创新的研发中心。

工业化早期阶段，一些大公司的业务，往往遍布整条供应链的各个环节，投资范围涉及矿山、原材料加工、燃料来源、零部件和半成品制造、整个产品组装，直至产品的销售等。这时，尽管已经建立负责产品创新的研发中心，但其业务量在整个公司中所占比重很少，重要性也难以显现。随着工业化进程的加快，这些大公司根据供应链各环节的获利能力，不断把低利润率的供应环节分割出来，并转移到外面去，同时，又不断增加对研发中心的投入。这样，研发中心在公司业务量中的比重持续上升，其地位也越来越重要。到了当今的信息化时代，有的大公司通过进一步实施业务转移，几乎把投资的注意力全集中在科技创新方面，而把涉及加工制造的供应环节都转移到其他企业中去，如此一来，这家公司就成了某个产业的研究开发机构，而不再是该产业的加工制造商。这些演化为全球产业供应链中研究开发机构的大企业，大多集中在发达国家。这样，空间视角下以供应链为基础的产业转移，产生了一种特有的新现象：产业的研究开发中心与产业的加工制造中心，两者发生了分离。它们可以不在一个地方，甚至可以不在一个国家。一些发达国家，由于集中了许多名列前茅的先进公司，可能会逐步演变为世界研究开发中心，但不再是世界加工制造中心。同时，一些大量承接产业转移的欠发达国家或地区，可能会发展为世界加工制造中心，但由于它们缺乏产业核心技术又很难成为研究开发中心。目前，空间视角下，全球的电子信息产业和生物制药产业等，正在朝着研究开发中心与加工制造中心分离的方向发展。

对于大公司来说，产业按照供应链转移，发生上述两个中心的分离，不仅没有削弱自己对供应链的控制力，而且可以运用多种形式更有效地支配整条供应链的运行。例如，它可以利用研究开发中心的特有地位，通过牢牢掌握核心前沿技术，对制造过程的生产性技术进行控制。它可以通过垄断高端产品的创新技术，加强对低端产品的技术扩散和辐射。它可以通过在加工制造中心所在地，物色和扶持合适的委托加工制造商，使其根据自己研发的创新技术从事制造活动。它可以通过跨国公司的组织功能调整内部业务分工，在加工制造中心所在地建立子公司。对于发达国家来说，只要国内众多先进公司能够拥有产业的核心技术，就能有效控制远在国外的加工制造中心，并使其与自己形成日益加深的依附关系。

三、空间视角下以生产链为基础的产业转移与承接

从空间角度看，产业以生产链为基础实施转移，与按照价值链转移存在明显差别，也不同于按照供应链进行的转移。以价值链和供应链为基础的产业转移，大企业都是通过拆分链条各环节来获得更高利润率，巩固竞争优势；而按照生产链进行的产业转移，则是通过集合链条各环节，使它们通过高效连接来提高利润率，增强整体竞争实力。所以，空间视角下以生产链为基础的产业转移，要求承接地点具有一定区位优势。比较合适的承接区域，前期应有一定工业化基础，存在同类产业的生产企业，并能提供相关产业的产品和配套产业的产品，能够通过转移和承接行为，促使整条生产链更加完善。由于这种产业转移方式，不是通过拆分链条各环节，而是通过集合链条各环节来进行，所以，它可以在承接区域迅速形成企业聚集，带来产业集群的集聚经济优势。

（一）空间视角下按照生产链纵向环节实施的产业转移与承接

一个产业包括许多生产环节，各个生产环节有特定的劳动对象，也有特定的制成品。从纵向角度看，环环紧扣的前后向各道生产环节，共同构成产业的生产链；在这个生产链中，前一环节的产出品，往往是后一环节的投入品，同时其自身的产出品，又为更后面的环节提供投入品，如此延续下去，直至终端消费品。空间视角下，一个产业的整条生产链，可能分布着成千上万家企业。这些企业制造的产品，有的集中在一个生产环节，有的跨越多个生产环节。其中有的企业，由于产品技术含量高、投资规模大、研发实力和获利能力强，渐渐地在生产链中脱颖而出，成为整个产业的优势企业。

企业的发展除了自身因素外，还受外部环境的影响。随着产业不断发展，一定区域内的工资、地租和公共服务费用，以及过度拥挤导致的开支等成本会迅速上升，迫使优势企业重新选择合适地点，成为产业的转移方。

作为承接方，如果能够形成低成本高效益的区位优势，吸引优势企业转移过来落户，并促使其获得成功，树立为榜样，那么继续通过优势企业的示范作为，可以吸引生产链前向各环节产品的制造商进入同一区域，也可以吸引生产链后向各环节的生产企业转移过来。这样承接区域，接纳的不是一家企业，而是一群企业。这一群企业，并不是杂乱无章的，它们以生产链纵向环节为基础，围绕优势企业或龙头企业，使生产链前向企业的产出品，成为生产链后向企业的投入品，从而形成上游产品与下游产品相互靠拢，具有投入产出纵向联系的企业集群，进而以此为基础形成产业集群。浙江省嘉善县，就是从承接台资企业中兴木业公司开始，先后接纳33家台资木业企业前来落户。后来，又吸引著名的印度尼西亚"蝴蝶牌"胶合板制造

商，前来创办"金泉木业"。吸引亚洲家具产业巨头"台升木业"加盟其生产链之中，建成的厂房绵延1 300米，单体车间达2.6万平方米，用来制造高档家具。接着，"台升木业"又以自己为榜样，把前后相关的技术先进的10多家企业吸引到同一区域落户，使嘉善的木业生产链终端产品，从胶合板向后延伸到成套家具。2009年，嘉善全县木材加工企业达500余家，固定资产30多亿元，职工5万余人，木业产值120亿元，其中外贸出口4亿美元。到2010年，嘉善仅是胶合板，就生产了350万立方米，年产值30多亿元，占了全国的1/3，可装饰、装修300万套80平方米的住宅。2011年，在木业创新的带动下，嘉善经济开发区正式升级为国家级经济技术开发区，成为继长兴之后浙江省第二个拥有国家级经济技术开发区的县。这样，嘉善通过承接产业转移，在没有森林的地方崛起一个木业大县，创造了"零资源经济"的奇迹。

（二）空间视角下按照生产链横向联系进行的产业转移与承接

生产链横向联系，表现为不同产业的生产链，各自在并列发展过程中产生的相互关系。发生横向联系的众多企业，由于不是在同一条生产链上，它们的产品，相互之间没有整齐的前后序列，也没有环环紧扣的投入产出关系。尽管如此，以生产链横向联系为基础进行的产业转移与承接，并不是杂乱无章，而是遵循一定规律来实现的。

在通常情况下，先由优势企业在承接其转移的区域，利用当地低成本高效益条件，迅速培育成具有推进型功能的龙头企业，在它的带动下，依据生产链纵向环节，吸引上下游产品制造商以相向靠拢的趋势转移过来，或者把当地原有的企业聚集在一起，形成具有产品投入产出纵向联系的企业集群。进而在加强整条生产链的过程中形成强大的产业集群，并最终取代本区域内原有的主导产业。接着，围绕着这个新主导产业的生产链，以横向联系的方式，吸引为其服务的配套产业转移过来，吸引附属于自己的补充产业前来落户，吸引具有资源共享愿望的旁侧产业也进入本区域内。同时，从空间角度看，还可以带动区域内自给性产业共同发展。这样，主导产业以生产链横向联系为基础，通过承接外地企业转移，以及就地培育原有企业等方法，促使配套产业、补充产业、旁侧产业和自给性产业，与自己一起形成强大的综合性产业集群。

（三）空间视角下按照生产链指向性要求实现的产业转移与承接

生产链指向性要求，表现为企业由于生产过程对某种要素具有特殊的依赖性，从而被吸引到富含这种生产要素的区域内。也可以说，有的区域由于存在某种重要生产要素，更容易培育成需要这种要素的产品及企业。例如，贵州赤水河两岸，由于拥有特别适宜酿酒微生物栖息和繁殖等条件，从而培育出以茅台酒为代表的一大批著名白酒和相应的企业。

不同产业有不同的生产链，企业总是存在于特定产业的特定生产链中，它们对技术装备、工艺流程、资本资源、人力资源、原材料、燃料来源、配套产业、生态环境、基础设施,以及销售市场等,有着自己的特殊喜好,而且这种喜好相互之间的差别是十分明显的。这使得它们在选择承接自己转移的适宜空间时,具有目标明确的指向性要求:有的看中的是承接区域的装备和工艺,有的主要着眼于丰富的资本资源,有的更加关注是否存在廉价劳动力,有的首选可以获得紧缺原材料之处,有的选择具备配套产业的空间落户,还有的可能对生态环境特别敏感等。生产链指向性要求相同的企业,被特定空间利用自己的特有要素,吸引过来集中在一起继续开办,就是以生产链指向性要求为基础而实现的产业转移与承接。

生产链指向性要求是多种多样的,由此产生的产业转移与承接形式,也往往多彩纷呈。一个区域可能存在多种能够吸引企业转移的要素,同时,一个企业的空间转移也不仅仅取决于一种要素,可能受到多种指向性要求的制约。但是,在通常情况下,一定区域对某类企业具有最强吸引力的要素,总是一目了然的。例如,北京中关村能够产生最大区域吸引力的是知识资源,当地培育得最成功的企业是知识资源指向性制造商;同时,进驻中关村的外地企业,特别是一些国外研发机构,如微软亚洲研究院、贝尔实验室等,实际上都是知识资源指向性产业转移与承接的结果。

参 考 文 献

[1] 张明龙等. 区域产业成长与转移 [M]. 北京:知识产权出版社,2011:84.
[2] 台州市人民政府文件. 关于批转台州市汽车摩托车行业发展规划的通知 [Z]. 台政发,(2004) 49 号.
[3] 王慧冬. 嘉善升级为国家级经济技术开发区承接高端产业转移 [EB/OL]. 浙江在线,http://www.zjol.com.cnm,2011-08-09.

重构 TP 模型分析我国文化产业集聚的动力机制[*]

赵 星[**] 刘军辉 董帮应

摘 要：我国文化产业发展水平存在较大的空间差异，存在显著的文化产业集聚现象。本文借助空间经济学的 TP 模型，改变假设条件后应用于我国文化产业集聚动力机制问题的分析。TP 模型在空间经济学模型的垄断竞争和规模收益递增的一般均衡分析框架下，引入知识创新与传递因素，这样经济活动的集聚力不仅包括经济关联还包括知识关联，模型分析认为知识创新和知识扩散可以促进经济的集聚。TP 模型是在消费者效用最大化和厂商利润最大化的一般均衡条件下进行分析，认为初始对称的两个地区，知识分子为了追求更高的实际工资可以跨区域自由流动。分析得到如下结论：当区域之间知识传递强度一定时，知识分子区域对称分布状态下，知识创新效率最低；核心边缘分布状态下，知识创新效率最高。北部（或南部）文化产品生产企业的份额与北部（或南部）地区支出份额呈正相关关系，系数大于 1，支出份额增加，则企业份额增加更多，即存在本地市场放大效应。贸易自由度的提高，有利于促进文化产业的空间集聚。消费者多样化偏好程度的增强，也有利于文化产业的空间聚集。

关键词：文化产业集聚 知识溢出 贸易自由度

一、引　言

文化是民族的血脉，人民的精神家园，是民族凝聚力和创造力的重要源泉。随着经济与社会的快速发展，文化的地位和作用将更加凸显，它作为"国家软实力"成为综合国力竞争的重要因素，也成为推动经济发展的重要杠杆。目前，我国文化产业发展的水平还不高，布局和结构还不尽合理，不能满足人民群众精神文化方面日益增长的多层次、多样化的需求，因此，文化产业的快速健康发展是形势所需、大势所趋。纵观世界各国文化产业发展史，文化产业的繁荣发展与文化产业在空间的集聚状况有密切联系。中国是一个有着五千年文明史、幅员辽阔、人口众多的大国，各省的文化产业发展状况和集聚程度都不同，文化产业集聚是如何形成的，文化产业的集聚程度主要受哪些因素影响，这是许多学者关注的一个重要问题。

空间经济学理论建立了在垄断竞争、规模收益递增分析框架下的包含空间因素

---

[*] 基金项目：教育部人文社会科学研究青年基金项目"我国文化产业集聚的动力机制和效应研究——基于空间经济学视角"（13YJC790216）。

[**] 赵星（1982— ），女，讲师，主要研究方向：空间经济学、国际经济学。

的一般均衡分析框架，这相对之前的完全竞争和规模收益不变的理论模型更接近经济现实。空间经济学借助 D-S 模型、"冰山运输成本"、计算机的数值模拟等工具清晰深入地分析集聚活动空间集聚的内生性和变化过程，让我们得以认识经济集聚的发生机制和影响因素。本文就利用空间经济学理论模型的规范和巧妙设定，来分析我国文化产业集聚动力机制这一现实问题。

国内研究文化产业集聚的动力机制问题的学者并不多：刘蔚（2007）从文化产业集群的生产组织网络、社会网络、全球网络三个角度分析文化产业集群的形成机理，认为影响我国文化产业集聚格局的因素包括需求因素、劳动力因素、资本因素、信息和文化资源因素、产业关联。戴钰（2012）认为文化产业空间集聚的影响因素分为内部因素和外部因素两种，内部因素包括文化需求因素、文化人才因素、文化资本因素、文化资源环境因素、地理区位因素、产业关联性因素、创新因素；外部因素包括制度环境、政府引导、公共服务。学者们从多角度分析了文化产业的集聚动力机制，但主要是定性分析，并没有建立起来一个完整的包含生产者和消费者共同作用机制的数理模型。

本文所分析的文化产业集聚的动力机制，是文化产业作为一个整体的系统运行规律，是对文化产业集聚过程的抽象与概括，从消费者和生产者的微观视角研究总结出最一般的特征和规律。传统的 TP 模型包含了跨期消费和折旧，模型非常复杂，本文重构了 TP 模型，简化了模型，并赋予它一些新的含义，得出了更多富有现实意义的结论。

TP 模型是在空间经济学的 CP 模型、FC 模型、FE 模型、CC 模型、GS 模型、LS 模型的基础上，整合它们的特点而建立的，模型中包含经济关联，同时新增加了知识关联，也存在内生增长机制。TP 模型假设两个区域，存在完全竞争的传统部门、垄断竞争的制造业部门、完全竞争的知识创新部门，传统部门和制造业部门都使用创新能力低的工人，传统部门生产的产品区际交易无成本，制造业部门生产的产品存在区际交易的冰上交易成本，知识创新部门使用创新能力强的知识分子，产出是知识，边际生产力是现有知识存量，随着生产的发展，边际生产力提高，知识只能作为中间产品提供给制造业部门作为固定投入。

相比其他模型，TP 模型的分析框架中增加了知识创新部门，强调了知识创新和知识传递的重要性，在传统的经济关联基础上又加入知识关联，更适合分析文化产业的空间分布问题。

二、模型基本假设

现实社会的经济活动种类繁多，它们之间的关系错综复杂，经济理论和经济分析都是对现实经济的一种近似描述。由于本文的研究主体是文化产业，所以数理模型就放大了文化产业的运行机制，将其他经济部门活动都做了统一简单的处理。

本文设立的数理模型假设经济系统存在三个部门：传统部门、文化产业的知识创新部门、文化产业的产品制造部门。虽然现实中文化创意的产生和文化产品的生产可能在同一个企业进行，但是把文化产业分为两大门类的这种划分突出了文化产业中知识和创意的重要性，从文化产业区别于其他行业的本质出发，突出了具有高创新力、思维活跃的文化产业知识分子的重要性，把握住了文化产业高度依赖创新的特征。模型假设系统中只有两种生产要素：具有高创新能力的知识分子（H）和普通工人（L），知识分子可以在区际流动，知识分子的支出是在其工作地。这与现实社会中，具有创造力的高级知识分子的生存状态也比较接近，特别是文化产业的艺术工作者和设计师，他们拥有高薪而且愿意接受新知识、到新的环境感受生活，所以流动性较强。模型假设普通的工人不能跨区流动，但工人可以在本地区的传统部门和文化产品制造部门之间自由转换。这与现实也比较相符，低创造力的工人倾向于稳定的生活，收入并不高，适应新环境的能力也较弱。虽然目前我国中、西部有许多农民工到东南沿海地区打工，但他们的生存状态较差，而且多是靠老乡传帮带，一旦赚够买房娶亲的资金，就会返回家乡重新就业，近几年东部就出现越来越多的用工荒。传统部门，是简化处理的除了文化产业之外的生产部门，假设传统部门仅使用工人作为生产要素，生产的产品都是同质的，生产过程遵循规模报酬不变规律，面临的市场是完全竞争市场，产品无区际交易成本。这与现实差距较远，是为了方便研究文化产业而做的一个简化和标准化处理。

模型假设文化产业知识创新部门使用的生产要素为知识分子，唯一产出是新知识，边际生产力为现有知识存量，知识跨区交易无成本，知识只能被文化产品制造部门购买并作为固定投入使用，新知识不能直接为消费者使用。这与现实也比较接近，新知识和创意一般都有一定的依托形式，如图书、音乐、电影、动漫、艺术品等，都要经过文化企业的再加工才能被消费者使用。文化产业的产品制造部门每制造一单位的产品，需要投入一单位的新知识和一定量的工人劳动。新知识具有异质性，从而文化产品制造企业都是差异化生产，遵循规模报酬递增，生产一单位文化产品的成本为 $\Pi_i + wa_c$，其中 Π_i 是一单位新知识的价格，w 是工人工资，a_c 是生产单位文化产品所需的工人数量。文化产品区际间交易遵循冰山交易成本。τ 单位文化产品从一个地区运到另一个地区时，融化了一部分（$\tau-1$ 单位的产品抵消了交易成本），剩下 1 单位的产品可以在当地销售。如果设 P 为北部地区文化产品的价格，P^* 为该文化产品运到南部地区的销售价格，则有 $P^* = \tau P$。

三、消费者行为

（一）消费者的双层效用函数

假设代表性消费者拥有双层效用函数，消费者首先感知传统产品和文化产品组合的效用程度是依据柯布-道格拉斯效用函数形式，然后按照不变替代弹性（CES）效用函数形式感知差异化文化产品的效用程度。代表性消费者的效用函数表达式为：

$$U = C_c^{\mu} C_a^{1-\mu} \tag{1}$$

$$C_c = \left[\int_{i=0}^{n+n^*} c_i^{\rho} \mathrm{d}i \right]^{1/\rho} = \left[\int_{i=0}^{n+n^*} c_i^{(\sigma-1)/\sigma} \mathrm{d}i \right]^{\sigma/(\sigma-1)}$$

其中，C_a 表示消费者对传统产品的消费量，C_c 表示消费者对差异化文化产品组合的消费量，n 和 n^* 分别表示北部和南部文化产品种类数量，μ 表示总支出用在文化产品上的份额（$\mu>0$），c_i 为消费者对第 i 种文化产品的消费量。ρ 反映消费者对文化产品的多样化偏好强度（$0<\rho<1$），ρ 越小，消费者的多样化偏好强度越强。设 σ 为任意两种文化产品之间的替代弹性（$\sigma>1$），则有如下关系：$\sigma = 1/(1-\rho)$，σ 值越小，文化产品之间的可替代性就越差，企业的规模报酬递增程度就越强。

用 P_a 表示传统产品的价格，用 p_i 表示第 i 种文化产品的价格，消费者收入用 Y 来表示，包括工人的工资收入与知识分子的报酬，假设消费者没有储蓄，不存在跨期消费，当期的收入都用于消费支出，则消费者效用最大化问题的约束条件为：

$$P_a C_a + \int_0^{n+n^*} p_i c_i \mathrm{d}i = Y = E \tag{2}$$

（二）工业品需求函数和工业品价格指数

消费者效用最大化问题有两层含义，第一是消费者消费某文化产品组合 C_c 时，其支出要最小，即：

$$\min \int_{i=0}^{n+n^*} p_i c_i \mathrm{d}i, \text{s. t. } C_c = \left[\int_{i=0}^{n+n^*} c_i^{\rho} \mathrm{d}i \right]^{1/\rho} \tag{3}$$

建立拉格朗日函数：

$$L = \int_0^{n+n^*} p_i c_i \mathrm{d}i - \lambda \left[\left(\int_{i=0}^{n+n^*} c_i^{\rho} \mathrm{d}i \right)^{1/\rho} - C_M \right] \tag{4}$$

首先把拉格朗日函数对 c_i 求导并令导数为 0，则可得到消费者对第 i 种文化产品的消费决策，即：

$$p_i = \lambda C_c^{1-\rho} c_i^{\rho-1} \tag{5}$$

同理可以求出消费者对第 j 种文化产品的消费决策，即：

$$p_j = \lambda C_c^{1-\rho} c_j^{\rho-1} \tag{6}$$

把式（5）与式（6）相除，约去 λ，可得到消费者对不同文化产品的价格与其消费量之间的关系，即：

$$\frac{p_i}{p_j} = \frac{c_i^{\rho-1}}{c_j^{\rho-1}} \tag{7}$$

把式（7）变形，用 c_j 表示 c_i 可得：

$$c_i = c_j (P_i/P_j)^{1/(\rho-1)} \tag{8}$$

并代入消费者对差异化文化产品组合的消费量表达式，则有：

$$C_c = \left[\int_{i=0}^{n+n^*} c_j^\rho (p_i/p_j)^{\rho/(\rho-1)} di\right]^{1/\rho} = c_j (1/p_j)^{1/(\rho-1)} \left[\int_{i=0}^{n+n^*} p_i^{\rho/(\rho-1)} di\right]^{1/\rho} \quad (9)$$

故：

$$c_j = \frac{p_j^{1/(\rho-1)}}{\left[\int_{i=0}^{n+n^*} p_i^{\rho/(\rho-1)} di\right]^{1/\rho}} C_c \quad (10)$$

上式中 C_c 对于单个文化产品的消费量来说可以看做常数，在文化产品价格体系给定的情况下，分母也是一个常数。因此式（10）就是消费者对某种文化产品的需求函数，而消费者对某种文化产品的需求价格弹性为 $1/(\rho-1)$。由需求函数，可以得到消费者对文化产品的总支出，即：

$$\int_{i=0}^{n+n^*} p_i c_i di = \int_{i=0}^{n+n^*} \frac{p_i^{\rho/(\rho-1)}}{\left[\int_{i=0}^{n+n^*} p_i^{\rho/(\rho-1)} di\right]^{1/\rho}} C_c di = \frac{C_c \int_{i=0}^{n+n^*} p_i^{\rho/(\rho-1)} di}{\left[\int_{i=0}^{n+n^*} p_i^{\rho/(\rho-1)} di\right]^{1/\rho}} \quad (11)$$

故：

$$\int_{i=0}^{n+n^*} p_i c_i di = C_c \left[\int_{i=0}^{n+n^*} p_i^{\rho/(\rho-1)} di\right]^{(\rho-1)/\rho} \quad (12)$$

从上式可以看出，消费者对文化产品的总支出，就相当于消费者购买了 C_c 单位的文化产品组合，把这个文化产品组合的价格指数设为 P_c，则有：

$$P_c = \left[\int_0^{n+n^*} p_i^{\rho/(\rho-1)} di\right]^{(\rho-1)/\rho} \quad (13)$$

或

$$P_c = \left[\int_0^{n+n^*} p_i^{1-\sigma} di\right]^{1/(1-\sigma)} \quad (14)$$

这样就有：

$$E_c = P_c C_c \quad (15)$$

假设基期，北部与南部生产的所有文化产品种类数为 $n^w = n + n^*$。文化产品价格指数在后面分析中经常用到，为了便于计算，定义 $\Delta n^w = \int_0^{n^w} p_i^{1-\sigma} di$，这样 $P_c = (\Delta n^w)^{1/(1-\sigma)}$。

则文化产品的需求函数可以简化为：

$$c_i = (p_i/P_c)^{1/(\rho-1)} C_c = (p_i/P_c)^{-\sigma} C_c \quad (16)$$

（三）传统产品和文化产品组合需求函数

消费者效用最大化问题的另一个层次是消费者在传统产品和文化产品组合之间的支出分配问题，即：

$$\max U = \max_{C_c, C_a} C_c^\mu C_a^{1-\mu} \quad (17)$$

$$s.t. \ P_c C_c + P_a C_a = Y = E \quad (18)$$

建立拉格朗日函数，求导后得出效用最大化问题的解，如下式：

$$C_c = \mu Y/P_c = \mu E/P_c, \quad C_a = (1-\mu)Y/P_a = (1-\mu)E/P_a \qquad (19)$$

上式中，Y 为收入水平，由于没有储蓄，收入水平就是支出水平。因此，在消费均衡时，对文化产品的支出占总支出的份额为 μ，对传统产品的支出份额为 $(1-\mu)$。

(四) 效用函数和价格指数

根据上面的推导，易得：

$$U_{\max} = C_c^\mu C_a^{1-\mu} = (\mu E/P_c)^\mu [(1-\mu)E/P_a]^{1-\mu} = \frac{\mu^\mu (1-\mu)^{1-\mu} E}{P_c^\mu P_a^{1-\mu}} \qquad (20)$$

上式中，$U_{\max}$ 表示在均衡条件下代表性消费者的最大化效用水平，由传统产品价格和文化产品价格组成的项可称为该经济中消费者面对的全部消费品的完全价格指数，即：

$$P = P_c^\mu (P_a)^{(1-\mu)} \qquad (21)$$

经济中文化产品多样性的提高可以产生多种效应；首先，产品种类的增加可以引起文化产品价格指数 P_c 的下降，相应地提高了消费者的效用水平；其次，新的文化产品的引进，使消费者对原有各种文化产品的需求曲线向下移动，意味着文化产品生产者间的竞争强度在提高。

四、生产者行为

消费者消费的商品来自两个生产部门：传统部门和文化产品生产部门。

(一) 传统产品生产部门行为

传统生产部门在完全竞争和规模收益不变条件下生产产品，唯一投入是低创造力的工人，生产一单位传统产品所需的劳动投入量为 a_a，生产的传统产品是同质的，跨区交易无成本。

传统部门的成本函数为 $wa_a x_i$，传统产品的价格为 P_a。

(二) 文化产品生产部门行为

根据前面的假设，文化产品制造部门是在 D–S 框架下进行生产，每种差异化产品的生产都是规模收益递增的，消费者对文化产品的多样化偏好是这种文化产品生产企业规模收益递增的源泉，因此本文讨论的所有文化产品生产企业在该产品生产领域都是垄断企业，都面对不变弹性的需求曲线，该弹性用 σ 来表示。文化产品面对的市场是竞争性市场，因此企业不能按垄断厂商那样制定垄断价格，因为存在许多潜在进入者，如果这些潜在进入企业定价低于原有厂商，则可获得全部市场。因此，企业最优定价策略是边际成本的不变加成定价法，这样均衡时每个企业的超额利润为零。

假设不存在范围经济和企业经营多样化行为，也不存在企业间的共谋行为。因此，潜在产品种类数量并没有限制，任何一个企业都不会生产与其他企业完全相同的产品。这意味着一个企业生产一种产品，企业的数量等于产品种类数。又因文化产品生产企业生产一单位文化产品，需要投入一单位的新知识作为固定成本，所以企业数量也等于现有知识总数。

每个文化制造企业使用的劳动量为 a_c，工人工资为 w，则文化产品生产企业的成本函数为：

$$\Pi_i + w a_c x_i \tag{22}$$

Π_i 为第 i 个知识的市场价格，假设知识的交易市场是完全竞争的，则所有知识的价格都是相同的，都为 Π。

生产第 i 种差异化文化产品的企业的利润函数为：

$$\pi_i = p_i x_i - (\Pi + w a_c x_i) \tag{23}$$

其中，x_i 为第 i 种差异化文化产品的产出量。根据前面讨论的消费者的需求函数，消费者对该企业生产产品的需求为：

$$x_i = \mu E \frac{p_i^{-\sigma}}{P_c^{1-\sigma}} = \mu E \frac{p_i^{-\sigma}}{\Delta n^w} \tag{24}$$

其中，E 为该地区的总支出（总购买力）。上式为企业在进行利润最大化价格决策时面临的市场约束条件。从上式中可以看出，$\mu E/(\Delta n^w)$ 对第 i 种产品而言是常数。设 $\mu E/(\Delta n^w) = k$，则第 i 种产品需求可以写成 $x_i = k p_i^{-\sigma}$。根据给出的利润函数，建立如下拉格朗日方程：

$$L_i = p_i x_i - (\Pi + w a_c x_i) + \lambda(k p_i^{-\sigma} - x_i) \tag{25}$$

分别对 x_i 和 p_i 求导，则得到企业利润最大化条件：

$$\frac{\mathrm{d} L_i}{\mathrm{d} p_i} = x_i - k \lambda \sigma p_i^{-\sigma-1} = 0$$

$$\frac{\mathrm{d} L_i}{\mathrm{d} x_i} = p_i - w a_c - \lambda = 0 \tag{26}$$

这两个式子相除约掉 λ，然后把 $x_i = k p_i^{-\sigma}$ 代入，则可得到 $p_i = w a_c/(1 - 1/\sigma)$。可以看出产品价格与产品种类无关，也就是说所有种类的文化产品价格都是一样的，这样可以把下标 i 去掉，则：

$$p = w a_c/(1 - 1/\sigma) \tag{27}$$

均衡时每个企业不可能获得正利润，均衡利润只能为零：

$$\pi_i = p_i x_i - (\Pi + w a_c x_i) = \left(\frac{\sigma}{\sigma - 1}\right) a_c w x_i - (\Pi + w a_c x_i) = 0 \tag{28}$$

从而有：

$$x_i = \frac{(\sigma - 1)\Pi}{w a_c} \tag{29}$$

$$x = \frac{(\sigma - 1)\Pi}{wa_c} \qquad (30)$$

五、知识创新部门行为

(一) 生产函数

假设知识分子总数保持不变，$H + H^* = 1$。当北部知识分子份额为 s_h 时，北部知识分子人数也为 s_h，基期北部可获取的知识总量 K 为知识生产的边际生产力，N 为新创知识数量，则北部知识创新部门的生产函数为：

$$N = K s_h \qquad (31)$$

由于北部的知识分子在生产新知识时，可以使用的知识是北部拥有的知识和南部传递来的知识的总和，设 η 为区域知识合作创新时知识传递的自由度，随着两地区距离的增加而减小。$h(j)$ 为知识分子 j 在基期拥有的知识数量，β 为知识分子在创新时的互补参数，即知识分子的异质性，它直接决定知识分子的创新效率。当知识分子之间存在一定差异，也就是共有知识在某个范围时，合作创新效率最高。则有：

$$K = \left[\int_0^{s_h} h(j)^\beta \mathrm{d}j + \eta \int_0^{1-s_h} h(j)^\beta \mathrm{d}j\right]^{1/\beta}, 0 < \beta < 1, 0 \leq \eta \leq 1, \qquad (32)$$

如上所述，代表性知识分子 j 的知识生产依赖于现存的知识数量，任一新知识一旦产生就永远有效，假设不存在精神折旧。由于每个文化产品制造企业只生产一种文化产品，生产产品都需要一种新知识作为固定投入，因此，基期区域现有知识总量等于制造企业数量 n^w，那么可以得到，$h(j) = \alpha n^w$。为了计算的简便，将 α 标准化为1（这样知识分子 j 为仅有的代表性知识分子，拥有的知识数量也为文化制造企业数量 n^w），由公式（32）可得：

$$K = n^w [s_h + \eta(1 - s_h)]^{1/\beta}, 0 < \beta < 1 \qquad (33)$$

当 $\eta = 1$ 时，区域间知识传递没有任何成本和阻碍，则有 $K = n^w$，这时北部可获取的知识是世界知识总量，知识被所有人共享；当 $\eta = 0$ 时，$K = n^w s_h^{1/\beta}$，这时区域间没有知识传递，此时两区域为对称区域，知识分子的空间分布决定了各区域的知识数量和增长率。

将式（33）代入式（31），得到新知识生产函数：

$$N = n^w [s_h + \eta(1 - s_h)]^{1/\beta} s_h \qquad (34)$$

(二) 知识增长率

世界经济中的知识量变动为北部和南部的加总，具体为：

$$\dot{n}^w = N + N^* = n^w \{s_h [s_h + \eta(1 - s_h)]^{1/\beta} + (1 - s_h)(1 - s_h + \eta s_h)^{1/\beta}\} \qquad (35)$$

因此，当知识分子空间分布为 s_h 时，北部知识总量为 $K = n^w [s_h + \eta(1 - s_h)]^{1/\beta} = n^w k$，南部的知识总量为 $K^* = n^w (1 - s_h + \eta s_h)^{1/\beta} = n^w k^*$。

k 和 k^* 分别为北部和南部的知识增长率。设世界知识增长率为 g,则有 $\dot{n}^w = g \cdot n^w$,结合上式,可得:

$$g = s_h k + (1 - s_h) k^* \tag{36}$$

很明显,两个区域的新知识增长率 g 以 $s_h = 1/2$ 这一点对称,当知识分子的空间分布为核心边缘结构时,$g(0) = g(1) = 1$。当 $\eta < 1$ 时,可得:

$$s_h \gtreqless 1/2 \Rightarrow g'(s_h) \gtreqless 0, g''(s_h) > 0, s_h \in (0, 1) \tag{37}$$

由上式可知,区域间的知识传递强度 η 直接影响知识创新效率,当 $\eta < 1$ 时,知识创新部门集聚在一个区域时,知识创新效率最高;知识创新部门分散分布时,创新效率最低;知识创新效率决定于知识分子的空间分布。

为使分析更直观清晰,可设 β 为 1,新知识增长率 g 的表达式可以简化变形为:

$$g = (2 - 2\eta) s_h^2 - (2 - 2\eta) s_h + 1 \tag{38}$$

由于 $0 \leq \eta \leq 1$,所以在 $s_h = \frac{1}{2}$ 时,g 是最小值。

当 $\eta < 1$,知识分子集中在某一个区域,即当 $s_h = 0$,或者 $s_h = 1$ 时,g 值最大,也就是知识创新效率最高。

可得**结论一**:当区域之间知识传递强度一定时,知识分子区域对称分布状态下,知识创新效率最低;核心边缘分布状态下,知识创新效率最高。

六、短期均衡

短期内,知识分子不存在跨区流动。在这种条件下,分析传统部门、文化产品生产部门、文化知识创新部门这三个部门的生产都出清的状况。

(一) 传统部门

传统部门生产同质商品,面临的市场是完全竞争的,生产的规模收益不变,生产单位产品所需劳动数量两区域都相同,传统产品的跨区贸易无交易成本,传统产品的销售价格在各地区都相等。

$$p_a = w a_a = p_a^* = w^* a_a \tag{39}$$

其中,p_a、p_a^* 分别为北部和南部传统部门的产品价格,w、w^* 分别为北部和南部工业劳动力工资。设 $1 - \mu > \rho/(1 + \rho)$,即在传统部门的支出份额 $(1 - \mu)$ 足够大,从而保证传统部门在两个地区都有生产,即满足非完全专业化条件。由于 $p_a = p_a^*$,所以两地区的工人工资相等:$w^* = w$。

根据前面计算的消费者对传统产品的需求函数,北部、南部消费者对传统产品的需求函数可以分别表示为:

$$C_a = (1 - \mu) E / p_a, \quad C_a^* = (1 - \mu) E^* / p_a \tag{40}$$

上式中的 E 和 E^* 分别表示北部和南部的总支出（总收入）。如果整个经济系统中在传统部门工作的工人数量为 L_a^w，则系统可提供的传统产品产出为 L_a^w/a_a，传统产品市场出清条件为：

$$(1 - \mu)E^w/p_a = L_a^w/a_a \tag{41}$$

（二）文化产品生产部门

低创新能力的工人不能跨区流动，但可以在区域内部的传统部门和文化产品生产部门之间自由流动。

标准化处理模型，令：$w = w^* = 1$，$p_a = p_a^* = 1$，$a_a = a_a^* = 1$，$a_c = a_c^* = 1$，$t \geq 0$。

文化产品区际交易存在"冰山"成本，北部生产的文化产品销售到南部的价格为：

$p_i^* = p_i \tau$

北部企业生产的文化产品 i 的产量要满足两个区域对它的需求，即南部需求和北部需求的加总：

$$x_i = \mu E \frac{p_i^{-\sigma}}{P_c^{1-\sigma}} + \mu E^* \frac{(p_i \tau)^{-\sigma}}{(P_c^*)^{1-\sigma}} \tag{42}$$

由前面的证明可知，企业利润最大化的文化产品价格与产品种类无关，$p_i = p$，将标准化数值代入，则所有文化产品的均衡价格为：

$$p = \frac{wa_c}{1 - 1/\sigma} = \frac{\sigma}{\sigma - 1} \tag{43}$$

北部文化产品包括了北部生产的产品和南部运来并销售的产品，所以北部文化产品的价格指数为：

$$P_c = \left(\int_0^{n^w} p_i^{1-\sigma} di\right)^{\frac{1}{1-\sigma}} = \left(\frac{\sigma}{\sigma - 1}\right)(n + n^*\phi)^{-1/(\sigma-1)} \tag{44}$$

$\phi = \tau^{1-\sigma}$ 表示贸易自由度，$\phi \in [0, 1]$，值越大，跨区交易越便利，即交易成本越小。

北部文化产品均衡产出量为：

$$x = \mu \frac{\sigma - 1}{\sigma}\left(\frac{E}{n + \phi n^*} + \frac{\phi E^*}{\phi n + n^*}\right) \tag{45}$$

如前所述，文化产品生产企业均衡利润为零，进而推导出北部企业购买新知识的单位价格为：

$$\begin{aligned}
\Pi &= \frac{wa_c x}{\sigma - 1} = \frac{px}{\sigma} \\
\Pi &= \frac{x}{\sigma - 1} = \frac{\mu}{\sigma}\left(\frac{E}{n + \phi n^*} + \frac{\phi E^*}{\phi n + n^*}\right) \\
\Pi &= \frac{\mu E^w}{\sigma n^w}\left(\frac{s_E}{s_n + \phi(1 - s_n)} + \frac{\phi(1 - s_E)}{\phi s_n + (1 - s_n)}\right)
\end{aligned} \tag{46}$$

南部企业购买并使用的新知识价格为：

$$\Pi^* = \frac{\mu E^w}{\sigma n^w}\Big(\frac{\phi s_E}{s_n + \phi(1-s_n)} + \frac{1-s_E}{\phi s_n + (1-s_n)}\Big) \quad (47)$$

其中，$s_n = \frac{n}{n^w}$ 为北部文化产品生产企业的份额，$s_E = \frac{E}{E^w}$ 为北部消费者支出份额。

设 L_c 为北部文化产品生产部门的工人需求量，L_c^* 为南部文化产品生产部门的工人需求量，因此文化部门的工人市场出清条件为：$L_c = nxa_c = nx$，由文化产品的均衡产出公式可得：

$L_c + L_c^* = \mu\rho(E + E^*)$，再由条件 $E^w \equiv E + E^*$，得到：$L_c^w = \mu\rho E^w$。

L_a^w 为传统部门的工人需求量，消费者在传统企业产品上的总支出等于传统企业工人的劳动报酬，即：$wL_a^w = (1-\mu)E^w$，而工人总数量为：$L^w = L_a^w + L_c + L_c^*$，上述式子结合可得均衡时的总支出为：

$$E^w = \frac{L^w}{1 - \mu(1-\rho)} \quad (48)$$

（三）知识创新部门

知识创新部门面临的是完全竞争市场，新知识的价格都相同。短期均衡时市场出清的条件：知识创新部门生产的新知识都被文化产品生产部门购买，并作为固定投入用于生产中。新知识的销售收入全部支付知识分子的工资，也就是知识分子的收入全部来自创造新知识所获得的劳动报酬。因此有：

$$\begin{aligned}\Pi \cdot N &= H \cdot w_h = s_h \cdot w_h \\ \Pi^* \cdot N^* &= H^* \cdot w_h^* = (1-s_h) \cdot w_h^*\end{aligned} \quad (49)$$

因此，北部地区知识分子工资率为：

$$w_h = \Pi n^w k = \frac{\mu E^w [s_h + \eta(1-s_h)]^{1/\beta}}{\sigma}\Big(\frac{s_E}{s_n + \phi(1-s_n)} + \frac{\phi(1-s_E)}{\phi s_n + (1-s_n)}\Big) \quad (50)$$

南部地区的知识分子工资率为：

$$w_h^* = \Pi^* n^w k^* = \frac{\mu E^w (1-s_h+\eta s_h)^{1/\beta}}{\sigma}\Big(\frac{\phi s_E}{s_n + \phi(1-s_n)} + \frac{1-s_E}{\phi s_n + (1-s_n)}\Big) \quad (51)$$

由于传统产品的价格 $P_a = 1$，那么在完全价格指数为 P 的情况下，北部知识分子的实际工资是：

$$\omega_h = \frac{w_h}{P_c^\mu P_a^{1-\mu}} = \frac{w_h}{P_c^\mu} = \frac{w_h}{\left(\frac{\sigma}{\sigma-1}\right)^\mu (n+n^*\phi)^{-\mu/(\sigma-1)}} \quad (52)$$

南部知识分子的实际工资为：

$$\omega_h^* = \frac{w_h^*}{(P_c^*)^\mu} = \frac{w_h^*}{\left(\frac{\sigma}{\sigma-1}\right)^\mu (\phi n+n^*)^{-\mu/(\sigma-1)}} \quad (53)$$

七、长期均衡

在长期,知识分子可以跨区流动,知识分子的空间流动由区际实际工资差异决定。知识分子的跨区流动带来了区域间支出份额的改变,由于存在需求关联的累积因果循环链,地区支出份额改变会导致该地区文化产品生产企业份额的改变。从事文化产品生产的工人虽然不能跨区流动,但可以在区域内部的传统部门和文化部门间自由流动,这种形式的工人流动也带来了文化产业空间分布的改变。

模型中有两个可以自由跨区流动的要素:知识分子和知识。知识分子的跨区流动是遵循知识分子的空间流动方程。知识分子创造出的新知识被文化企业作为固定投入购买,知识根据名义收益差异流动。

(一) 知识分子的空间流动方程

在均衡条件下,每个区域所拥有的知识分子数量与其所雇佣的知识分子数量是一致的,即不存在失业问题。北部的知识分子数量用 H 表示,南部的知识分子数量用 H^* 表示,则 $H^w = H + H^*$,北部所拥有的知识分子份额则为 $s_h = H/H^w$。代表长期均衡条件的知识分子空间流动方程为:

$$s_h^g = \frac{ds_h}{dt} = (\omega_h - \omega_h^*)s_h(1 - s_h) \tag{54}$$

长期均衡时,知识分子的空间分布不变,即 $s_h^g = 0$,这意味着一般存在两类长期均衡:其一是两区域知识分子的实际工资相同,其二是所有的知识分子都集中在一个区域。

长期时,工人可以在区域内部的传统部门和文化产品生产部门之间自由流动,随着知识分子向北部(或南部)区域的转移,北部(或南部)的知识数量增多,北部(或南部)的文化产品制造企业数量也增加。当知识分子集中到北部(或南部)时,南部(或北部)的文化产品制造企业的数量恒定,而北部(或南部)的文化产品制造企业数量随着新知识的创造而不断增加。

(二) 文化产品生产企业的长期均衡空间分布

假设初始对称分布的两个区域,经济活动不存在折旧,那么长期均衡时文化产业空间布局有两种情况:两地区的文化产品生产企业都在不断增加;仅一个地区文化产品生产企业的数量增加。

第一种情况下,两地区的文化产品生产的成本和收益应该相等。假设新知识的跨区交易是自由的,文化产品生产部门可以选择任意知识在任意时间开始生产,那么两地区创造的新知识价值相等,有 $\Pi = \Pi^*$。

由于均衡时,两地区的新知识价格相同,可得 $\Pi = \Pi^*$,加上 $E + E^* \equiv E^W$,$n + n^* \equiv n^w$,可得:

$$s_n = \frac{1+\phi}{1-\phi}s_E - \frac{\phi}{1-\phi} \tag{55}$$

当 $s_n=1/2$，$s_E=1/2$ 时，ϕ 取任何值时，上式都成立。说明文化生产企业和消费者都处于对称分布时，不论贸易自由度怎样，两区域的文化产品价格都相等。

由于 $\frac{1+\phi}{1-\phi}>1$，所以当 s_E 增加或减少时，s_n 将变化更多。

可得**结论二**：北部（或南部）文化产品生产企业的份额与北部（或南部）地区支出份额呈正相关关系，系数大于1，支出份额增加，则企业份额增加更多，即存在本地市场放大效应。

$$如\ \frac{\phi}{1+\phi} < s_E < \frac{1}{1+\phi}，则有\ 0 < s_n < 1 \tag{56}$$

$$如\ s_E \geq \frac{1}{1+\phi}，则有\ s_n \approx 1 \quad (t\to\infty) \tag{57}$$

因为模型假设是初始对称的两个区域，经济活动不存在折旧。则南部（或北部）地区初始状态时存在一定数量的文化产品制造企业，当发生非对称性冲击后，知识分子开始跨区移动，新知识被增加的文化产品制造企业购买，而南部（或北部）地区原有的文化企业依然存在。随着时间的增加，北部（或南部）的文化企业份额将无限接近1。

$$如\ s_E \leq \frac{\phi}{1+\phi}，那么\ s_n \approx 0 \quad (t\to\infty) \tag{58}$$

由于模型假设没有储蓄，北部地区的支出就等于北部工人工资和北部知识分子的工资之和。

$$E = L^w/2 + s_h \cdot w_h \tag{59}$$

$$s_E = E/E^w \tag{60}$$

北部和南部的相对市场规模为：

$$\frac{s_E}{(1-s_E)} = \frac{E}{E^*} = \frac{L^w/2 + s_h w_h}{L^w/2 + (1-s_h)w_h^*} \tag{61}$$

当知识分子都集中到北部，即 $s_h=1$ 时，由式（31）、式（46）、式（49）可知：

$$w_h s_h = \Pi \cdot N = \Pi \cdot K \approx \Pi \cdot n^w \approx \frac{\mu E^w}{\sigma} \quad (t\to\infty)$$

结合式（48），可得：

$$s_E/(1-s_E) \approx \frac{2\mu+\sigma-\sigma\mu+\sigma\mu\rho}{\sigma-\sigma\mu+\sigma\mu\rho} = A \quad (t\to\infty) \tag{62}$$

当知识分子对称分布时，即 $s_h=1/2$ 时，

$$s_E/(1-s_E) = 1 \tag{63}$$

当知识分子都集中到北部，即 $s_h=0$ 时，

$$s_E/(1-s_E) \approx \frac{\sigma - \sigma\mu + \sigma\mu\rho}{2\mu + \sigma - \sigma\mu + \sigma\mu\rho} = \frac{1}{A} \quad (t \to \infty) \quad (64)$$

$$\frac{d\left[\frac{s_E(s_h)}{1-s_E(s_h)}\right]}{ds_h} > 0 \quad s_h \in (0,1) \quad (65)$$

随着 s_h 的增加，$s_E/(1-s_E)$ 也不断增加，所以在图1中，二者的关系近似表示为一条斜率为正的直线。

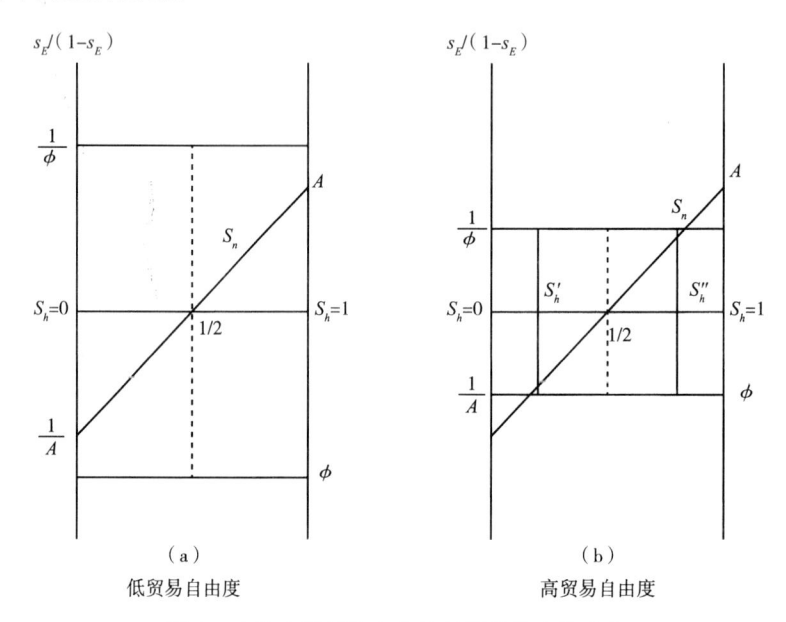

图1 文化产品制造企业的长期均衡空间分布

由式 (57) 可得：

$$s_E \geq \frac{1}{1+\phi} \text{时，即} s_E/(1-s_E) \geq \frac{1}{\phi} \text{时}, s_n \approx 1 \quad (t \to \infty) \quad (66)$$

由式 (58) 可得：

$$s_E \leq \frac{\phi}{1+\phi} \text{时，即} s_E/(1-s_E) \leq \phi \text{时}, s_n \approx 0 \quad (t \to \infty) \quad (67)$$

由式 (56) 可得：

$$\frac{\phi}{1+\phi} < s_E < \frac{1}{1+\phi} \text{时，即} \phi \leq s_E/(1-s_E) \leq \frac{1}{\phi}, 0 < s_n < 1 \quad (68)$$

综合分析式 (62) ~式 (68)，可知根据贸易自由度 $\phi \equiv \tau^{-(\sigma-1)}$ 值的不同，对称的知识创新与传递模型有两种长期均衡状态：

其一，当 $\phi \equiv \tau^{-(\sigma-1)} < 1/A$，即当贸易自由度处于较低水平时，长期均衡时，北部和南部的文化产品制造企业数量均不断增长，如图1 (a) 所示。

其二：当 $\phi \equiv \tau^{-(\sigma-1)} \geq 1/A$，即当贸易自由度较高时，长期均衡时，新增加的文化产品制造企业均选择在北部（或南部）集聚，如图1（b）所示。

（三）知识分子长期均衡空间分布

知识分子长期均衡时存在内点解的条件是 $\omega_h - \omega_h^* = 0$，或者 $\omega_h / \omega_h^* = 1$，此时两个地区都有知识分子。

由式（52）和式（53）可得：

$$\omega_h - \omega_h^* = \frac{\dfrac{\mu E^w [s_h + \eta(1-s_h)]^{1/\beta}}{\sigma} \left(\dfrac{s_E}{s_n + \phi(1-s_n)} + \dfrac{\phi(1-s_E)}{\phi s_n + (1-s_n)} \right)}{\left(\dfrac{\sigma}{\sigma-1}\right)^{\mu} (n + n^*\phi)^{-\mu/(\sigma-1)}} \\ - \frac{\dfrac{\mu E^w (1-s_h + \eta s_h)^{1/\beta}}{\sigma} \left(\dfrac{\phi s_E}{s_n + \phi(1-s_n)} + \dfrac{1-s_E}{\phi s_n + (1-s_n)} \right)}{\left(\dfrac{\sigma}{\sigma-1}\right)^{\mu} (\phi n + n^*)^{-\mu/(\sigma-1)}} = 0$$

(69)

滚摆线是北部和南部的实际工资差异和北部所占知识分子份额之间的关系图。由于式（69）无法直接解出二者的关系，所以我们借助计算机的数值模拟的方法，将贸易自由度设定为多个数值，画出滚摆线，如图2所示。数值模拟中的其他参数设置是取 $\mu = 0.45$，$\sigma = 5$，$\eta = 0.4$，$\beta = 0.2$，τ 为 1.7~2.1 的所有数值。

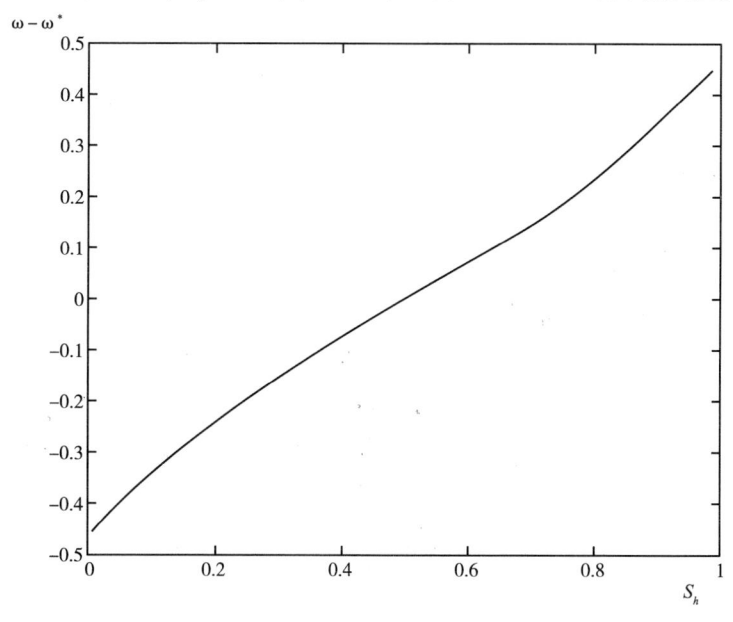

图2 滚摆线图解

分析可知：当 $s_h = 1/2$ 时，$\omega_h - \omega_h^* = 0$，所以知识分子在对称分布时，经济系统处于均衡状态。

如果出现一个偶然的非对称性冲击，使知识分子发生微量的区域迁移，随着 s_h 的增加，s_E 也会增加。在 $\eta < 1$ 时，北部知识总量的增长率 k 会高于南部知识总量的增长率 k^*；当 $\eta = 1$ 时，对于任意的 s_h，都会有 $k = k^* = 1$；当 $\eta \in [0, 1]$ 时，随着 s_h 增加，$\omega_h - \omega_h^*$ 也增加。所以，知识分子可以自由移民时，对称的长期均衡是不稳定的。

当 $s_h = 1$（或 0）时，$\omega_h - \omega_h^*$ 为最大（或最小），所以知识分子在处于核心—边缘分布时，经济系统处于均衡状态，这种均衡是稳定的。

综上，知识分子的长期均衡的稳定状态只有一种，就是核心—边缘结构。

（四）知识分子和文化企业的长期均衡

综合前面的分析，经济系统的长期均衡稳定条件是 $s_h = 1$，即知识分子和知识创新部门全部在北部（或南部）集聚，而文化产品生产企业的空间分布存在两种情况：

其一，如果 $\phi \equiv \tau^{-(\sigma-1)} < 1/A$，那么经济系统处于稳定的"核心—边缘"结构 A：当贸易自由度较低时，北部（或南部）集中了所有的知识创新部门和多数文化产品生产企业，北部和南部的文化企业数量都在不断增长。

其二，如果 $\phi \equiv \tau^{-(\sigma-1)} \geq 1/A$，那么经济系统处于稳定的"核心—边缘"结构 B：当贸易自由度较高时，北部（或南部）集中了所有的知识创新部门和所有新增加的文化产品生产企业。

综上，当知识和知识分子可以跨区自由流动时，区域的对称结构是不稳定的。当贸易自由度较低时，文化产品的跨区交易成本较高，所以两地区都有文化产品生产企业；当贸易自由度不断提高时，"核心—边缘"结构 A 就逐渐向结构 B 转变。

可得**结论三**：贸易自由度的提高，有利于促进文化产业的空间集聚。消费者多样化偏好程度增加，也能够促使文化产业的空间聚集。

需要补充的是，知识和创意是非物质性的，它需要借助有形的物品才能展现出来，生产这种物品需要具有一定知识和技能的工人，而接受并消费这些文化产品也需要一定的土壤，文化产品的消费受消费者偏好影响较大。所以，知识具有较强的空间依赖性，在经济发展水平相近或地域临近的地区，较容易接受相似的知识和文化产品。文化产品包含无形产品，如艺术表演等各种文化服务，服务和服务的提供者不可分离，所以现实中不可能出现知识分子和新增加的文化产品生产企业全部集聚在一个地区的长期均衡。

文化产品的生产和消费也具有明显的外部性。在生产上，文化产品所包含的知识和创意存在溢出现象；消费方面，消费者使用文化产品的过程中，也是学习知识、提高能力和修养的过程，当人们相互交往时，就传递了这种知识和文化。文化产业不仅具有经济功能，也具有社会功能。文化产品具有公共物品的属性，文化产业的发展离不开政府的干预。所以现实中文化产业在长期也不可能出现完全的集聚现象。

八、模型的主要启示

模型中假设的两个区域，在现实中可以广泛用于分析各种存在经济边界的地区，如我国东部和西部，某个省的南部和北部，或者某个城市的中心和外围地区。三个部门中，简化的数量庞大的传统部门代表了除了文化产业之外的所有部门，文化知识创新部门代表了文化产业中研发新理念和专利的部门，文化产品制造部门代表了文化产业中那些将文化创意和文化思想运用到生产中物化为产品和服务的部门。模型的假定与现实较为接近。

模型中，南北两个区域既存在经济关联，也存在知识关联，形成了较强烈的累积循环因果链。经济关联表现在存在本地市场放大效应和价格指数效应。本地市场放大效应指某个外在冲击改变了原有的支出空间分布，扩大了某地区的需求，那么更多的企业会改变原有区位，向该地区集中。价格指数效应指企业的集中使当地产品种类和数量较多，从外地输入的包含运输成本的产品较少，使当地居民生活成本下降。知识关联表现在知识分子的知识创新和知识传递，由于存在知识分子之间的合作创新，所以知识分子倾向于到知识分子更多、知识存量更大区域进行新知识的创造。综上所述，文化产业的空间集聚是自我强化的，即存在内生的非对称性。

模型通过对建立在消费者效用最大化和生产者利润最大化的一般均衡分析框架下的经济系统中各个因素的相互作用过程的分析，得出集聚状态下的文化企业创新效率高于对称分布的结论，因此，目前我国文化产业的空间集聚特点有利于文化产业的繁荣发展。

结　　语

本文重构了新经济地理学中的 TP 模型，建立了研究文化产业集聚动力机制的一般均衡框架下的数理模型，在包含区际经济关联和知识关联的前提下，分析了消费者行为、文化产品生产部门的行为、文化知识创造部门的行为、经济系统的短期均衡和长期均衡，深入探讨了各个经济因素相互作用促使文化产业集聚这一经济现象发生的具体过程，得出了一些富有启示性的结论。结论一：当区域之间知识传递强度一定时，知识分子区域对称分布状态下，知识创新效率最低；核心边缘分布状态下，知识创新效率最高。结论二：一个地区文化产品生产企业的份额与该地区支出份额呈正相关关系，系数大于1，支出份额增加，则企业份额增加更多，即存在本地市场放大效应。结论三：贸易自由度的提高，有利于促进文化产业的空间集聚。消费者多样化偏好，也能够促使文化产业的空间聚集。

参 考 文 献

[1] 安虎森. 新经济地理学原理（第 2 版）[M]. 北京：经济科学出版社，2009.

[2] Fujita M., Krugman P., Venables A. J. The Spatial Economy：Cities, Regions and International Trade [M]. MA：The MIT Press, 1999.

[3] David Audretsch, Maryann Feldman. Knowledge Spillovers and the Geography of Innovation [M]. Handbook of Regional and Urban Economics, 2004.

[4] Berliant, M. & Fujita, M. Dynamics of knowledge creation and transfer：The two person case. MPRA Paper No. 4973. 2007.

[5] Berliant, M. & Fujita, M. The dynamics of knowledge diversity and economic growth. MPRA Paper No. 7088. 2008.

[6] Berliant, M., Reed, R. & Wang, P. Knowledge exchange, matching, and agglomeration [J]. Journal of Urban Economics 60, 69 – 95. 2006.

[7] Fujita, M. Towards the new economic geography in the brain power society [J]. Regional Science and Urban Economics 37, 482 – 490. 2007.

[8] Fujita, M. & Mori, T. Frontiers of the new economic geography. Papers of Regional Science 84, 377 – 405. 2005.

[9] Fujita, M. & Thisse, J. – F. Agglomeration and growth with migration and knowledge externalities. Discussion Paper No. 531, Institute of Economic Research, Kyoto University. 2001.

创新集聚与溢出、空间相互作用与长三角城市群协同发展

高丽娜　华冬芳

摘　要：城市群经济发展过程中，核心城市经济增长的极化与扩散作用发挥是推动城市群协同发展的关键机制。在要素集聚与扩散基础上形成核心城市与非核心城市间的经济联系，推动空间相互作用形成，引致城市间实现增长传递，并形成系统协同发展的内生动力。长三角城市群城市经济规模基尼系数呈现出下降趋势，对其主要影响因素实证分析的结果表明：创新分工过程中创新要素集聚与创新溢出、空间相互作用都对城市群协同发展产生显著影响。因此，政策导向应从强化城市间创新分工、充分利用创新过程的空间外部性、推进城市群协同发展的制度创新等方面着手。

关键词：创新要素集聚　创新溢出　空间相互作用　协同发展　长三角城市群

一、引　言

后金融危机时代，全球经济发展环境发生了重大变化，在贸易保护主义情绪高涨的背景下，国际层面、区域层面对区域经济一体化深度发展提出了更高的要求。《中华人民共和国第十二个五年国民经济社会发展规划》和《主体功能区规划》确立了全国"两横三纵"城市化战略格局，相继提出了长三角城市群等二十大城市群发展战略规划，政策导向是实现区域协同发展。城市群协同发展的本质内涵是经济增长在城市间实现空间传递的过程。一般来说，城市群协同发展过程中，往往具有增长核心——增长极，通过要素流动形成经济联系及外部规模经济，在增长核心城市与边缘城市之间形成协同发展的内在推动力。而我国区域经济增长格局的转换速度与资源的空间转换速度并不协调，从而引起要素空间配置效应不佳的状况（胡晓鹏，2006），成为制约城市群层级体系演化的重要因素。城市群增长核心的演化受哪些因素影响呢？是按照距离城市群首位城市地理空间的远近顺序更替，还是按照城市间技术等级体系传递？这是城市群发展实践中迫切需要进行解释的重要问题。现有理论与实证研究对推动单个城市更高空间集聚与专业化分工形成的力量进行了诸

---

* 基金项目：教育部人文社会科学研究青年项目"长三角城市群协同创新机理与绩效评价"，13YJC790030。
** 高丽娜（1978— ），女，南京中医药大学经贸管理学院；华冬芳（1980— ），女，南京师范大学商学院。

多有益探索（Fujita, Krugman & Venables, 1999）。但从城市群系统视角，对其增长过程中城市间经济联系与溢出效应分析更多地侧重于地理空间而非经济空间（Jonathon, Lim, 2011）。

对于城市群经济系统来说，影响系统内增长核心演化的因素是多样的，如城市要素投入、政府作用发挥、金融发展状况及本地市场规模等因素在不断影响单个城市经济发展进而影响其在城市群系统中地位变迁中发挥着重要作用。现代城市群发展实践说明，创新要素的空间集聚与扩散形成的新型区域分工模式成为推动城市间空间经济联系模式演化的重要力量，而且其作用不断得到强化。城市是大量创新的空间载体，由于多样性的知识源在城市集聚，而互补型知识在异质性企业与经济主体间的交换对新知识产生更大的反馈作用，特定城市空间产业的多样性促进了知识的外部性，并最终促进区域系统创新过程与经济发展。在西班牙1986~2003年创新产出的区际差异形成的影响因素分析中，区际创新扩散对区域创新产出具有显著的正效应（Gumbau, Maudos, 2009）。作为技术等级体系的空间载体，城市群协同发展能进一步放大这种作用机制，一方面具有更大规模的创新人才及创新组织，从而具备必需的对新知识的吸收能力；另一方面提供了更多面对面交流的机会，使组织间流动性加强，进一步促进知识溢出与知识资本流动。在此过程中，也不断推动城市体系内部各城市系统功能的变迁。

在城市群一体化发展过程中，从区域发展的视角理解区域发展外部性，即经济空间相互作用对区域经济增长的重要意义是十分关键的。如果区际劳动力保持不流动状态，而知识溢出程度较高，在拥挤成本显著的情况下，经济增长将导致经济活动的空间扩散（Funke, Niebuhr, 2005），而且空间依赖性明显。对我国区域的研究表明省域创新行为在空间上并不是分散分布，表现出某些省域的相似值之间在空间上趋于集群。也就是说，具有一种较高创新能力的省区相对地趋于和较高创新能力的省区相靠近，或者较低创新能力的省域相对地趋于和较低创新能力的省域相邻的空间联系结构。因此，从整体上来说省域之间的创新产出存在较强的空间相关性（吴玉鸣、何建冲，2008）。空间依赖也成为影响城市在城市群系统中增长极作用发挥的重要因素。

二、长三角城市群增长核心极化效应演化特征

城市群经济系统协同发展过程中，核心城市的增长极化与扩散作用发挥是关键，其经济发展对城市群增长发挥着关键推动机制作用。通过极化与扩散效应，核心城市与区域内其他城市在发展中形成空间相互作用，从而不断推动形成经济发展的有机融合体。从某种程度上说，区域经济发展在很大程度上取决于增长核心自身经济实力的提升及其通过扩散效应不断带动其他经济体经济发展的作用发挥。城市群协

同发展程度提升的一个主要表现即为核心城市增长极化指数的不断降低。经济体对区域增长贡献的测算最直接的方法是①：

$$P_{it}^G = \frac{\Delta y_{it}}{Y_{t-1}} = \frac{y_{i,t-1}}{Y_{t-1}} \cdot \frac{\Delta y_{it}}{y_{i,t-1}} = G_{i,t-1}^y \cdot g_{it}^y$$

其中，区域 GDP 总量为 $Y_t = \sum_j^N y_{it}$；区域 i 的 GDP 变化量为 $\Delta y_{it} = y_{it} - y_{i,t-1}$；$G_{i,t-1}^y$ 为区域 i 在上一年的产出份额；g_{it}^y 为区域 i 在 t 年的增长率。

图 1 刻画出 1996～2014 年长三角城市群主要核心城市对系统经济增长的贡献及其变化情况，有几个主要特征表现较为明显：首先，这一期间主要核心城市位序波动不是很大，上海、苏州、杭州、南京、无锡、宁波构成了长三角城市群发展的动力空间，是区域经济增长的主要增长核心；上海始终是长三角城市群经济增长的首位核心城市，其他五个城市规模权重增长极化指数在此期间虽有变动，基本趋势特征较为稳定，与上海之间的差距整体上呈现逐步缩小趋势。其次，2007 年之后，对于长三角城市群主要核心城市来说，经济规模极化指数总体上向下的趋势表现较为明显，说明长三角城市群增长过程中极化效应减弱、扩散效应增强特征表现较为明显，促进区域均衡化发展趋势形成。不仅表现为核心城市经济规模比重的下降，而且也表现为其他城市经济增长率的提升，不断趋向于缩小城市群内发展差距。从具

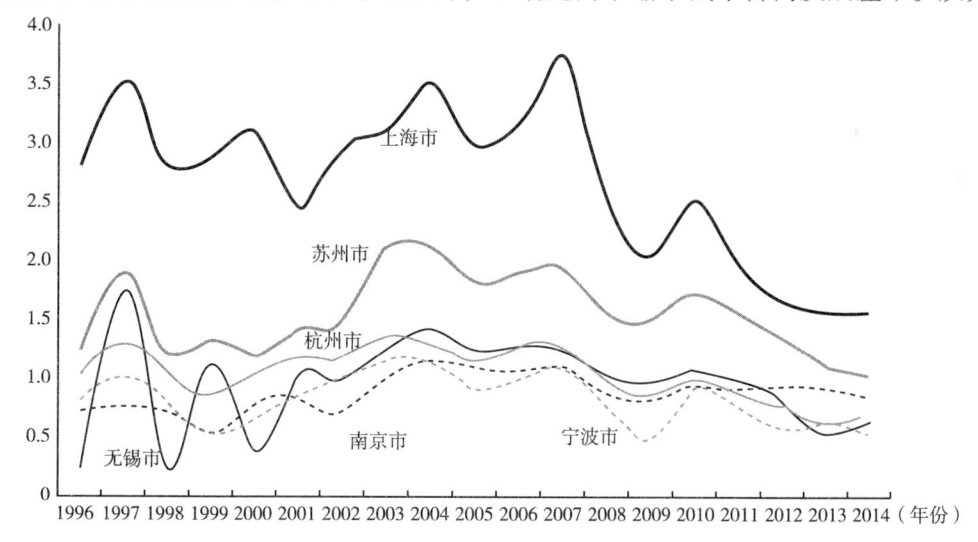

图 1　1996～2014 年长三角城市群主要核心城市经济规模极化指数变化

资料来源：相关数据主要来源于 2001～2013 年《中国城市统计年鉴》及《江苏统计年鉴 2014》《浙江统计年鉴 2014》《上海统计年鉴 2014》，2014 年度数据从各城市统计公报中获得。

---

① 计算方法参照 Jonathon, A. K., Lim, J. J. Growth poles and multipolarity, World Bank Working Paper, 2011, WPS5712.

体城市的变化角度来说,苏州基本上紧跟上海之后;南京 2010 年之后表现出相对明显的极化指数提升,与其最近几年相对较高的经济增长率贡献紧密相关,无锡相对较为平稳,杭州与宁波极化指数 2003 年之后则呈现出缓慢下降趋势。是什么因素推动了长三角城市群增长核心发展特征的变化?

三、长三角城市群增长核心极化效应影响因素的实证分析

(一)计量模型设定

为验证不同因素对长三角城市群增长核心极化效应的影响,本文在柯布道格拉斯生产方程基础上形成区域生产基本方程:

$$Y_{it} = A_{it} C_{it}^{\alpha} L_{it}^{\beta} e^{\varepsilon_{it}}$$

其中,Y_{it} 为区域 i 在 t 年的产出,C 是固定资本投入,L 是劳动力投入。e 是误差项,反映未知因素或干扰对经济增长的影响。A 是技术参数,把 A 看成是创新集聚与溢出效应、空间依赖因素的方程。由前文梳理假设:创新集聚与溢出效应(INNO-EFFECT)的存在对区域经济发展形成正反馈机制,由区域相互作用产生的空间依赖(REGSP)对其他城市发展具有正的外部性。由于区域经济发展与区域金融发展(FINASCALE)、政府规模(GOVSCALE)及本地市场规模(MARKSCALE)等的关系也很密切,因此,将生产方程进一步拓展,并取对数、以线性形式表述为:

$$\ln Y_{it} = \beta_0 + \beta_1 \ln LABOR_{it} + \beta_2 \ln CAP_{it} + \beta_3 \ln GOVSCALE_{it} + \beta_4 \ln FINASCALE_{it}$$
$$+ \beta_5 \ln MARKSCALE_{it} + \beta_6 \ln INNO - EFFECT_{it} + \beta_7 SCALE_{it}$$
$$+ \beta_8 \ln REGSP_{it} + \varepsilon_{it}$$

(二)变量定义与统计描述

因变量为区域产出 Y_{it},使用长三角城市群各城市发展经济规模极化指数指标,衡量各城市在城市群体系中的相对地位变化。

解释变量劳动力 LABOR 与固定资本投入 CAP 是两个基本的区域要素投入,代表着区域劳动力投入和资本投入,分析中 LABOR 使用各城市人口密度指标;资本投入 CAP 用城市固定资产投资额来衡量;区域金融发展情况以城市城乡居民储蓄存款余额指标来衡量;政府作用(政府规模)以地方财政支出占区域 GDP 比重来衡量。国内外理论与实证研究结果表明,政府效率与政府规模之间呈倒"U"型关系,当政府规模超过一阈值后,效率可能下降并对经济增长产生负效应(Sheehey,1993);本地市场规模(地方需求因素),从世界经济发展的实践来看,经济开放程度高的城市不一定必然是拥有最大影响的经济体,全球性的增长核心往往具有较强的国内推动增长动力,主要归因于国内需求,而非外部需求力量为主导。长期来看,只有繁荣本区域消费与投资才有可能产生可持续增长动力,并产生增长溢出。本文以人均 GDP 指标加以衡量。

模型主要关注的是创新集聚与溢出、城市间相互作用形成的空间依赖对城市群增长极演化是否构成影响。区域的创新能力首先取决于区域创新要素禀赋条件,即使是选择引进技术的输入型发展战略,引进技术能否转化为自身竞争力仍取决于当地的吸收能力,而区域吸收能力受到自身创新要素禀赋的制约。鉴于数据的可获得性,本文选取各城市高校在校学生数指标 RD_{it} 来衡量,这一指标既是城市科教资源禀赋状况的直接反映,同时也能从某种程度上反映城市输送高素质人力资本的能力。而创新溢出方面,长三角城市群是我国对外开放程度最深的代表性区域之一,通过外资进入、对外贸易规模的扩张,区域经济主体在与区外主体形成日益紧密的经济联系的同时,"面对面"学习机会的增加使得知识溢出机制发挥作用,对外开放程度成为影响城市群内各城市发展差异形成的重要因素。本文选取 FDI 规模指标来衡量。

诸多学者从地理空间与经济空间两个角度分别对空间效应进行了考察,在综合相关研究文献的基础上,我们认为长三角城市群发展的早期,地理空间如相对于首位城市上海的距离对城市群内城市相对发展差异的形成具有显著影响,如外资进入的空间顺序具有较为明显的距离衰减特征。但经过20多年的发展,这种空间第一特征的直接影响日益弱化,主要归因于交通通信设施网络化发展的结果,而经由循环累积因果机制作用的发挥,各城市发展的空间依赖日益表现为对空间第二特征的依赖,即规模经济空间外部性的存在形成的城市间相互作用强度的空间异质性。空间效应的强弱直接受到邻近区域经济规模大小的影响。对于经济空间相互作用强度的考察,使用相邻城市增长极化指数的均值加以衡量(变量定义与基本统计描述见表1)。

表1　　　　　　　　　　　　变量定义与基本统计

变量	定义	Mean	Std. Dev.	Min	Max
Y_{it}	城市增长极化指数	0.759	0.653	0.041	3.720
$LABOR_{it}$	城市人口密度(人/平方公里)	796	412	118	2 264
CAP_{it}	各城市固定资产投资额(亿元)	1 450	1 310	38	5 820
$FINASCALE_{it}$	各城市金融发展(万元)	2 110	3 690	545	34 200
$GOVSCALE_{it}$	各城市政府规模指数(%)	8.853	3.916	1.178	21.209
$MARKSCALE_{it}$	各城市市场规模(元)	50 139	27 739	8 958	124 640
RD_{it}	各城市高校在校生数(人)	136 865	179 341	4 785	808 498
FDI_{it}	各城市实际利用外资额(万美元)	227 208	269 576	1 124	1 678 000
$REGSP_{it}$	各城市空间依赖指数	77.002	34.420	9.657	202.291

资料来源:相关数据主要来源于2001~2013年《中国城市统计年鉴》及《江苏统计年鉴2014》《浙江统计年鉴2014》《上海统计年鉴2014》。

(三) 模型的估计结果与基本结论

在对模型加以估计之前，首先对面板数据进行单位根检验，以检验数据的平稳性是否适合采用面板数据模型来拟合，对于非平稳序列，再对其一阶差分进行面板单位根检验；在面板数据分析中，进行异方差性和序列相关性检验，采用可行的广义最小二乘法估计模型，实证分析的相关结果如表2所示。

表2　　　　　　　　　　　　样本估计结果

变量	模型1	模型2	模型3	模型4
C	-5.367*** (-7.00)	-6.110*** (-7.22)	-2.647*** (-3.28)	-2.854*** (-3.36)
$LABOR_{it}$	0.525*** (5.44)	0.479*** (5.95)	0.314*** (4.66)	0.302*** (4.35)
CAP_{it}	0.371*** (9.09)	0.730*** (10.68)	0.148* (1.82)	0.105 (1.07)
$FINASCALE_{it}$		0.080*** (5.71)	0.049*** (4.17)	0.046*** (3.86)
$GOVSCALE_{it}$		-0.580*** (-6.56)	-0.332** (-3.98)	-0.292*** (-2.96)
$MAKSCALE_{it}$		-0.450*** (-3.92)	-0.349*** (-3.75)	-0.293** (-2.50)
RD_{it}			0.250*** (6.16)	0.280*** (4.98)
FDI_{it}			0.265*** (5.62)	0.239*** (4.16)
$REGSP_{it}$				0.174* (1.93)

从以上实证分析结果可以看出：首先，根据变量区域劳动力投入（$LABOR_{it}$）、资本投入（CAP_{it}）等因素设立基准模型的统计结果表明，劳动力和资本要素的系数均为正，弹性系数分别为0.525与0.371，且统计显著，表明劳动力与资本要素对长三角城市群内城市的增长极化具有显著的正向促进作用，这符合我国经济发展的普遍特征。城市人口集聚能力的高低从劳动力供给与区域市场需求两个方面直接影响城市经济发展，城市投资形成规模是影响区域经济发展的重要因素，经由多位学者研究所证实。城市金融发展状况（$FINASCALE_{it}$）是影响区域资本要素形成、资本空间流动的重要基础，并成为城市群增长核心带动区域发展的重要传递渠道。区域资

本形成规模一方面推动长三角城市群增长核心的形成,另一方面也在规模效应的正反馈机制作用下,促进技术扩散、空间相互作用过程中推动核心区域到边缘区域的增长传递。$FINASCALE_{it}$因子统计结果证实了这一影响,系数均为正,且在1%水平上统计显著,说明城市金融发展因子与城市在城市群中的极化效应正相关。城市市场规模因子($MAKSCALE_{it}$)系数皆为负,且统计显著,说明城市本地市场规模与其在城市群中的影响呈负相关,即城市市场规模的提升可降低城市在城市群系统中的极化效应,促进城市群协同发展。城市政府规模因子($GOVSCALE_{it}$)系数皆为负且统计显著,说明地方政府的积极作为对城市在城市群系统中的地位变迁具有直接影响,是降低极化效应的有利因素,促进城市群均衡化发展。

其次,从创新集聚与溢出的影响来看,当考虑了创新集聚与溢出效应后,区域劳动力投入($LABOR_{it}$)、城市金融发展($FINASCALE_{it}$)因子仍发挥着显著正向影响,皆在1%水平上统计显著;城市政府规模($GOVSCALE_{it}$)、城市本地市场规模($MAKSCALE_{it}$)因子系数皆为负,且分别在1%、5%水平上统计显著;资本投入(CAP_{it})等因素的影响统计上不显著。而城市创新集聚因子(RD_{it})对城市在城市群内的极化效应在1%水平上产生正向显著影响,说明城市创新要素集聚度的提升更有助于推动城市极化效应的提高,这可能源于对人力资本、创新型企业的吸引力提高,有助于其经济活动空间集聚过程的强化。创新溢出因子(FDI_{it})在1%水平上对于强化城市在城市群内的极化效应产生正向影响,说明外资活动通过示范效应、市场竞争效应、产业关联效应等正向促进城市内企业提高自身生产效率和技术进步,是强化城市群内城市极化效应的重要渠道。而从空间效应($REGSP_{it}$)的影响来看,系数为正且在10%水平上统计显著,说明城市空间相互作用对长三角城市群极化发展呈正向影响,相邻城市经济发展状况直接影响城市经济增长,从而推动城市群均衡化发展。

四、政策启示

长三角城市群协同发展,关键在于城市发挥各自的比较优势基础上,形成城市间新型分工体系,核心城市与边缘城市在紧密的产业链联系与合作基础上形成创新分工,促进城市新型协同模式的形成。就目前发展来看,要在以下几方面实现突破:

(一)进一步强化创新分工,推动城市群协同发展

城市群体系是创新分工的重要空间载体,城市和城市群对区域经济一体化发展起到了主导推动作用,加强城市创新分工与合作是推进城市群协同发展的关键。城市发展跨区域创新协同是区域经济跨区域协同的空间依托及表现形式(罗蓉、刘乃全,2007)。目前长三角城市群发展中,区域协同程度仍处于较低水平。虽然提出了多个城市体系发展战略,但在实际操作层面存在诸多问题。因此,如何形成不同等

级城市的创新分工与联动发展系统，成为推动长三角城市群协同发展的重要机制。

在以创新分工为导向的长三角城市群发展过程中，需要着力促进上海、南京、杭州的增长、创新核心的形成及作用的充分发挥。长三角在实现创新共享、促进区域经济发展过程中，要充分发挥自身创新要素禀赋优势，进一步强化各城市差异化创新。上海、南京、杭州三市无论在创新要素禀赋、还是创新成果的供给上比较优势都较为突出，但要真正成为创新核心，需要着力解决大学和研究机构创新成果的产业化问题，将区域科教资源优势转化为创新优势。为此，需要进一步完善促进创新转化的内、外部条件，如深入推进完善的、一体化的产权和技术交易市场建设、强有力的知识产权保护制度和政策扶持、运作规范的风险投资环境、鼓励企业与研究机构科研投入合作的政策支持、高技术人才的集聚政策等，从而为发挥创新主体积极作用创造良好的外部环境。

（二）充分利用创新集聚与溢出的空间外部性

充分利用创新过程中空间外部性的积极影响，取决于两方面工作：一是进一步推动企业开放式创新形成。开放式创新是组织充分利用外部异质资源，在资源共享基础上实现创新绩效提升。强化企业与区内外其他组织间交流与联系，以掌握相关领域最新进展，在开放式创新环境下增强进入式知识溢出。二是提高创新主体自身吸收能力。高效的知识传递与转移是实现创新要素共享、增强知识溢出、提升创新绩效的关键推动机制之一，企业从组织外部获取资源过程中，能否实现知识有效整合十分重要。单个企业自身创新积累有限，从外部高效地获取知识对企业创新十分重要（郑华良，2012）。一般情况下，企业获取的有效外部知识越多、吸收程度越深，越有助于提升自身创新能力与绩效。组织外部创新溢出的作用效果与创新主体自身吸收能力呈正比，这一点已经被许多实证研究所证实，创新主体能否不断夯实自身知识积累是吸收能力高低的首要约束条件，只有本身具备一定的知识积累才能对外部知识进行有效地识别和利用，从而将外部知识溢出内部化，进而转化为自主创新能力。与此同时，要努力克服创新过程中路径依赖形成的"技术锁定"局面，从而为自身创造更广阔的发展空间。对于政府来说，应当为知识在区域内部及区域间的流动创造良好环境，并促成组织间学习过程，从而推动区内、区际知识共享的实现，最终使知识优势转化为经济优势（贺灵等，2012）。

（三）推进城市群协同发展的制度创新

核心城市知识溢出、技术扩散是推动扩散效应发挥的重要力量，进而引致经济分散化发展；消除知识溢出、技术扩散过程中的障碍是促进经济扩散的主要途径之一（安虎森，2007）。首先，在长三角城市协调会基础上建立跨区域协调机构，基本功能是协调区域创新要素市场的分割化问题，致力于要素市场的一体化建设。协调机构的存在不是直接参与资源的跨区域配置，而是要以提升资源配置效率为目标导向，充分发挥市场机制的调节作用，完善高效率要素空间配置环境，促进资源跨区自由流动。城市群发展应该是基于生产要素最优配置的综合体制环境的再造,只有这样才有利于区域内的各个城市的职能专业化和分工形成,增进市场效率进而促进城市群整体经济发展。其次,通过协调机构的建立,尤其是在城市各项经济政策制定与实施过程中强化城际协调,避免跨区域协作由于缺少协调机制而出现的过度内耗,降低经济主体空间经济活动的交易成本,提高区域资源利用效率。最后,协调机构的建立及运作要以各区域利益均沾为前提,只有这样才能真正发挥协调作用,推动跨区域合作可持续进行下去。

参 考 文 献

[1] 胡晓鹏. 中国经济要素的空间配置效应 [J]. 财经科学, 2006 (2): 91 – 98.

[2] Fujita M., P. R. Krugman, A. J. Venables. The Spatial Economy: Citys, regions, and International Trade [M]. Cambridge, MA: MIT Press. 1999.

[3] Jonathon Adams-Kane, J. J. Lim. Growth Poles and Multipolarity. The World Bank Working Paper, 2011, WPS5712.

[4] Gumbau M., J. Maudos. Patent, Technological Inputs and Spillovers Among Regions [J]. Applied Economics, 2009, 41 (12): 1473 – 1486.

[5] Funke M., A. Niebuhr. Regional Geographic Research and Development Spillovers and Economic Growth [J]. Regional Studies, 2005, 39 (1): 143 – 153.

[6] 吴玉鸣, 何建冲. 研发溢出、区域创新集群的空间计量经济分析 [J]. 管理科学学报, 2008 (8): 59 – 66.

[7] Sheehey E. J. The effect of government size on economic growth [J]. Eastern Economic Journal, 1993, 19 (3): 321 – 328.

[8] 罗蓉, 刘乃全. 城市对长三角经济一体化演进的影响实证研究 [J]. 中央财经大学学报, 2007 (10): 71 – 76.

[9] 郑华良. 地理搜寻对集群企业创新绩效的影响 [J]. 科学学与科学技术管理, 2012 (5): 46 – 55.

[10] 贺灵, 单汨源, 邱建华. 创新网络要素及其协同对科技创新绩效的影响研究 [J]. 管理评论, 2012 (8): 58 – 68.

[11] 安虎森. 增长极形成机制及增长极与外围区的关系 [J]. 南开学报 (哲社版), 2007 (4): 90 – 101.

皖江城市带城市群空间结构及空间差异
——"两横三纵"城市化战略格局视角

孙 雨[*]

摘 要：皖江城市处于中国"两横三纵"城市化战略格局中的路桥通道的东段，是实施促进中部地区崛起战略的重点过渡和开发的区域，是泛长江三角洲地区的重要组成部分，在中西部承接产业转移中具有重要的战略地位。本文首先阐述了皖江城市带城市群空间层级，分析了皖江城市带城市群城市间的经济联系强度；接着阐述了皖江城市带城市群的空间结构和空间差异。

关键词：皖江城市带 城市群 空间结构

皖江城市带是首个获国务院批复的国家级承接产业转移示范区，是国家实施区域协调发展战略的重大举措之一，对于探索中部地区承接东部产业转移新途径和新模式，促进泛长江三角洲地区城市群连绵区协调发展具有重要战略意义。承接产业转移示范区的性质和发展定位是皖江城市带空间性状特征的内在影响因素。皖江城市带城市群内的发展水平存在比较大的差距，进而导致比较典型的空间差异。

一、皖江城市带城市群空间层次和经济联系强度

皖江城市带具有东接长三角城市群的优良区位，是长三角城市群集聚区的组成部分。沿长江城市带状空间形态是皖江城市带的重要空间性状特征，影响着皖江城市带的地域构成和空间层次。

（一）皖江城市带城市群地域构成及空间层次

皖江城市带是实施促进中部地区崛起战略的重点开发区域，是泛长江三角洲地区的重要组成部分，在中西部承接产业转移中具有重要的战略地位。皖江城市带承接产业转移示范区包括合肥市、芜湖市、马鞍山市、铜陵市、池州市、安庆市、滁州市、宣城市8市的市区及其所辖县域经济板块地域构成，联系较为紧密的区域具体为无为、芜湖、繁昌、南陵、铜陵、青州、青阳、石台、东至、枞阳、桐城、怀宁、望江、潜山、太湖、宿松、全椒、来安、天长，以及联系相对来说比较弱的区域定远、明光、凤阳、郎溪、广德、宁国、泾县、旌德、绩溪等县市的城镇（见图1）。

---

[*] 孙雨（1982— ），女，南京师范大学商学院博士研究生，主要从事区域经济学研究。

图1　皖江城市带城市群地域构成（2014）

2010年1月，国务院正式批复《皖江城市带承接产业转移示范区规划》（以下简称《规划》），安徽沿江城市带承接产业转移示范区建设纳入国家发展战略。这是迄今全国唯一以产业转移为主题的区域发展规划，是促进区域协调发展的重大举措，为推进安徽参与泛长江三角洲区域发展分工，探索中西部地区承接产业转移新模式，也为中部地区加速崛起点燃了助推器。《规划》确立了以长江一线为"发展轴"、合肥和芜湖为"双核"、滁州和宣城为"两翼"的"一轴双核两翼"产业布局，大力振兴发展装备制造业、原材料产业、轻纺产业以及现代服务业和现代农业，着力培育高技术产业，构建具有较强竞争力的现代产业体系，真正在承接中调整产业结构，在转移中发挥示范作用。

皖江城市带紧邻最具活力的长三角城市群，主要城市都在长三角经济区的辐射半径内。国务院批准建设的国家级承接产业转移示范区，必将给皖江城市带发展带来新的发展机遇。皖江城市带得益于长江水运的发展，是安徽省域经济内经济发展历史基础相对较好的区域，是中部地区联系长三角地区的空间战略枢纽，是实施中部地区崛起战略的重要支点区域。但皖江城市带在一体化发展上仍存在较大障碍，其中具有区域强辐射带动作用的核心城市缺失，是关键一环，合肥、芜湖与铜陵市区经济实力相对较强，而池州、安庆、滁州、宣城则相对较弱，都不足以带动城市群经济发展，工业化和城市化区内差异明显，成为制约城市群发展的严重障碍。另外，皖江城市带与长三角城市群相比较，经济外向度明显偏低，使得出口需求及外资对区域经济发展的拉动作用相对较弱。

（二）皖江城市带城市群经济联系强度

对于皖江城市带城市群结构的研究，首先从区域内部城市之间的经济联系强度开始分析，在经济联系强度的基础上结合城市综合经济实力，对皖江城市带城市群空间结构进行分析。本文的经济联系强度的计算是根据城市的经济规模和人口规模及城市之间的距离得出的。

在区域经济学中，牛顿的重力假设是对不同城市之间的经济联系强度进行分析的来源。不同城市间的相互作用与其社会经济规模成正比，而且与其距离成反比。国内外学者都进行了相关的分析和测度。胡序威等（2000）认为，城市之间的经济联系强度与城市的经济规模、距离和空间介质是有一定关系的，可以用公式来表示：

$$F_{ij} = k \frac{\sqrt{p_i v_i} \sqrt{p_j v_j}}{d_{ij}^2}$$

其中，F_{ij}表示城市i，j间的经济联系强度；$p_i v_i$和$p_j v_j$描述两个城市i和j各自的经济规模（质量）；p_i，p_j分别表示i城市和j城市的总人口；v_i，v_j代表的是两个城市的GDP；d_{ij}表示两个城市之间的直线距离；k是引力系数，也称为介质系数，表示两个城市之间的交通便捷程度。本文的研究主要借鉴这个公式，但是其中一些指标进行了改进。

表1　　　　　　　　　2014年皖江城市带城市群城市经济联系强度

	合肥市	滁州市	马鞍山市	芜湖市	宣城市	铜陵市	池州市	安庆市
合肥市	—	77.91	45.23	80.48	21.87	16.83	14.57	64.35
滁州市	77.91	—	13.87	11.16	3.58	1.22	1.07	3.38
马鞍山市	45.23	13.87	—	83.35	13.94	3.81	2.62	5.37
芜湖市	80.48	11.16	83.35	—	57.56	17.27	9.41	16.87
宣城市	21.87	3.58	13.94	57.56	—	4.34	2.53	4.76
铜陵市	16.83	1.22	3.81	17.27	4.34	—	11.93	11.81
池州市	14.57	1.07	2.62	9.41	2.53	11.93	—	24.62
安庆市	64.35	3.38	5.37	16.87	4.76	11.81	24.62	—

从表1中可以清晰地看到2014年皖江城市带城市间的经济联系的情况。从图2中可以看出，合肥市和芜湖市在皖江城市带的中心地位。合肥市是滁州市和安庆市经济联系最强的城市，是马鞍山市、芜湖市、宣城市、铜陵市和池州市经济联系次强的城市。芜湖市是合肥市、马鞍山市、宣城市和铜陵市经济联系最强的城市。在

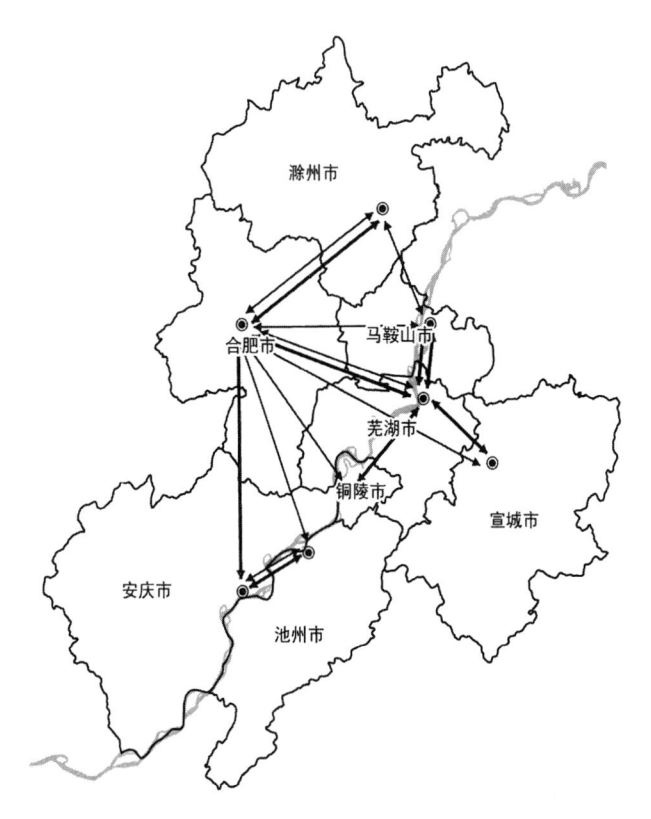

图 2　皖江城市带城市群城市经济联系强度（2014）

皖江城市带区域内形成了合肥市和芜湖市两个经济核心。

通过计算结果可知，合肥市与芜湖市以优越的区位条件、人口及经济相对优势，成为皖江城市带内与其他城市联系相对较强的城市，但是，必须指出的是，由于皖江城市带内各个城市经济总量偏小，城市辐射能力有限，如果引入南京、上海等周围大城市的影响，皖江城市带内经济联系空间方向会出现巨大改变。核心城市的缺失使得城市带发展无法形成发展合力，出现"各行发展"局面，扭曲了资源的合理配置。

二、皖江城市带城市群空间特征

皖江城市带城市群在发展中应充分发挥承接产业转移示范区建设的政策优势，依托现有的产业基础，继续发挥区位和资源优势，在空间布局上以沿长江一线为核心发展轴，构建以合肥市和芜湖市两市为"双核"、以滁州市和宣城市两市为"两翼"的"一轴双核两翼"产业—城市空间新格局。

(一)皖江城市带城市群空间结构

本文采用主成分分析法,对皖江城市带城市群2014年8个城市(市域)综合经济实力进行评价,分析皖江城市带城市群空间结构。

主成分分析综合指标体系的确定及相关分析结果。根据城市经济综合实力指标体系的构建必须满足的条件,本文选取符合条件的指标体系,如年末总人口、地区生产总值、工业总产值、固定资产投资总额等。Bartlett球度检验给出的相伴概率为0.00,小于显著水平0.05,因此拒绝Bartlett球度检验的零假设,累积贡献率为93.809%,本文认为适合于因子分析(见表2~表4)。

表2　　　　KMO 和 Bartlett 的检验

取样足够度的 Kaiser-Meyer-Olkin 度量		0.650
Bartlett 的球形度检验	近似卡方	66.451
	df	21
	Sig.	0.000

表3　　　　因子贡献率及累计贡献率

成分	初始特征值			提取平方和载入			旋转平方和载入		
	合计	方差的(%)	累积(%)	合计	方差的(%)	累积(%)	合计	方差的(%)	累积(%)
1	5.553	79.334	79.334	5.553	79.334	79.334	4.389	62.695	62.695
2	1.013	14.475	93.809	1.013	14.475	93.809	2.178	31.115	93.809
3	0.218	3.117	96.927						
4	0.194	2.771	99.698						
5	0.012	0.172	99.870						
6	0.008	0.111	99.981						
7	0.001	0.019	100.000						

表4　　　　2014年皖江城市带城市综合经济实力分析

城市	综合得分	城市	综合得分
合肥市	307 593 749	宣城市	-6 889 000
滁州市	-4 326 483	铜陵市	-7 113 557
马鞍山市	7 722 315	池州市	-11 739 919
芜湖市	17 870 972	安庆市	-27 214 666

对这个分析结果进一步进行聚类分析,排序及聚类结果见表5。

表 5　　　　　　　　2014 年皖江城市带城市综合经济实力聚类结果

城市	排序	综合得分	聚类结果
合肥市	1	307 593 749	1
芜湖市	2	17 870 972	2
马鞍山市	3	7 722 315	2
滁州市	4	-4 326 483	3
宣城市	5	-6 889 000	3
铜陵市	6	-7 113 557	3
池州市	7	-11 739 919	3
安庆市	8	-27 214 666	3

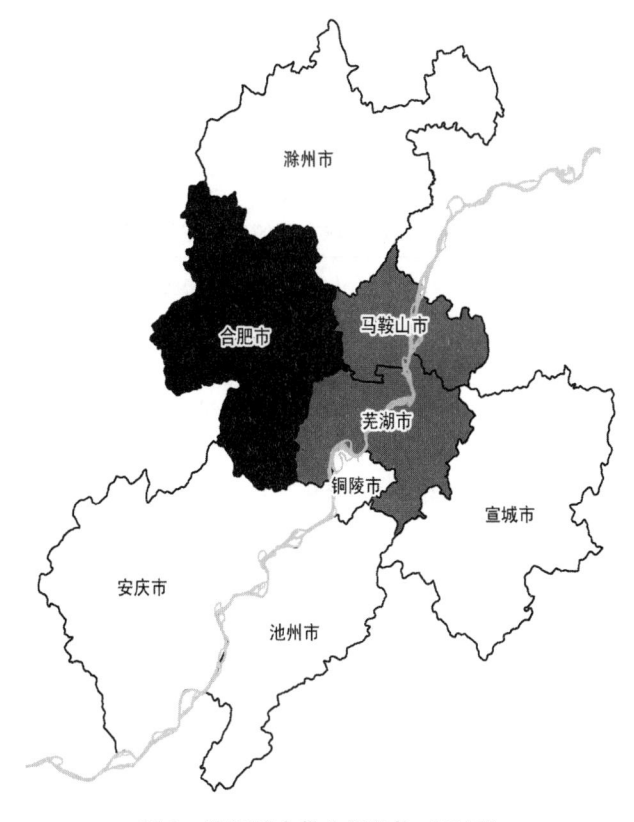

图 3　皖江城市带空间结构（2014）

从图 3 中可以看出，合肥市在整个城市群中，处于经济发展领先位置，芜湖市和马鞍山市发展较好，而滁州市、宣城市、铜陵市、池州市和安庆市在整个城市群中处于较落后的位置，皖江城市带城市群已经初步形成有核心城市、核心城市辐射区及支撑区域的经济区特征的空间结构。

（二）东陇海地区城市群空间特征

皖江城市带具有"一轴双核两翼"空间层次特征。皖江城市带是安徽省经济社会发展的重心和活力中心，2014年占全省GDP的67.28%，进出口总额的85.16%、实际利用外资的68.07%，都集中在这一区域。而在城市群内，省会合肥市具有重要的地位，其土地面积比重仅为7.8%，但其GDP、社会消费品零售总额、进出口总额、实际利用外资等指标比重都在20%以上，有的超过40%，是城市群的核心。芜湖市与马鞍山两市充分发挥紧邻长三角的空间区位优势，经济发展迅速，单位面积产出较高，是安徽省域经济中发展活力及发展潜力最大的区域。所以皖江城市带城市群基本上形成了"一轴双核两翼"的空间格局。

三、东陇海地区城市群空间差异

皖江城市带城市群各城市间发展相比较长三角区域较为缓慢，所以空间差异相对较小（见表6）。

表6　　　　　　　　2014年皖江城市带城市群城市化空间差异

区域名称			面积（km²）	人口（人）	人口密度（人/km²）	城镇（个）	城镇密度（个*100/km²）
双核	合肥市	市区	598	2 453 691	4 103	4	0.7
		巢湖市	2 031	864 113	425	7	0.3
		长丰县	1 835	758 827	414	17	0.9
		肥东县	2 222	1 055 093	475	18	0.8
		肥西县	2 186	801 400	367	13	0.6
		庐江县	2 348	1 194 928	509	17	0.7
		市域	11 430	7 128 052	624	76	0.7
	芜湖市	市区	1 065	1 449 811	1 361	4	0.4
		芜湖县	670	344 749	515	5	0.7
		繁昌县	880	278 965	317	6	0.7
		南陵县	1 264	550 342	435	8	0.6
		无为县	2 433	1 221 272	502	20	0.8
		市域	5 988	3 845 139	642	43	0.7

续表

区域名称			面积（km²）	人口（人）	人口密度（人/km²）	城镇（个）	城镇密度（个*100/km²）
两翼	滁州市	市区	1 404	542 035	386	2	0.1
		天长市	1 751	631 519	361	15	0.9
		明光市	2 350	635 363	270	17	0.7
		来安县	1 499	493 314	329	12	0.8
		全椒县	1 568	460 501	294	10	0.6
		定远县	2 998	962 337	321	22	0.7
		凤阳县	1 944	771 043	397	15	0.8
		市域	13 523	4 496 112	332	93	0.7
	宣城市	市区	2 625	866 201	330	1	0.0
		宁国市	2 487	386 617	155	19	0.8
		郎溪县	1 105	345 095	312	9	0.8
		广德县	2 116	518 284	245	9	0.4
		泾县	2 024	355 474	176	11	0.5
		绩溪县	1 116	176 778	158	11	1.0
		旌德县	904	149 994	166	10	1.1
		市域	12 313	2 798 443	227	70	0.6
一轴	安庆市	市区	821	734 876	895	3	0.4
		桐城市	1 546	754 126	488	26	1.7
		怀宁县	1 276	700 433	549	18	1.4
		枞阳县	1 873	969 225	517	24	1.3
		潜山县	1 686	583 983	346	16	0.9
		太湖县	2 031	571 970	282	15	0.7
		宿松县	2 394	854 580	357	22	0.9
		望江县	1 357	631 829	466	10	0.7
		岳西县	2 398	407 770	170	24	1.0
		市域	15 318	6 208 792	405	158	1.0
	池州市	市区	2 432	662 897	273	1	0.0
		东至县	3 256	544 684	167	15	0.5
		石台县	1 403	108 286	77	8	0.6
		青阳县	1 181	290 487	246	13	1.1
		市域	8 272	1 606 354	194	37	0.4

续表

区域名称			面积（km²）	人口（人）	人口密度（人/km²）	城镇（个）	城镇密度（个*100/km²）
一轴	铜陵市	市区	290	448 738	1 547	3	1.0
		铜陵县	886	289 054	326	8	0.9
		市域	1 113	737 792	663	11	1.0
	马鞍山市	市区	340	821 950	2 418	3	0.9
		当涂县	995	473 350	476	11	1.1
		含山县	1 045	442 604	424	8	0.8
		和县	1 319	539 408	409	9	0.7
		市域	4 042	2 277 312	563	31	0.8
城市群			71 999	29 097 996	404	519	0.72

注：人口密度分类：1 000 人/km² 以上为 1 类，500~1 000 人/km² 为 2 类，400~500 人/km² 为 3 类，400 人/km² 以下为 4 类；城镇密度分类：1.3 个*100/km² 以上为 1 类，1.0~1.3 个*100/km² 为 2 类，0.8~1.0 个*100/km² 为 3 类，0.8 个*100/km² 以下为 4 类。

资料来源：根据《安徽省统计年鉴2015》整理。

城市规模与城市人口密度是正方向相关关系。从图 4 可以解释合肥市辖区、马

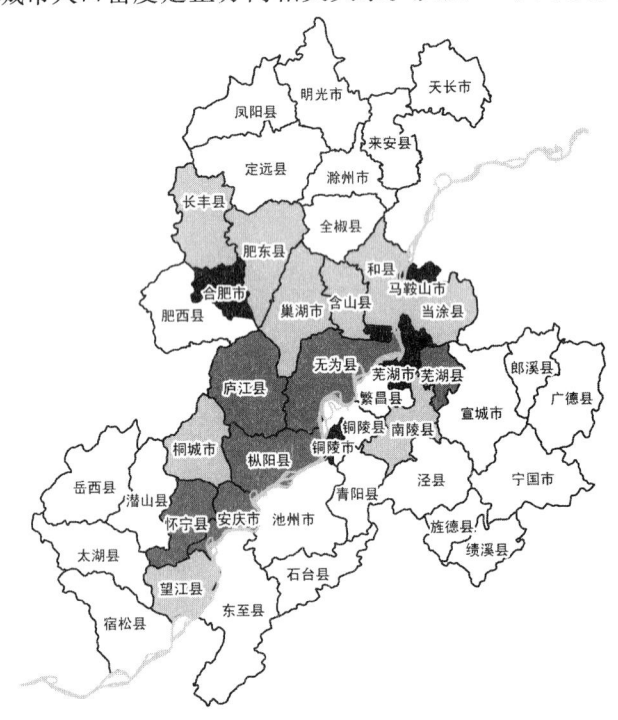

图 4　皖江城市带城市群集聚区空间（人口密度）差异（2014）

鞍山市辖区、芜湖市辖区等密度高于周围地区的现象，中心城市基础设施建设、企业的集聚等各种优越的因素都吸引着周围区域的人口进入中心城市，使得城市人口密度有较大幅度的增加。集聚效应还与城市的经济发达程度有关，经济越发达的城市往往给周边地区带来的辐射作用更大。因此，城市规模比较大的话，人口密度就会比规模小的城市人口密度高。由图4还可以看出合肥市区、马鞍山市区、芜湖市区及铜陵市区的人口密度较为集中，反映出这些区域发展较好，对周围地区的劳动力转移有一定的吸引力，产生较强的集聚作用。

区域城镇化发展的空间差异能够从城镇分布的空间格局反映出来。从图5中可以看出，桐城市、怀宁县、枞阳县、旌德县、当涂县及青阳县的城镇较为集中，具有一定经济发展的基础。但是皖江城市带城镇化建设偏低的密度、偏小的规模会使得城镇发展空间狭小，城镇资源集聚功能和经济辐射功能减弱，城镇发展后劲不足，影响城镇平衡发展，进而影响整个皖江城市带城市群经济发展。

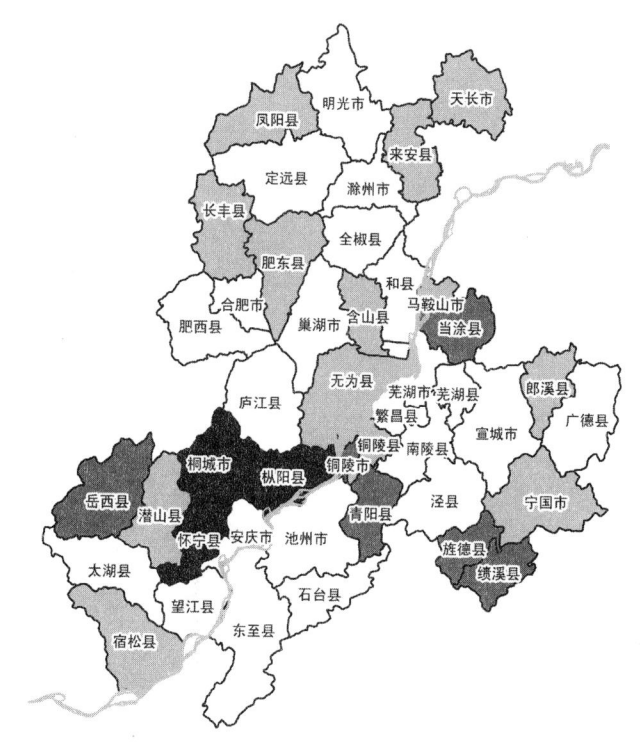

图5 皖江城市带城市群集聚区空间（城镇密度）差异（2014）

参 考 文 献

[1] 孙雨，朱舜. 东陇海地区城市群空间结构及空间差异——"两横三纵"城市化战略格局视角 [J]. 市场周刊，2013（12）.
[2] 朱舜，高丽娜等. 泛长三角经济区空间结构研究 [M]. 成都：西南财经大学出版社，2007.

[3] 何奕, 童牧. 长江三角洲空间结构研究 [J]. 生产力研究, 2006 (1).
[4] 沈惊宏, 孟德友, 陆玉麒. 皖江城市带承接长三角产业转移的空间差异分析 [J]. 经济地理, 2012 (3).
[5] 彭姗妮, 魏春雨. 长株潭城市群体空间结构研究及相关建议 [J]. 湖南科技大学学报（社会科学版）, 2012 (1).
[6] 赵雪雁, 江进德等. 皖江城市带城市经济联系与中心城市辐射范围分析 [J]. 经济地理, 2011 (2).

新型城镇化时空质演化规律、结构转型与内生发展

胡 星*

摘 要：用演化经济学"遗传—变异—选择"的过程分析范式，构建一个简单的新型城镇化研究框架；揭示城镇化的时间、空间和质态"三个维度"的动态演化规律；用内生发展理论作为补充，进一步阐释新型城镇化"以人为核心"、结构转型与内生发展的质量提升路径。

关键词：新型城镇化 演化经济学 时空质演化规律 结构转型 内生发展

一、引言与相关文献综述

目前，国内对新型城镇化问题的研究成果已十分丰富，但是，理论研究尚显滞后。新型城镇化研究需要理论拓展与创新。理论是先导，只有理论研究与实践探索相结合，只有正确把握新型城镇化发展的本质与规律，才能保证新型城镇化的顺利推进。

梳理发现，从时空演化的角度探讨城镇化发展的相对较少，而从"时间、空间、质态"三个维度动态演进的角度揭示新型城镇化发展规律的系统分析更是缺乏；同时，对新型城镇化的内生发展问题也研究不足。与此同时，综观国内外关于城镇化的理论，已有发展经济学、城市经济学、新兴古典经济学以及区域（空间）经济学、新经济地理学等诸多学科的阐述，但现有理论已很难对作为一个复杂社会经济系统的新型城镇化的发展过程做出更好的解释，因此需要突破传统理论的局限，从一个新的视角来构建其理论分析框架。

本文尝试将演化经济学纳入新型城镇化问题的分析框架中，用动态的、演化的方法看待新型城镇化发展过程。同时，用内生发展理论作为补充，进一步阐释新型城镇化质量提升的发展路径，以进一步丰富和完善新型城镇化的理论体系，并为新型城镇化研究提供一个新的理论视角和分析思路。

（一）国外研究现状

1. 关于城镇化"时空"演化规律的研究。诺瑟姆（Northam，1979）指出各国

---

* 胡星（1963— ），女，河南财经政法大学经济学院教授，硕士研究生导师，主要从事区域经济学、发展经济学的研究。

城镇化以 S 型曲线发展,从时间特征上将城镇化划分为初期、中期和后期三阶段。阿尔弗雷德·韦伯(A. Weber,1909)指出,城市经济的本质特征在于它的空间聚集性,城市聚集经济是城市形成和城市化发展的基本动力。佩鲁(F. Perroux,1955)用极化和扩散效应揭示了增长极(城镇)的空间作用机理。弗里德曼(R. Friedman,1966,1972)将增长极同城镇体系相联系,用"中心—外围"结构理论揭示了城市聚集区空间结构形态的阶段性及其非均衡演变规律。保罗·克鲁格曼(P. Krugman,1991)在规模报酬递增理论基础上,将空间维度引入一般均衡分析框架,构建了核心—边缘模型、区域与城市系统模型,研究和解释了城市产业聚集等经济活动的空间分布特征及规律,揭示了城镇化进程中城市中心区的形成机制。

2. 关于城镇化结构转型的研究。刘易斯(A. Lewis,1954)从"二元结构"转变的角度分析了城乡人口迁移动力,探讨了城市化发展规律。他认为,要实现经济发展,就要将传统农业部门的剩余劳动力转移到现代的城市工业部门,以完成二元结构向一元经济的转变。杨小凯和赖斯(Yang, Rice,1994)的研究显示,城市的起源、城乡的分离都是分工演进的结果。在这一演进过程中,城乡之间的自由迁居、自由市场机制以及财产的自由转让制度都是加速经济发展、消除城乡二元结构的条件。随着分工专业化的演进积累,会产生技术进步、组织与管理创新,从而带来经济运行与经济组织的结构性突变。

(二)国内研究现状

1. 关于城镇化水平和空间格局演化的研究。从不同的研究尺度、不同的区域层面,从单一指标到多元指标,从传统的统计描述到专业的计量模型方法,学者们对城市体系、城镇化水平的空间格局、城市群结构的空间演化等进行了大量实证研究。

2. 关于城镇化质量方面的研究。一是理论体系研究,涉及质量内涵分析和评价指标体系构建。二是实证研究,运用一定的模型和方法对城镇化质量评价体系指标数据进行实证回归分析,并对城镇化质量的区域差距进行评价分析。三是城镇化质量提升路径的研究,从城镇化模式和路径研究的角度探讨城镇化可持续发展:如从"地的城镇化"到"人的城镇化";从"要素驱动"到"创新驱动";辜胜阻(2014)从政府机制占据主导地位的"外生模式"到充分发挥市场机制实现资源高效配置的"内生模式"。另外,关于生态(低碳)城市、宜居城市、紧凑城市、"智慧城市"等城市形态的研究等也与城镇化质量内容相关。

从已有的文献研究发现,并没有直接涉及"城镇化质态"这一概念。简单地说,"质态"泛指事物的形态,也指物质在技术属性上互相关联的状态。这里,笔者提出"城镇化质态"的概念。首先,将"质态"理解为"质量状态"或"运行状态",是一种"结构要素组合",含有"动态"之意。由此,可将"城镇化质态"定义为"组成城镇化质量的各结构要素(如人口、土地、产业、资金、技术、制度等)的组合状态或运行状态"。这一概念的提出和使用有助于从动态角度观察新型城镇化的发展规律,将城镇化质量的提升看成一种动态演化的发展过程。

二、演化经济学的基本特征

(一) 演化的含义

所谓"演化",又称进化,原是生物学上的一个概念,是指生物物种因时空的嬗变,而在形态和行为上与远祖有所差异的现象,或是指生物由低级到高级、由简单到复杂的变化过程。哲学上,演化是指某指定时空内一切形式运动的总和。通常地,演化是指事物渐进的变化和发展过程,是事物从一种状态变为另一种状态的动态过程。按照魏特(Witt,2001)的定义,"演化"是我们所考察的系统沿时间轨迹的一个自我变化过程。兹曼(Ziman,1976)认为,演化不仅仅是一个逐渐发展的过程,它还包括了遗传变异和自然选择。弗罗门(2003)关于演化的理论除了具有"动态性"含义之外,更关注"历史性""累积性""路径依赖"等内容。斯宾塞(Spencer,1897)对它的定义包含两方面,既可以指自然界的进化,如达尔文进化论的观点,也可以指社会结构与文化系统的发展和变迁,演化经济学正是采用的这个观点,其"演化"中还包含"复杂、不确定性和非均衡"之意。

总之,事物的演化脉络具有明显的时空二维性,"演化"意味着系统要素随时间和空间的推移而动态改变。它不仅包含演化主体在时间尺度上的起源、过程、结果和影响,还包括空间上的区位变动、产业转移、结构变迁等。并且时间维度和空间维度上的演化并不是各自独立的,而是相互促进、相互影响的,是一个过程不可分割的两个方面,二者共同统一于经济发展过程中。

(二) 演化经济学的基本理论特征

演化经济学是现代西方经济学研究的一个富有生命力的新兴学科,主要借鉴生物演化的思想以及自然科学的最新研究成果,以动态的、演化的视角分析经济现象及规律。

主流经济学在经济人稳定偏好的条件下,给定技术和制度约束,局限于对可供使用的资源禀赋如何进行静态配置的研究,而这种经济学目标显然已经不能适应知识经济和信息时代的要求。当今社会,重要的是技术和制度的创新以及新资源的创造、新偏好的形成。"大众创业,万众创新"已经成为一种社会共识和趋势,而演化经济学正是这种革命性变化的主导力量。演化经济学就是对经济系统中新奇事物的创生、传播和由此所导致的结构转变进行研究的经济科学新范式。

本文将演化经济学的基本特征简单归纳如下:

1. 以生物进化论的三种机制"遗传、变异和选择"为基本分析框架。用达尔文的生物学思想来代替物理学在经济学中的分析范式,将自然选择和对环境的适应性运用到经济学分析中。在生物进化论的基础上,采用一种系统的、整体演化的观点形成一种动态的经济演化模型。把基因的突变看作是新奇的创新,将企业对环境的适应看作是自然选择,两者协同推进社会经济系统的演化发展。

2. 动态演化观。与新古典经济学的静态均衡分析相比,演化经济学注重对"变化"的研究,用动态的、演化的方法看待经济发展过程,采用整体演进的观点来看待社会经济系统,将技术和制度的变迁看作是社会经济系统整体演进的结果;强调时间与历史在经济演化中的重要地位,认为经济演化是一个不可逆转的过程,"时间"的存在意味着经济变迁是一个演进的过程,这个过程不仅包含着未来的不确定性,而且还包括着过去沉积的历史对未来发展所起到的制约作用;强调经济变迁的路径依赖,制度的演化遵循路径依赖的规律;强调惯例、创新和对创新的模仿在经济演化中的作用,其中,创新是核心。

3. 质量型经济政策观。演化经济学认为世界是复杂的,是在特定时空中通过多重因素相互交叉、网络式的反馈环路和非线性不可逆过程中而形成的(刘阳,2010)。所以,从历史重要到强调人的能动作用的创造力原理都说明了经济政策既受到来自历史沉积的价值观、行为模式、风俗习惯的结构性约束作用,又受到人类有意识或无意识的行为动机以及可能的意外结果的综合作用。在这样的前提下,经济政策的主要目标就不能只是预测,而是在特定时空下,通过结构转变,为社会各阶层提供更大和更平等的发挥创造潜力的机会。所以演化经济学提倡如技术创新、制度创新等质量型的经济政策,强调各行为主体的创造力,强调不同制度、组织的协调,如政府、市场、企业、产业集群和学术单位之间的学习、互动和适应,从而生成并扩散创新。

4. 研究方法的多样化和实用性。演化经济学坚持采用历史的眼光来看待问题,传承历史学派、熊彼特学派和新旧制度学派的研究方法。重视历史和地理差异分析,重视不同国家和地区在不同发展阶段中的特殊性;用群体统计特征的变化来测量演化;通过对分析对象的历史发展脉络的研究,考察同一经济现象在不同的历史阶段表现出不同的内部规律性;揭示在不同的地理条件下,不同地域经济发展的内部规律和模式所出现的差异性;运用比较和动态分析方法,并通过经验观察,认识经济系统内部机制的不完全规律性。

演化经济学能够对现实经济活动中从量变到质变的过程加以细致的描述,从而有助于我们对一些复杂的动态经济过程作出解释和预测。中国目前正处于经济新常态下的结构转型升级、制度和技术的变迁、新型城镇化建设的历史进程中,演化经济学的思想和方法无疑为我们展现了一个不同的视角,为我们开拓了新的研究思路。无论是对我国经济转型发展历程的理论解释,还是就未来经济政策的制定而言,演化经济学的演化观、政策观和方法论都具有巨大的理论和实践价值。至于新型城镇化问题的研究,演化经济学可以提供一个较为完整的分析框架。因为,从结构特征看,新型城镇化就是一个复杂的整体系统结构转换的过程,包括人口结构、地域结构、经济结构以及生活方式等一系列结构的转换。因此，完全可以采用演化经济学整体演进的观点来分析并构建其理论框架。

三、新型城镇化的演化分析框架

如果主流经济学是研究存在（being）的经济学，那么演化经济学就是研究生成（becoming）的经济学，是对经济系统的创生、变异、扩散和结构演变进行研究的科学。演化经济学引入时间因素和动态分析，演化过程就成为其关注的核心问题，即不仅要看到均衡，更为重要的是说明均衡是如何达到的。纳尔逊和温特（1997）用达尔文进化论的观点，采用经济基因遗传机制、搜寻机制和选择机制的研究框架分析了企业、产业、市场、经济增长、宏观政策等不同层次上经济系统的动态变迁过程。

上述思路和框架可以很好地应用于新型城镇化的研究中：新型城镇化实际上也是一个复杂的、动态的演化过程，这种演化是一个从时间到空间再到质态全方位、多维度变化的过程；在这一过程中，历史的、时间的、空间的、经济的、社会的等各种因素都会对演化进程产生不同影响，也是一个不可逆转的过程；技术变迁和聚集经济在这一演化进程中发挥核心作用，是内生动力来源；制度变迁对技术变迁具有重要影响，并具有路径依赖性，今天的制度是昨天的制度的沿革；不同区域、不同历史时期，城镇化的演化具有不同的规律性；城镇化模式和道路选择也必然具有差异性；城镇化质态的提升依靠创新引领和驱动，通过结构转型和市场化的内生发展路径支撑。

在演化经济学基本假设基础上，用"遗传—变异—选择"的过程分析范式，构建以下城镇化演化的理论框架：

1. 遗传机制——"继承与延续"。正如生物基因一样，制度、习俗、惯例、组织结构等是历史的一种载体，它通过模仿和继承而传递。即强调了历史的重要性，过去对现在和未来都会产生影响。新型城镇化虽说是对传统城镇化道路的扬弃，但它首先脱胎于旧型城镇化，是在原有城镇化基础上的继承、演变和发展。没有昨天的旧型城镇化，也不会有今天的新型城镇化，今天新型城镇化的制度也是昨天制度的沿革，是在原有制度上的变迁。即新型城镇化首先是"继承和延续"，包括理论的继承和实践的延续。从理论上看，虽要突破传统城镇化理论的局限性，但也要借鉴其合理成分。从实践上看，传统城镇化道路虽然问题很多，但成果也十分显著。随着城镇化进程的加快，城镇数量增加、体系日益完善，城镇经济比重提高，城镇布局日益完善，城镇现代化水平不断提高，人口可容载能力加大。这一切都将为下一阶段新型城镇化从数量型向质量型迈进创造了良好条件。

2. 变异机制——"创新与变迁"。变异机制也称为"新奇"的创生，是经济系统演化的核心。"新奇"的创生是经济系统内对现有要素的重新组合。变异强调种类和多样性，即异质性。演化经济学在中观领域的研究重点是对技术创新的分析。变异就是创新的理论化，创新是经济领域的变异。创新有发生和扩散两个阶段（黄凯南，2010）。演化经济学将时间和空间两个维度都纳入分析框架。在时间维度上，演化经济学主要强调技术创新与产业发展的协同演化，产业演化的基础是企业行为的惯例，其动力是企业间的相互竞争，如通过适应性学习、搜寻正利润和选择市场的协同作用。在空间维度上，演化经济学更关注产业集聚现象，认为产业集聚是企业自组织的综合体，通过长期的技术扩散、知识溢出及合作竞争等方面的协同演化机制而形成。

城镇化是社会经济发展尤其是工业化的必然结果，它是人口城市聚集、城市规模扩大以及由此引起一系列社会经济结构变化的过程。即城镇化的实质是经济、社会和空间结构的变迁过程。从经济结构的变迁看，城镇化是农业生产活动向非农业生产活动转化和产业结构升级的过程；从社会文化结构变迁看，城镇化是农村人口逐步转变为城市人口以及城市文化、生活方式和价值观念向农村扩散的过程；而空间结构的变迁是各种生产要素和产业活动向城市地区聚集以及聚集后再分散的过程。

新型城镇化本质上是人口集聚和产业集聚在空间上协同演化的最终产物。人口和产业之所以向城镇集中是聚集经济和规模经济作用的结果。而规模经济、聚集经济的产生则来自于技术进步所带来的知识溢出效应、专业化分工效应、规模报酬递增等外部性。聚集经济有两种层次：地方化经济（人口与产业的专业化聚集）与城市化经济（人口与产业的多样化聚集），这两个层次上的聚集经济是相互联系、相互影响和相互促进的，它们共同作用的结果，导致了城市化过程（周天勇，2006）。这是形成城镇化的内生动力来源。在这一演化过程中，创新、技术和制度变迁成为关键因素。技术进步、创新会加速经济增长，深刻地促进产业聚集及产业结构的转换，影响城镇化进程。制度变迁是推进城镇化进程、提高城镇化质量的重要驱动力。或者说，城镇化内生于技术进步和经济增长，是经济长期持续发展的表现和结果。

3. 选择机制——"转型与内生"。选择机制是经济系统在演化过程中如何寻找和确定演化路径的机制，重在研究变异或"新奇"在经济系统中扩散的原因、时间和方式。选择过程是减少多样性的过程，从生物学观点看，选择才能使变异趋于稳定。企业在面对复杂的内部环境（如创新引起的结构变化）和外部环境（要素供给、产品需求、价格波动等市场环境）时，要选择与环境变化相适应的习俗、惯例和行为方式。这种选择有时具有路径依赖性。"惯例"在很大程度上是一种无意识的知识，并且往往是自动进行的选择，它控制、复制、模仿着经济演化的路径和范围。也就是说，这种自然选择由市场化的力量所决定。在阿尔钦（Alchian, A. 1950）看来，选择机制的核心是市场竞争。弗罗门（2003）则认为存在"外在市场的选择"和"主体自己的选择"。

路径依赖（path dependence）是理解经济社会系统演化的重要概念，是指经济结果不仅受当前活动和政策的影响，也受过去发生的事件的影响。这一概念进一步强调了历史重要性的内在含义,突出了经济过程具有不确定性和时间不可逆等重要特征。但演化经济学同时也强调路径创造(path creation),即开辟新的路径轨道(path trajectory)。而且路径创造"是文明演进的根本性力量",路径创造理论应该成为我国创新型国家建设的重要理论基础之一(贾根良,2015)。

当前,学术界关于新型城镇化路径的研究很多,其理论模式主要有:(1)外生模式,即在新型城镇化路径中政府机制占据主导地位的模式。(2)内生模式,即充分发挥市场机制实现资源高效配置的模式。(3)组合模式,即上述两种模式的组合。在行为主体方面,既有政府推导的"自上而下"城镇化发展模式,又有以市场微观主体——家庭和企业为主导的"自下而上"的发展模式。

新型城镇化要实现转型发展,这是必经之路,转型其实就是一种路径创造。这种转型或选择既要遵循城镇化发展的客观规律,坚持市场导向,又需要借助于外部力量的推动,发挥政府的引导和协调作用。要打破原有模式的路径依赖,从传统的"要素驱动"转向"创新驱动";从数量扩张到质量提升;从自上而下的外生模式到自下而上的内生发展转变。

四、新型城镇化的演化阶段与"时—空—质"动态演化规律

(一)演化阶段

根据上述构建的城镇化"继承—创新—转型"的分析框架,对新型城镇化的演化规律可作进一步的探讨。作为一个自然历史过程,城镇化的演化是个复杂的、多维的、从低水平均衡到高水平均衡的动态过程,这一演化过程,不仅涉及时间和空间维度,还包括"质态"维度的演化。

从空间状态上分析,从低水平均衡到非均衡发展,最后达到更高水平均衡是城镇化空间结构演进的一般规律。这种空间结构的转换是多种内外因素复合作用的结果,它是经济整体运行的质变过程。根据弗里德曼(J. R. Friedmann,1966)对区域空间结构演进阶段的划分,结合世界城镇化发展的历史进程,这里将城镇化的空间结构演化划分为以下四个阶段。

1. 低水平均衡阶段(初级城镇化阶段):此阶段人口、产业等要素较少流动;城乡基本处于分散和隔离状态;城镇化速度低,质量低。

2. 聚集发展阶段(中级城镇化阶段):受工业化和极化效应的影响,人口、产业向核心区(城镇)聚集,城乡差距扩大,呈二元结构;城镇化速度高,质量低。

3. 扩散发展阶段(中高级城镇化阶段):受扩散效应影响,城乡要素逐渐过渡、渗透,城市和农村两种异质空间相互作用的结果即形成城乡边缘区。城乡地理上的二元结构向三元结构转变,出现城市郊区化;城镇化速度中,质量中。

4. 高水平均衡阶段(高级城镇化阶段):城乡人口、产业等要素从聚集、扩散

到进一步融合，呈现空间经济一体化、城乡一体化，城市群形成和壮大。城镇化速度中，质量高。

各阶段特征与空间结构状况如表1所示。

表1 城镇化空间演化的四个阶段及特征

阶　段	特　征	城乡空间结构	城镇化状况
Ⅰ 初级城镇化	低水平均衡	城乡分离	速度低，质量低
Ⅱ 中级城镇化	聚集发展	城乡二元	速度高，质量低
Ⅲ 中高级城镇化	扩散发展	城乡三元	速度中，质量中
Ⅳ 高级城镇化	高水平均衡	城乡一体	速度中，质量高

（二）时空质演化规律

不同成长阶段的空间结构的序列关系是由结构内部的逻辑联系所决定的。从时空质耦合的角度分析，城镇化空间结构的演化阶段对应着从时间、空间到质态三个维度的动态演化过程，并遵从一定的规律性。

1. 时间维度的城镇化：表现为以诺瑟姆S型曲线表达的城乡人口随着工业化进程发展的有序变化的阶段性规律特征。即随时间推移，人口由农村向城市转移，城镇化水平得以提高。（对应于阶段Ⅰ和阶段Ⅱ）。

2. 空间维度的城镇化：表现为由聚集与扩散机制决定的集中型城镇化与扩散型城镇化交织的空间运行规律特征；在这一过程中，空间二元结构逐渐向三元结构过渡，城乡发展差距缩小，城乡一体化逐渐形成；城市形态由单中心结构→多中心结构→网络化结构演化，最终达到城镇化的高级空间组织形态——城市群的形成（对应于阶段Ⅱ和阶段Ⅲ）。

3. 质态维度的城镇化：城镇化水平的提高和城市群的形成尚不能真正反映城镇化质量的变化。只有随着时间和空间的演化，最终表现为城镇化质态的提升，才是真正意义上的"新型城镇化"，即高级阶段的城镇化、高质量的城镇化。主要表现在城镇性状和结构演变的动态趋势上，城镇功能的日趋完善、城镇承载能力的不断提升，城镇由粗放型增长向集约型发展转变的持续性发展规律特征（对应于阶段Ⅳ）。

三个维度动态演化的规律特征如表2所示。

表2 新型城镇化的"时—空—质"动态演化规律及特征

维度	规律特征	动态表征	城镇化形态
时间	阶段性	规模扩张—水平增长	数量型、增长型
空间	空间交织性	城乡三元—城乡一体	数量型、外生型
质态	持续性	内生发展—功能提升	质量型、内生型

"新型城镇化"需要完成上述四个阶段构成的一个完整的顺序演替,以及从"时间—空间—质态"三个维度完整的动态演化过程,由此分别表现出其演化的阶段性规律、空间交织运行规律以及持续性发展规律的"三个本质性规律特征"。

根据演化的特点,三个维度的演化并不是独立的,而是相互促进、相互影响、交织进行。将前述"遗传—变异—选择"的分析框架纳入整个新型城镇化演化过程,根据各变量之间的横向对应和纵向关联,可以构建一个较为完整的新型城镇化演化模式框架(见图1)。

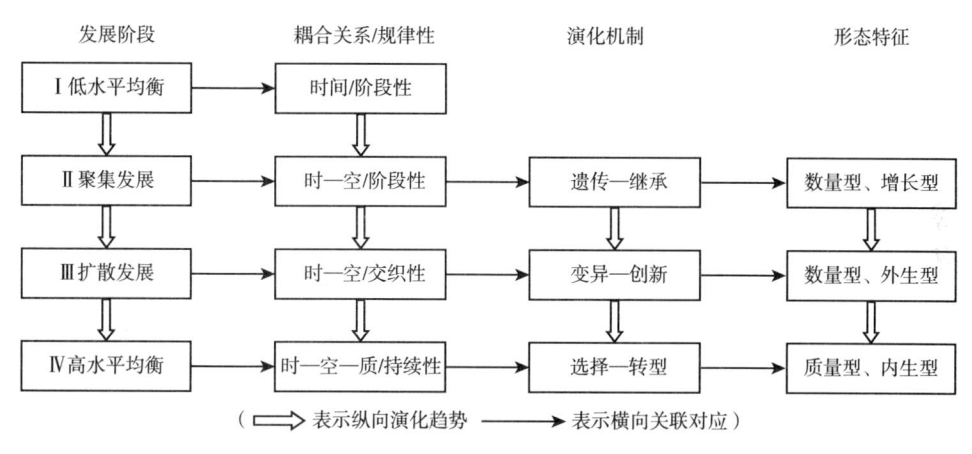

发展阶段	耦合关系/规律性	演化机制	形态特征
Ⅰ 低水平均衡	时间/阶段性		
Ⅱ 聚集发展	时—空/阶段性	遗传—继承	数量型、增长型
Ⅲ 扩散发展	时—空/交织性	变异—创新	数量型、外生型
Ⅳ 高水平均衡	时—空—质/持续性	选择—转型	质量型、内生型

(⇨ 表示纵向演化趋势　→ 表示横向关联对应)

图1　一个新型城镇化的动态演化模型

现阶段,中国新型城镇化正处于从中级阶段向中高级阶段的演进过程中,经过上述顺次、交替与动态非均衡的演化,最后将迈向高级城镇化阶段,达到高水平均衡,实现由"数量型城镇化"向"质量型城镇化"的目标转型。

五、新型城镇化质态提升的路径选择——结构转型与内生发展

(一)关于结构失衡与转型

长期以来,由于中国传统城镇化发展的内生动力不足,从而导致了多重的结构失衡与动态表征的非均衡演化,主要表现为:第一,三大结构内部的失衡。如经济结构中的产业结构失衡、需求结构失衡等;空间结构中的城乡区域结构失衡、城市规模结构和空间布局的失衡等;社会结构中的人口迁移和就业转移结构失衡、收入分配结构失衡、社会治理结构失衡等。第二,三大结构间的失衡。即城镇化进程中出现的经济城镇化与空间城镇化和人口城镇化三者之间的不协调、不匹配,如城镇人口的增长和城镇承载能力增长不匹配、"人的城镇化"和"地的城镇化"不匹配等。第三,在城镇化的时间、空间和质态三个维度方面没有表现出同步推进的均衡协调演化规律特征。

从结构特征分析，城镇化过程就是经济城镇化、空间城镇化和人口城镇化三者相互联系、相互制约、相互协调的过程。这一协调过程就是城镇化质态提升的过程。经济新常态下，要实现质量型城镇化的发展目标，就要由城镇规模的量态扩张向城镇内涵的质态转变，由增长型向发展型转变，实现结构转型或道路转型，由"物的城镇化"向"人的城镇化"的转变，走内生型发展道路。

（二）关于内生发展

内生发展（endogenous development）一词起源于发展经济学（后应用于西方社会学研究领域）。1975年，瑞典哈马绍财团出版了《另一种发展》（Another Development），在该书中，针对经济成长优先的发展模式，提出了五点主张：一是发展的目标，不只是财物的无限度增加，而是应该指向满足人们物质的以及精神的基本需求；二是应该尊重发展方式的多元性；三是应该是自立的；四是环保的和健全的；五是需要应对经济社会结构的变化。

1988年联合国教科文组织编撰的《内生发展战略》一书中认为："内生的和以人为中心的发展有两个基本要求：在形式上，发展应该是从内部产生的；在目的上，发展应该是为人服务的。"1990年"联合国开发计划"以"人类发展报告"的形式把此观点进一步展示在世人面前，指出，开发的目标应该从经济成长向人的成长、能力重视及多元选择等方向转换。

日本的研究更加趋向操作化。宫本宪一（1989）通过其对战后日本区域开发的研究提出了"宫本内生发展理论"，主要强调以提高民众福祉和文化繁荣为总目标，以保护环境为前提，产业形态的多样化，以本地的技术、产业、文化为基础，以区域内的市场为对象，以区域内企业创新为动力，以本地民众为主体的学习型和规划型发展模式，并建立民众参与制度，最终实现均衡发展与和谐共生。另一位学者西川润（1989）对内生发展模式进行了进一步的阐述，他认为，内生发展模式有必要转换经济学的基本理念，而实现经济人向社会人的转变，应该把人类的人性发展作为终极目标。

理论研究方面，与新古典经济学模式不同，内生增长理论认为，经济的长远增长是内生性的，或者受人力资本所驱使，并强调教育（人力资本投资）和研发将是保证长期经济增长的基本动力。技术进步也是一个内生的过程，如科技投入。这种投入型经济增长表面上看是外发过程，但实际上其主要目的是促进投资主体的"能力提升"，这本身就是一个"内在促进"的力量（干中学）。

根据新兴古典经济学以及空间经济学对经济增长方式内生选择的解释，经济结构调整或转型过程是内生过程而不是外生过程。如随着市场开放度提高，要素流动性增强，这表现为要素的重新配置过程，而要素的重新配置过程就是经济系统原有均衡增长模式下经济结构的优化过程（安虎森，2008）。

综上所述，内生发展理论主张，发展应该是以区域内"人"的基本能动性为前提的一种均衡发展，发展的决定权在于本地民众而不是作为开发主体的政府及企业，强调"自下而上"的内源性发展战略。其总的观点是：发展是社会进步的重要表现形式，而其终极目标是人的发展。

上述理论观点对我国目前正在推进的新型城镇化建设具有重要启示意义，与新型城镇化的内涵特征和根本要求不谋而合：新型城镇化，核心是人的城镇化，关键是提高城镇化质量，是量与质的统一，是内在结构的和谐一致（张占斌，2014）。新型城镇化是以城乡一体、产城互动、节约集约、生态宜居、和谐发展为基本特征的城镇化。有序推进农业转移人口市民化，努力实现基本公共服务均等化；着力提高城镇功能和承载力等，这种模式正是内生发展理论所强调的"另一种发展"，即关于"人的发展"。

六、结　语

（一）理论架构

演化经济学为新型城镇化的研究提供了一个新的分析框架，对于概括和揭示城镇化演进的内在逻辑关系与动态规律，具有很强的理论解释力：城镇化是历史的必然进程，是人类活动"自然选择"的结果，这种选择不可逆转、不可改变。但可以改变的是推进城镇化的理念和方法。新型城镇化就是对传统城镇化模式的突破和发展，要经过"继承—创新—转型"等演进步骤，是一个从低级形态到高级形态、从时间到空间再到质态的"三维"动态演化过程，并依次表现出三种不同的本质规律特征。

（二）政策启示

新型城镇化是"质量型城镇化"，其经济政策的制定要体现发展的质量或质态。作为"另一种发展"，新型城镇化的转型路径是：创新驱动，协调推进，内生发展。创新驱动——创新是核心要素，技术创新、结构变迁、经济发展是内在驱动力，制度创新是重要保障。协调推进——实现城镇化各结构要素的均衡协调，包括城乡协调、人地协调、速度与质量协调；经济城镇化、社会城镇化与空间城镇化协调；新型城镇化与新型工业化、信息化和农业现代化协调；城镇化建设与资源和生态环境协调等。内生发展——由城镇化的自然历史属性及动态演化的客观规律所决定，充分发挥市场机制在城镇化中的主导作用。顺应规律，尊重民意，以人为核心，注重人的全面发展。

参 考 文 献

[1] Northam R. M. Urban Geography. New York：J. Wiley Sons, 1975.
[2] 阿尔弗雷德·韦伯. 工业区位论［M］. 李刚剑，等，译. 北京：商务印书馆，1997.
[3] 弗朗索瓦·佩鲁. 略论增长极概念［J］. 李仁贵，译. 经济学译丛，1988（9）.

［4］Friedman J. R. Regional development policy：A case study of Venezuela.［M］. Cambridge：MIT Press, 1966.

［5］Krugman, P. Increasing Returns and Economic Geography［J］. Journal of Political Economy, 1991 (99).

［6］Lewis. W. A. Eeonomic Development with Unlimited Supply of Labor［J］. The Manchester School of Economic and Social Studies, 1954 (5).

［7］Yang, X. and Rice, R：An Equilibrium Model Endogenizing the Emergence of a Dual Structure between the Urban and Rural Sectors. Journal of Urban, 1994.

［8］辜胜阻. 新型城镇化与经济转型［M］. 北京：科学出版社, 2014.

［9］Witt, U. Evolutionary Economics：An Enterpretative Survey, In：Dopfer, Evolutionary Economic；Program and Scope, Kluwer Academic Publishers. Economics, 2001, Vol. 25, 346 – 368.

［10］Ziman, J. M. (1976). The Force of Knowledge：The Scientific Dimension of Society. Cambridge, Cambridge University Press［M］. 中译本, 约翰·齐曼著, 许立达等译, 上海：上海科学技术出版社, 1985.

［11］Spencer, H. The Principles of Sociology. 2 Vols［M］. New York, D. Appleton, 1897.

［12］刘阳. 演化经济学研究综述［J］. 学术交流, 2010 (10)：142 – 147.

［13］杰克·J·弗罗门. 经济演化［M］. 北京：经济科学出版社, 2003.

［14］贾根良. 演化经济学导论［M］. 北京：中国人民大学出版社, 2015.

［15］理查德·R·纳尔逊, 悉尼·G·温特. 经济变迁的演化理论［M］. 北京：商务印书馆, 1997.

［16］黄凯南. 演化经济学的发展历史、现状和未来展望［N］. 光明日报, 2010 – 01 – 12.

［17］周天勇. 高级发展经济学［M］. 北京：中国人民大学出版社, 2006.

［18］Alchian, A. A. Uncertainty Evolution of Economics Theory. Journal of political Economy Vol. 58, 211 – 221. 1950.

［19］宫本宪一. 環境經濟學［M］. 东京：岩波書店, 1989.

［20］西川潤. 內生發展論［M］. 東京：東京大學出版會, 1989.

［21］安虎森. 新区域经济学［M］. 大连：东北财经大学出版社, 2008.

［22］张占斌. 中国新型城镇化健康发展报告 (2014)［M］. 北京：社会科学文献出版社, 2014.

中国城市全要素生产率的时空特征分析：2002～2011年

周端明　陈　瑞[*]

摘　要：利用 Malmquist 生产率指数分析了中国 217 个城市在 2002～2011 年城市生产率时空特征及动态变化，并基于面板固定效应模型探究了城市全要素生产率差异化的影响因素。研究表明：（1）中国城市全要素生产率整体呈现改善趋势，技术变化的改善是主要原因，但改善不平等问题仍旧凸显；（2）从区域发展来看，东部地区始终保持着生产率改善的领先，中西部紧随其后；（3）人力资本、产业结构和城市规模对城市全要素生产率普遍存在显著的正向作用，政府行为对全要素生产率存在显著的负向作用，研发支出对生产率也存在负向影响，但结果并不显著。

关键词：全要素生产率　技术进步　技术效率　政府行为

一、导　言

随着我国经济的迅速发展，城市在人们的生活中扮演着愈加重要的角色。根据中国社会蓝皮书数据显示，2002～2011 年，我国城市每年新涌入 2 096 万人，城市化水平快速提高，年增速达 1.35%，截至 2011 年底，城市化率首次突破一半以上。作为人类一切社会生活的基本承载单位，城市在不断完善、履行其基本功能的同时，在经济、生活等其他方面正在发挥着越来越重要的作用。

纵观发达国家的经验，经济发展与城市发展往往相辅相成。近年来，随着城市的扩张，城市经济占国民经济的比重扩大，众多学者也开始从城市角度，尤其是城市效率角度，探究中国的经济发展。对于城市的经济发展而言，一方面是资源要素的投入，另一方面是各种要素之间的合理运用配置问题，二者均不可忽视。就城市效率的测算，众多学者也纷纷发表自己的看法并提出相应的测算方法，其中 Coelli, T.（1996）提出的两种方法比较具有代表性：一种是随机前沿法（SFA），另一种是数据包络法（DEA）。作为参数方法的代表，SFA 最大的优点是考虑了随机因素的影响。它利用生产函数和随机扰动项来构造生产前沿面，并将实际产出分为生产函数、随机因素和技术无效率 3 部分。而作为非参数方法，DEA 根据研究对象的投入产出

---

[*] 周端明，安徽师范大学经济管理学院教授，博士，研究生导师；陈瑞，安徽师范大学经济管理学院硕士研究生。

数据,通过选择一个或几个决策单元(DMU)作为技术有效点,进而构造出生产前沿进行评价。这两种方法虽然本质上都是通过对生产前沿的构造,来完成对研究对象效率的评价,但二者之间依然存在着显著的差异:首先,就模型假设来看,SFA较为复杂,其结果很大程度上依赖于对生产函数的设定;而DEA作为非参数方法的代表,摒弃了对生产函数的假设正是其优点之一。其次,就前沿面构造问题,SFA根据已知面板数据仅构造一个生产前沿面,而DEA则根据时序分布分别构造生产前沿,比较而言,DEA对无效率单元的讨论更具针对性。最后,由于SFA较DEA的前提假设更为严格,虽然进一步保证了结果的有效性,但正由于此,其模型的拓展受到了限制,而截至目前,DEA已形成了数十种扩展模型。因此,正是由于DEA的强适用性和分析方法上的优点,在效率分析领域得到了广泛的应用。

回顾国内学者的现有研究成果可以发现,从效率角度对城市进行分析尚处于初级阶段,特别是对城市全要素生产率的动态研究及高质量研究较为缺乏。其中,刘祥(2004)运用DEA方法对40个矿业型城市的效率进行了评价,认为东部地区具有较高的综合效率,西部地区最低,中部地区个体差别较大。李珣、徐现祥、陈浩辉(2005)测评了中国202个地级以上城市的城市效率,并尝试对1990~2000年效率时空变化的特征进行了探索。金相郁(2006)分析了中国44个主要城市的生产率现状,并首次揭示了其动态变化。高春亮(2007)通过DEA-Malmquist法,发现我国全要素生产率在1998~2003年存在着明显的改善,并指出部分大城市缺乏规模效率,部分小城市技术效率有待进一步提高。刘秉镰等(2009)通过对生产率的动态分析认为,要素积累仍是当前我国城市发展的主要特征,发展方式有待转型升级。

以上这些研究探索,对我国城市的发展具有重要的指导意义。但在回顾中我们发现,李珣、徐现祥、陈浩辉(2005)虽然对时空演进特征进行较为系统的研究,但研究区间较早,对当今城市发展的现实指导意义略有不足,金相郁(2006)选取的研究单元较少,高春亮(2007)研究时间较短,二者结果的解释力可能会缺乏普遍性,刘秉镰、李清彬(2009)对1990~2006年196个城市生产率做了系统性分析,但缺乏对区域间乃至全国生产率趋势的阐述。

在前人研究的基础上,本文增加了更多分析单元,并延长了分析时间,一方面通过对2002~2011年城市生产率测算、分解和波动分析,探寻在此期间中国生产率的动态变化及经济增长的因素来源,为城市进一步的发展提供现实可行的依据,另一方面通过对城市全要素生产率影响因素的探究,为城市生产率差异化的形成给出合理的解释。

二、测度方法与数据来源说明

(一)测度方法

本文基于数据包络模型(DEA)下的Malmquist指数法分析了2002~2011年中

国城市生产率的动态变化。Malmquist 指数是由 Malmquist（1953）提出，就是通过利用距离函数的比率计算投入指数。Cave D. L. 和 Diewart E.（1982）把它应用到生产率变化的度量，并称之为 Malmquist 指数。Fare，Grosskoph，Norris 和 Zhang（1994）利用 Cave 等（1982）所定义 Malmquist 指数，进一步描述了如何将生产率的 Malmquist 测算值分解为技术变化和效率变化，并阐明了基于相对 DEA 前沿面距离测算 Malmquist 指数的方法。随着该指数的不断完善和进步，它的核心思想可以用三个经典公式来概括。

假设共有 I 个样本，即决策单元（DMU），其中第 i 个主体在 t 期的投入和产出向量分别为 $x_i^t = (k_i^t, l_i^t)$ 和 y_i^t。其中 k_i^t 代表该主体在 t 时期的资本投入，l_i^t 代表该主体在 t 时期的劳动投入。由此，第 i 主体 $t+1$ 期的 Malmquist 指数可表示为：

$$M_i^{t+1}(x_i^t, y_i^t, x_i^{t+1}, y_i^{t+1}) = \left[\frac{D_i^t(x_i^{t+1}, y_i^{t+1})}{D_i^t(x_i^t, y_i^t)} \frac{D_i^{t+1}(x_i^{t+1}, y_i^{t+1})}{D_i^{t+1}(x_i^t, y_i^t)} \right]^{1/2} \tag{1}$$

其中，在上述等式中，记号 $D_i^{t+1}(x_i^t, y_i^t)$ 表示从 t 时期到 $t+1$ 时期的技术值的距离。当 $M > 1$ 时，表示在 t 到 $t+1$ 时期的全要素生产率呈现正增长，$M < 1$ 时表示全要素生产效率在 t 到 $t+1$ 时期是下降的。

通过对此距离函数重新组合，可得：

$$M_i^{t+1}(x_i^t, y_i^t, x_i^{t+1}, y_i^{t+1}) = \frac{D_i^t(x_i^{t+1}, y_i^{t+1})}{D_i^t(x_i^t, y_i^t)} \left[\frac{D_i^t(x_i^{t+1}, y_i^{t+1})}{D_i^{t+1}(x_i^{t+1}, y_i^{t+1})} \frac{D_i^t(x_i^t, y_i^t)}{D_i^{t+1}(x_i^t, y_i^t)} \right]^{1/2} \tag{2}$$

其中，效率变化 $= \dfrac{D_i^t(x_i^{t+1}, y_i^{t+1})}{D_i^t(x_i^t, y_i^t)}$；技术变化 $= \left[\dfrac{D_i^t(x_i^{t+1}, y_i^{t+1})}{D_i^{t+1}(x_i^{t+1}, y_i^{t+1})} \dfrac{D_i^t(x_i^t, y_i^t)}{D_i^{t+1}(x_i^t, y_i^t)} \right]^{1/2}$

Grosskoph（1993）指出，传统 Malmquist 指数是在固定规模报酬假设条件下的距离函数，但这一假设明显与现实经济事实不符。Fare，Grosskoph，Norris 和 Zhang（1994）通过对固定规模报酬假设的放松，将技术效率变化分解，进一步拓展了 Malmquist 指数：

$$M_{v,c}^{t+1} = \frac{D_v^{t+1}(x_i^{t+1}, y_i^{t+1})}{D_v^t(x_i^t, y_i^t)} \left[\frac{D_v^t(x_i^t, y_i^t)}{D_c^t(x_i^t, y_i^t)} \bigg/ \frac{D_v^{t+1}(x_i^{t+1}, y_i^{t+1})}{D_c^{t+1}(x_i^{t+1}, y_i^{t+1})} \right] \left[\frac{D_c^t(x_i^t, y_i^t)}{D_c^{t+1}(x_i^t, y_i^t)} \frac{D_v^t(x_i^{t+1}, y_i^{t+1})}{D_c^{t+1}(x_i^{t+1}, y_i^{t+1})} \right]^{1/2} \tag{3}$$

其中，技术变化部分不发生变动，技术效率分解成纯技术效率和规模效率，分别为第一项和第二项。

（二）数据、样本和变量的选取

DEA 方法计算的对象为样本的相对效率值。这种方法的好处在于可以利用多种投入和产出变量来进行求解，但从另一方面来说，DEA 方法虽然假定了投入和产出变量的关系，但并没有具体要求，致使样本的选取存在主观性和不确定性，因此，根本上来说，样本和变量选取的好坏很大程度上决定了 DEA 方法结果的准确性。

1. 样本选取。依照 DEA 模型的要求，本文选择了全国 30 个省中的 217 个地级以上城市作为研究对象，即 DEA 模型中的决策单元（DMU）。由于西藏自治区城市数据存在严重缺失，因此舍弃不用，部分数据缺失和异常皆取前后 2 年的平均数值予以替代。选取的时间期间为 2002~2011 年。选择这个时间段主要是基于以下考虑：（1）迈入新世纪以来，资源环境的限制以及"人口红利"逐渐消失对中国的影响愈发凸显，即 1995 年十四届五中全会提出"积极推进经济增长方式转变"后，2007 年，十七大进一步提出要"加快转变经济发展方式"，推进中国成为创新型国家。本文希望通过对这 10 年数据的分析了解经济转型过程中城市经济增长的特征和影响因素。（2）中国城市化进程从 20 世纪 90 年代开始加速，中国城市群历经了 10 年的扩张，数量急剧增长。选取这个时间段，有助于我们更全面、深入地了解中国城市化改革的成果。

2. 投入变量。一是资本存量。国内学者在对资本存量进行估算时，大多采用永续盘存法。但由于在估算过程中对若干关键性变量的选取存在分歧，因此结果也各有不同。且以往的估算多集中在全国及区域层次，对城市资本存量的估算尚未有一个较为合理的指标，若勉强估算，其结果缺乏足够的说服力[1]。在以往的研究中，金相郁（2006）和刘秉镰、李清彬（2009）曾用固定资产投资额作为资本存量的替代指标，结果较为可信，鉴于此，本文选取固定资产投资额作为对资本存量的替代。二是劳动变量。本文劳动力变量的具体指标采用从业人员数，它等于单位从业人员、私营和个体从业人员之和。

3. 产出变量。本文直接采用衡量地区经济产出指标的地区 GDP 作为产出变量。另笔者认为 DEA 方法测算的生产率是相对意义上的结果，价格因素影响不大，故本文直接利用各城市当年数据。与大多数研究不同的是，刘秉镰等（2009）认为，我国城市经济集中在市辖区，下辖县、乡经济尚未得到充分的发展，且结果较为可信，因此本文选择市辖区数据作为研究数据。具体变量指标描述见表 1。

表 1　　　　　　2002~2011 年 217 个城市投入产出指标描述性统计

	固定资产投资（亿元）	从业人员（万人）	GDP（亿元）
样本数	217	217	217
最大值	6 504.64	1 044.98	18 971.58
最小值	6.8641	3.43	15.1
均值	342.26	52.8	690.1
标准差	631.62	90.82	1 450.92

资料来源：《中国城市统计年鉴》和各城市国民经济和社会发展统计公报。

---

[1] 张军，章元. 对中国资本存量 K 的再估计 [J]. 经济研究，2003（7）：35-43.

三、城市全要素生产率的时序演进和空间分布特征

(一) 城市全要素生产率的总体特征

整体而言，2002~2011 年，中国城市全要素生产率经历了健康平稳的增长，全要素生产率的增长正成为中国城市未来发展的新引擎（见表2）。而与此同时，城市间的差距也进一步扩大，全要素生产率的改善存在严重的不平衡。

表2　217 个城市全要素生产率均值基本统计特征

指标	最小值	最大值	均值	标准差	大于1的城市个数	改善城市比重（%）
EFFCH	0.898	1.159	0.995	0.042	89	41.01
TECHCH	0.952	1.095	1.024	0.021	197	90.78
PECH	0.902	1.101	0.993	0.038	85	39.17
SECH	0.947	1.093	1.001	0.021	101	46.54
TFPCH	0.911	1.204	1.018	0.047	146	67.28

参照刘秉镰等（2009）的方法，把 217 个城市分成全要素生产率得到改善的城市和未得到改善的城市两大类，我们发现，技术效率是城市全要素生产率改善还是恶化的重要决定因素。从表3中我们可以发现，在生产率改善的146个城市中，有134个城市产生了技术进步上的改善，有89个城市实现了技术效率指标上的改善，两者均达到改善的只占到了总数的 53.42%。而在技术效率改善的89个城市中，81个城市存在纯技术效率的改进，80个城市存在规模效率的改进，二者均得到改善的城市有42个。而在生产率未改善的71个城市中，有70个城市存在技术效率恶化，占总数的 98.59%，8个城市是由于技术变化的下降，二者共同恶化的城市只有7个，而在技术效率未改善的70个城市中，单纯受规模效率拖累的城市有49个，同时受纯技术效率和规模效率双重拖累的城市占到一半以上，达到了 65.71%（见表4）。

表3　生产率改善城市中按来源分布

生产率改善总数（个）	146	所占比例（%）	技术效率改善总数（个）	89	所占比例（%）
EFFCH > 1	89	60.95	PECH > 1	81	91.01
TECHCH > 1	134	91.78	SECH > 1	80	89.89
EFFCH 且 TECHCH > 1	78	53.42	PECH > 且 SECH > 1	42	47.19

表4 生产率未改善城市中按来源分布

生产率改善总数（个）	146	所占比例（%）	技术效率改善总数（个）	89	所占比例（%）
EFFCH < 1	70	98.59	PECH < 1	67	95.71
TECHCH < 1	8	11.27	SECH < 1	49	70.00
EFFCH 且 TECHCH < 1	7	9.86	PECH 且 SECH < 1	46	65.71

总之，2002~2011年，全要素生产率已经成为中国城市增长的重要动力，但是，这种增长很不平衡。

（二）城市全要素生产率的时序演进特征

如表5所示，2002~2011年，我国217个地级以上城市生产率动态变化均值为1.018，这表示2011年较2002年城市生产率年均改善了1.8%，生产率取得了一定的提高。再来看生产率均值的分解，本文的结果显示生产率的提高主要来源于技术变化的改善，其在2002~2011年年均改善了2.4%；另外，技术效率变化动态平均值下降0.6%，这表明，我国生产率总体的提高主要由于技术进步，而不是技术效率的提高。此外，从图1我们可以看到，2002~2011年城市全要素生产率除在2008~2009年存在较大震荡之外，整体保持着良好的上升势头。效率变化则在持续波动中逐渐下滑，直到2010年底才有一个明显的回升。

表5 2002~2011年中国城市全要素生产率

年度	EFFCH 技术效率	TECHCH 技术进步	PECH 纯效率变化	SECH 规模效率变化	TFPCH Malmquist指数
2002~2003	0.974	0.934	0.977	0.997	0.910
2003~2004	1.029	0.991	1.031	0.998	1.019
2004~2005	1.084	0.948	0.977	1.109	1.028
2005~2006	1.030	0.952	1.023	1.007	0.980
2006~2007	0.860	1.193	0.879	0.978	1.026
2007~2008	0.960	1.173	1.005	0.955	1.126
2008~2009	1.060	0.898	1.021	1.038	0.952
2009~2010	0.796	1.301	0.910	0.876	1.036
2010~2011	1.210	0.910	1.133	1.068	1.101
均值	0.994	1.024	0.993	1.001	1.018

综上所述，2002年以来，我国城市生产率进入到持续改善阶段，在经历过20世

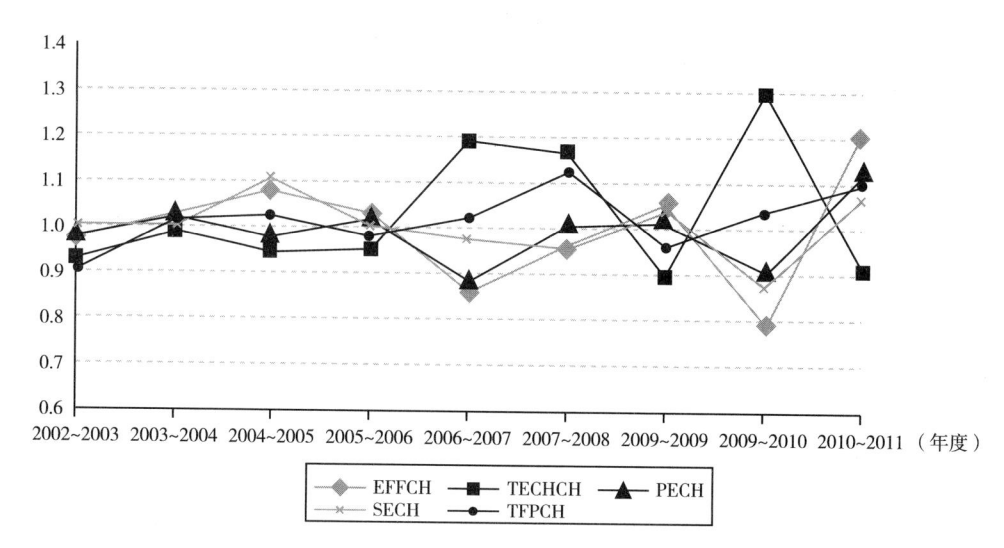

图1 2002～2011年217个城市全要素生产率均值变动

纪90年代中国城市化的急剧扩张之后，城市总体发展仍然处在一个良性、上升阶段。城市生产率的改善主要基于技术变化的改善，也充分印证了城市集聚效应对总体科技水平的促进。但是，我们也发现，技术效率的变化却呈现总体下降的特征。根据其分解，纯技术效率的下降是导致技术效率恶化的主要原因，而规模效率则在一定程度上改善了技术效率水平。这在一定程度上说明，我国城市的经济增长依然带有扩张阶段的粗放式增长特征，已有的技术资源尚未得以充分的挖掘。

（三）城市全要素生产率的空间特征

1986年，"七五"计划正式将我国划分为东部、中部和西部，并于1997年及2000年分别将重庆市、内蒙古和广西并入西部地区①。根据此标准，我们对东、中和西部地区城市全要素生产率特征及其变化进行了分析，估算结果如表6所示。

表6　2002～2011年城市全要素生产率的空间分布

区域	EFFCH	TECHCH	PECH	SECH	TFPCH
全国（217）	0.994	1.024	0.993	1.001	1.018
东部（94）	1.000	1.035	1.000	1.000	1.035
中部（76）	0.976	1.007	0.996	0.980	0.983
西部（47）	1.005	0.992	1.000	1.005	0.996

---

① 东部地区包括北京、天津、河北、辽宁、上海、江苏、浙江、福建、山东、广东和海南11个省（市）；中部地区包括山西、吉林、黑龙江、安徽、江西、河南、湖北和湖南8个省（区）；西部地区包括重庆、内蒙古、广西、四川、贵州、云南、陕西、甘肃、青海、宁夏、新疆和西藏12个省（区）。

从表6可知，在东部地区94个城市中，2002～2011年全要素生产率的动态变化均值为1.035，意味着全要素生产率年均改善了3.5%，明显高于217个城市的整体改善程度（1.8%），说明东部地区城市全要素生产率的提高明显优于全国平均水平。其中，技术进步的贡献尤为明显，改善了3.5%，而技术效率则没有获得改善。就生产率波动的空间结构而言，94个城市中生产率下降的城市占比26.60%，且这些城市均呈现出了技术变化上的上升和效率变化上的下降特征。这表明，提高对现有技术资源的利用效率，将成为未来发展的主要方向。

中部地区包含了76个城市，全要素生产率动态变化均值为0.983，意味着中部地区城市全要素生产率年均降低1.7个百分点，呈现出明显恶化趋势。其中，技术变化虽然上升了0.7%，但是，技术效率却下降了2.4%，起着较为明显的拖累作用。在33个生产率下降的城市中，技术效率的衰退依然表现出了关键性的作用。

在西部地区47个城市中，全要素生产率的动态变化均值为0.996，意味着西部地区城市全要素生产率年均降低0.4个百分点，同样存在恶化趋势，但比中部地区恶化的速度慢。同时，与中部地区不同的是，西部地区城市技术效率呈现较为明显的改善。就单个城市而言，有34个城市的全要素生产率得到了改善，改善的原因呈现出多元化，具体表现为：一是技术效率和技术进步的双重改善，像重庆、攀枝花、汉中等；二是技术效率获得了改善，技术进步没有发生，像宝鸡、咸阳等；三是技术进步得到了改善，但是技术效率没有改善，像成都、绵阳、玉溪等。另外，西部地区有13个城市全要素生产率存在明显恶化，主要原因仍然是技术效率恶化。总体上来说，西部地区城市的发展效率要比中部略好一点，但与东部地区相比仍还有一定距离。

图2描述了2002～2011年东、中、西部三大地区全要素生产率的波动情况。从中可知，无论就全国范围，还是东、中、西部区域来看，其全要素生产率均值的波动都存在着惊人的相似性。在经历2002～2006年的5年长期平稳期之后，2007～2008年均产生了不同程度的改善，且西部地区改善最为明显。而在2008～2009年，由于金融危机的爆发，中国也不可避免的受其影响，各地区城市的全要素生产率开始呈现出不同程度的下滑，也正是在这一时期，中共中央调整战略部署，强调要把推进自主创新作为转变经济发展方式的核心。从图2也可看出，从2008年以后，各地区城市的全要素生产率都呈现出不同程度改善。其中，改善程度最高的仍然是西部地区，达到了42.27%。但在2010～2011年，中部地区生产率呈现出了轻度下降趋势，这在验证前文研究结果的同时也进一步说明，中部地区城市在实现全要素生产率改善、推动自身创新发展的过程中存在着一定的问题。

综合各区域的结果可以发现，从整体变动均值来看，东部是唯一全要素生产率获得改善的地区，中部和西部地区城市全要素生产率都呈现出不同程度上的衰退，

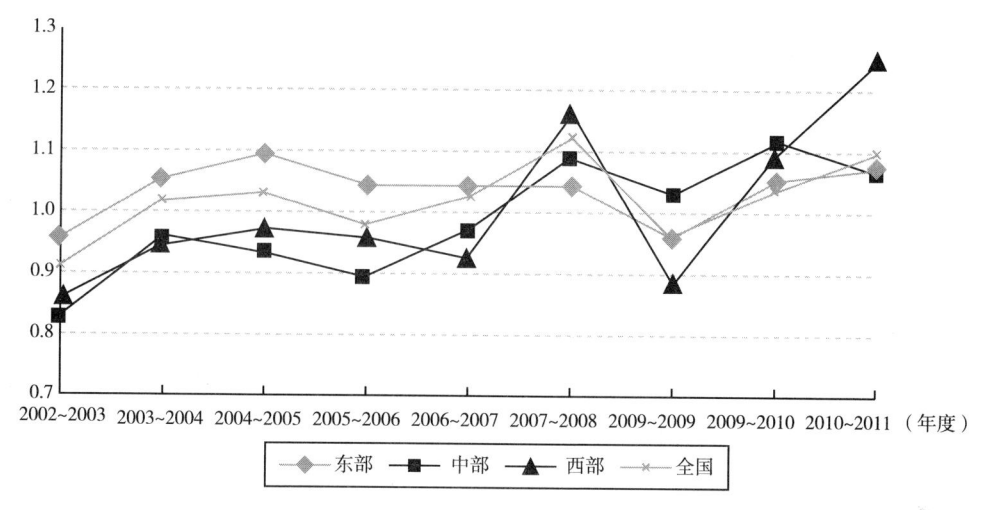

图2 2002~2011年分区域城市全要素生产率的波动

其中以中部地区衰退最为显著。另外，通过对各地区城市全要素生产率波动的分析发现，自2008年开始，各地区城市的全要素生产率都呈现出改善的良好趋势，我国的经济发展方式正在逐步发生转变。根据后发优势理论，落后地区可以通过对先进地区的学习，先进技术的引进和模仿，获得比发达地区更快的发展。现阶段，随着东部地区的产业转型升级，中部和西部地区获得了承接产业转移的机会，这种产业的梯度转移对于推动各区域的发展非常重要，也是实现自身转变发展方式的"黄金时期"。但是，我们的研究却发现，虽然中部地区表现出在承接产业转移过程中的技术进步，但技术效率却没有获得相应的改善。这表明，片面地强调新科技、新技术的引进不足以支撑城市未来的发展，唯有在提高自身科技水平的同时，注重对现有科技的消化、吸收、再创新，才能真正实现自身的发展。

（四）重点城市的全要素生产率特征

省会城市作为一省的政治、经济、科技和文化中心，其科技水平的提升和技术效率的改善在区域性研究中具有很高的研究价值，往往代表着特定区域未来的发展方向。本文选取26个省会城市以及4个直辖市进行重点研究。

由表7可知，30个省会城市全要素生产率均值为1.026，表明在2002~2011年，省会城市的全要素生产率较2002年年均上升了2.6%，其中技术效率改善了0.3%，技术进步上升了2.3%。虽然纯技术效率对生产率的变动造成了1.5%的拖累，但可以看出省会城市的全要素生产率依然呈现出改善的良好趋势。

表7　2002~2011年全国30个重点城市的全要素生产率

	EFFCH	TECHCH	PECH	SECH	TFPCH
北京	1.047	1.048	1.016	1.031	1.098
天津	1.004	1.027	0.956	1.050	1.031
石家庄	0.998	1.010	0.991	1.008	1.008
太原	1.024	1.000	0.992	1.032	1.024
呼和浩特	1.048	1.012	1.045	1.003	1.061
沈阳	0.993	1.018	0.939	1.057	1.011
长春	0.967	1.002	0.939	1.029	0.969
哈尔滨	1.001	1.011	0.959	1.044	1.012
上海	1.040	1.032	1.000	1.040	1.074
南京	0.997	1.039	0.968	1.030	1.036
杭州	0.965	1.058	0.952	1.014	1.022
合肥	0.944	1.016	0.922	1.023	0.959
福州	0.972	1.031	0.971	1.001	1.002
南昌	0.941	1.023	0.920	1.023	0.962
济南	0.972	1.027	0.971	1.001	0.998
郑州	0.980	1.021	0.967	1.014	1.000
武汉	0.985	1.010	0.927	1.062	0.995
长沙	1.030	1.012	1.019	1.010	1.042
广州	1.048	1.038	1.000	1.048	1.088
南宁	1.042	0.987	1.036	1.006	1.028
海口	0.985	1.048	0.985	1.000	1.032
重庆	1.027	1.011	0.997	1.031	1.039
成都	0.992	1.037	0.984	1.008	1.029
贵阳	1.032	0.952	1.027	1.005	0.983
昆明	0.937	1.040	0.930	1.008	0.975
西安	0.975	1.008	0.945	1.032	0.982
兰州	0.976	1.013	0.980	0.996	0.988
西宁	1.069	1.043	1.072	0.998	1.115
银川	1.061	1.041	1.059	1.003	1.104
乌鲁木齐	1.043	1.064	1.067	0.978	1.110
均值	1.003	1.023	0.985	1.020	1.026

此外，省会城市的全要素生产率变动存在明显的区域差异。在 19 个全要素生产率获得改善的省会城市中，东部地区占据了超过一半的份额。在 11 个东部省会城市中，仅济南市存在轻微的全要素生产率恶化，其余城市均保持正向改善的良好态势。其中，技术进步的上升和规模效率的提高成为全要素生产率上升的主要贡献因素。就中部省会城市而言，除了郑州的全要素生产率没有变化之外，全要素生产率恶化的城市占到了 4 成，并且技术效率的拖累成为决定性的因素。这说明，在实施"中部崛起"战略之后，虽然通过承接产业转移、区域间合作以及自身对科技事业的不断投入，技术水平有了显著的提高，但是片面强调技术水平的发展而忽视对现有技术的消化吸收已经成为制约中部城市全要素生产率进一步发展的主要壁垒。西部省会城市的全要素生产率均值为 1.358，且从生产率结果的分解结果来看，效率变化和技术变化均大于 1，这说明了西部地区正处于效率改善和技术进步同时出现的黄金时期。经过对西部个体城市的进一步剖析发现，西部地区内部省会城市呈现出明显差异性。其中，生产率的年均改善最高达 11.5%，生产率的年均恶化达到了 -2.5%，且有一半的省会城市经历着全要素生产率的恶化。这预示着我们在看到西部区域省会城市全要素生产率取得进步的同时，应该注意到个体发展的差异，并根据具体的情况加以改善。

四、中国城市全要生产率的影响因素分析

通过对我国城市的全要素生产率的时空变化特征的系统分析，不难发现，虽然就整体而言，我国全要素生产率呈现明显改善趋势，但就个体而言，改善程度参差不齐，差异较大。为了对城市全要素生产率时空特征有更深入地了解，我们试图深入揭示影响城市全要素生产率的各种因素。

（一）理论假设

在回顾国内外现有研究的基础上，对城市全要素生产率的影响因素进行了归纳，同时提出影响全要素生产率的理论假设。

1. 人力资本（AL）和全要素生产率之间呈正相关关系。内生增长理论认为全要素生产率对一国经济增长和发展具有决定作用，而人力资本则是全要素生产率诸多影响因素中最为重要的因素。现有研究发现，人力资本对技术进步和效率的提升都具有重要的促进作用（Islma，1995；Aiyard 等，2002；颜鹏飞等，2004；许和连等，2006；彭国华，2007；魏下海，2009）。

2. 研发支出（R&D）的提高有助于全要素生产率的改善。除人力资本外，研发支出也是学者考虑的另一重要因素，不仅可以直接提高科技资本存量，还可以促进知识溢出。Griliches 和 Lichtenberg（1984）通过分析 R&D 和美国制造业全要素生产率之间的关系发现，R&D 投入对生产率的提升有明显的促进作用。国内大多数研究

同样表明，R&D 和生产率之间确实存在正相关关系（吴延兵，2006；石凤光，2010；赵志耘等，2011；许小雨，2011）。

3. 产业结构（IN2）对全要素生产率的改善存在正向影响。配第—克拉克定理指出，随着经济的发展和国民收入水平的提高，产业结构存在逐步演化的过程，不同的产业结构对全要素生产率的变化会产生不同的影响。从现有成果看，第二、第三产业比重的提高有助于生产率的改善（符淼，2008；丁建勋，2009；许小雨，2011；许海平等，2011）。

4. 城市规模（SCA）和全要素生产率之间存在负相关关系。城市规模也是影响生产率的重要因素之一。传统经济理论认为，规模越大的城市能够产生集聚效应，促进劳动分工及生产率的提高。但近年来，有学者认为对于不同城市而言，其规模的扩张存在最佳城市规模的问题。并由此得出初步结论，城市规模的增长和城市全要素生产率之间均有负相关关系（金相郁，2004，2006）。

5. 政府行为（GC）对全要素生产率的变化存在影响。自 20 世纪 30 年代以来，相较于市场这只"看不见的手"，政府行为这只"看得见的手"的作用得到了肯定。但是，随着滞胀的出现，新自由主义意识形态的兴起，认为政府干预阻碍经济增长的观点开始占上风。国内大部分的研究成果肯定了政府在推动全要素生产率改善方面的积极作用（郭庆旺等，2005；郭玉清等，2006；曾淑婉，2013），但是，王小鲁等（2009）研究发现，行政管理成本的膨胀阻碍了全要素生产率的改善。

（二）变量与数据

本文的实证分析建立在 2002~2011 年面板数据基础之上，考虑到城市层面数据的可得性、完整性，选取如下指标（见表8）：

表8　　　　　　　　　城市全要素生产率影响因素的指标选取

影响因素	代理变量	预期符号
人力资本（AL）	普通中学和高等学校在校学生数/总人口	+
研发支出（R&D）	科技事业支出/一般预算内财政支出	+
产业结构（IN2）	第二产业/GDP	+
城市规模（SCA）	城市人口的年平均增长率	−
政府行为（GC）	一般预算内财政支出/GDP	+

资料来源：《中国城市统计年鉴》。

（三）模型选择和结果分析

同截面数据和时间序列数据相比，面板数据提供了更为丰富的模型与估计方法。因此，本文选择面板数据进行实证分析，面板数据模型构建如下：

$$TFP_{it} = \beta_0 + \beta_1 AL_t + \beta_2 R\&D_t + \beta_3 IN2_t + \beta_4 SCA_t + \beta_5 GC_t + \varepsilon_{it} \quad (4)$$

运用上述模型进行实证分析，由于每个城市的个体特征不同，可能存在不随时间而变的遗漏变量,故考虑固定效应模型。同时为了消除数据的非平稳性、协整和自相关,对被解释变量和自变量均做一阶差分处理,具体实证结果如表9所示。

表9 全要素生产率影响因素的实证结果①

变量	全国	东部	中部	西部
AL	1.240**	-0.169	2.365***	3.492*
	(2.33)	(-0.31)	(2.64)	(1.75)
R&D	-1.364	-1.751	-0.689	-0.956
	(-1.01)	(-1.30)	(-0.28)	(-0.17)
IN2	0.006***	-0.001	0.008**	0.016**
	(2.82)	(-0.18)	(2.45)	(2.30)
SCA	0.240**	0.250***	0.266	-0.911
	(2.09)	(2.73)	(0.62)	(-0.93)
GC	-1.600***	0.137	-0.631	-3.416***
	(-6.27)	(0.37)	(-1.50)	(-5.66)
常数项	0.032***	0.019**	0.030**	0.027
	(3.74)	(2.01)	(2.19)	(1.03)
F统计量	11.33	1.89	3.24	8.60

注:*、**和***分别代表10%、5%和1%的显著性水平。

首先,就人力资本而言,除东部地区外,全国及中部、西部地区符号同预期保持一致,且分别在不同的水平下显著。这说明人力资本的提高确实有助于全要素生产率的改善。这里就东部地区结果来说,虽然一般经济理论认为人力资本对生产率的改善起正向的促进作用,但在以往文献中结果却并非如此。华萍(2005)研究了不同教育水平对生产率的影响,发现不同教育水平对生产率有着不同的影响,只有大学教育对效率改善和技术进步都具有影响。结合本文选取的代理变量,可能对东部地区结果产生造成一定的扭曲。就人力资本对生产率的正向效应来看,主要包括两个方面:一方面,劳动者受教育水平的提高可以直接提高劳动生产率;另一方面,这种个人人力资本的提升和积累会对周围劳动者产生示范效应,即当某一劳动者由于培训、接受继续教育提升自身的从业能力,周边人群也会通过同样的途径来提升自己,从而促进总体生产率的提升。其次,就研发支出的结果,本文出现了迥然不

---

① 借助Stata 11软件进行回归,所得R2(within)、R2(between)、R2(overall)分别为0.0318、0.6635、0.0495。李子奈、潘文卿(2010)举出一个R2值仅达0.1354的模型实例指出,在模型总体线性关系显著的情况下,应肯定这一模型设计的有效性,并指出在计量回归分析中不必过分苛求R2值的大小,模型的拟合优度并不是判断模型设定质量的唯一标准,而更应该重点关注模型的经济关系是否合理。详见:李子奈,潘文卿.计量经济学(第三版)[M].北京:高等教育出版社,2010:73-77。

同的结果,即全国和各区域的研发支出对全要素生产率提高的影响并不显著,且均存在着负向的相关关系。笔者认为这可能一方面反映出科研费用支出方面存在一定的无效率,另一方面可能与代理变量指标选取有关,受限于城市R&D数据获取的困难,本文选取一般预算内财政支出中的科技事业支出占比成为R&D的代理变量,理论上来说,科技事业投入越大,相应的生产率得到改善的程度也就越大。但上述结果表明,这一代理变量结果并不理想。再次,产业结构的结果表明,第二产业对我国城市的全要素生产率有着明显的正向促进作用。笔者认为这主要通过两种途径:一种是企业出于自身利润最大化原则,不断加强对技术的研发,提升自身的竞争优势;另一种管理层面效率的提高,相关交易费用的减少带动了城市生产率的提高。而就城市规模,金相郁(2006)认为:城市规模能够提供各种生产要素的活动空间,城市规模太小,影响生产要素的正常利用效率,城市规模太大,也会影响效率。本文研究结果表明,城市的扩张能够为生产率的提高创造条件,中、西部的结果虽不显著,但正向的符号也一定程度上说明了这个特征。政府行为则是本文关注的又一个重要变量,基于我国特定的历史背景。而就生产率的提高而言,政府干预的作用往往要视情况而定。一般而言,政府通过事先规划、政策支持、资金投入,能有效地促进科技水平的提高,有助于生产率的改善;但还存在一种可能,过强的政府干预无益于甚至会阻碍生产率的提高。结合本文的实证结果,笔者发现,除了东部地区外,全国及中、西部城市的政府行为与全要素生产率之间均存在负相关关系,且全国及西部地区在1%的水平上显著,这反映出,我国政府行为普遍存在无效率现象。即制度方面的不完善和管理方面的无效率是造成其结果的主要原因。

结合上述实证结果和城市全要素生产率的时空特征分析可以发现,虽然生产率呈普遍改善趋势,但技术效率的恶化是导致生产率恶化的主要因素。为了对该现象给出进一步的解释,对生产率的改善提出更具有针对性的建议,本文运用式(4)对技术效率变化的影响因素做进一步探究。具体实证结果如表10所示。

表10　　　　　　　　　技术效率变化影响因素的实证结果

变量	全国	东部	中部	西部
AL	1.190**	0.031	2.358**	2.152
	(1.98)	(0.05)	(2.21)	(1.07)
R&D	-2.262	-0.968	-3.355	-5.965
	(-1.48)	(-0.62)	(-1.14)	(-1.03)
IN2	0.008***	-0.001	0.004	0.022***
	(2.95)	(-0.40)	(1.09)	(3.27)
SCA	0.152	0.184*	0.148	-0.860
	(1.17)	(1.74)	(0.29)	(-0.87)

续表

变量	全国	东部	中部	西部
GC	-1.450 ***	0.487	-0.976 *	-2.720 ***
	(-5.04)	(1.14)	(-1.95)	(-4.46)
常数项	0.040 ***	0.027 **	0.039 **	0.042
	(4.22)	(2.39)	(2.36)	(1.63)
F 统计量	8.41	0.94	2.32	6.82

注：*、** 和 *** 分别代表10%、5%和1%的显著性水平。

实证结果表明，东部地区方程整体显著性不通过，因此这里主要就全国及中、西部技术效率变化的影响因素进行探讨。就人力资本而言，对生产率普遍呈现出正向影响，其中，全国和中部地区在5%的水平下显著；R&D 对生产率的影响为负且在全国及中西区域中均不显著，这一方面如同上文所说，R&D 数据的选取存在一定问题，但同时，R&D 对技术效率和生产率同时表现出来的负向影响揭示了我国 R&D 资金的使用必然存在着严重的不合理性；产业机构对全国及中、西部地区均存在着正向的促进效应。这反映出各区域自身目前的发展特点。对中、西部而言，伴随着西部大开放、中部崛起战略的实施，工业化将是未来发展的主要任务，较强的工业生产服务需求，必将导致其第二产业产值占比继续增长，从而产生对生产率的持续促进作用；城市规模因素除与西部地区存在负向相关关系外，同全国及中部地区均存在促进作用。一般的经济理论认为，城市规模的扩大会产生正向的外部效应，促进效率的提高，但本文认为，其正向效应的实现还需满足两个假设前提：一是时间跨度足够，毫不怀疑地说，技术的进步和效率的提高均需要时间的积累；二是各项基础的完善，这包括人口总量、人口质量、相应配套政策等。而在这两个方面，中部地区较西部地区显然更有优势。最后是政府行为，从实证结果我们可以发现，对于全国乃至中、西部地区，政府行为均存在显著的负向影响。同时不得不说，在新中国成立之初，由于我国独特的历史背景和当时的国情，为了促进经济更好更长远地发展，国家势必要承担起经济建设的重担。然而，在改革开放之后，随着民营经济的迅猛发展，比较之下国家主导模型的弊端开始凸显，国有企业的机构臃肿，管理无效率等问题也愈发为人所诟病。在当今市场化大潮的今天，民营企业已经成为技术开发和技术创新的主力军，国家更应该管好"看得见的手"，以市场为导向，营造良好的环境，从而促进生产率的提高。

综上所述，尽管中国经济自改革开放以来实现了奇迹般的增长，但是，这种发展却表现出严重的区域不平衡。东部地区因开风气之先，成为改革开放的"试验田"，在人力资本的培养、产业结构的转变和市场化改革的推进等方面，东部地区都获得了较中、西部地区的比较优势，这成为东部地区引领全国发展的重要原因。而东部地区的城市是该地区经济增长与发展的火车头，当然也是全国发展的火车头。

因此，相对于中西部地区而言，东部地区城市的发展绩效更好。但是，随着我国经济发展方式的转变，产业结构的梯度调整，中、西部地区市场化的推进，中、西部地区将成为中国经济的新增长极，而中西部地区城市将成为这一波经济增长的新引擎。与此同时也要注意到，政府行为是导致地区城市技术无效率的主要原因。因此，下一步，地区政府应明确自身定位，加快转变政府职能，力争成为城市经济发展的推手，而不是阻碍。

五、结　论

运用数据包络分析（DEA）方法，我们对全国30个省217个地级市的全要素生产率的时空特征进行了分析，从中得出了以下结论：

第一，我国城市全要素生产率整体呈现改善趋势，经济发展方式开始从单纯的要素驱动逐步向创新驱动转变，全要素生产率的改善将成为我国经济增长新的引擎。纯技术效率的下降导致的技术效率的恶化将成为城市未来发展面临的主要问题。

第二，在推动生产率提高方面，东部地区城市依然处于领先地位。中、西部虽然存在着一定程度生产率的改善，但在发展过程中，重视技术的引进而不重视技术的消化吸收已经成为促进区域进一步发展的主要制约因素。

第三，人力资本和产业结构符合预期，对区域乃至全要生产率普遍存在显著的正向效应，但政府行为的结果却反映我国当下一个最严峻的问题，过多的政府干预阻碍了全要素生产率的改善，这将是未来政府改革的重点。

总之，自20世纪90年代中国城市化进程加速以来，城市在经济发展过程中的集聚效应开始凸显。但这并不意味着我国已经完成了经济发展方式的转变。就整体而言，一方面，我国城市全要素生产率改善对经济增长的贡献还略显单薄，且技术效率处于恶化状态之中；另一方面，我国城市全要素生产率改进严重不均衡，东部地区城市成为唯一全要素生产率持续改善地区。通过城市生产率的影响因素探究，我们发现人力资本的提高和产业结构的改善是决定生产率改善的主要因素，而政府对市场的干预行为则阻碍了生产率的改善。因此，在未来的城市发展中，我们仍然要加大教育的投入和提高教育质量，积极调整产业结构，加快转变经济发展方式，同时，积极转变政府工作模式，提高政府效率，降低对生产率的阻碍作用。

参 考 文 献

[1] Caves, D. W.; Christensen, L. R. and Diewart, W. E. "The Economic Theory of Index Numbers and Measurement of Input, Output Productivity" Econometrica 50, 1982.

[2] Griliches Z., Lichtenberg F. Inter-Industry technology flows and Productivity growth: A reexamination [J]. review of Economies Studies, 1984, 86: 324-329.

[3] Islam, N. Growth Epirics: A panel Data Approch [J]. 1995 (110): 1127-1170.

[4] Pritehett, L. Where has all the Education Gone? [J]. World bank Economic Review, 2001, 15: 367-291.

[5] Aiyar, S. and J. Feyrer. A Contribution to the Empirics of Total Factor Productivity [R]. Dartmouth College, Working Paper, 2002.

[6] Fare, R.; Grosskoph, S. Norris, M. and Zhang, Z. "Productivity Growth Technical Progress and Efficiency Change in Industrialized Countries", American Economic Review 84; 1994.

[7] Coelli, T. J., 1996. "A Guide to DEAP Version 2.1: a Data Envelopment Analysis (Computer) program。" CEAP Working Paper 96/08, Center for Efficiency and Productivity Analysis.

[8] Miller S. M., Upadhyay M. Total Factor Productivity and the convergence hypothesis [J]. Journal of Macroeconomics, 2002, 24 (2).

[9] 李京文, 钟学义. 中国生产率分析前沿 [M]. 北京: 社会科学文献出版社, 1998.

[10] 孙林, 孟令杰. 中国棉花生产效率变动: 1990~2001——基于 DEA 的实证分析 [J]. 数量经济技术经济研究, 2004 (2): 23-27.

[11] 颜鹏飞, 王兵. 效率、技术进步与生产率增长: 基于 DEA 的实证分析 [J]. 经济研究, 2004 (12): 55-65.

[12] 李郇, 徐现祥, 陈浩辉. 20 世纪 90 年代中国城市效率的时空变化 [J]. 地理学报, 2005 (4): 615-25.

[13] 华萍. 不同教育水平对全要素生产率增长的影响 [J]. 经济学, 2005 (4): 151-170.

[14] 郭庆旺, 赵志耘, 贾俊雪. 中国省份经济的全要素生活率分析 [J]. 世界经济, 2005 (5): 46-53.

[15] 金相郁. 中国城市生产率的研究 [J]. 上海经济研究, 2006 (6): 16-25.

[16] 金相郁. 中国区域生产率与决定因素: 1996~2003 [J]. 经济评论, 2007 (5): 107-112.

[17] 高春亮. 1998~2003 城市生产效率: 基于包络技术的实证研究 [J]. 当代经济科学, 2007 (1): 83-89.

[18] 许和连, 元朋, 祝树金. 贸易开放度、人力资本与全要素生产率: 基于中国省际面板数据的经验分析 [J]. 世界经济, 2006 (12): 3-10.

[19] 吴延兵. R&D 与生产率——基于中国制造业的实证研究 [J]. 经济研究, 2006 (11): 60-71.

[20] 彭国华. 中国地区全要素生产率与人力资本构成 [J]. 中国工业经济, 2007 (2): 52-59.

[21] 李双杰, 范超. 随机前沿与数据包络分析方法的评析与比较 [J]. 统计与决策, 2009 (7): 25-28.

[22] 魏下海. 贸易开放, 人力资本与中国全要素生产率 [J]. 数量经济技术经济研究, 2009 (7): 20-26.

[23] 刘秉镰, 李清彬. 中国城市生产率的动态实证分析: 1990-2006: 基于 DEA 模型的 Malmquist 指数方法 [J]. 南开经济研究, 2009 (3): 139-152.

价值链视角下中国区域创新效率的空间收敛性研究[*]

白俊红 王林东 蒋伏心[**]

摘 要：本文以中国大陆30个省级行政区域面板数据为基础，在价值链视角下，将技术创新过程分解为研发创新阶段和经济转化阶段，运用数据包络分析方法对我国各省份的研发效率和经济转化效率进行测算，并在此基础上运用空间计量的分析方法研究中国各地区在创新过程各个阶段的创新效率是否具有收敛性。研究结果表明：我国各地区的研发创新效率较高，经济转化效率相对较低；各地区在2001~2006年的研发创新效率之间的空间相关性较弱，2007~2012年的研发创新阶段和2001~2012年的经济转化阶段均具有明显的空间相关性；各个阶段的创新效率都存在绝对β收敛和条件β收敛特性，其中研发阶段创新效率的收敛速度明显比经济转化阶段高。

关键词：价值链 创新效率 空间效应 β收敛

一、引 言

改革开放以来，中国经济在保持持续增长的同时，地区间经济发展差距也在迅速扩大，区域经济发展不平衡问题日益成为制约国民经济健康发展的重要因素。如何缩小差距以促进区域经济协调发展便成为目前我国社会各界关注的焦点问题之一。技术创新作为经济增长的内生动力，区域间技术创新水平的差异在很大程度上也决定了区域间经济发展水平的差异。在此情形下，倘若区域间技术创新趋于收敛，无疑也可以为缩小地区间经济发展差距开辟一个新的途径，亦即通过缩小区域间技术创新差距来达到区域经济收敛的目的。本文即对区域间技术创新的收敛问题予以分析。具体地，本文将在测算我国各区域创新效率的基础上，对区域创新效率的收敛性予以检验。在Farrel（1957）的研究框架内，效率是一个相对的指标，代表了一个区域应用最小投入获得最大产出的能力，因而也更能体现一个地区的技术创新水平。

从理论上讲，区域间技术创新既有趋于收敛的动力，也有趋于发散的动力。这

---

[*] 基金项目：国家自然科学基金项目（71203097、71303122）、江苏省社会科学基金项目（12DDB009）、江苏省高校哲学社会科学研究重点项目（2013ZDIXM026）。

[**] 白俊红，南京师范大学商学院副教授，博士研究生导师。已在《经济研究》、《Regional Studies》、（SSCI）、《Innovation：Management，Policy & Practice》、（SSCI）、《财贸经济》、《管理世界》、《经济学（季刊）》、《中国工业经济》《金融研究》等刊物发表论文20余篇，主持国家及省部级课题多项。

是因为，一方面，随着区域经济一体化进程的不断深化，各地区创新体系之间的相互作用与合作不断加强，技术溢出效应可能会使落后地区缩小与先进地区之间的差距，不同地区的创新效率从长期来看可能会表现出趋同的特征。但是，另一方面，不同地区创新效率的高低会导致创新要素在地区间流动。正是由于创新要素的这种趋优性流动以及各地区对创新要素的争夺或溢出，创新效率较高的地区可以利用其技术优势，通过不断的技术进步和吸引数量更多、质量更高的创新要素，推动其创新效率进一步提高，从而扩大与落后地区的技术差距，从而使得地区间的创新效率水平趋于发散。那么，我国区域创新效率究竟是趋于收敛还是发散呢？本文拟对其予以检验，并以此为政府相关部门创新政策的科学制定提供参考。

二、文献综述与本文的创新之处

学界对收敛性问题的研究由来已久，收获颇丰。Ramsey（1928）基于新古典经济学框架的研究发现，封闭经济体系中的人均收入增长率与初始收入存在负相关特性。自此开始，区域经济收敛问题便成为区域经济学界讨论的一个重要问题。Abramovitz（1986）指出，收敛意味着不同地区的人均 GDP 或人均收入在长期内趋同，即生产力水平落后的国家有更大的潜力快速发展，其经济增长率将会高于发达国家。到 20 世纪 90 年代，一些学者将重点转向研究在开放经济中由国际贸易引起的技术扩散和外溢对各国经济收敛的影响。例如 Grossman 和 Helpman（1991）考察了国际贸易可能影响创新和经济增长的多种方式，得出的结论是落后国家与发达国家之间经济水平并不会趋于收敛，它们之间的差距会始终存在。而 Frankel 和 Romer（1999）等人的实证研究结果表明一个国家的对外开放程度与其国民人均收入收敛正相关。

随着研究的不断深入，一些学者开始认识到区域内的经济单元之间并不是独立存在的，可能会存在某种联系。由于经济活动中的要素流动、技术扩散和外溢等现象存在地理空间上的相互影响、相互作用，会使得各地区与邻近地区发生联系，地区间的经济活动可能会产生空间溢出效应和扩散效应。这些空间效应就会对不同地区的经济收敛产生影响。于是学者们开始尝试引入空间计量的方法实证分析各地区经济收敛性问题。如 Baumont（2001）等以欧盟国家为研究对象，运用空间计量方法研究了欧洲的经济收敛现象，结论认为欧洲地区的经济增长具有很强的空间相关特性，经济收敛受地理空间因素的影响很大。刘生龙和张捷（2009）运用空间计量模型对我国区域经济收敛性问题进行了实证检验，研究发现我国区域经济增长在长期内存在绝对 β 收敛和条件 β 收敛特征。

实际上区域间的经济收敛只是一种表象，技术进步和创新是导致不同国家和地区经济发展差距的主要原因，区域经济的发展水平在很大程度上取决于区域的技术创新水平，因此区域技术创新活动方面存在的收敛就能够在某种程度上决定区域经济的收敛程度（潘雄锋，2013）。Archibugi 和 Pianta（1994）认为如果不同国家之间的创新能力趋向于收敛，那么就有可能导致这些国家的人均劳动生产率或人均收入也会出现收敛。Patel 和 Pavitt（1994）采用 σ 收敛验证了 OECD 国家的技术创新活动存在的收敛特征。Furman 等（2002）也以 OECD 国家为研究对象，采用 α 收敛和 β 收敛对这些国家的创新情况进行研究，得出了 OECD 国家的技术创新存在收敛现象的结论。孙建（2010）使用 1996～2006 年的省际数据，运用参数与非参数方法对中国区域创新能力的收敛性进行研究，结论表明中国区域创新能力存在条件收敛特性；李婧等（2008）将创新效率分解为纯技术效率和规模效率，运用传统绝对 β 收敛检验模型进行研究，发现我国各地区的技术效率、纯技术效率、规模效率均具有明显收敛的特征；白俊红等（2008）在测算了我国各省区创新效率的基础上，分别运用传统绝对 β 收敛和条件 β 收敛检验创新效率的收敛特性。检验结果表明全国及三大地区条件收敛显著，并分析了促成其显著收敛的因素。

总体来说，目前有关区域收敛问题的研究已取得较为丰富的成果，但是关于中国区域创新效率收敛性问题的研究还存在以下几点不足：第一，虽然已有一些研究开始关注区域创新收敛问题，但却鲜有将区域创新效率与空间效应综合起来进行区域创新能力的收敛性考虑。事实上，创新效率代表了一个创新体系应用最小投入获得最大产出的能力，是体现不同地区创新水平高低的关键因素，而地理空间效应可能导致区域间的创新效率存在空间自相关特征。忽视了其中任何一方都将是不全面和不系统的。而且就目前的研究成果而言，大多集中于考察空间效应对经济收敛的影响，而空间效应对创新效率收敛影响的相关研究还较为匮乏。第二，以往的相关研究在考察创新收敛性时没有足够重视创新价值链对创新效率收敛有可能造成的影响。事实上，随着技术创新能力的不断提高，不同地区创新能力的竞争已经转向整个价值链创新能力的竞争。由于创新过程是一个从知识创造到成果应用的多阶段、多要素投入产出的价值链传递过程，创新过程应该至少分为创新成果研发和创新成果应用两个相关联的子过程。这些创新环节既相互独立，又相互联系、渗透，构成一个完整的创新价值链。另一方面，在创新活动的不同环节，由于其投入产出的不同以及环境条件的差异，进而也会导致创新效率的差异。如果忽略了创新系统的内部结构及内在运行机制，仅将创新过程看作黑盒子，并不能全面地展现区域创新活动的特点，从而也影响了结论的精确性。

基于以上不足，本文的创新点主要体现在：第一，基于创新价值链的视角，将创新活动分为研发创新阶段和经济转化阶段，系统地考察这一过程中研发效率和转化效率的收敛问题，从而较为全面地反映各地区创新活动在整个创新价值链上的收敛信息，使得创新体系的内在运行机制更为清晰，进而为我国各地区提高创新效率，促进效率收敛提供了切实有效的实施途径。第二，在考察创新效率收敛的过程中，考虑了可能存在的地区间空间相关特性的影响，从而更加精确地描述区域创新效率的空间收敛特征。

三、研究方法与数据处理

（一）研究方法

1. 效率测度的超效率 DEA 模型。DEA 方法是评价决策单元有效性问题时常用的方法之一。但是，传统 DEA 模型在评价决策单元有效性时面临着一个问题，即有可能出现多个决策单元同时有效的情况，而此时将无法评价哪个决策单元相对更为有效。超效率 DEA 方法能够较好地解决这一弊端，可以对效率达到最优的决策单元进行再排序。因此本文采取超效率 DEA 方法测度我国不同地区的创新效率。其模型为：

$$\min \theta^{super} \quad (1)$$

$$s.t. \sum_{j=1, j \neq k}^{n} x_{ij}\lambda_j + s_i^- = \theta^{super} x_0, i = 1,2,\cdots,m \quad (2)$$

$$\sum_{j=1, j \neq k}^{n} y_{rj}\lambda_j - s_r^+ = y_0, r = 1,2,\cdots,s \quad (3)$$

$$\lambda_j \geq 0, j = 1,2,\cdots,n, s_r^+ \geq 0, s_i^- \geq 0. \quad (4)$$

其中，θ^{super} 为效率指数，λ_j 是输入输出系数，θ^{super} 与 λ_j 都属于决策变量；x_{ij} 为第 j 个评价对象的第 i 个输入指标值，y_{ij} 为第 j 个评价对象的第 r 个输入指标值；s_r^+ 为输出指标松弛变量，s_i^- 为输入指标松弛变量。

当效率指数 $\theta \geq 1$ 时，说明该地区的创新活动是有效率的。$\theta = 1$ 表明该创新体系的创新投入正好转化为最大的创新产出，创新活动刚好达到最优效率；如果 $\theta > 1$，则表明科技创新活动的投入产出超过了最优效率。例如江苏省在 2011 年研发阶段的创新效率值为 1.068，则表示该地区即使再等比例增加 6.8% 的创新投入，其创新活动仍能保持相对有效，即效率值仍能维持在 1 或 1 以上。当 $\theta < 1$ 时，表示创新活动中投入产出没有达到最优效率，即没有将创新投入完全转化为创新产出。

2. 空间自相关分析模型。区域创新效率存在的空间相关性主要体现在创新要素的趋优性流动以及各地区对创新要素的争夺或溢出，这将会导致各地区与邻近地区发生空间联系。本文通过计算 Moran'I 指数来检验中国区域创新效率是否具有自相关特征。Moran'I 指数定义为：

$$\text{Moran'I} = \frac{n}{\sum_{i=1}^{n}\sum_{j=1}^{n} w_{ij}} \times \frac{\sum_{i=1}^{n}\sum_{j=1}^{n} w_{ij}(x_i - \bar{x})(x_j - \bar{x})}{\sum_{i=1}^{n}(x_i - \bar{x})^2} \quad (5)$$

其中，x_i 为观测值，$\bar{x} = \frac{1}{n}\sum_{i=1}^{n}x_i$，$W_{ij}$ 为空间权重矩阵，一般表示为 N 维的矩阵 W ($N \times N$)。Moran'I 统计量的取值范围为 -1 到 1，该指数大于 0 表示研究的变量具有正的空间相关性，小于 0 表示变量具有负的空间自相关性。指数的绝对值越大表明变量的空间相关特征越明显。仅当 Moran'I 接近期望值 $-1/(n-1)$ 时，表示观测值之间相互独立，在空间上随机分布。

3. 收敛的测度。

（1）传统收敛模型。在内生经济增长理论中，有一个重要的概念就是 β 收敛，是指人均收入的增长率与其初始水平负相关，即落后地区比发达地区有更高的增长率，这样不同地区的经济水平在长期内就会趋同。目前研究收敛问题常用的模型是绝对 β 收敛模型和条件 β 收敛模型。绝对 β 收敛表示各个地区均会达到相同的稳态增长水平。该模型的形式为：

$$\frac{\ln(EF_{iT}/EF_{i0})}{T} = \alpha + \beta \ln EF_{i0} + \varepsilon_i \tag{6}$$

其中，EF_{i0} 为各省区期初的创新效率，EF_{iT} 为期末的创新效率，T 为观察期时间跨度，α 为常数项，β 为收敛系数，ε_t 为随机误差项向量。如果 $\beta<0$，则说明区域间的创新效率区域收敛，反之则发散。

如果不存在绝对 β 收敛，但是考虑到其他方面的因素可能对区域创新效率产生影响，加入一些代表这些因素的环境变量以后使 β 系数的符号发生了相反的变化，此时即为条件 β 收敛。条件 β 收敛意味着各个区域由于某些方面条件的不同而收敛于各自的稳定状态。其形式为：

$$\frac{\ln(EF_{iT}/EF_{i0})}{T} = \alpha + \beta \ln EF_{i0} + BX_{it} + \varepsilon_i \tag{7}$$

其中，X 表示环境变量，B 为环境变量的系数。

另外，根据收敛系数的估计值，还可以计算收敛速度 s；以及收敛的半生命周期 τ，即落后地区追赶上发达地区所需要的时间。计算公式分别为：

$$s = -\ln(1+\beta)/T \tag{8}$$

$$\tau = \ln(2)/s \tag{9}$$

（2）考虑空间效应的收敛模型。上述 β 收敛模型是基于传统计量方法进行分析的。考虑到相邻地区间由于创新要素的流动会导致各地区与邻近地区发生联系，从而使区域创新效率具有空间相关性。这种空间相关性表现为：一个地区的创新效率可能与周围临近地区以及整个系统内的创新效率增长情况相关；一个地区的创新效率可能不仅与该地区初始的创新效率水平有关，同时还有可能与其他临近地区创新效率的随机误差项有关。因此，这种空间相关性在空间计量模型中体现在因变量的滞后项和误差项。本文将引入空间计量分析中的空间滞后模型（SAR）和空间误差模型（SEM）方法进行分析。这两个模型的基本形式如下：

a. 空间滞后模型。绝对 β 收敛和条件 β 收敛的空间滞后模型表达式分别为：

$$\frac{\ln(EF_{iT}/EF_{i0})}{T} = \alpha + \beta\ln EF_{i0} + \rho W\left(\frac{\ln(EF_{iT}/EF_{i0})}{T}\right) + \varepsilon_i \quad (10)$$

$$\frac{\ln(EF_{iT}/EF_{i0})}{T} = \alpha + \beta\ln EF_{i0} + \rho W\left(\frac{\ln(EF_{iT}/EF_{i0})}{T}\right) + BX_{it} + \varepsilon_i \quad (11)$$

其中，ρ 为空间滞后系数，反映了样本观测值的空间依赖作用，即相邻地区对本地区观测值影响的方向和程度；W 为 $n \times n$ 阶的空间权重矩阵。

b. 空间误差模型。绝对 β 收敛和条件 β 收敛的空间误差模型表达式分别为：

$$\frac{\ln(EF_{iT}/EF_{i0})}{T} = \alpha + \beta\ln EF_{i0} + (I - \lambda W)^{-1}\mu_i \quad (12)$$

$$\frac{\ln(EF_{iT}/EF_{i0})}{T} = \alpha + \beta\ln EF_{i0} + BX_{it} + (I - \lambda W)^{-1}\mu_i \quad (13)$$

其中，λ 为空间误差系数，μ 为正态分布的随机误差项向量。需要指出的是，在本文的实证检验中，上式的被解释变量使用的是当期的增长率，解释变量为滞后一期的面板数据，即 $T=1$。

（二）变量与数据处理

运用超效率 DEA 方法测度效率，投入产出变量的选取是关键。本文在价值链视角下将创新活动分解为研发创新和经济转化两个阶段，各阶段变量的选取也不尽相同。

在研发创新阶段，R&D 经费支出和 R&D 人员投入充分显示了一个地区的创新规模和潜力，是一个地区研发创新投入能力的综合体现。因此本文采用 R&D 经费支出和 R&D 人员投入作为测度一个地区研发创新效率的投入指标，并借鉴白俊红等（2009）的做法，将 R&D 经费支出由流量指标核算成以 2001 年为基期的资本存量指标；在产出变量方面，专利是一个经常被采用的指标。由于专利申请量会受到专利审查机构审查能力的限制而存在待审期，相比较之下专利授权量更能客观地反映出一个地区当期的原始创新能力和科技综合实力，因此本文选取专利授权量作为衡量研发创新产出的指标。

在经济转化阶段，创新的主体主要是企业。企业创新的投入要素主要包括新产品研发经费和从业人员，以及研发创新阶段的产出。因此，本文选取专利授权量、新产品开发经费和从业人员年平均数作为经济转化阶段的投入变量。其中将新产品开发经费同样换算成以 2001 年为基期的资本存量；企业的创新产出以新产品销售收入来衡量，并采用工业品出厂价格指数将历年的新产品销售收入折算成以 2001 年为基期的实际值。

本文以 2001~2012 年中国大陆 30 个省、市、自治区为分析样本（西藏由于缺乏相关数据，将其略去）。原始数据来源于相关年份的《中国统计年鉴》《中国科技统计年鉴》及《中国高技术产业统计年鉴》。

四、结果与讨论

（一）创新效率值的测算

依照投入导向和规模报酬不变的超效率 DEA 模型，利用 DEA-solver 软件包计算 2001~2012 年我国各省区创新活动在研发阶段和经济转化阶段的效率值。结果如表 1 和表 2 所示。

表 1　　　　　　　2001~2012 年各地区研发创新阶段效率值

	2001年	2002年	2003年	2004年	2005年	2006年	2007年	2008年	2009年	2010年	2011年	2012年
北京	0.139	0.165	0.181	0.187	0.184	0.152	0.164	0.181	0.173	0.205	0.220	0.192
天津	0.215	0.272	0.280	0.317	0.322	0.296	0.300	0.317	0.241	0.262	0.272	0.250
河北	0.282	0.424	0.352	0.372	0.325	0.260	0.281	0.261	0.207	0.226	0.215	0.208
山西	0.224	0.208	0.252	0.277	0.213	0.147	0.172	0.159	0.154	0.177	0.173	0.184
内蒙古	0.444	0.518	0.468	0.450	0.374	0.281	0.299	0.243	0.179	0.179	0.171	0.157
辽宁	0.220	0.275	0.296	0.330	0.314	0.265	0.276	0.284	0.231	0.253	0.286	0.222
吉林	0.217	0.295	0.268	0.359	0.289	0.224	0.216	0.210	0.146	0.140	0.153	0.126
黑龙江	0.191	0.288	0.306	0.321	0.285	0.248	0.238	0.222	0.172	0.166	0.273	0.337
上海	0.227	0.361	0.722	0.522	0.541	0.464	0.550	0.494	0.406	0.447	0.401	0.313
江苏	0.209	0.316	0.311	0.390	0.379	0.368	0.470	0.526	0.608	0.689	1.068	0.805
浙江	0.640	1.103	1.043	1.173	1.327	1.695	1.839	2.074	1.726	1.539	1.252	1.312
安徽	0.161	0.241	0.210	0.239	0.241	0.194	0.224	0.212	0.270	0.378	0.634	0.531
福建	0.390	0.666	0.652	0.586	0.546	0.452	0.419	0.339	0.336	0.375	0.375	0.347
江西	0.276	0.388	0.342	0.327	0.317	0.229	0.246	0.236	0.197	0.220	0.255	0.264
山东	0.375	0.426	0.400	0.495	0.439	0.447	0.484	0.420	0.388	0.414	0.403	0.354
河南	0.224	0.285	0.259	0.315	0.292	0.265	0.283	0.314	0.243	0.260	0.263	0.254
湖北	0.150	0.184	0.194	0.250	0.242	0.209	0.236	0.259	0.221	0.255	0.242	0.217
湖南	0.257	0.334	0.371	0.396	0.363	0.386	0.308	0.281	0.237	0.286	0.284	0.272
广东	0.510	0.788	1.004	1.199	1.150	0.696	0.633	0.566	0.498	0.494	0.454	0.355
广西	0.353	0.410	0.391	0.387	0.306	0.245	0.262	0.252	0.192	0.186	0.194	0.186
海南	1.582	0.907	0.960	0.855	0.601	0.538	0.534	0.456	0.366	0.294	0.280	0.258
重庆	0.278	0.534	0.673	0.845	0.696	0.591	0.489	0.399	0.441	0.534	0.617	0.548
四川	0.168	0.201	0.200	0.246	0.225	0.250	0.273	0.318	0.356	0.469	0.407	0.393
贵州	0.239	0.325	0.309	0.368	0.376	0.366	0.387	0.350	0.283	0.301	0.306	0.361
云南	0.382	0.409	0.358	0.386	0.381	0.305	0.315	0.252	0.254	0.251	0.246	0.235

续表

	2001年	2002年	2003年	2004年	2005年	2006年	2007年	2008年	2009年	2010年	2011年	2012年
陕西	0.063	0.094	0.086	0.131	0.110	0.099	0.112	0.134	0.133	0.167	0.188	0.164
甘肃	0.113	0.130	0.117	0.150	0.135	0.146	0.142	0.126	0.108	0.123	0.153	0.158
青海	0.185	0.211	0.167	0.131	0.134	0.115	0.207	0.211	0.171	0.092	0.173	0.121
宁夏	0.318	0.398	0.502	0.422	0.259	0.233	0.175	0.330	0.304	0.290	0.143	0.136
新疆	0.559	0.588	0.550	0.592	0.583	0.510	0.500	0.436	0.320	0.316	0.295	0.277
全国	0.274	0.398	0.412	0.458	0.436	0.387	0.406	0.400	0.376	0.409	0.432	0.386

表2　　　　　　　　2001~2012年各地区经济转化阶段效率值

	2001年	2002年	2003年	2004年	2005年	2006年	2007年	2008年	2009年	2010年	2011年	2012年
北京	1.029	1.031	1.041	1.041	1.003	0.572	0.551	0.540	0.551	1.031	1.011	1.064
天津	2.294	2.401	2.429	2.484	2.404	2.255	2.294	2.297	2.353	2.227	2.362	2.178
河北	0.065	0.067	0.074	0.085	0.089	0.094	0.100	0.112	0.102	0.106	0.112	0.118
山西	0.104	0.105	0.113	0.126	0.136	0.131	0.132	0.154	0.147	0.151	0.158	0.153
内蒙古	0.005	0.004	0.004	0.004	0.004	0.004	0.004	0.004	0.004	0.004	0.005	0.005
辽宁	0.126	0.133	0.149	0.156	0.162	0.175	0.175	0.187	0.183	0.204	0.225	0.264
吉林	0.054	0.054	0.054	0.054	0.058	0.060	0.061	0.059	0.059	0.063	0.063	0.066
黑龙江	0.188	0.202	0.209	0.261	0.290	0.352	0.381	0.416	0.395	0.489	0.484	0.519
上海	0.567	0.531	0.443	0.459	0.448	0.448	0.413	0.420	0.417	0.429	0.435	0.531
江苏	0.297	0.264	0.243	0.222	0.214	0.205	0.188	0.170	0.156	0.157	0.156	0.161
浙江	0.139	0.129	0.119	0.113	0.109	0.106	0.104	0.104	0.104	0.106	0.110	0.114
安徽	0.039	0.036	0.036	0.037	0.036	0.037	0.036	0.035	0.031	0.031	0.031	0.031
福建	0.397	0.379	0.347	0.345	0.336	0.330	0.336	0.349	0.339	0.328	0.328	0.352
江西	0.080	0.079	0.084	0.096	0.100	0.115	0.119	0.121	0.113	0.124	0.130	0.130
山东	0.214	0.206	0.196	0.188	0.181	0.178	0.170	0.172	0.165	0.179	0.185	0.194
河南	0.048	0.052	0.056	0.057	0.060	0.061	0.062	0.064	0.063	0.064	0.059	0.060
湖北	0.051	0.048	0.047	0.050	0.048	0.049	0.050	0.046	0.045	0.045	0.047	0.049
湖南	0.051	0.053	0.053	0.059	0.061	0.063	0.067	0.061	0.058	0.057	0.055	0.057
广东	0.172	0.153	0.137	0.119	0.116	0.120	0.119	0.119	0.114	0.115	0.122	0.140
广西	0.053	0.052	0.052	0.057	0.060	0.067	0.068	0.068	0.065	0.069	0.074	0.077
海南	0.180	0.161	0.148	0.139	0.140	0.137	0.141	0.134	0.120	0.126	0.132	0.135
重庆	0.100	0.098	0.102	0.101	0.104	0.108	0.113	0.111	0.100	0.100	0.089	0.085
四川	0.212	0.214	0.226	0.237	0.247	0.245	0.236	0.228	0.220	0.218	0.221	0.223

续表

	2001年	2002年	2003年	2004年	2005年	2006年	2007年	2008年	2009年	2010年	2011年	2012年
贵州	0.087	0.090	0.098	0.106	0.111	0.116	0.124	0.144	0.140	0.148	0.161	0.187
云南	0.114	0.121	0.126	0.135	0.142	0.151	0.157	0.163	0.156	0.172	0.180	0.181
陕西	0.092	0.092	0.112	0.108	0.134	0.154	0.155	0.159	0.147	0.155	0.161	0.188
甘肃	0.037	0.041	0.048	0.054	0.065	0.068	0.076	0.080	0.078	0.089	0.098	0.101
青海	0.044	0.053	0.054	0.067	0.071	0.082	0.075	0.081	0.074	0.093	0.089	0.096
宁夏	0.040	0.043	0.043	0.043	0.052	0.070	0.069	0.067	0.065	0.074	0.096	0.095
新疆	0.183	0.181	0.202	0.213	0.245	0.281	0.291	0.318	0.287	0.343	0.374	0.435
全国	0.225	0.218	0.211	0.206	0.208	0.211	0.209	0.206	0.198	0.202	0.205	0.220

从表中的结果可以看出，不同区域的研发创新效率和经济转化效率均存在着明显差异。全国的研发创新效率较高，且大部分省份的研发效率都呈现出先递增后递减的情况，可能原因是初期由于要素的边际回报递增导致研发效率逐年增加，但后期由于研发体系、管理方法等方面已经不能适应当期的创新规模，随着研发投入要素的进一步增加，边际回报递减效应导致研发效率递减；全国的经济转化效率明显偏低，并且这种情况多年以来都没有得到改善。另外，根据对不同地区不同阶段的创新效率值进行分析，可以将我国的区域创新情况大致分为以下四类。

第一类为研发创新效率高，经济转化效率高。该类型主要以上海为代表。这类地区经济发展水平较高，教育与科技结合比较密切，拥有较为丰富的教育资源和科技资源，知识产出和经济转化都比较理想。这类地区创新能力已经达到相对较高的水平，具有较为成熟的科技创新体系和创新模式。

第二类为研发创新效率高，经济转化效率低。该类型主要以江苏、浙江为代表。这类地区科教资源丰富，研发效率较高。但是由于教育、科研机构研发与企业经济转化联系不紧密等原因，研发创新成果不能较好地转化为经济效益。要想提高转化效率，应该加快产学研结合，提高研发创新成果转化率，促使研发成果能够较快较好地转化为经济效益。

第三类为研发创新效率低，经济转化效率高。该类型主要以北京、天津为代表。这类地区一方面教育资源过于丰富，资源投入相对过大，即使科研能力很强，也不可避免地造成相当大一部分研发资源的浪费。另一方面经济发展水平高，科研机构与企业联系紧密，研发创新成果能够较快地转化为经济效益。这类地区需要精简高校及科研机构创新体系，减少资源冗余，提高研发效率，避免不必要的浪费。

第四类为研发创新效率低，经济转化效率低。该类型由于导致研发创新效率低的原因不同而分为两小类。第一小类主要以湖北、陕西、湖南为代表，这类地区高校教育资源规模庞大，研发要素投入相对过大，同时又由于经济发展水平较低、科研机构与企业联系不紧密等原因,导致创新效率、转化效率都较低。这类地区一方面需要精简科研体系,另一方面需要加强产学研结合以提高整体创新效率。第二小类主要以甘肃、青海、宁夏为代表,这类地区科教资源过于缺乏,科研能力相对不足,同时市场化水平低,经济落后。要想改变现状,需要政府通过宏观调配和政策倾斜来提高这类地区的资源投入,同时要加大市场开放力度,改革现有创新体制,努力提高创新效率。

从第二、第三分类可以看出,在创新过程的研发和经济转化两个阶段,某一阶段创新效率高、某一阶段创新效率低同时出现的情况主要集中在发达省份。这在一定程度上表明,随着这些地区创新规模的扩大,制度问题和管理问题逐渐凸显。现有的管理制度、管理方法已经不能适应其如此大的创新规模,要想改变现状,应该加强制度及管理创新,引进新的管理理念,建立新的制度体系,确保这类地区科技创新活动的持续、健康发展。

以上的分类表明,我国区域创新效率存在明显的空间差异特征。基于此,为了全面地描述我国区域创新效率的空间动态特征和发展趋势,本文将从空间经济学的角度考察区域创新效率是否存在空间相关性,然后进行收敛性检验。

(二)区域创新效率值的空间自相关检验

运用 Geoda 软件采用 Queen 方法建立一阶空间权重矩阵,对我国各地区在创新活动各阶段的效率值进行空间自相关性检验,测算出 Moran'I 指数,并对其选择 999 次空间排列次数,判断显著性水平,结果如表 3 所示。

表3　　2001~2012 年中国区域创新各阶段效率值的 Moran'I 指数

年份	研发创新阶段 Moran'I	研发创新阶段 P 值	经济转化阶段 Moran'I	经济转化阶段 P 值
2001	0.017	0.220	0.314 ***	0.002
2002	0.093	0.117	0.304 ***	0.004
2003	0.162 *	0.050	0.306 ***	0.001
2004	0.056	0.201	0.299 ***	0.002
2005	0.103 *	0.090	0.292 ***	0.001
2006	0.074	0.118	0.151 ***	0.001
2007	0.124 **	0.025	0.140 ***	0.005
2008	0.095 **	0.011	0.133 ***	0.004
2009	0.155 ***	0.009	0.137 ***	0.004
2010	0.241 ***	0.003	0.302 ***	0.005
2011	0.390 ***	0.002	0.283 ***	0.004
2012	0.297 ***	0.009	0.299 ***	0.003

注:***、**、* 分别代表1%、5%和10%的水平下显著。

由表3可知，在研发创新阶段，以2007年为界，2007年之前的研发效率空间自相关性较弱，2007年之后研发创新效率的Moran'I值均通过了1%的显著性检验，并表现出了明显的正的空间相关性。这说明，在2007年以前，我国研发创新阶段的创新要素在地区间的流动并不迅速，各地区的研发创新活动相对较为独立；2007年之后，随着中国区域经济一体化进程的不断深化，各地区创新体系之间的相互作用与合作不断加强，研发创新要素的趋优性流动加快以及各地区对研发创新要素的争夺或溢出加剧，导致各地区的研发创新效率表现出明显的空间依赖特性。在经济转化阶段，考察年份内的中国区域创新活动的转化效率值均通过了显著性检验，并且表现出了明显的正的空间相关性。

以上分析结果表明，我国的区域创新效率水平在地理空间上并不是随机分布的，而是受到空间相关区域的影响，存在着较强的空间集聚性。正是由于地区间的这种空间效应以及各地区经济、科技和教育等发展的不均衡，导致了我国技术创新效率存在空间分布的特征，区域间空间效应明显。因此，在接下来进行区域创新效率的收敛性检验时不能忽视空间因素的作用。

（三）中国区域创新效率的收敛性检验

由于创新效率存在空间相关特征，传统 β 收敛模型可能不能很好地拟合，需要通过运用纳入空间效应的计量模型对中国区域创新活动两个阶段的创新效率进行检验，以揭示中国区域创新效率的收敛性特征。本文构建的空间计量模型分别为空间滞后模型和空间误差模型。由于事先无法确定哪个空间计量模型能够更好地拟合，一般需要通过比较拉格朗日乘子（LM）来检验。例如，如果在检验中发现 LM（Lag）较 LM（Error）更为显著，则可以判断空间滞后模型是比较适合的模型，反之空间误差模型更为合适。如果拉格朗日乘子无法检验时，还可以进一步比较 Robust LM（Lag）和 Robust LM（Error）。

1. 绝对 β 收敛分析。为了进行对比分析，本文运用 Matlab 2014a 软件首先利用最小二乘法分别对研发阶段和经济转化阶段创新效率的传统 β 收敛模型进行估计，然后运用考虑了地理空间效应的收敛模型进行空间计量分析，结果如表4所示。

表4　　创新效率值的绝对 β 收敛模型参数估计结果

变量	研发创新阶段			经济转化阶段		
	OLS	SAR	SEM	OLS	SAR	SEM
α	-0.086*** (0.001)	-0.086*** (0.001)	-0.092*** (0.001)	0.011 (0.297)	0.011 (0.292)	0.021** (0.053)
β	-0.075*** (0.0001)	-0.286*** (0.000)	-0.272*** (0.000)	-0.006 (0.1849)	-0.149*** (0.000)	-0.164*** (0.000)

续表

变量	研发创新阶段			经济转化阶段		
	OLS	SAR	SEM	OLS	SAR	SEM
ρ	/	0.006 (0.933)	/	/	−0.039 (0.602)	/
λ	/	/	0.375*** (0.000)	/	/	0.260*** (0.000)
S	0.006	0.028	0.026	0.0005	0.013	0.015
τ	106.7	24.69	26.2	1382	51.55	46.44
R-squared	0.044	0.241	0.354	0.005	0.286	0.344
Rbar-squared	0.041	0.161	0.290	0.002	0.212	0.278
Log（L）	67.380	105.324	123.057	341.141	396.196	404.879
LM(Err)	68.104*** (0.000)	/	/	18.875*** (0.000)	/	/
R-LM(Err)	3.430* (0.064)	/	/	14.949*** (0.000)	/	/
LM(Lag)	64.766*** (0.000)	/	/	20.968*** (0.000)	/	/
R-LM(Lag)	0.092 (0.762)	/	/	17.041*** (0.000)	/	/

注：括号内数字该系数估计的 p 值；***、**、* 分别代表 1%、5% 和 10% 的水平下显著；"/"表示此项为空；Log（L）为对数似然值（log likelihood），其值越高，拟合越好。

从表 4 的结果可以看出，不论是在研发阶段还是在经济转化阶段，空间误差模型和空间滞后模型的各项检验值均比传统 β 收敛模型有所改善，这表明考虑了空间效应的空间计量模型更为可取。在研发创新阶段，LM(Lag) 和 LM(Error) 都通过了 1% 的显著性检验，但是 Robust LM(Error) 在 6.4% 的水平上较显著而 LM(Lag) 不显著。通过进一步对比空间误差模型和空间滞后模型的估计结果，我们发现：首先，SEM 模型的拟合优度 R² 为 35.4%，高于 SAR 模型的 24.1%，且都高于传统收敛模型的 4.4%；其次，SEM 模型的 Log(L) 值为 123.057，高于 SAR 的 105.324，并且明显高于传统 β 收敛模型的 67.380。因此，研发创新阶段 β 收敛的空间模型应该选择空间误差模型。在经济转化阶段，可以看出 LM(Lag) 和 LM(Error)、Robust LM(Lag) 和 Robust LM(Error) 都通过了 1% 的显著性检验，但是 SEM 模型的 R²、Log(L) 等各项估计值均比 SAR 模型和传统 β 收敛模型大，这说明空间误差模型的解释力最强，是相对较为合适的模型。

在研发创新阶段，考虑空间自相关性之前，收敛系数估计值显著为负，且通过了1%的显著性检验。这表明在考察期内，研发效率存在着显著的绝对 β 收敛特征；考虑空间相关性以后，研发效率仍存在着显著的绝对收敛特征，且收敛速度提高，半衰期缩短为 26.2 年。在经济转化阶段，考虑空间自相关性之前，收敛系数估计值为负，没有通过显著性检验。这表明在考察期内，研发效率的发展趋势并不收敛；考虑空间相关性以后，研发效率存在显著的绝对收敛特征，且收敛速度提高到 0.015，半衰期缩短为 46.44 年。

以上两个阶段在考虑空间效应前后，收敛速度和半衰期具有明显的差别：将空间效应纳入收敛模型以后，收敛速度明显提高，半衰期明显缩短。这说明各地区之间存在的地理空间效应对我国区域创新效率的收敛特性有十分显著的影响。另外，两个阶段的空间误差相关系数 λ 都显著为正，且都通过了1%的显著性检验。这说明外生冲击对一个地区研发创新活动和经济转化活动的影响与其对临近地区的作用是相同的，即各地区对共同的外生冲击所表现的空间相关性是互补的。

2. 条件 β 收敛分析及影响因素。在上述分析中，绝对 β 收敛检验结果显示中国区域创新的研发创新效率和经济转化效率都具有明显的收敛趋势，那么究竟是哪些因素促成了其显著收敛呢？下面就中国区域创新效率的条件 β 收敛进行研究，探讨促成其显著收敛的相关因素，并根据检验结果提出相关的政策建议。

结合现有文献，本文选取政府支持（gov）、经济发展水平（gdp）、高等教育规模（edu）、信息化水平（info）、对外开放程度（fdi）、劳动者素质（labor）等作为影响创新活动的外部环境变量。在环境变量的处理方面，采用各地区财政支出占 GDP 的比重作为衡量政府支持的环境指标；各地区 GDP 总量来衡量经济发展水平；高等教育规模采用每十万人在校大学生数来表示；信息化水平采用一个地区邮电业务总量占 GDP 的比重来衡量；对外开放程度采用一个地区外商对工业企业的投资总额来衡量；劳动者素质采用各地区 6 岁及以上人口平均受教育年限度量。并将每十万人在校大学生数、各地区 GDP 总量和外商对工业企业的投资总额进行对数化处理。最后运用 Matlab 2014a 软件对中国区域创新效率的条件 β 收敛进行检验，结果如表 5 所示。

表 5　　　　　　　　创新效率值的条件 β 收敛模型参数估计结果

变量	研发创新阶段			经济转化阶段		
	OLS	SAR	SEM	OLS	SAR	SEM
α	0.469*** (0.007)	0.467*** (0.007)	0.258 (0.193)	−0.126 (0.111)	−0.130* (0.097)	−0.088 (0.302)
β	−0.126*** (0.000)	−0.324*** (0.000)	−0.303*** (0.000)	0.001 (0.821)	−0.184*** (0.000)	−0.182*** (0.000)

续表

变量	研发创新阶段			经济转化阶段		
	OLS	SAR	SEM	OLS	SAR	SEM
ρ	/	-0.032 (0.651)	/	/	-0.052 (0.481)	/
λ	/	/	0.244*** (0.000)	/	/	0.193*** (0.004)
gov	-0.286** (0.019)	-0.028 (0.838)	-0.094 (0.483)	0.026 (0.622)	-0.002 (0.969)	-0.002 (0.966)
gdp	-0.0005 (0.982)	0.055 (0.503)	-0.045 (0.620)	0.020** (0.026)	0.104*** (0.003)	0.110*** (0.004)
edu	-0.087*** (0.003)	-0.175*** (0.002)	-0.105* (0.094)	0.003 (0.813)	-0.033 (0.165)	-0.041 (0.118)
Info	-0.548 (0.339)	0.677 (0.345)	0.179 (0.831)	0.303 (0.220)	0.247 (0.420)	0.397 (0.253)
fdi	0.036** (0.020)	-0.012 (0.746)	-0.002 (0.949)	-0.034*** (0.000)	-0.027 (0.101)	-0.024 (0.125)
labor	-0.011 (0.558)	-0.001 (0.977)	0.022 (0.655)	0.014 (0.100)	0.012 (0.538)	0.009 (0.654)
S	0.011	0.032	0.030	/	0.017	0.017
τ	61.76	21.24	23.04	/	40.91	41.4
R-squared	0.147	0.333	0.381	0.117	0.335	0.370
Rbarsquared	0.1284	0.248	0.305	0.098	0.250	0.292
Log(L)	86.217	126.976	134.699	360.866	407.810	413.364
LM(Err)	41.659*** (0.000)	/	/	9.346*** (0.002)	/	/
R-LM(Err)	15.552*** (0.000)	/	/	0.596 (0.440)	/	/
LM(Lag)	53.342*** (0.000)	/	/	10.821*** (0.001)	/	/
R-LM(Lag)	27.235*** (0.000)	/	/	2.071 (0.150)	/	/

注：括号内数字该系数估计的 p 值；***、**、* 分别代表1%、5%和10%的水平下显著；"/"表示此项为空。

由表5的估计结果可知，考虑了空间效应的计量模型仍然比传统收敛模型更为可取。在研发创新阶段，LM（Lag）和 LM（Error）、Robust LM（Lag）和 Robust LM（Error）都通过了1%的显著性检验，同时 SEM 模型的 R^2、Log（L）等各项估计值均比 SAR 模型和传统 β 收敛模型大，这说明采取空间误差模型来估计条件 β 收敛更为合适。考虑空间效应前，收敛系数估计值显著为负，且通过了1%的显著性检验。表明在考察期内，中国区域创新活动的研发效率存在着显著的条件 β 收敛特征，收敛速度为0.011，半衰期61.76年；考虑空间效应后，研发创新活动仍然存在显著的条件 β 收敛特征，且收敛速度提高到0.030，半衰期缩短为23.04年。

在经济转化阶段，空间误差模型仍然是最为合适的估计模型。考虑空间效应前，收敛系数估计值为正，没有通过10%显著性检验，表明在考察期内各地区经济转化阶段的创新效率并不存在收敛性；考虑空间相关性后，收敛系数估计值显著为负，且通过了1%的显著性检验，表明在空间效应的影响下经济转化效率存在显著的条件 β 收敛特征，且收敛速度为0.030，半衰期为41.4年。

高等教育规模（edu）对研发效率增长率的影响显著为负，这可能是因为在计算高等教育规模这个变量时，本文是以全部高校所有在校学生的人数为衡量指标，没有考虑不同学校及学生之间可能存在的质量差别；另一方面，高等教育作为一种知识投入，它需要一个较长的过程才能影响人们产生新的思想和产品，并最终导致技术进步，因此所投入的高等教育资源并不能立即带来研发效率的提升。经济发展水平（gdp）与转化效率的增长率之间呈显著的正相关关系，表明经济发展水平对转化效率的增长具有正向的促进作用。这是因为经济水平较高的地区往往具有较高的社会生产力和先进的创新机制与管理经验，能够吸引到更多更好的创新要素，推动该地区产生更快的技术进步和增长速度。其他变量对创新效率的影响并不显著，这从一定程度上说明这些因素对创新效率趋同性的作用尚未充分显示出来。

（四）稳健性检验

上面的研究是基于空间相邻的0-1变量来构建空间权重矩阵的。这种权重假定与本地区地理上相邻的区域，其权重为1，而与本地区不相邻的地区，它们之间便没有联系，这与实际情况并不完全相符。比如，北京与河北相邻，与山东不相邻，但我们并不能认为北京与山东之间就没有联系。为了克服这一弊端，Tiiu 和 Friso（2008）构建了空间距离权重矩阵，其假定是两个地区间距离越近，空间联系就越大，反之，空间联系越小。空间距离权重矩阵的表达形式如式（14）：

$$\omega_{ij} = \begin{cases} 1/d^2, & i \neq j \\ 0, & i = j \end{cases} \tag{14}$$

其中，d 为两地区地理中心位置之间的距离。

利用空间距离权重矩阵作为影响我国各地区创新效率空间分布的空间因子，对式（11）和式（13）进行重新估计，其估计结果如表6所示。

表 6 基于距离权重的空间计量回归结果

变量	研发创新阶段 SAR	研发创新阶段 SEM	经济转化阶段 SAR	经济转化阶段 SEM
α	0.390 * (0.022)	0.012 (0.956)	-0.123 (0.110)	-0.082 (0.381)
β	-0.307 *** (0.000)	-0.273 *** (0.000)	-0.180 *** (0.000)	-0.177 *** (0.000)
ρ	0.102 (0.275)	/	0.069 (0.486)	/
λ	/	0.442 *** (0.000)	/	0.300 *** (0.001)
gov	-0.064 (0.635)	-0.151 (0.254)	0.00004 (0.100)	0.002 (0.971)
gdp	0.033 (0.687)	-0.134 (0.189)	0.098 *** (0.005)	0.106 *** (0.001)
edu	-0.144 *** (0.009)	-0.038 (0.590)	-0.031 (0.193)	-0.039 (0.167)
info	0.505 (0.472)	-0.573 (0.558)	0.256 (0.397)	0.466 (0.212)
fdi	-0.010 (0.803)	0.006 (0.857)	-0.026 (0.115)	-0.022 (0.165)
labor	0.005 (0.920)	0.034 (0.501)	0.012 (0.558)	0.007 (0.743)
s	0.031	0.027	0.017	0.016
τ	22.68	26.09	41.91	42.7
R-squared	0.364	0.396	0.353	0.371
Rbar-squared	0.283	0.322	0.271	0.294
Log(L)	134.401	138.436	412.08	414.742

注：括号内数字该系数估计的 p 值；*** 、** 、* 分别代表 1%、5% 和 10% 的水平显著；"/"表示此项为空。

在表 6 所示的回归结果中，不论是在研发创新阶段还是在经济转化阶段，空间误差模型依然具有更好的拟合效果，因此我们亦采用该模型的回归估计结果进行分析。该模型中研发阶段和转化阶段的空间误差系数分别为 0.442 和 0.300，且在 0.01 的显著性水平下显著，这比表 5 中的结果略有提高，说明我国各地区研发效率和经济转化效率空间分布的自相关性特征依然存在。同时，在表示区域创新环境的因素中，各种变量对创新效率收敛的影响与前文空间邻接权重的计量模型估计结果基本一致。这也表明，虽然模型的空间权重有所改变，但并没有改变前文的基本结论，结果具有稳定性。

五、结论与政策建议

在对2001~2012年中国区域创新活动中的研发阶段和经济转化阶段的创新效率进行测度和分析的基础上，本文对创新效率进行了空间相关性检验，并运用考虑空间效应的收敛模型分别对其进行了绝对β收敛和条件β收敛检验。实证结果表明：

第一，无论是研发创新阶段还是经济转化阶段，其效率值都存在着明显的地区差异；各地区的研发创新效率普遍高于经济转化效率。由此也启示，各地区一方面应该加快推进创新驱动战略，加大科研资源的投入，提高研发人员的积极性和研发经费的使用效率，进一步提高研发创新效率；另一方面加快促进产学研结合，以地区优势产业或扶持产业为重点，有效整合高校、科研院所的优势，建设畅通的信息平台，激励企业与高校、科研院所形成高水平高效率的产学研合作体系，促进研发创新成果转化率的提升。

第二，在研发创新阶段和经济转化阶段，创新效率都具有明显的空间自相关特征。这就意味着在我国区域创新的过程中，一个地区与相邻地区的创新活动会相互影响。因此，我们认为，从国家层面制定区域政策时，既应该实行因地制宜、有所差别的政策，又要考虑各地区的空间相互作用，有效引导落后地区与先进地区之间的科技合作和交流，促进落后地区通过技术溢出效应缩小与发达地区的技术差距，以实现区域之间的良性互动。

第三，两个阶段的创新效率都呈现显著收敛的特征，且研发创新效率的收敛速度明显高于经济转化效率的收敛速度。针对目前中国区域创新效率存在的明显的收敛趋势，增强区域的技术交流与合作应该成为今后各地区创新发展的重点任务之一。不同地区应该积极探索建立区域创新主体之间的协调机制，搭建区域技术合作平台，这将有利于创新效率的进一步收敛。另外，还应该在国家层面统筹区域发展策略，向落后地区实施倾斜政策或补偿政策，促进创新要素特别是经济转化阶段的创新要素向落后地区流动。落后地区可以根据自身的实际情况，深化创新体制改革，努力消除由于政策原因导致的制度差异，在提高研发创新效率的同时着重推动研发成果向经济效益的转变。

参 考 文 献

[1] 白俊红，江可申，李婧. 应用随机前沿模型评测中国区域研发创新效率[J]. 管理世界，

2009 (10).

[2] 白俊红, 江可申, 李婧. 中国区域创新效率的收敛性分析 [J]. 财贸经济, 2008 (9).

[3] 李婧, 白俊红, 谭清美. 中国区域创新效率的实证分析——基于省际面板数据及 DEA 方法 [J]. 系统工程, 2008 (12).

[4] 刘生龙, 张捷. 空间经济视角下中国区域经济收敛性再检验——基于 1985 – 2007 年省级数据的实证研究 [J]. 财经研究, 2009 (12).

[5] 潘雄锋, 张维维. 基于空间效应视角的中国区域创新收敛性分析 [J]. 管理工程学报, 2013 (1).

[6] 孙健. 中国区域创新能力收敛性研究 [J]. 科学学与科学技术管理, 2010 (2).

[7] Abramovitz, M., Catching Up, Forging Ahead and Falling Behind. Journal of Economic History, Vol. 46, No. 2, 1986, pp. 385 – 406.

[8] Archibugi, D., Pianta, M., Aggregate Convergence and Sectorial Specialization in Innovations. Journal of Evolutionary Economics, Vol. 4, No. 1, 1994, pp. 17 – 33.

[9] Baumont, C., Ermr, C., Le, G. J., A Spatial Econometric Analysis of Geographic Spillovers and Growth for European Regions, 1980 – 1995. NBER Working paper, No. 2001 – 04, 2001.

[10] Farrel, M. J., The Measurement of Productive Efficiency. Journal of Royal Statistical Society, Vol. 120, No. 3, 1957, pp. 253 – 281.

[11] Frankel, J., Romer, D., Does Trade Cause Growth?. American Economic Review, Vol. 89, No. 3, 1999, pp. 379 – 399.

[12] Furman, J. L., Porter, M. E., Stern, S., The Determinants of National Innovation Capacity. Research Policy, Vol. 31, No. 6, 2002, pp. 899 – 933.

[13] Grossman, G. M., Helpman, E., Trade, Knowledge Spillovers and Growth. European Economic Review, Vol. 35, No. 3, 1991, pp. 517 – 526.

[14] Patel, P., Pavitt, K., Uneven and Divergent Technological Accumulation among Advanced Countries: Evidence and a Framework of Explation. Industrial and Corporate Changes, Vol. 3, No. 3, 1994, pp. 759 – 787.

[15] Ramsey, E., A Mathematical Theory of Saving. Journal of Economics, Vol. 38, No. 152, 1928, pp. 543 – 559.

[16] Tiiu, P., Friso S. Regional Income Inequality and Convergence Processes in the EU – 25. Science Regional, No. 12, 2007, pp. 98 – 107.

基于空间相关的区域创新系统间知识溢出效应研究[*]

李 婧[**] 何宜丽

摘 要：本文应用2004~2013年中国大陆30个省级区域数据，从空间相关的视角对区域创新系统间知识溢出效应进行评价。在测度区域知识溢出效应指数基础上，将知识溢出效应纳入空间计量模型，从地理特征出发，构建空间权重矩阵，评价区域创新系统间知识溢出效应。研究发现，大陆各区域创新系统间知识溢出存在明显的空间相关性，呈现"东高西低"的非均衡分布；R&D投入对知识溢出效应具有正向影响，劳动力流动、国外技术引进水平、技术市场成交水平以及受教育水平通过了显著性检验，且均对知识溢出效应产生正向影响，其中受教育水平对知识溢出影响更大。

关键词：区域创新系统 知识溢出效应 空间相关

一、引 言

改革开放30多年来，随着我国经济建设的稳步推进，国家越来越注重科技创新，并将其作为"新常态"下经济持续增长的重要驱动力。各地区为了在新一轮经济发展中保持持续竞争力，纷纷加大创新投入力度，积极构建区域创新系统。区域创新系统是指在一国之内的一定地域空间，纳入了新的经济发展要素或要素组合、资源配置方式更加有效的系统。然而，在我国经济高速发展的同时，区域创新产出空间分布存在严重不均衡。以区域知识产出为例，长三角地区2004~2013年，发明专利授权量占全国总量的21.51%~32.07%。从区域创新系统角度考虑，地区的创新产出通常来源于如下两类因素：一类是区域创新系统内部创新要素禀赋的作用，差异化的资源禀赋造成创新产出的区域差异；另一类是区域创新系统之间创新要素（资本、人力）流动带来的影响。在创新要素的区际流动过程中，知识溢出已经成为最重要的途径之一。在已有的成果中，大多数是针对第一类因素的研究，主要是探究区域内部创新要素的作用机制。而针对上述第二类因素，特别是针对知识溢出的研究相对较少。从空间因素来讲，知识流动与空间距离有关，随着距离的增大，知

---

[*] 基金项目：国家自然科学基金项目（71303122）；江苏省高校哲学社会科学基金项目（1305008）。
[**] 李婧（1982— ），女，辽宁盖州人，南京师范大学商学院副教授、硕士生导师，博士，研究方向：技术创新管理。

识溢出水平逐渐降低。另外，有学者特别强调了区域创新系统之间存在的普遍关联性，并且当空间邻近时影响更加明显。因此，在研究区域创新系统间的知识溢出效应时应考虑空间相关因素的影响。基于此，本文基于空间相关的视角，旨在对区域创新系统间的知识溢出效应及其影响因素进行深入研究，以期对相关部门提供政策参考。

"知识溢出"最早由Arrow在《经济学》一书中提出。20世纪60年代以来，知识溢出的形成吸引了诸多学者的关注，新经济增长理论更是将知识视为现代经济增长的重要动力，并认为经济增长和技术创新全部建立在新知识不断溢出的基础之上。学者对知识溢出的研究，主要从区域、行业以及企业角度入手，分析或验证知识溢出效应。从区域角度来看，学者发现省域间存在知识溢出现象，知识溢出对区域经济具有显著促进作用；区域知识溢出受到地理空间限制。从行业角度来看，研究表明，FDI知识溢出的增加可以促进高技术企业技术创新能力提高；技术差距、吸收能力以及贸易环境是知识溢出效应的影响因素。从企业角度来看，研究发现知识溢出能够激励企业进行研发创造。知识溢出由于自身的复杂性，测度非常困难。目前学者多采用知识生产函数法（KPF）对知识溢出加以分析。

已有的相关成果对本文的研究提供了非常有益的参考，然而相关的研究中还存在以下三方面的不足。第一，在知识溢出效应的替代变量寻找方面的不足。已有研究多采用单一指标如专利数、劳动生产率等来衡量知识溢出效应。事实上，知识溢出的效应是全方位、多视角、发散式的影响过程，仅利用单一指标并不能全面反映知识溢出效应。第二，目前学者多从区域、行业、企业角度对知识溢出进行研究，而从系统角度考虑知识溢出效应的研究相对较少。知识溢出作为上述第二类创新要素影响区域创新产出的重要途径，在区域创新系统之间占据重要地位。第三，关于知识溢出效应的空间相关性，目前的研究一方面承认空间因素的影响，而另一方面在实证研究中又普遍缺乏对空间因素的考虑。实际上，知识溢出必然受到空间距离的影响，因此对空间因素的考虑在分析知识溢出效应中必不可少。

综上所述，本文将着重对以下三个问题作出进一步研究：知识溢出效应的替代变量如何确定？区域创新系统间知识溢出效应的空间分布如何？知识溢出效应的影响因素有哪些？本文后续部分作以下安排：第二部分是对相关研究方法的介绍；第三部分介绍数据来源、变量选取以及建立空间面板数据模型；第四部分是实证分析部分；最后第五部分是本文结论。

二、研究方法

（一）熵权法

由于知识溢出效应是多角度、全方位的，因此不能通过单一指标简单测度。本

文通过构建评价指标体系,利用熵权法进行指标的加权。熵权法的具体方法如下:

(1) 数据标准化。假设给定了 k 个指标 X_1, X_2, $\cdots$, X_k,其中 $X_i = \{x_1, x_2, \cdots, x_n\}$。假设对各指标数据标准化后的值为 Y_1, Y_2, $\cdots$, Y_k,那么:

$$Y_{ij} = \frac{x_{ij} - \min(x_i)}{\max(x_i) - \min(x_i)} \tag{1}$$

(2) 求各指标的信息熵。根据信息论中信息熵的定义,一组数据的信息熵为:

$$E_j = -\ln(n)^{-1} \sum_{i=1}^{n} p_{ij} \ln p_{ij} \tag{2}$$

其中,$p_{ij} = Y_{ij} / \sum_{i=1}^{n} Y_{ij}$,如果 $p_{ij} = 0$,则定义 $\lim_{p_{ij} \to 0} p_{ij} \ln p_{ij} = 0$。

(3) 确定各指标权重。根据式(2),计算出各指标的信息熵为:E_1, E_2, $\cdots$, E_k。通过信息熵计算各指标的权重如下:

$$W_i = \frac{1 - E_i}{k - \sum E_i} (i = 1, 2, \cdots, k) \tag{3}$$

(二) Moran I 检验

本文主要考察区域创新系统间知识溢出的空间效应,因此需要检验各个系统之间的空间相关性,在空间计量经济学中,空间相关性的检验通常采用 Moran I 指数,其定义式如下:

$$\text{Moran I} = \frac{\sum_{i=1}^{n}\sum_{j=1}^{n} W_{ij}(X_i - \bar{X})(X_j - \bar{X})}{S^2 \sum_{i=1}^{n}\sum_{j=1}^{n} W_{ij}} \tag{4}$$

其中,$S^2 = \frac{1}{n}\sum_{i=1}^{n}(X_i - \bar{X})^2$,$\bar{X} = \frac{1}{n}\sum_{i=1}^{n} X_i$,$X_i$ 表示第 i 个区域创新系统的观察值,n 是区域创新系统总数,W_{ij} 是空间二进制的空间相邻权重矩阵元素。Moran I 的指数范围是 $[-1, 1]$,其中 Moran I 指数大于 0 表示空间正相关,小于 0 表示空间负相关。Moran I 指数绝对值越大表明相关程度越强,绝对值越小,则说明相关程度越弱。

(三) 空间计量经济模型

在通过 Moran I 指数检验确定了知识溢出效应存在空间相关性以后,应考虑空间因素构建空间计量经济模型。空间计量经济学主要包含空间滞后模型(SLM)和空间误差模型(SEM)两种。具体空间计量模型如下:

$$\text{SLM}: Y = \rho WY + X\beta + \varepsilon \tag{5}$$

其中,Y 为被解释变量;X 为 $n \times k$ 的外生解释变量矩阵;ρ 为空间回归系数;W 为 $n \times n$ 阶的空间权重矩阵;WY 为空间滞后被解释变量;ε 为随机误差项向量。

$$\text{SEM}: \begin{cases} Y = X\beta + \varepsilon \\ \varepsilon = \lambda W\varepsilon + \mu \end{cases} \tag{6}$$

其中，ε 是随机误差项向量，λ 是 $n \times 1$ 的截面被解释变量向量的空间误差系数，μ 是随机误差向量，μ 服从正态分布。

参数 λ 用来衡量邻近地区的 Y 值对本地区 Y 值的影响程度，参数 β 反映了 X 对 Y 的影响强度。通常为了保证估计值的无偏性和有效性，需要采用极大似然法或广义最小二乘估计等方法进行估计。

三、数据与变量

（一）数据来源

本文以中国大陆 30 个省级行政区域（西藏除外）为研究对象，考察期间为 2004~2013 年。其中 R&D 经费、R&D 人员、科技论文数、专利、新产品开发项目数、国外引进技术合同金额以及技术市场成交合同额等数据出自《中国科技统计年鉴》（2004~2013 年），各省经济生产总值、受教育年限等数据来自《中国统计年鉴》（2004~2013 年）。

（二）变量说明

1. 技术创新绩效。对于区域创新系统来说，知识溢出效应并不是单一的，而是表现在促进经济增长、技术进步等多方面，对区域创新系统技术创新能力的提高是知识溢出对区域创新系统的重要作用机制。过去学者通常采用专利数作为衡量指标。然而，只利用单一指标作为替代变量太过片面，不能对知识溢出效应进行全面衡量，因此，本文将从经济效应、R&D 效应两方面入手，通过构建技术创新绩效评价指标体系分析区域创新系统间的知识溢出效应。具体评价指标体系构建如图 1 所示。

通过构建区域创新系统技术创新绩效评价指标体系，结合熵权法可以计算出技术创新绩效的综合得分。

2. R&D 密度。R&D 密度用各区域创新系统 R&D 经费投入除以 R&D 人员投入来表示。由于 R&D 活动对知识生产的影响不仅表现在当期，对以后若干时期的创新生产也会产生影响，因此，对待 R&D 经费支出这一流量指标，本文将利用永续盘存法将 R&D 经费支出折算为 R&D 经费存量。计算公式如下：

$$K_{it} = (1 - \delta)K_{i,t-1} + E_{it} \tag{7}$$

其中，K_{it}、$K_{i,t-1}$ 表示第 i 地区第 t、第 $t-1$ 期的资本存量，δ 为折旧率（δ 值一般取 15%）。E_{it} 表示第 i 地区第 t 期的实际 R&D 经费支出，E_{it} 值的得到参考朱平芳和徐伟明（2003）构造的 R&D 经费支出价格指数，即：

R&D 支出价格指数 = 0.55 × 消费价格指数 + 0.45 × 固定资产投资价格指数

在估计基期资本存量时，假设资本存量的增长率和 R&D 经费的增长率相等，得

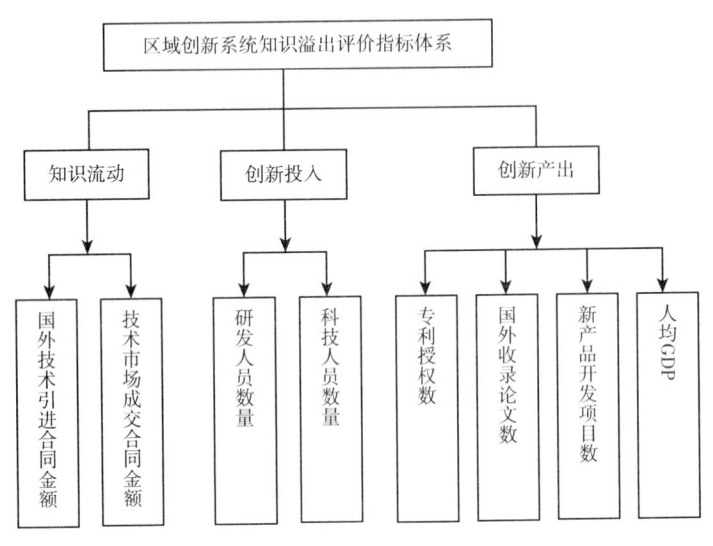

图 1　区域创新系统技术创新绩效评价指标体系

(指标体系结构:
- 区域创新系统知识溢出评价指标体系
  - 知识流动：国外技术引进合同金额、技术市场成交合同金额
  - 创新投入：研发人员数量、科技人员数量
  - 创新产出：专利授权数、国外收录论文数、新产品开发项目数、人均GDP)

出基期资本存量 K_{i0} 的计算公式如下：

$$K_{i0} = \frac{E_{i0}}{(g+\delta)} \quad (8)$$

其中，E_{i0} 为基期实际 R&D 经费支出，g 为考察期内实际 R&D 经费支出的平均增长率。据此可计算出各地区各期的 R&D 资本存量。

3. R&D 人员流动。区域创新系统间知识型人才流动，势必会对技术创新能力产生影响。本文通过引力模型测度 R&D 人员流动，借鉴蒋天颖等（2014）的研究，建立引力模型如下：

$$F_{ij} = \frac{KN_iN_j}{d_{ij}^2} \quad (9)$$

其中，F_{ij} 表示两区域劳动力产出联系量，N_i、N_j 分别表示两区域创新系统的 R&D 人员全时当量；d_{ij} 表示 i、j 之间的地理距离，这里采用省会之间的直线距离测算；K 表示引力常数，一般为 1。在此基础上测算区域创新系统的 R&D 人员流动总量 F_i：

$$F_i = \sum_{j=1}^{n} F_{ij} \quad (10)$$

其中，F_i 为 i 对外 R&D 人员流动总量，n 为对外区域创新系统个数。

4. 受教育程度。为了反映人力资源水平对知识溢出效应的影响程度，引入人均受教育程度这一变量。由于《中国统计年鉴》中多数年份大专以上人数并没有具体给出，因此在核算时为了便于统计，将大专以上学历（含大专）的受教育年限默认为 16 年。一般来说，拥有较好人力资源基础的地区能够更加快捷、高效地吸收、消化先外溢的知识。

5. 国外技术引进合同额。区域创新系统对国外先进技术的引进,能够给本系统带来先进的知识、成熟的技术,在一定程度上能够刺激区域创新系统的技术创新能力,从而促进区域创新系统的技术进步,提高技术创新绩效。

6. 技术市场合同成交额。技术合作是知识溢出的重要途径,在技术成交过程中,能够直接带来技术知识的溢出,在促进落后方学习先进知识的同时带来各种优质资源,推动技术创新能力的提高,而输出方也能够从中获得经济效益,转化为技术创新长效发展的经济基础。

(三) 模型建立

1. 构建空间权重矩阵。空间权重矩阵表明空间各单元间的相互关联性和依赖性,作为空间计量分析的基础和前提,选择正确的空间权重矩阵是对空间计量模型进行合理分析的重要保证。本文从地理特征出发构建空间权重矩阵。

(1) 空间邻接权重矩阵。通常两个区域创新系统间知识溢出效应可能与二者处所的空间相对位置相关,通过空间邻接权重矩阵的构建来表示二者的邻接关系,其中对角线上的元素为0,其他元素满足:

$$W_i = \begin{cases} 1 & i \text{ 和 } j \text{ 空间邻接} \\ 0 & i \text{ 和 } j \text{ 空间不邻接} \end{cases} (i \neq j)$$

(2) 空间地理距离权重矩阵。上述的空间邻接权重矩阵认为两区域创新系统的相关性取决于地理位置的相邻,但实际上由于经济发展水平、交通便利程度的不同,即使对于两个或多个与溢出主体区域创新系统都相邻的区域创新系统而言,学习吸收能力以及转化能力的不同,都会造成知识溢出效应的不同。基于这种考虑,本文还将基于地理距离标准构建权重矩阵: $W_{ij} = \begin{cases} 1/d^2 & i \neq j \\ 0 & i = j \end{cases}$,其中 d 为两区域创新系统中心位置之间的距离。

2. 知识溢出效应评价模型。知识溢出效应是知识的接受者吸收、消化知识、创新知识从而提高创新绩效,推动经济增长而产生的关联效应。知识溢出效应的大小受到知识溢出接受者的吸收能力和创新投入水平的影响。此处用人力资本水平表征吸收能力,用R&D密度、国外技术引进水平和技术市场成交合同额表征创新投入力度。另外,考虑到动态因素的影响,亦将R&D人员流动纳入模型分析框架。为了便于分析,对模型两侧取对数形式:

$$\ln(JX_i) = \partial + \partial_1 \ln(RD_i) + \partial_2 \ln(LD_i) + \partial_3 (\ln JY_i) + \partial_4 \ln(JS_i) + \partial_5 \ln(JE_i) + \varepsilon_i$$
$$\varepsilon_i = \lambda W \varphi_i + \xi \quad (11)$$

其中,JX 表示技术创新绩效,RD、LD、JY、JS 和 JE 分别表示R&D密度、R&D人员流动、平均受教育年限、国外技术引进合同金额和技术市场合同成交总额。ε 为随机误差项,λ 为空间自相关系数,取值范围为 $[-1, 1]$,W 为空间权重矩阵，φ 为溢出成分误差，ξ 为非系统随机误差项，假设二者服从独立分布且不相关。

四、实证分析

（一）技术创新绩效综合评价得分

基于上文构建的技术创新绩效评价指标体系，利用我国 2004～2013 年十年的省级数据，通过熵权法得出专利授权数、国外收录科技论文数、新产品开发项目数以及人均 GDP 四个指标的权重，最终计算出各区域创新系统的技术创新绩效的加权综合得分如表 1 所示。

表 1　　各区域创新系统 2004～2013 年技术创新绩效综合得分

	2004 年	2005 年	2006 年	2007 年	2008 年	2009 年	2010 年	2011 年	2012 年	2013 年
北京	9 223	12 550	13 458	17 991	18 184	19 339	23 195	24 439	27 781	32 794
天津	3 173	4 127	4 782	6 868	6 851	7 333	8 462	9 332	11 042	11 891
河北	1 358	1 842	2 007	3 794	3 039	3 284	4 045	4 178	4 883	5 897
山西	1 095	1 457	1 439	2 083	2 153	2 214	2 671	3 177	3 616	3 908
内蒙古	943	1 227	1 503	2 206	2 377	2 968	3 560	4 357	4 884	5 527
辽宁	2 478	3 397	3 939	7 184	5 519	6 239	7 428	7 998	9 002	10 568
吉林	1 537	2 208	2 475	3 560	3 420	3 753	4 466	5 136	5 864	8 189
黑龙江	1 941	2 556	2 988	4 548	4 040	4 388	5 382	5 748	6 194	7 279
上海	6 401	8 575	10 254	15 684	12 044	13 289	15 111	16 051	17 265	19 586
江苏	3 556	5 258	6 241	14 289	9 901	11 932	13 969	16 455	19 974	25 501
浙江	3 227	4 579	5 398	17 282	7 952	9 098	9 923	12 037	14 166	16 830
安徽	1 356	1 815	2 126	3 126	2 923	3 230	3 906	4 552	5 528	6 575
福建	1 668	2 021	2 412	5 229	3 492	4 014	4 631	5 494	6 486	7 653
江西	791	991	1 191	1 942	1 694	2 045	2 571	2 945	3 392	5 048
山东	2 327	3 319	3 884	10 350	6 010	6 697	7 968	9 175	10 863	13 313
河南	995	1 354	1 622	3 936	2 989	3 217	4 025	4 415	5 254	7 225
湖北	2 112	3 278	3 681	5 887	5 462	6 284	7 024	7 277	8 512	10 081
湖南	1 400	1 959	2 536	4 896	3 766	4 401	5 188	5 847	6 564	8 329
广东	3 090	4 650	5 804	22 254	9 341	13 300	15 516	16 954	20 548	25 014
广西	653	846	1 035	1 729	1 542	1 738	2 050	2 603	2 914	3 539
海南	700	788	898	1 136	1 274	1 467	1 824	2 292	2 620	3 172
重庆	1 080	1 425	1 545	3 506	2 391	3 080	3 901	4 668	5 597	7 266

续表

	2004年	2005年	2006年	2007年	2008年	2009年	2010年	2011年	2012年	2013年
四川	2 454	3 108	3 143	6 302	4 750	4 926	5 810	6 971	8 267	10 204
贵州	515	652	825	1 463	1 069	1 230	1 458	1 767	2 077	2 374
云南	692	839	992	1 647	1 426	1 579	1 914	2 281	2 754	3 415
陕西	1 979	2 956	3 825	5 079	5 397	5 697	6 853	7 534	8 817	10 976
甘肃	941	1 243	1 323	1 773	1 851	1 964	2 250	2 625	2 896	3 337
青海	624	728	846	1 056	1 253	1 405	1 739	2 115	2 399	2 663
宁夏	672	752	872	1 168	1 328	1 618	1 954	2 428	2 689	3 082
新疆	851	1 000	1 134	1 708	1 541	1 589	2 000	2 414	2 743	3 229

根据表1的数据，计算出我国区域创新系统技术创新绩效综合得分各年份的平均值及各区域创新系统技术创新绩效增长率，分别如图2和图3所示。

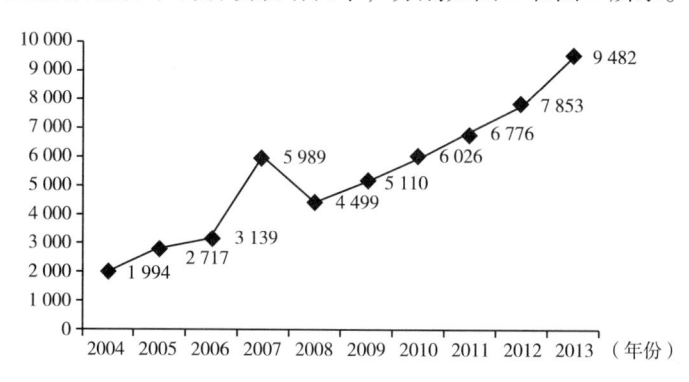

图2 全国技术创新绩效综合得分平均值

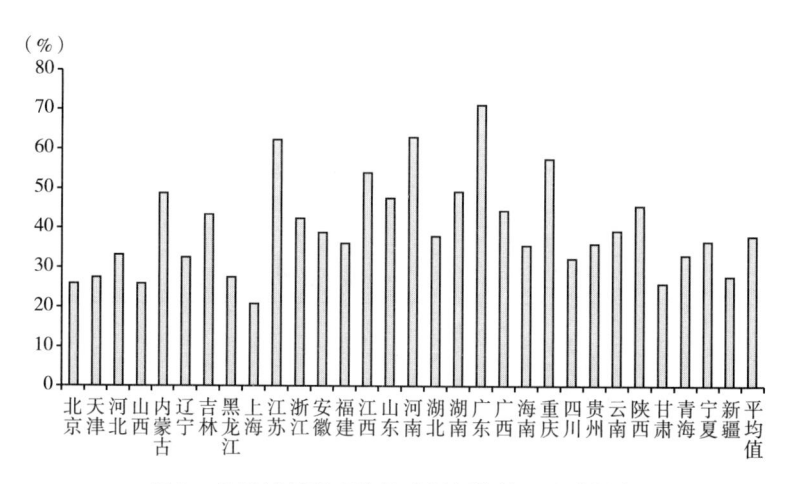

图3 各区域创新系统技术创新绩效平均增长率

观察图2可以发现,从全国范围来看,2004~2013年技术创新绩效平稳上升,可能是受到全球金融危机的影响2007~2008年有所下降。从图3来看,2004~2013年,各个区域创新系统的技术创新绩效平均增长率各有不同。其中平均增长率最高的为广东(70.94%),其次分别为河南(62.59%)、江苏(61.72%);平均增长率最低的区域为上海(20.60%),其次分别为甘肃(25.46%)和北京(25.56%)。原因在于:北京、上海两地本身经济基础好,同时作为全国重要的科教中心,早在2004年京、沪两地的技术创新成果已经遥遥领先,另外,正因为两地创新水平很高,造成知识流出量大流入量少,因此增长率比其他地区低。而甘肃、青海、新疆则由于经济发展水平落后、人力资源素质较低,吸收能力较弱,因此知识溢出效应低下。相比较而言,广东、江苏由于所处位置交通发达,对外联系方便,经济基础好,能够更加便利地吸收外部溢出的技术、知识。

(二)空间自相关性检验

Moran I 指数可以检验技术创新绩效的空间自相关性。表2是2004~2013年技术创新绩效的 Moran I 指数以及显著性概率。从表2可以看出,除了2007年,其他年份均通过了显著性概率检验,相关系数在0.189~0.226波动,表明过去十年间技术创新绩效存在明显的空间自相关性。

表2　　　　　　　　　2004~2013年技术创新绩效 Moran I 指数

	2004年	2005年	2006年	2007年	2008年	2009年	2010年	2011年	2012年	2013年
Moran I	0.214	0.207	0.223	0.201	0.226	0.207	0.193	0.207	0.205	0.189
P 值	0.039**	0.050**	0.047**	0.105	0.059*	0.090*	0.099*	0.085*	0.091*	0.100*

注:* 表示显著性概率 $p \leq 0.1$,** 表示显著性概率 $p \leq 0.05$,*** 表示显著性概率 $p \leq 0.01$。

(三)知识溢出效应分析

通过技术创新绩效的空间自相关性检验结果可以发现,区域创新系统创新产出活动存在显著为正的空间自相关性,因此,需要对空间因素加以考虑,并对建立的空间计量模型进行分析。

表3和表4是分别基于空间邻接矩阵 W_1 和空间地理距离权重矩阵 W_2 估计的结果。

表3　　　　　　　　　基于空间邻接权重矩阵模型的估计结果

	无固定	T值	截面固定	T值	时间固定	T值	时间截面固定	T值
∂	-0.858**	-2.029						
R&D 密度	0.403***	8.046	0.236***	6.413	0.604***	13.383	0.395***	8.628
人员流动	0.067***	4.044	0.400***	13.232	0.035**	1.969	0.392***	11.891

续表

	无固定	T 值	截面固定	T 值	时间固定	T 值	时间截面固定	T 值
教育	1.180***	5.336	0.868***	2.944	0.529**	2.217	0.075	0.277
国外技术引进	0.102***	7.647	0.030**	1.713	0.119***	8.636	0.056**	2.304
技术市场成交额	0.173***	11.429	0.030**	2.093	0.176***	10.094	0.038**	1.943
λ	0.317***	4.848	0.625***	13.442	0.020	0.263	0.408***	6.719
R^2	0.904		0.982		0.863		0.962	
sigma^2	0.075		0.014		0.107		0.030	
log-likelihood	-42.680		189.006		-90.046		93.345	

注：*、**、*** 分别表示显著性概率 $p\leqslant 0.1$、$p\leqslant 0.05$、$p\leqslant 0.01$。

表4　　　基于空间地理距离权重矩阵模型的估计结果

	无固定	T 值	截面固定	T 值	时间固定	T 值	时间截面固定	T 值
∂	-0.514	-1.185						
R&D 密度	0.354***	6.819	0.269***	7.402	0.590***	12.794	0.401***	9.107
人员流动	0.058***	3.516	0.382***	11.825	0.036**	1.992	0.388***	12.030
教育	1.154***	5.508	0.809***	2.815	0.520**	2.139	0.062	0.226
国外技术引进	0.103***	7.963	0.027**	1.741	0.121***	8.531	0.054**	2.363
技术市场成交额	0.181***	12.371	0.026**	1.798	0.178***	10.321	0.036**	1.864
λ	0.535***	7.861	0.754***	19.130	0.165*	1.640	0.544***	8.115
R^2	0.911		0.983		0.864		0.963	
sigma^2	0.070		0.013		0.106		0.029	
log-likelihood	-32.473		207.786		-88.889		101.254	

注：*、**、*** 分别表示显著性概率 $p\leqslant 0.1$、$p\leqslant 0.05$、$p\leqslant 0.01$。

观察表3和表4的估计结果，可以有以下发现：

第一，从 R^2、sigma^2 和 log-likelihood 的值可以看出，两个模型均具有很好的拟合优度，表明建立的空间计量模型能够很好地表征我国知识溢出效应的特征。由于"无固定"和"时间固定"效应影响未能考虑区域创新系统间的差异，"时间固定效应影响"的估计结果中多数变量未能通过显著性概率检验。而"截面固定"效应下多数变量通过了显著性检验，估计结果较好，因此在后续研究中将以此结果作为分析对象。

第二，从两个模型四种效应的估计结果来看，大多数模型的空间相关系数均通过了显著性概率为1%的检验，并且空间相关系数为正，则可以充分说明知识溢出效应存在明显的空间正相关效应。观察表3和表4中模型的空间相关系数（分别为0.625和0.754），说明空间地理邻近对溢出效应具有显著正向作用，而地理位置相邻或者较接近，为知识溢出提供了便利。而表4中的空间相关系数大于表3中的，表明地理距离对知识溢出效应的影响强于空间邻接的影响，说明知识溢出并不局限于相邻区域创新系统之间。

第三，区域创新系统技术创新绩效还与其他因素有关：（1）R&D密度。结果表明R&D投入程度越高，创新产出就越多。其中R&D人员投入是影响知识溢出的主要人力要素，而R&D经费支出则是影响知识溢出的经济基础要素。（2）R&D人员流动。R&D人员流动和知识溢出效应呈显著正相关关系。劳动力流动，尤其是知识型员工流动对知识溢出效应具有显著影响。知识型员工在区域创新系统间流动，能够促进知识扩散，进而提高技术创新水平。（3）人均受教育年限。从估计结果来看，人均受教育水平越高，知识溢出效应越强，并且人均受教育年限对知识溢出的影响较其他变量来说影响更强烈。（4）国外技术引进合同金额。估计结果表明国外技术引进合同金额对知识溢出效应具有一定的促进作用。事实上，国外技术的引进可以直接带来先进的技术知识，从而带动区域创新系统的技术进步，同时对研发能力、研发投入有一定的刺激作用，进而逐步提高区域创新系统的创新能力。（5）技术市场合同成交额。结果表明技术市场成交合同额的提高对知识溢出效应具有促进作用。这一变量可以表征区域创新系统间直接的技术交流活动，期间必定带来技术转移、知识溢出。

五、结　　论

本文将中国大陆30个省份（西藏除外）视为独立区域创新系统，基于此考察区域创新系统间知识溢出效应。本文通过构建技术创新绩效评价指标体系选取合适的指标，进而利用熵权法计算得出技术创新绩效的综合得分，将其作为知识溢出效应的替代变量。从地理区位特征出发，分别构建空间邻接权重矩阵和空间距离权重矩阵，多角度考察知识溢出效应的影响因素。根据Moran I指数检验的结果可以发现，我国区域创新系统间知识溢出效应存在"东高西低"的不均衡分布现象。

研究还发现，知识溢出效应除了与空间距离有关外，还与R&D投入（R&D经费支出和R&D人员全时当量）、劳动力流动、人均受教育水平、国外技术引进水平以及技术市场成交水平有密切关联，不同影响因素对知识溢出效应产生不同程度的影响。其中，人均受教育水平对知识溢出效应的影响最大，且对知识溢出效应的影响为正；R&D投入与知识溢出效应呈显著正相关；R&D人员流动会带来知识的流动，进而正作用于知识溢出效应；引入国外技术引进水平对知识溢出效应具有显著正向影响；区域创新系统间技术市场成交合同的订立有利于知识溢出效应水平的提高。因此，从政策角度考虑，为了更好地构建区域创新系统，并使之更有效地发挥传导机制，应该加大对研发活动的支持力度，积极优化人才聘用机制，促进优秀人才的合理流动，并不断提高区域开放水平，积极引进外部区域创新系统的先进技术知识，通过自身学习模仿加以创新并最终转化为本地区域创新系统的技术创新能力，以此改善知识创新产出非均衡分布问题，从而实现区域创新系统的协调发展。

参 考 文 献

[1] 顾新. 区域创新系统的失灵及完善措施 [J]. 四川大学学报：哲学社会科学版, 2001 (3): 137-141.

[2] 漆艳茹, 刘云, 侯媛媛. 基于专利影响因素分析的区域创新能力比较研究 [J]. 中国管理科学, 2013, 21 (S2): 594-599.

[3] 潘雄锋, 杨越. 中国区域创新的俱乐部收敛及其影响因素研究 [J]. 科学学研究, 2014, 32 (2): 314-319.

[4] 符淼. 地理距离和技术外溢效应——对技术和经济集聚现象的空间计量学解释 [J]. 经济学季刊, 2009, 8 (4): 1549-1556.

[5] 李婧, 谭清美, 白俊红. 中国区域创新生产的空间计量分析——基于静态与动态空间面板模型的实证研究 [J]. 管理世界 (月刊), 2010 (7): 43-65.

[6] Arrow K. The Economic Implications of Learning by Doing [J]. Review of Economic Studies, 1962 (29): 155-173.

[7] 徐盈之, 朱依曦, 孙剑. 知识溢出与区域经济增长：基于空间计量模型的实证研究 [J]. 科研管理, 2010, 31 (6): 105-112.

[8] Audretsch D. B, Feldman, M. P. Knowledge Spillovers and The Geography of Innovation [J]. Henderson, J. V. and Thisse, J. (eds.), Handbook of Urban and Regional Economics, Amsterdam: North Holland Publishing, 2004 (4): 2713-2739.

[9] 曹建清. 中国知识溢出存在性及影响因素实证分析 [J]. 经济学刊, 2013 (28): 10-12.

[10] 王向阳, 赵英鑫, 刘成明. 知识溢出和技术创新能力关系：有中介的调节变量模型 [J]. 图书情报工作, 2012, 56 (16): 127-131.

[11] 刘鸿燕, 卢文刚. 产业知识溢出效应影响因素的经济分析 [J]. 科技管理研究, 2012 (17): 170-174.

[12] Philippe Aghion, Xavier Jaravel. Knowledge Spillovers, Innovation and Growth [J]. The Economic Journal, 2015: 533-573.

[13] 许箫迪, 王子龙, 谭清美. 知识溢出效应测度的实证研究 [J]. 科研管理, 2007, 28 (5): 76-86.

[14] 施晓丽. 基于空间计量模型的区域间知识溢出效应分析 [J]. 经济经纬, 2014, 31 (6): 1-6.

[15] 马野青, 林宝玉. 在华 FDI 的知识溢出效应——基于专利授权数量的实证分析 [J]. 世界经济研究, 2007 (5): 20-25.

[16] 白云飞, 刘宁. 中国知识溢出效应测度——基于立体几何模型的视角 [J]. 科技管理研究,

2014 (3): 229-233.

[17] 官建成, 何颖. 基于 DEA 方法的区域创新系统的评价 [J]. 科学学研究, 2005, 23 (2): 265-272.

[18] 吴玉鸣, 李建霞. 中国区域工业全要素生产率的空间计量经济分析 [J]. 地理科学, 2006, 26 (4): 385-391.

[19] 吴延兵. 中国地区工业知识生产效率测算 [J]. 财经研究, 2008, 34 (10): 4-14.

[20] 朱平芳, 徐伟民. 政府的科技激励政策对大中型工业企业 R&D 投入及其专利产出的影响——上海市的实证研究 [J]. 经济研究, 2003 (6): 45-53.

[21] 蒋天颖, 谢敏, 刘刚. 基于引力模型的区域创新产出空间联系研究——以浙江省为例 [J]. 地理科学, 2014, 34 (11): 1320-1326.

生产性服务业集聚重构区域空间的作用机制与路径分析

韩　锋　张永庆[*]

摘　要： 生产性服务业对于社会经济发展的支撑功效及推动效果日益增强，已经成为区域经济发展及城市发展战略转型不竭的推动力，生产性服务业逐步演变为产业发展的支柱及经济发展的新引擎。生产性服务业集聚重构区域空间的驱动力及作用机制分析基于空间经济学研究集聚效应对于区域经济结构、产业融合、空间重构演化模式等方面具有重要意义，以驱动力及作用机制为切入点研究生产性服务业集聚重构区域空间可以深入探讨集聚对于区域经济发展及区域空间地理的影响力及辐射度。

关键词： 生产性服务业　集聚　驱动力　空间重构

一、引　言

生产性服务业涉及其他产业的多个环节，具有专业内容性复杂、创造创意性较高、产业融合度强及辐射带动力显著等鲜明特点，生产性服务业早已融入全球产业价值链，在我国产业转型及经济结构调整中对于经济增长的贡献度不断提升，是区域经济发展及城市发展战略转型不竭的推动力，生产性服务业逐步演变为产业发展的支柱及经济发展的新引擎。生产性服务业的集聚集群已经成为区域产业发展及空间经济结构调整的常态化趋势，也是产业空间优化升级及城市区域布局完善的直接反映，生产性服务业集聚通过对区域的产业结构与空间布局的重构、就业及居住空间集聚区的转变、交通运输系统重组、土地资源利用类型的变更等方面对区域空间的演变和地理格局的演进持续作用；另外一方面生产性服务业服务（生产）与消费（交易）同步性与即时性、生产性服务业服务（生产）与消费（交易）的通畅性与可达性、生产性服务业服务提供的个性化与差异性、生产性服务业企业组织体系的变化及结构方式的调整、宏观经济环境转变视角下的制造业企业服务外置化趋势、城市区域人力资本及知识资本的集聚、宏观产业经济政策和制度安排等内在规律，不断驱动集聚效应，加速推动生产性服务业集聚重构区域空间的进程和步伐。

---

[*] 韩锋（1984－　），男，山东枣庄人，上海理工大学管理学院管理科学与工程博士研究生，上海出版传媒研究院研究员，上海出版印刷高等专科学校教师，研究方向：区域经济与规划。张永庆（1962－　），男，上海理工大学管理学院博士研究生导师，研究方向：城市与区域经济、区域规划。

二、生产性服务业空间集聚的驱动力

（一）生产性服务业服务（生产）与消费（交易）同步性与即时性

传统的工农业生产环节中，由于地域价格差异及成本控制等因素，产品生产与产品销售存在地域上的流通性与区位上的时空性特点，产品的生产销售与交易流通是在不同地理位置完成的，一方生产加工，异地消费交易是流程化及正常性的商品行为方式，这种生产方式和流通性质为企业生产提供自由支配生产要素及相关进度的契机。而生产性服务业的营运范畴包括金融咨询业、证券保险业、房地产服务业、广告策划业、会计事务等资讯商务服务类的核心类服务产业，从这些业务的服务类别和交易流程分析，服务产品的生产和交易往往具有同步性和即时性的特点，服务提供终止的时刻也意味着消费完成的结点，具有高端集聚、资本集群及深远辐射特点的生产性服务业存在着生产和消费时空上的同步性。生产性服务业服务（生产）与消费（交易）同步性与即时性也决定了服务企业追寻易于进驻的核心城市功能区和中心地段进行业务的延伸和推广，寻觅服务交易交通便捷及产业集聚区域进行布控，这样生产性服务业集聚集群区域在生产和消费同步性的驱动下逐步形成。

（二）生产性服务业服务（生产）与消费（交易）的通畅性与可达性

生产性服务业的服务方式和模式强调交流的通畅性、沟通的接触性和交流的碰撞性，生产性服务业的服务和交易不像传统工农业生产与交易的位移性特征，而是讲究服务提供者和产品需求者之间的互通交流与业务汇聚。诸如科技研发、信息通信、传媒广告及金融贸易等高端类的生产性服务类别更是要求信息的通达性、及时性及有效性，通过面对面的接触和交流可以有效降低生产成本、缩减信息成本投入及强化服务效能。生产性服务业企业在生产全球化及信息汇聚全球化的时代视角下不断重视区域定位成本及信息资源成本，服务企业愈加分离和散乱（交易频率愈加频繁），服务企业的投入和成本愈加增强，所以信息通信发达、区域资源集聚及营销成本低廉的城市区域促使生产性服务企业形成向心力和驱使力，与之相关的产业类别和产业价值链企业集聚其中，形成相互依存及分工协作的创新联合体和综合体，进一步推动生产性服务业供给方和需求体之间在地理区域和空间区位上的价值创造共同体，在地域上的临近和接近态势愈发明显，从而全方位推动生产性服务业集聚集群效益的彰显。

（三）生产性服务业服务提供的个性化与差异性

生产性服务业贯穿于产业价值链生产加工、中转流通、分配再造及交易消费等各个环节，与上下游价值链及横纵向经济企业有着密切的关系，服务对象的复杂性和总量性决定了其提供服务的个性化和差异化。生产性服务业需求方和供给方涉及诸如研发设计与技术服务、金融商务服务、货物运输及仓储服务、节能环保及资源服务、信息通信服务、生产性支持及租赁服务等各个领域和范畴，不同的需求部门和业务实体对于服务的总体规模、质量标准、价格数量、交易方式及服务流程等有着不同的诉求和要求，生产性服务业服务提供的个性化与差异性才能满足需求方的不同层次的需求。而且生产性服务业是一个高端人力资本和知识经济集聚的产业，创意创新、流程再造、科技革新及研发创新等方面无不彰显人力资源因素功能作用的因子。人力资本的因人而异性及服务难以标准化促使服务流程难以形成统一的技术标准及评估规范，生产性服务业的标准化生产及服务的统一性格局难以实现。生产性服务业服务提供的个性化与差异性对于企业空间决策和市场定位产业产生重要影响，为了最大限度地满足客户需求和本地化要求，企业会选择销售易达及通信运输便捷处进行选址和布控，服务地因为源源不断企业的流入而更加集聚集群，溢出效应更加显现。

（四）生产性服务业企业组织体系的变化及结构方式的调整

生产性服务业企业的生产要素禀赋程度和丰裕度是不同的，知识因素、人力资源、资金要素及信息技术资源等在不同规模和层次的企业集聚程度不同。生产性服务业的地域集聚和空间扩散主要是通过企业实体化的空间地理定位和地域布局密切相关，跨国性及全球性的大型生产性服务企业资源集聚程度较高，市场占有度及核心竞争力具有先发经济优势，其组织体系的变化及结构方式的调整具有较大的灵活性和可操作性，可以效能化地调配人力资源、知识资本、科技研发等相关资源，对于整体化的业务流程和部门化的组织结构进行科学化和合理性的调整，在服务方式、模式、步骤及分工方面具有较大灵活性，采取重组兼并、总部迁移及分部设立等手段实现组织结构的变化及主营业务的转变。诸如金融咨询、商务信息及广告策划等领域的企业通过强强联系及系统重组等方式进一步实现了核心业务的区域化集聚及主营业务的实质性垄断。而中小型服务企业由于资源禀赋低及资源限度等因素，内部整合能力和组织机构变动可能性较小，服务市场定位于本土化及区域化战略，利用所存优势地理位置及集群的发展模式谋求合作及提升，在集聚集群区域内同大型服务企业存在双重化的竞争合作关系。

（五）宏观经济环境转变视角下的制造业企业服务外置化趋势

宏观经济环境的高速发展及市场供需条件的逐步改变促使企业在运营管理和业务流程改造中通过服务外置来规避风险和压力，为了进一步提升生产效能、获取更大经济效益及提高管理水平，制造业企业把战略决策、咨询创意、运营流通、研发设计等非制造生产等核心领域业务从本部门中剥离脱分出来，形成业务部门服务外置（外包）。通过服务外置可以有效提升专业化水平和分工效能，企业可以全方位和规模化的集中力量进行专业化服务。外置化的经济活动和业务服务经过市场的洗礼带来金融商务服务业、技术服务业及决策咨询服务等生产性服务业在地理区域范围内的集聚发展，促使很多相关产业的协调和联动发展，产生关联企业的集聚效应和集群模式。制造企业在现有经济环境背景下利润逐步下滑，功能强大及专业性高端的服务业（战略性及创新创意性服务等）成为制造业提升经济效应的关键所在，外置化的生产性服务业在集聚集群区域内通过集聚功能区创新提升探寻集聚利益，在长期发展合作共赢中实现专业化服务的能级转化、区域创新程度的提升及技术创新管理的提高，形成综合性和整体化的集聚集群效果。

（六）城市区域人力资本及知识资本的集聚

西方地理学家认为城市系统的等级层次折射出生产性服务业的集聚度和成熟度，生产性服务大都在综合性特大城市及地域范围内大城市集群发展。豪布斯卡（HOP-SCA）原则中辐射的"宾馆酒店、商务交际办公（CBD）、交通停车系统、大型购物场所、公寓会所、休闲娱乐场所"复合型的城市功能体系是成熟型的生产性服务业具备的依存环境。特大城市及大城市的交通设施、信息通信、文化氛围、卫生医疗、就业机会、住房环境、政策法规、教育程度及综合城建体系对于人才具有强烈的吸引力，生产性服务业本身就是人力资源和知识资本集聚的产业，人才知识资本等关键影响因子的获取对于生产性服务业的发展至关重要。世界性和国际级的大型城市集聚高素质和高精端的人才储备，人力资源竞争力和人才资本集群度是生产性服务业高速发展的重要动因，城市区域人力资本及知识资本的集聚可以加速提升城市综合服务能级和周边辐射力。同时随着信息、人才、技术、资金等要资源要素的储备充足，诸如商务信息、金融证券及研发技术类的生产性服务业在不断集群发展的态势下不断形成金融贸易功能区、商务信息功能区、技术研发功能区等集聚综合体，人才知识和资金技术高密度集聚，只有发达成熟的集聚教育文化、医疗卫生、科技研发等现代化的服务城市才能长足支撑人力资本的集聚集群，人才因素和服务业相互融会贯通中集聚发展。

（七）宏观产业经济政策和制度安排

生产性服务业早已成为全球性经济产业价值链的重心，是提升全球化竞争力及调整产业结构的关键突破口，生产性服务业具有高度的产业关联性和行业经济融合性，对于工业制造产业的流程重构和价值链机理再造作用巨大，是国家经济结构调整及产业能效提升的主要动力和关键力量。鉴于生产性服务业发展的重要地位，国外在推动其发展过程中主要在制定产业发展规划和条款制度、开展产业集聚的基础设施建设、出台优惠扶持政策和方案、优化产业发展环境、加大资金投入规模、设置服务业功能区和核心集群区等方式强势扶持生产性服务业的发展。2014年8月国务院印发《关于加快发展生产性服务业促进产业结构调整升级的指导意见》，首次对生产性服务业发展做出全面部署，并对研发设计等11个领域重点扶持。政府的宏观产业经济政策和制度安排可以全方位促使生产性服务的发展程度，提高其辐射力和影响力，地方性政府可以在宏观产业经济政策的指引下配套相关地方性支持政策，进一步实施因地制宜和本土化的服务业引导政策方案，这对于生产性服务业集聚从城市到区域、从区域到经济带、从经济带到经济圈层级化发展提供了软性的制度支持和顶层设计，政策的科学安排和合理实施可以为生产性服务业的发展提供良好的环境支持和条件支撑，成为生产性服务业集聚的发展动因和驱动力。

三、生产性服务业集聚重构区域空间的作用机制与路径分析

（一）基于融合互动视角下产业结构、空间布局的重构

随着社会产业实体分工的不断精益化及专业化，产业分工体系带来的结构变化及专业化程度愈发明显。工业制造业在生产加工及产品交易流程中，交易的频次、产品总量及规模不断增加，生产成本也不断递升，各种环境竞争压力态势下的制造业在强化分工效益的同时迫切提升服务业务的配套能级，生产性服务业成为转变制造业窘境的强大突破口应运而生。生产性服务业的区域性空间重构和产业结构的持续演进有着密切的关系，具体而言：

1. 制造业和生产性服务业的融合互动机制。随着制造业服务外置趋势的不断推进，剥离出去的服务业务集聚程度和专业程度越加完善，整体性的总量规模效应、创新联动效应及辐射影响效应日益彰显，综合服务效能逐渐提升，在区域范围内集聚集群快速发展。同时制造业基于市场需求及成本压力的考量，也不断将产业体系内的物流、研发、设计、策划、创意、金融、会计等服务业务分离出去，利用市场机制来重组业务分工。随着服务专业化程度的加深，制造业和生产性服务业的融合互动机制日渐成熟，制造企业从提供物品及衍生品服务转而提供专业程度高、需求多元的服务体系，这种互动融合和创联发展模式成为产业经济高速发展的不可逆趋势。制造业和生产性服务业的融合互动过程中，分工细化也带来地理区域范围内的生产要素的重新分配和组合，带来不同业务职能部门的空间转移和区位变动。传统制造职能基于城市地租、运营成本、交通物流等因素的评估，会把产业方向转移到城市边缘及郊县区域；而服务业职能由于其固有特性及市场定位要求，选择城市中心区域及核心地段进行集聚发展，制造业和生产性服务业的融合互动过程同时也是重构区域空间和产业结构不断优化的过程。

2. 空间经济梯度及极化空间结构的形成。制造业和生产性服务业的融合互动发展是通过服务业体系（产业价值链）不断向制造业的渗透、重组及延伸来实现的，随着生产性服务业体系框架和构造的不断完善健全，在城市地理空间范围内服务产业的优化升级不断形成新型的产业生态价值链和服务功能区，原有以非服务业为主的功能区在生产性服务业业务扩展和产业融合中处于排挤和位移的趋势，服务业的竞争优势和高盈利价值驱使城市功能区产生异化效应，生产性服务业的功能区逐渐成为城市主流功能区和核心专业服务区。生产性服务业除了具有融合关联性、知识创新性及辐射带动特点以外，资源消耗低、附加值高及超强利润生产能力也是其重

要特征。生产性服务业城市内的集聚集群带来明显的现象就是服务产业功能区加剧区域空间和地理范围内容的经济失衡和产业共融,在城市内部出现生产性服务业的高端产业业务(金融、商务、咨询、决策)于其他经济活动的协同发展,服务功能区的强大优势在城市内部出现极化效应,区域内的经济发展、产业活力及企业利润差距极大。而在城市层面,生产性服务业集聚度更强的城市综合竞争水平和经济总量越高,城市之间产生梯度效应,经济发展的空间经济梯度日益明显,区域之间和城市之间经济总量和发展潜力因为生产性服务的集聚效应产生空间经济梯度及极化空间结构的形成。

(二)基于高度协同态势下的就业及居住空间集聚区的转变

生产性服务业具有不同的业务内容和服务类别,生产性服务业的空间布局和区域模式与其交易程度、频次有着密切的关系,少数简单、易于标准化的服务业务趋势分散,一般围绕郊县及城市周边发展;而绝大多数生产性服务类别是复杂性及难以标准化的服务交易内容,在城市核心功能区及城区中心位置进行布局发展。生产性服务业的向心集聚和集群化发展趋势促使原有城市以制造业为主的就业类型和方式不断转化为以服务为主流的就业方式,生产性服务业的集聚模式也导致原有就业结构和就业主体的格局化的转变,就业类型以劳动力和资源型为主逐渐转变成技术型和知识型为主。原有制造业占据的城市空间由于服务业空间的挤压和占用,促使制造产业不断外移至城市郊县及边缘,城市中心区位服务业就业人员密度不断递增。同时就业空间和居住空间是协同联动的,具有高度的协同性和相关联系,就业系统结构的合理性推动居住空间的科学化布局,生产性服务的城市中心的集聚发展也促使城市居住地带和居住空间密度降低,城市近郊区和边缘地段成为新型人口居住密集带。基于高度协同态势下的就业及居住空间集聚区的转变其实是服务业就业空间的向心驱动力及居住空间的外移性,两者在长期持续联动中促成商务区、外围居住集聚区、制造业集群区及环中心城区就业促进带四段集聚格局,这种格局在促使生产性服务业进一步集聚集群的同时,也加大对于城市内部及城市之间地域范围内的交通基础设施及城市交通系统空间布局的影响辐射。

(三)基于空间流向变动下的交通运输系统重组

生产性服务业在城市就业及居住空间集聚区的转变上发挥着重要的作用,对于城市核心功能区和城郊制造业集聚带形成辐射影响。城市内部及城市之间的公交系统、交通基础设施、轻轨地铁运输体系、高速公路铁路及航运物流等随着城市商务功能区、居住区、产业集群带的变动而进行系统重组。特别是产业关联度及价值链环环相扣的服务和制造业虽然在地理区位上进行了合理布局,人员流动、信息交流及物流中转对于交通运输系统提出更高的要求,来往的通勤诉求及业务信息交流对于城市交通有着迫切的需求,基于空间流向变动下的交通运输系统在各类集聚区的驱使下重组和变更力度进一步提升。不同类型规模和不同层级的生产性服务业对于城市的交通设施及走向影响度不同，促使城市的交通运输网络和设施不断建立和完善，在提升服务信息通畅化交流沟通的同时，也极大地降低生产和服务成本，实现城市交通系统空间布局和地理格局更加科学化和合理性，也缩短了城际之间的距离，加速通勤城市的形成，城市之间的联系密切程度和空间响应机制不断提升，经济集聚区、产业经济带、城市经济圈及城市整合功能体等新型化和综合性的经济产业集群圈应运而生，也促使生产性服务业集聚力和联动力不断增强。

（四）基于市场需求导向下的土地资源利用类型的变更

随着我国经济结构的调整加速及产业价值链的纵向延伸，工业制造业及其他产业对于生产性服务业的产品服务及业务内容产生巨大的市场需求，生产性服务业的服务模式、服务范围及辐射范围早已突破城市及传统产业的界限，生产性服务业在城市及中心区域的规模扩张、服务企业总量递增及产业融合度日益密切等加剧其集聚水平和集群能力。城市内部的经济活动和产业活力主要依赖于相关产业的发展潜力及地租支付能力，对于城市内部土地空间资源利用的产业竞争与博弈一直客观存在，利润生产能力强、产业排挤效能高及创新层级度高的经济实体具有比较竞争优势。而生产性服务业的强大的竞争优势、产业融合活力及利润生产能力促使其对于城市核心区域的土地资源利用具有先发优势。传统城市核心区域范围内的工业制造业及居住地由于竞租能力差、辐射效能低、集聚力量不足及资源消耗大等原因，逐渐由城市区域及核心地段转移到城市外围发展，而生产性服务业的产业排挤效应和极化空间效应也驱使其他产业的外移发展和流动。宏观经济和微观实体对于生产性服务业的强大市场需求对于城市土地资源利用类型具有同步性，生产性服务业集聚功能区（商务功能区、金融服务区、研发产业带及科技信息产业园）对于城市土地利用类型的演变具有强大的推动力和影响力，同时生产性服务业对于城市土地资源的高效应用及密集度使用具有重要意义。

四、结　语

生产性服务业集聚集群对于区域经济发展及地理空间的演变发挥着巨大作用，生产性服务业集聚效应带来产业空间布局的重构及区域产业结构重组、交通网络规划布局的优化及居住空间的转变、城市土地利用类型的变更及核心功能区格局的转移等方面，生产性服务业的高速发展及集聚集群已经成为区域经济空间重构战略实现的驱动力和作用力，很大程度上改变区域产业结构和相关布局，对于驱动因素及作用路径机理方面的研究需要进一步深化和强化，具有重要的现实意义。

参 考 文 献

[1] Ashton D. J. , Sternal B. K. Business Services and New England s Export Base. Federal Reserve Bank

of Boston Research Department Special Study, 1978.

[2] 刘曙华. 生产性服务业集聚对于区域空间重构的作用途径和机理研究 [D]. 上海: 华东师范大学博士学位论文, 2012 (05).

[3] 沈玉芳, 刘曙华, 张婧, 王能洲. 长三角地区产业群、城市群和港口群协同发展研究 [J]. 经济地理, 2010 (5).

[4] 刘曙华, 沈玉芳. 生产性服务业的区位驱动力与区域经济发展研究 [J]. 人文地理, 2007 (2): 112 - 116.

[5] 刘曙华, 沈玉芳. 生产性服务业的空间研究进展及其评述 [J]. 地理科学进展, 2011, 30 (4): 498 - 503.

[6] 韩锋, 诚然, 刘丽. 战略管理框架下的政府绩效管理探析 [J]. 经济与管理, 2010 (10): 56 - 59.

[7] 韩锋. 360 度绩效考核在政府绩效管理中的应用性探析 [J]. 经济与管理, 2011 (9): 33 - 35.

[8] 韩锋, 田家林. 战略管理导向的政府绩效管理特点、效能及应用 [J]. 技术与创新管理, 2011 (1): 25 - 27.

[9] 田家林, 韩锋. 长三角地区生产性服务业群内生态位比较——基于产业生态视角 [J]. 科技进步与对策, 2012 (1): 46 - 52.

[10] 韩锋, 张永庆. 生产性服务业集聚重构区域空间的驱动力及作用机制分析 [J]. 工业技术经济, 2015 (7): 48 - 52.

[11] 顾凯, 韩锋. 平衡计分卡在政府绩效管理中的应用性探析 [J]. 技术与创新管理, 2013 (5): 461 - 464.

[12] 田家林, 蒋平, 韩锋. 我国区域生产性服务业发展水平评价 [J]. 工业技术经济, 2011 (4): 59 - 63.

[13] 田家林, 韩锋. 上海生产性服务业与其他产业的互动关系——基于投入产出表的分析 [J]. 工业技术经济, 2010 (10): 79 - 81.

网络关系对产业集群价值创造的作用机理研究

朱 兵[*]

摘　要：本文研究了企业合作创新网络关系对集群企业价值创造的作用机理。不同强度的网络关系和不同的网络结构在信息传递与合作交流中起到不完全一样的作用，对集群企业价值创造的影响具有显著差异。因此本文结合集群企业合作创新网络的关系强度和几种典型的复杂网络结构，研究集群企业合作创新网络对集群企业不同类型创新知识扩散效应的影响，并构建由知识转化的集群企业价值创造模型。研究结果表明无论企业合作网络关系是以强关系还是以弱关系组合占据主导，企业合作创新网络为无标度结构时能够使产业集群企业整体价值创造达到最大，但此时集群企业价值创造水平标准差系数偏高。

关键词：价值创造　关系强度　网络结构　产业集群

一、引　言

　　不同强度的关系在知识转移与合作交流中，对组织学习和技术创新的影响具有显著差异。但同时企业之间的交流和研发合作为知识溢出创造了可能，特别是那些建立稳定合作关系的企业合作创新网络，公司技术人员以及企业家通过非正式交流或各种正式的学术研讨会交换异质性知识，实现技术知识的溢出或扩散。大量研究表明创新是新知识产生和交互作用的过程，是企业、科研机构和政策决策通过创新系统和网络共同参与的过程，而知识的积累和扩散则是技术创新的主要表现形式，也是产业集群出现的根本原因。可见知识的溢出或扩散是集群企业提升其自身创新能力的重要途径，是创新成功的先决条件。同时，通过知识的扩散效应，也降低了区域内产业的学习成本，提高了区域的知识竞争力，使得某种知识在区域内获得应用与推广，提高知识的生产回报率，增强了区域在某一知识领域的竞争优势。区域内产业集群的形成，必然伴随着知识在区域内的扩散和转移，由最初的知识通过不断地复制、转移和创新，形成区域的知识高地和完整的产业链，增加了集群企业的价值创造，促进了产业集群的升级。

　　产业集群中当某项技术创新出现后，产业集群合作创新网络上的知识溢出是集群中小企业获取知识和信息，并对这些知识和信息进行整合创新，获取更多的价值，

---

[*] 朱兵（1980 — ），男，安徽庐江人，安徽师范大学经管学院教师，研究方向：产业集群升级。

推动集群升级的一个重要途径。由于不同的网络结构对于知识的扩散有着显著差异，因此产业集群合作创新网络结构对集群企业的价值创造起着重要的影响作用。那什么样的网络结构和关系强度可以更好地促进集群企业之间的知识溢出，使整个集群企业价值获取更大呢？本文将考虑产业集群企业合作网络关系强度的影响，并考虑知识的不同属性及扩散特点，在具有不同拓扑结构特征的合作网络上，运用仿真方法分析这些因素对产业集群企业整体价值创造的作用，为集群升级理论提供一些理论基础。

二、产业集群企业合作创新网络上知识溢出对价值创造的影响

（一）影响产业集群企业合作创新网络上知识溢出的因素

知识溢出的提出最早可以追溯到马歇尔（Marshall）对外部性的讨论，自西方新经济地理学出现以来，知识溢出更多地被看作是一种空间相互作用的过程，成为研究区域经济增长、产业集群创新等领域不可缺少的变量。在 Arrow（1962）和 Romer（1986）的开创性研究基础上，知识溢出的研究最初主要局限于创新与技术进步的文献当中，以企业为研究对象，使用 Griliches Jaffe 知识生产函数分析知识生产与溢出。企业的新知识既能促进本企业生产具有排他性的产品，也能溢出到其他企业并促进这些企业的创新，这些创新的技术知识又会溢出，从而形成不间断的企业间相互知识溢出，使得创新收益递增。Gugler and Dunning（2003）认为企业之间通过组建战略联盟，可有效地聚合各自的研究开发力量，使 R&D 资源在更大范围内、更高层次上得到有效配置，使各自的技术优势相互叠加，从而产生新的技术突破，获得更多的知识创新成果。

知识溢出是重要的，但是究竟是什么因素促使了知识的空间溢出。Caniels 和 Verspagen 使用中心地理理论分析知识溢出，认为空间距离和知识缺口是影响知识溢出的基本因素。并且已有文献用空间计量方法证实了知识溢出空间效应的存在，溢出效应超越了行政区域的地理范围，并且这种溢出呈现出明显的距离衰减趋势。但地理邻近性并非是空间知识溢出发生的必要或充分条件，近年来关于包含认知邻近、组织邻近、社会邻近和制度邻近等在内的多维临近性的作用日益受到重视。除此之外，知识的特性也对溢出机制产生了影响。知识溢出在较近的空间范围内更容易发生，特别是对于隐性知识难以进行编码化或记录，只能通过直接的互动和交流，在特定区域范围内通过面对面的交流和不断接触等形式进行交流传播。但对于可以编码化记录的显性知识，以专利或书面文字等形式存在，能够通过间接的方式，在比较大的空间范围内进行传播。

（二）产业集群企业合作创新网络结构对集群企业间知识溢出的影响

上述因素对企业合作网络上的知识溢出存在影响，然而知识溢出的影响因素尚

需进一步扩展，更为重要的是，需要深入分析这些影响因素是如何影响空间知识溢出这一扩散过程的？

知识溢出的过程是不同主体之间通过直接或间接方式进行互动交流，并在此过程中发生的无意识的传播过程。根据主体之间互动交流形式的不同，知识可以通过不同途径和方式在个人和区域之间的互动过程中发生溢出。毫无疑问，产业集群企业合作创新网络成为许多知识通过组织内或组织间的关系来传播的重要途径。

随着复杂网络的兴起，很多学者认为集群创新系统是一个复杂系统，它由集群主体关系以及属性组成。集群主体包括核心企业关联企业科研机构中介机构和金融机构等，关系是主体之间的联系，属性是指主体及其关系的特点。一些研究认为集群创新合作网络具有普遍的拓扑结构特征，如小世界性和无标度性。Gay等（2005）研究发现，由于对核心能力的偏好依附，生物技术集群创新合作网络是个具有无标度特征的小世界网络；Powell等（2005）的研究也得出相似的结论。蔡宁等（2006）通过对温州鞋革业和北京IT业集群的分析发现，集群中各成员之间的连接关系具有典型的小世界特征，同时发现小世界网络比规则网络具有更高的资源流动性和更广的资源整合范围，即更强的资源整合能力。此外，研究者对合作网络的形成和稳定性进行了深入的分析。Jackson等（2002）引入网络稳定性和效率的概念，采用博弈论方法分析经济网络的内生形成过程；之后学者们将研究范围拓展至随机稳定网络以及企业R&D合作网络。Carayol等（2008）提出利用遗传算法计算最优效率网络，将该方法运用于已有的一些简单模型中，研究结果表明，该方法可以稳健地准确地计算出这些模型对应的最优效率网络。还有一些学者研究了网络结构与知识扩散之间的关系。Kim等（2009）基于社会网络分析方法研究创新合作网络结构对知识扩散绩效的影响，发现对于知识扩散，小世界网络是最公平且高效的网络结构类型；Cowan等（2004）认为并非所有产业中的空间聚集都是有利的：在隐性知识居多的产业中，当网络的集聚系数较大时，即主体在空间上聚集，会导致较高的知识增长率；在显性知识居多的产业中，当网络集聚系数较大时，由于主体间知识的迅速同质化，主体的空间聚集反而适得其反。冯锋等（2007）用小世界网络模型分析产业集群，并运用特征路径长度和集团化系数表征集群成员间知识转移频率和聚集程度，旨在为促进产业集群发展提供一种新的分析思路。黄玮强，庄新田等（2012）研究了在具有不同拓扑结构特征的规则网络、随机网络、小世界网络和无标度网络上，运用仿真方法研究集群知识扩散规律。随着研究的深入，一些学者对知识的属性与扩散进行了研究。如张兵，王文平（2011）指出，探讨了知识的不同流动模式，并利用多主体仿真初步研究了其对非正式知识网络结构的影响。还有一些研究对知识流动的条件、动机、影响因素、工具、策略等方面进行了深入的分析。

上述研究在分析时，微观层面往往以关系强度、弱关系的力量以及强关系的力量为代表，着眼于主体间的二元关系；中观层面则以社会资源理论、嵌入理论和结构洞理论为代表，分析主体的网络结构；而在宏观层面，是以小世界网络和无标度网络为代表，着重于网络整体结构特征。鲜有文献能够综合各个层面来进行分析。本文尝试将微观与宏观层面相结合，研究网络关系对集群企业价值创造的影响。具体地，集群企业体之间存在广泛的个体或组织知识学习和交流，其中包括可编码的知识和隐含经验类知识。同时，由于关系强度的不同，对不同知识的扩散影响也不同。因此，将产业集群企业合作创新网络作为知识传播扩散的载体，它响应集群主体对知识的需求，并使其能够接触新市场以及获取创新活动所需的新技术。考虑关系强度及不同知识类型，研究产业集群企业合作创新网络结构对知识溢出的影响，并进而分析其对集群企业价值创造，集群升级作用的机理。

三、产业集群企业合作创新网络结构

（一）产业集群企业合作创新网络结构描述

考虑一个由有限个集群企业组成的产业集群，集群企业之间存在创新合作关系。将这些集群企业及它们之间的相互关系看做一个网络，其中节点组织表示为 v，$v = \{1, 2, 3, \cdots, n\}$，$n$ 为集群企业数量，企业节点 i 与节点 j 之间的创新合作关系用连线或者边 Γ 来表示。此时可将该网络记为 G，$G = \{v, e\}$，$v = \{v_1, v_2, \cdots, v_n\}$，$E = \{e_1, e_2, \cdots, e_k\}$。

一般来说在产业集群中，一些中小企业与核心企业进行产业配套，成为核心企业的外包企业、配套企业，为核心企业提供原材料半成品或者从事商品销售活动。核心企业与配套企业之间的竞合关系往往表现为合作，合作创新往往是利用式创新价值链的范围，因而呈现一种强关系型的网络联系。但是核心企业之间是以竞争为主体的竞合形态，合作创新往往是探索式创新价值链的范围，企业之间网络关系呈现出一种弱关系型的网络联系。因此本文中的产业集群合作创新网络的边 e_{ij} 没有方向，相应的网络 G 为无向网络。边 e_{ij} 对应的权值 $w(i, j)$ 表示企业 i 和 j 的合作关系强度，因此是对称的。在网络 G 中，节点 i 的直接合作邻居集合记为 Γ_i，$\Gamma_i = \{j \in V - \{i\}/e(i, j) = 1\}$。在非空的创新合作网络 G 中，最短路径 $d(i, j)$ 是由连通这两个节点之间的一组头尾相接的边组成的集合中最短的连线数。如果节点 i 和 j 之间不存在连通的路径，则令 $d(i, j) = \infty$。对于不直接链接的任意两点，若它们之间存在连通的路径，其最短路径为 $\{e_{i,k_1}, e_{k_1,k_2}, \cdots, e_{k_{n-1},k_n}, e_{k_n,j}\}$，则这两点之间关系强度为 $w(i, j) = w(i, k_1) \times w(k_1, k_2) \times \cdots \times w(k_{n-1}, k_n) \times w(k_n, k_j)$。当有多条长度相同的最短路径时，取不同路径所对应的关系强度最大值作为不相邻两点之间的关系强度值 $w(i, j)$。

最近几年，学者们发现大量的真实网络（包括产业集群创新合作网络）既不是规则网络，也不是随机网络，而是具有与前两者皆不同的统计特征的网络，这样的网络被称为复杂网络,其诸多统计特征中最重要的是小世界效应和无标度特性。为了比较分析不同的网络拓扑结构特征对产业集群知识扩散,以及企业价值创造的影响,下面将基于随机网络、小世界网络和无标度网络等四种典型的网络模型进行研究,各网络的生成演化算法如下。

(二)几种典型网络结构

1. 无标度网络描述及其生成演化算法。根据无标度网络模型生成的无标度网络,是从一个具有 $m0$ 个节点的网络开始,在每一时期引入一个新的节点,并且连接到 $\langle k \rangle/2$ 个已存在的节点上,一个新节点与一个已经存在的节点 i 相连接的概率满足如下关系,即 $\prod_i = k_i / \sum_{j=1}^{n} k_j$。经过 t 步后,形成的无标度网络具有 $n = t + m0$ 个节点和 $t \cdot \langle k \rangle /2$ 条边,该网络的平均度约为 $\langle k \rangle$。

2. 小世界网络描述及其生成演化算法。根据小世界网络模型生成小世界网络是在规则网络基础上,以概率 p 随机地重新连接网络中的每个边,即将边的一个端点保持不变,另一端点取为网络中随机选择的一个节点。规定任意两个不同的节点之间至多只能有一条边,并且每一个节点都不能有边与自身相连。当 p 较小时,生成的网络具有小世界性,设 $p = 0.1$。为了保证网络的稀疏性和连通性,需要满足条件 $n \geq \langle k \rangle \geq \ln(n) \geq 1$。

3. 随机网络描述及其生成演化算法。根据随机网络模型生成随机网络,是在一个具有 n 个节点的网络中,以概率 p 连接网络中的任意 2 个节点,此时网络约有 $pn(n-1)/2$ 条边,为了便于比较四种不同的网络,取 $p = \langle k \rangle/(n-1)$,因而使各网络具有相同的平均度 $\langle k \rangle$。

4. 规则网络描述及其生成演化算法。在规则网络中,n 个节点依次排列于一维环形网格中,该网格具有周期边界条件每个节点与其左右邻近的各 $k/2$ 个节点存在连边,k 为偶数,即每个节点具有相同的度 $\langle k \rangle$。

四、集群企业价值创造及知识扩散的绩效度量

集群企业进行创新需要的知识是多维的,知识经济时代知识无疑成为企业获得持续竞争优势的源泉。波兰尼认为知识可分为显性知识和隐性知识,如果企业是知识体的组合,则它有显性知识和隐性知识。而它们在知识传播过程中扩散路径是不同的。随着产业集群的发展,集群主体的知识储量及其分布也在不断变化,假设在 t 时期,主体 i 的显性知识储量为 s_{i1},$i = 1, 2, \cdots, n$,隐性知识储量为 s_{i2},$i = 1, 2, \cdots, n$。集群主体的知识按如下方式演化:

若在 t 时期,集群主体 i 完成创新活动,则在 $t+1$ 时期其知识增长为:

$$s_{ij}(t+1) = (1 + a_i) \cdot s_{ij}(t), j = 1, 2$$

其中，$a_i \in (0, 1)$ 为主体 i 的知识创新能力系数，其值是分布在 $(0, 1)$ 的随机变量。

（一）不同知识类型扩散模式及绩效度量

从知识特性看，显性知识容易编码、存储和流动，而隐性知识不易于流动。这可以通过不同知识流动的成本来分析，隐性知识较显性知识难以编码的特性，使得无论在发送、接收还是在流动过程中，隐性知识流动成本往往较高。由于显性知识的易编码特性，使得其辐射半径较大；相反隐性知识由于不易编码使得辐射半径极小。在产业集群中，企业都拥有自身的知识场，有意识地或是无意识地辐射知识影响力，知识主体显性知识场与隐性知识场半径的不同，决定了显性知识流动可以通过知识场辐射的间接方式进行，显性知识辐射与接收在时间和空间上可以分离；而隐性知识流动只能通过主体间直接交互进行。

集群企业知识接收方首先基于对知识发送方知识资源的理解，运用自有的知识挖掘能力识别出对自身有价值的部分；其次，通过运用各种正式或非正式的沟通渠道获取知识发送方的有益知识资源；最后，知识接收方将获得的有价值的知识在主体内部消化、吸收，将学习到的知识内化为主体自身的知识资源。集群主体间知识扩散的效率取决于众多因素，如企业间的知识或技术差距、文化差距、知识接收方的知识吸收能力、合作网络结构、关系强度，以及合作关系距离等。

若集群企业 i 在 t 时期完成创新活动，则在 $t+1$ 时期它将作为知识发送方，合作创新网络内的其他企业作为知识接收方，在特定的创新合作网络上完成知识扩散过程，则在 $t+1$ 时期，集群主体 j 的不同类型知识水平呈现不同的变化。

显性知识的传播可以通过直接和间接的链接，因此企业间的合作关系距离是相应网络节点间的最短路径，即节点间的最短路径是主体间知识扩散的最佳通路。其对应的知识扩散公式如下：

$$s_{j1}(t+1) = \begin{cases} s_{j1}(t) \cdot \left(1 + \dfrac{s_{j1}(t)}{s_{i1}(t+1)}\right) \cdot \left(1 - \dfrac{s_{j1}(t)}{s_{i1}(t+1)}\right) \cdot w_{ij}, \\ \text{若 } s_{i1}(t+1) > s_{j1}(t) \text{ 且 } d(i,j) \neq \infty \\ s_{j1}(t), \text{若 } s_{i1}(t+1) < s_{j1}(t) \text{ 或 } d(i,j) = \infty \end{cases}$$

当 i 与 j 之间的最短路径 $d(i, j)$ 越小，它们之间的知识扩散越便利，若两家集群主体存在直接合作关系 $d(i, j) = 1$，其知识扩散效率最高；若两家集群主体不存在知识扩散的通路（$d(i, j) = \infty$），则它们之间不存在合作意义下的知识扩散。若集群主体 i 在 $t+1$ 时期的显性知识水平高于主体 j 在知识扩散之前的显性知识水平，则后者可以通过与其直接或间接合作伙伴的合作关系获取前者比自己多的那部分知识，否则后者从前者处获取的知识量为零。随着知识发送方与其直接或间接合作伙伴的合作关系距离的增大，关系强度 w_{ij} 越来越小，集群创新合作中的知识互补也越来越小。

而对于隐性知识传播，由于其难以编码性，使得知识的传播只发生在直接的合作关系网络中。其对应的知识扩散公式如下：

$$s_{j2}(t+1) = \begin{cases} s_{j2}(t) \cdot \left(1 + \dfrac{s_{j2}(t)}{s_{i2}(t+1)}\right) \cdot \left(1 - \dfrac{s_{j2}(t)}{s_{i2}(t+1)}\right) \cdot w_{ij}, \\ \text{若 } s_{i1}(t+1) > s_{j1}(t) \text{ 且 } e(i,j) = 1 \\ s_{j2}(t), \text{若 } s_{i2}(t+1) < s_{j2}(t) \text{ 或 } e(i,j) = 0 \end{cases}$$

上述公式表明，若集群企业 i 在 $t+1$ 时期的隐性知识水平高于与其有直接合作关系的企业 j 在知识扩散之前的隐性知识水平，则后者可以通过合作关系获取前者比自己多的那部分知识，否则后者从前者处获取的知识量为零。同时后者从前者吸收到的隐性知识与两者知识距离呈倒 U 关系，和两者关系强度呈正向关系。

（二）集群企业价值创造绩效的度量

集群主体的知识创造和知识扩散过程将提升集群的整体知识水平，同时改变主体的知识分布状况。下面从集群整体知识水平分布均匀性知识扩散速度以及知识的空间分布特征等方面度量集群知识扩散绩效。

1. 集群不同类型知识整体水平。用合作创新网络中企业主体两种知识的平均水平反映集群企业整体知识水平情况。在 t 时期，集群主体的显性知识的平均水平为 $S_1(t)$，即 $S_1(t) = \sum_{i=1}^{n} s_{i1}(t)$；隐性知识的平均水平为 $S_2(t)$，即 $S_2(t) = \sum_{i=1}^{n} s_{i2}(t)$。

2. 集群企业两类知识的扩散速度。在 t 时期，用集群主体两类知识平均水平的增长速度（相对于 $t-1$ 期）衡量集群整体知识的扩散速度 $\rho_j(t) = \dfrac{s_j(t)}{s_j(t-1)} - 1$，$j = 1, 2$，分别表示显性知识和隐性知识。

3. 集群企业整体创造价值。用合作创新网络中企业主体创造的平均价值反映集群企业整体价值创造情况。其中单个企业创造的价值是用企业的显性知识和隐性知识的函数。Prahalad 和 Hamel 所提出的组织中的累积性学识，主要是隐性知识即隐性知识构成组织中的累积性学识。核心竞争力是企业在长期的动态发展过程中，通过正式和非正式的制度安排，在对隐性知识传播和整合过程中所积累和沉淀的，具有整合性、战略性和可持续性的竞争优势。因此，这里将隐性知识的弹性系数设置得较大，而显性知识的弹性系数设置较小。采用经典的道格拉斯形式，由于企业的核心竞争力是看不见，摸不着的，故 $v_i = s_{i1}^{0.2} \cdot s_{i2}^{0.8}$。集群企业整体价值创造水平为 $V = (\sum_{i=1}^{n} v_i)/n$。

4. 集群企业整体创造价值的增长速度。在 $t+1$ 时期，用集群主体平均创造价值水平的增长速度（相对于 $t-1$ 期）衡量集群整体价值创造的增长速度 $\rho_v(t) = \dfrac{V(t)}{V(t-1)} - 1$。

5. 价值创造水平分布均匀性。用集群主体价值创造水平的标准差度量价值创造水平分布的均匀性，标准差越大价值创造水平分布越不均匀，主体间的差距越悬殊。随着集群整体价值创造水平的提高，价值创造水平标准差也会增大。为了便于比较不同平均价值创造水平下的标准差大小，引入 t 时期的价值创造水平标准差系数。$c(t)$ 来衡量价值创造水平分布的均匀性，即 $c(t) = (t)S(t)$（6）。其中，(t) 为 t 时期集群主体价值创造水平标准差。

6. 价值创造水平的空间分布。价值创造的空间分布是指集群主体的价值创造水平与其空间位置之间的关系，即在空间位置上聚集的集群主体其价值创造水平的相似性或相异性。Moran 系数可用来度量这种特征。它反映的是空间邻接或空间邻近的区域单元属性值的相似程度。空间权重矩阵 W 确定了位置相似性，$(x_i - \bar{x})(x_j - \bar{x})$ 反映属性相似性，确定了位置邻近关系 w_{ij} 和属性相似性 c_{ij} 就可以计算出全局 Moran 系数。本文用 Moran 系数（M）来度量全局空间自相关。Moran 系数取值范围介于 -1 和 1 之间，若其值接近于零则说明价值创造的空间分布具有随机性，其值为正数说明具有相近价值创造水平的集群企业倾向于产生空间聚集，其值为负数说明价值创造水平差异较大的集群企业易产生空间聚集。

$$M = \frac{1}{n\delta^2} \sum_{i \in v} \sum_{j \neq i} w_{ij}(v_i - \bar{v})(v_j - \bar{v})$$

其中，$w_{ij} = \dfrac{X(i,j)}{\sum_{i \in v}\sum_{i \neq j} X(i,j)}$。根据邻接矩阵，当 i 和 j 邻接时，空间权重矩阵的元素 $X(i,j) = 1$，否则 $X(i,j) = 0$。

五、不同网络结构对集群企业价值创造的影响

数值仿真参数设计如下：产业集群主体数量 $n = 400$，企业合作创新网络平均度 $k = 4$，初始时刻（$t = 0$）集群主体的显性和隐性知识水平服从（0，1）均匀分布。集群主体的研发创新能力系数为 a，其中 a 为服从（0，1）均匀分布的随机变量。下面将研究不同网络类型下的企业价值创造变化情况，以及知识扩散规律。同一组参数重复仿真运算 20 次，取它们的平均值作为最终的结果，仿真计算通过 Matlab 软件编程实现。

（一）不同网络结构对集群企业整体价值创造水平的影响分析

随着时间的推进，企业不断从事创新活动，完成企业的价值创造。并在一定的企业创新合作网络载体上实现不同类型知识的扩散。在这一过程中，企业不仅实现了价值的创造，同时自身的知识水平也显著提升。那么在一定的网络关系强度下，不同网络结构下的集群企业实现的价值表现如何。

图 1 是在既定的参数条件下 20 次仿真运算结果的平均值，反映了集群整体价值

创造水平的动态变化。其中图1（a）为当集群中有连接关系的企业间强关系比例占75%时的情况。在四种不同的网络结构下，集群整体创造价值水平的演化情况。从中可以看出，不同网络类型下的集群价值创造水平增长差异较大，随着演化次数的增加，这种差异也在不断扩大。且在同一时期，集群整体价值创造水平从高到低排列依次为无标度网络、小世界网络、规则网络和随机网络。这说明在网络规模和节点平均度相同的条件下，相对于其他网络类型，具有无标度特征的企业创新合作网络能最大限度地实现集群企业的价值创造，使集群整体价值创造达到一个较高的水平。图1（b）为当集群中有连接关系的企业间弱关系比例占75%时的情况。在不同的网络结构下，集群整体创造价值水平的演化情况，与强关系占总体比例75%时的情况类似，但是价值创造水平都减少了。

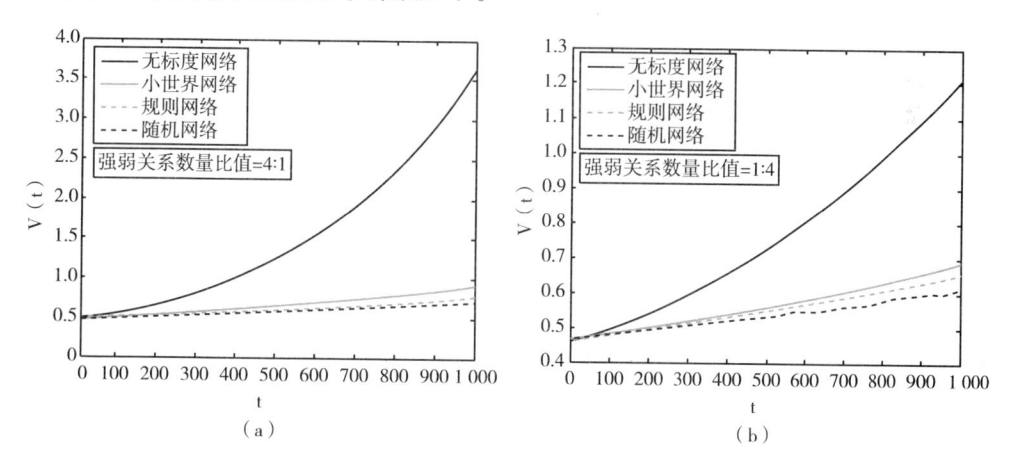

图1 不同网络类型下集群整体价值水平演化情况

集群整体价值创造的增长速度反映了知识扩散的速度，图2为集群企业间强弱关系在不同比例时，不同网络类型下集群整体价值创造的增长速度演化情况。从图2（a）可以看出，以强关系为主要链接时，在各演化时期，不同网络类型下的集群整体价值创造的增长速度在一定的区间范围内上下波动。无标度网络下集群整体价值创造增长速度为0.1%~0.43%，小世界网络下的增长速度为0.04%~0.11%，规则网络下的增长速度为0.029%~0.077%，随机网络下的增长速度为-1.95%~0.35%，说明前三种集群整体价值创造的增长速度较为稳定，而随机网络的增长起伏较大。此外，在相同条件下，相对于其他网络类型，具有无标度特征的集群企业合作创新网络能最大限度地提升集群价值创造的增长。从图2（b）中，在以弱关系为主要链接时，虽然不同网络结构下集群整体的价值创造增长速度降低了，但是演化趋势与图2（a）类似，不再赘述。

（二）不同网络结构对集群整体不同类型知识的影响分析

不同的企业合作创新网络结构所产生的价值创造水平的差异，源于企业不同类

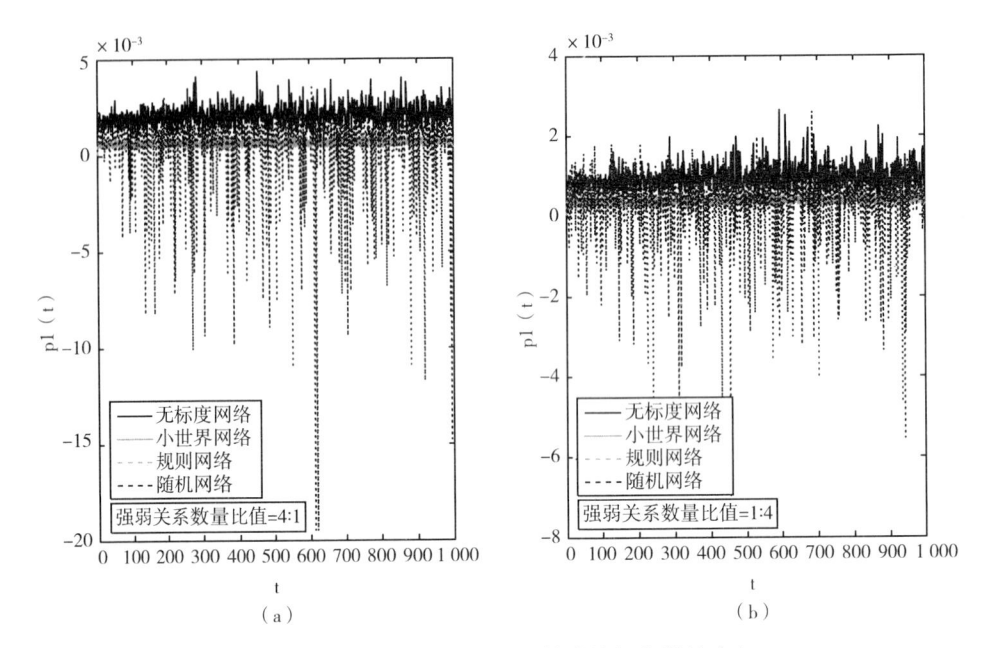

图2 不同网络类型下集群整体价值创造增长速度

型的知识水平所导致的。正是随着时间的推进，企业不断从事创新活动，并在一定的集群创新合作网络载体上实现知识的扩散，才完成企业的价值创造过程。在这一过程中，由于不同类型知识扩散的特点不同，集群企业的平均知识水平变化反映了集群整体知识水平的动态变化。图3为在以强关系为主要链接时，四种不同网络类型下集群整体不同类型知识水平的演化情况。从图3（a）可以看出，在不同网络类型下的集群显性知识水平增长差异较大，随着时间的增长，这种差异也在不断扩大。在同一时期，集群整体显性知识水平从高到低排列依次为无标度网络、小世界网络、规则网络和随机网络。这说明在网络规模和节点平均度相同条件下，相对于其他网络类型，具有无标度特征的集群创新合作网络能最大限度地提升集群显性知识的扩散。图3（b）为四种不同网络类型下集群整体隐性知识水平的演化情况。相比于显性知识的扩散，不同的网络结构下的集群整体隐性知识水平差异不大。集群整体隐性知识水平从高到低排列依次为无标度网络、随机网络、规则网络和小世界网络。可见相对于全局扩散，局部扩散下无标度网络扩散隐性知识仍然占据优势，但是小世界网络和规则网络扩散程度都劣于随机网络。

图4为以弱关系为主要链接时，四种不同网络类型下集群整体不同类型知识水平的演化情况。从图4（a）可看出，在不同网络类型下的集群显性知识水平增长差异情况与图3（a）类似，但是在增长幅度上较小。从图4（b）可以看出，相比于显

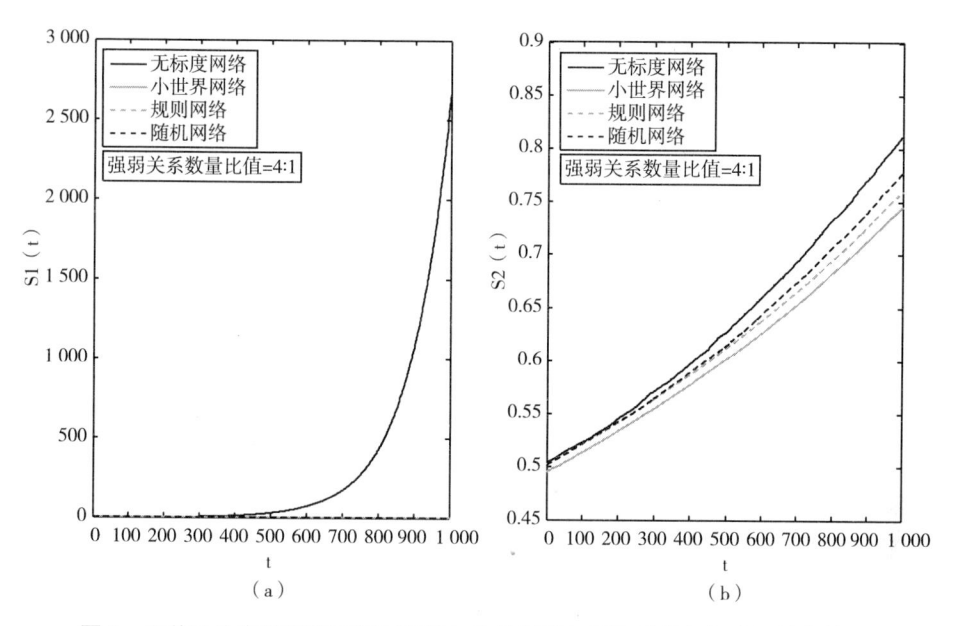

图3 强关系为主要链接下不同网络结构的显性知识和隐性知识水平演化情况

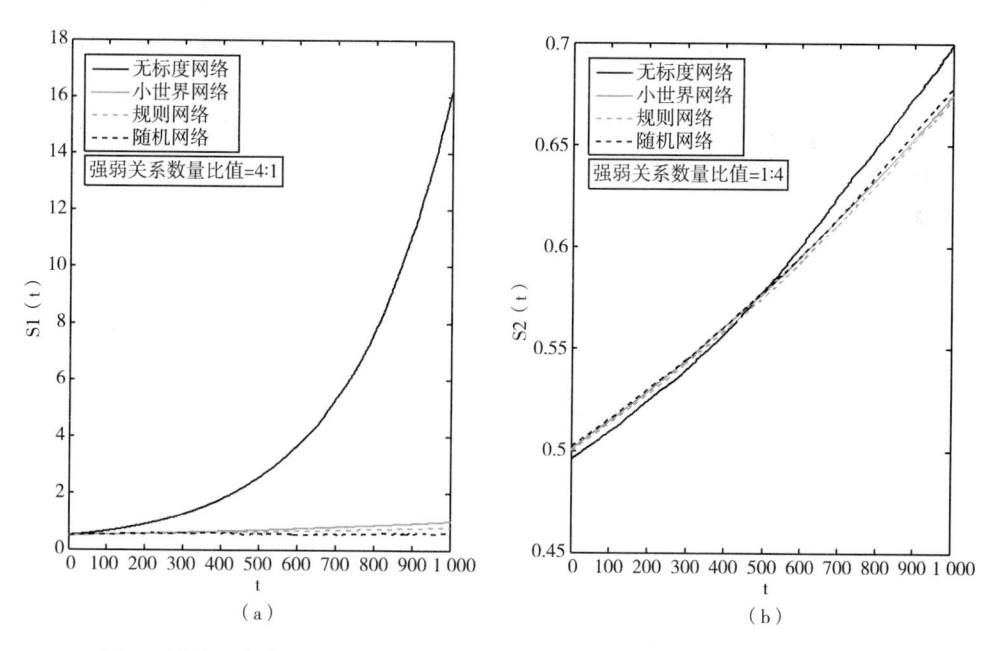

图4 弱关系为主要链接下不同网络结构的显性知识和隐性知识水平演化情况

性知识的扩散,不同的网络结构下的集群整体隐性知识水平差异不大。但四种不同网络类型下集群整体隐性知识水平的演化呈现较为复杂的情形。在演化初期,无标度网络相较于其他三种网络，其隐性知识增长较慢，但是随着时间的增长，无标度网络的隐性知识水平超越了其他三种网络。可见相对于全局扩散、局部扩散下，无标度网络结构在后期才使得集群整体隐性知识水平占据优势。

综上所述，在显性知识全局扩散特点下，无标度集群创新合作网络下的知识扩散是最高效的，使集群整体显性知识水平达到一个较高的水平。而在隐性知识局部扩散特点下，当企业间主要是强关系链接时，无标度集群创新合作网络下的隐性知识扩散仍然是最高效的；但是当企业间主要是弱关系时，在扩散的初期，随机网络更加易于隐性知识的扩散，在后期，则是无标度网络使集群整体隐性知识水平更高。究其原理，是因为无标度网络拥有大量度值小的节点和少量度值大的关键节点，这些关键节点起着网络中枢性的作用，拉近了网络节点间的距离。当关键节点所代表的集群企业产生了创新时，不论是显性知识还是隐性知识，它都可以迅速地将知识扩散到其他企业。而当非关键节点所代表的集群企业产生创新时，它会以一个较大的可能性与关键节点有连接，这样可通过与关键节点的合作关系将知识直接或间接地扩散给其他企业。所以无标度网络的这种特殊拓扑结构特征使其拥有最高的知识扩散效率。

（三）不同网络结构对集群企业价值创造分布均匀性的影响分析

集群企业价值创造水平代表集群的整体价值创造水平，但其无法刻画集群企业创造价值的分布状况。集群整体价值创造水平能够用来反映集群创新合作网络上的知识扩散效率，而集群主体价值创造水平分布均匀性则反映了网络的创造价值资源的配置效率。分布越均匀，网络的创造价值资源的配置效率越高，越具公平性。图5为不同网络类型下的集群企业价值创造的水平标准差系数演化情况。从图5（a）可以看出，在以强关系为主要链接时，随着时间的演进，无标度网络下的集群企业价值创造水平标准差系数不断增加，而其他三种网络结构下的集群主体价值创造水平标准差系数在先经历短暂的下降后保持在一个稳定的水平。这说明具有无标度特征的集群创新合作网络的创造价值资源配置效率较低，究其原因，是因为隐性知识的扩散特点是局部扩散，导致少量度值大的关键节点能不断与其他企业进行隐性知识的扩散，使得少量集群企业具有较高的隐性知识水平，而大量度值小的节点由于链接少，而不能受益于集群内隐性知识的扩散。规则网络和小世界网络由于链接较为均匀，导致不论是显性知识还是隐性知识的扩散都较为平均，进而使得集群创新合作网络的创造价值资源配置效率较公平。图5（b）是以弱关系为主要链接时不同网络结构下的集群主体价值创造水平标准差系数的演化情况。其演化情况与图5（a）类似，相较于以强关系为主要链接时，不同网络结构下的集群企业价值创造水平标准差系数偏高一点，资源配置效率较低一些。综上所述，无标度网络结构下集群企业价值创造的整体水平最高，但是在资源配置效率上却是最低的。因此在效率与公平之间，需要去寻找平衡。

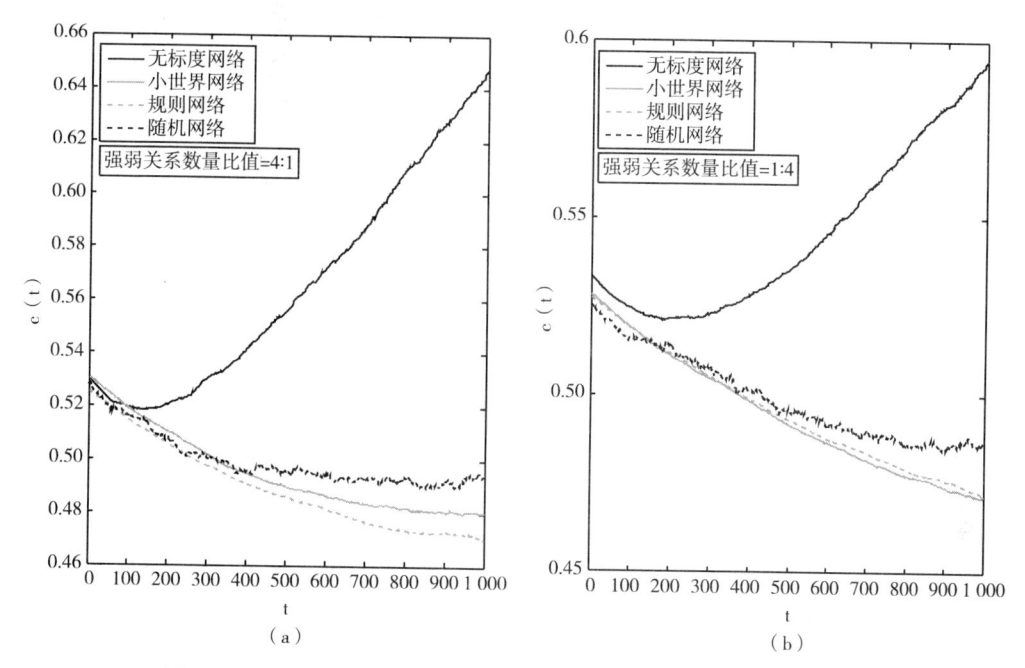

图 5 不同网络结构下的集群整体价值创造水平标准差系数演化情况

（四）不同网络结构对集群主体知识水平的空间分布影响分析

Moran 系数用于衡量集群主体知识水平的空间分布状况，为了解在整个演化时期内 Moran 系数的平均变化情况，计算 $T=1\,000$ 时期内 Moran 系数的平均值 M，$M = \sum_{t=1}^{1\,000} M(t)$，如图 6 所示。

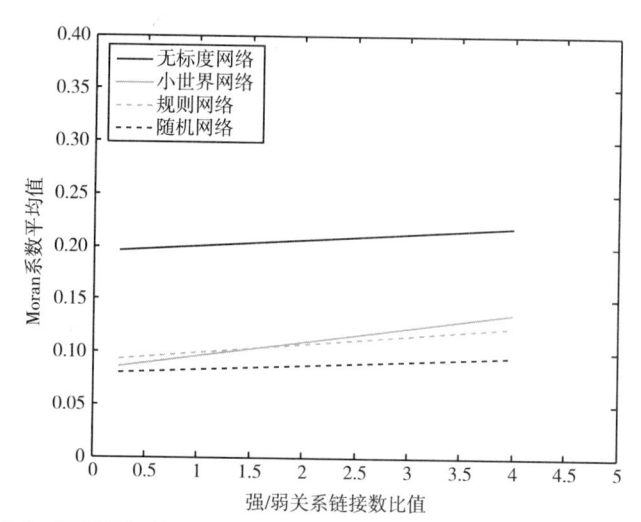

图 6 不同强弱关系链接情况下各网络的 Moran 系数平均值变动

265

当各网络类型的 $Moran$ 系数平均值均处于（0，1）区间时，说明在集群创新合作网络中存在空间聚集的集群主体间具有相近的价值创造水平。随着集群企业间关系强度由弱向强变化时，四种网络结构下，产生空间聚集的集群主体间的价值创造相近程度也在不断增大。在弱关系链接占优时，各类型网络的 $Moran$ 系数平均值从大到小排列依次为无标度网络、规则网络、小世界网络和随机网络；在强关系链接占优时，排列依次为无标度网络、小世界网络、规则网络和随机网络。说明无标度网络中产生空间聚集的集群主体间价值创造水平的相近程度要大于其他3种类型的网络。

六、结论与启示

本文通过研究集群企业合作创新网络的知识扩散，进而分析集群企业的价值创造。在具有不同拓扑结构特征的4种典型网络中，运用仿真方法研究基于知识扩散下产业集群价值创造的规律。为便于网络间的横向比较，考虑四种网络具有相同条件，即网络规模和网络节点平均度相等。在考虑不同类型知识扩机制下，将知识扩散效率与企业价值创造相联系，并考虑集群企业间的合作关系强度，得到如下研究结论：

第一，在相同条件下相对于其他网络类型，具有无标度特征的集群创新合作网络能最大限度地提升集群企业价值的创造，并使集群整体价值创造水平达到一个较高的程度。不同网络结构下集群整体价值创造的增长速度从大到小依次为无标度网络、小世界网络、规则网络和随机网络。但是具有无标度特征的集群企业创新合作网络价值创造的资源配置效率较低；而小世界和规则网络在价值创造资源配置效率方面较高，此时各集群主体均能较为公平稳定地享受集群整体知识增长带来的好处。

第二，造成不同网络结构下价值创造水平高低原因，是显性知识和隐性知识在不同网络结构下的扩散程度不同。具有无标度特征的集群创新合作网络，无论是在当企业间主要是以强关系为链接时，还是以弱关系为主要链接时，都能最大限度地提升集群整体显性和隐性知识扩散速度。而其他3种网络结构在集群整体显性和隐性知识的提升方面较难分伯仲。

第三，一般情况下，集群创新合作网络中存在空间聚集的集群主体间倾向于具有相近的知识水平。从总体上看，不同网络类型下的集群主体价值创造水平的空间分布状况具有显著差异。从集群整体显性和隐性知识扩散的速度和价值创造资源配置效率水平看，具有无标度特征的集群创新合作网络，并且企业间强关系居多时，是集群发展初期阶段最优的网络安排。因此在产业集群创新政策制定中，应扶持和培育若干家具有较大影响力的重点企业和机构，以这些企业和机构为龙头并依托大型合作项目，促进集群内企业与之展开各种形式的创新合作。

由此我们可以看到当企业合作网络关系以强关系组合占据主导时，企业合作创新网络为无标度结构，产业集群整体价值创造达到最大，但此时集群企业价值创造水平标准差系数偏高；而企业合作创新网络为小世界网络结构时，集群企业价值创造水平标准差系数最小。当企业合作网络关系以弱关系组合占据主导时，企业合作创新网络为无标度结构，产业集群整体价值创造达到最大，但此时集群企业价值创造水平标准差系数偏高；而企业合作创新网络为规则网络结构时，集群企业价值创造水平标准差系数最小。

由于创新的重要性，目前世界上许多国家都对创新给予高度的重视，甚至上升到国家战略的高度。产业创新知识所带来的高效益、高增长需要处于区域同一产业不同价值链、知识链的企业必须及时、高效、快速地将产业各价值链的创新知识予以扩散和习得，以保证整个产业链在创新知识的拥有中获得更大的核心竞争优势。为此，在产业创新知识传递中不仅要求隐性知识能够被传递、被整合为编程知识或能够被集体共享的隐性知识，而且要求拥有与接受双方的知识具有兼容性。这种必须互相兼容的隐性知识要求产业价值链上的各个企业必须进行迅速习得和扩散，从而使整个产业价值链得到有效衔接，形成新的生产力。有关研究表明，被转移知识的隐性程度越高或比例越大、复杂性越高、专用性越强、数量越大，则在转移过程中所面临的障碍也就越大。要使区域创新知识得以共享，特别是默会知识得以扩散，必须在区域内部的企业、中介机构和研究机构之间需要形成一个有效的机制以克服创新知识共享中所产生的障碍。

参 考 文 献

[1] 李丹丹，汪涛，周辉. 基于不同时空尺度的知识溢出网络结构特征研究 [J]. 地理科学，2013，33 (10)：1180 – 1188.

[2] 赵勇，白永秀. 知识溢出：一个文献综述 [J]. 经济研究，2009 (1)：145 – 158.

[3] 许箫迪，王子龙. 知识溢出效应测度的实证研究 [J]. 科研管理，2007 (5).

[4] Caniels M. C. J., Verspagen B. Barriers to knowledge spillovers, and regional convergence in an evolutionary model [J]. Journal of Evolutionary Economics, 2001, 11 (3): 307 – 329.

[5] Fischer M. M., Varga A. Spatial knowledge spillovers and university research: evidence from Austria [J]. Annals of Regional Science, 2003, 37 (2): 303 – 322.

[6] 陈傲，柳卸林，程鹏. 空间知识溢出影响因素的作用机制 [J]. 科学学研究，2011，29 (6)：883 – 889.

[7] Gay B., Dousset B. Innovation and network structural dynamics: Study of the alliance network of a major sector of the biotechnology industry [J]. Research Policy, 2005, 34 (10): 1457 – 1475.

[8] Powell W. W., White D. R., Koput K. W., Owen-Smith J. Network dynamics and filed evolution: The growth of interorganizational collaboration in the life sciences [J]. American Journal of Sociology, 2005, 110 (4): 1132 – 1205.

[9] 蔡宁，吴结兵，殷鸣. 产业集群复杂网络的结构与功能分析 [J]. 经济地理，2006，26

(3): 378-382.

[10] Jackson M. O., Watts A. The evolution of social and economic networks [J]. Journal of Economic Theory, 2002, 106 (2): 265-295.

[11] Goyal S., Joshi S. Networks of collaboration in oligopoly [J]. Games and Economic Behavior, 2003, 43 (1): 57-85.

[12] Zikos V. R&D collaboration networks in mixed oligopoly [J]. Southern Economic Journal, 2010, 77 (1): 189-212.

[13] Carayol N., Roux P., Yildizoglu M. In search of efficient network structures: The needle in the haystack [J]. Review of Economic Design, 2008, 11 (4): 339-35.

[14] Kim H., Park Y. Structural effects of R&D collaboration network on knowledge diffusion performance [J]. Expert Systems with Applications, 2009, 36 (5): 8986-8992.

[15] Cowan R., Jonard N., Ozman M. Knowledge dynamics in a network industry [J]. Technological Forecasting and Social Change, 2004, 71 (5): 469-484.

[16] 冯锋, 王凯. 产业集群内知识转移的小世界网络模型分析 [J]. 科学学与科学技术管理, 2007, 28 (7): 88-91.

[17] 黄玮强, 庄新田, 姚爽. 基于创新合作网络的产业集群知识扩散研究 [J]. 管理评论, 2012, 25 (2).

[18] 张兵, 王文平. 知识流动模式与非正式知识网络结构特征的滞后效应 [J]. 管理学报, 2011 (10).

[19] 卢兵, 岳亮, 廖貅武. 组织通过外部学习进行隐性知识转移的模型研究 [J]. 系统工程理论与实践, 2006, 26 (10): 35-43.

[20] 唐炎华, 石金涛. 我国企业知识型员工知识转移的动机实证研究 [J]. 管理工程学报, 2007, 21 (1): 29-35.

[21] 唐炎华, 石金涛. 我国企业知识型员工知识转移的影响因素实证研究 [J]. 管理工程学报, 2007, 21 (2): 34-41.

[22] 薛求知, 关涛. 跨国公司知识转移: 知识特性与转移工具研究 [J]. 管理科学学报, 2006, 9 (6): 64-72.

[23] 张兵, 王文平. 知识流动的小世界: 基于关系强度的观点 [J]. 科学学研究, 2009, 27 (9): 1312-1321.

[24] Krackhardt D. The Strength of Strong Ties: The Importance of Philos [R] // NO HRIAN, ECCLESR. Networks and Organizations: Structure, Form, and Action. Boston: Harvard Business School Press, 1992: 216-239.

[25] Lin N., Walterm E., Vaughn J. C. Social Resources and Strength of Ties: Structural Factors in Occupational Status Attainment [J]. American Sociological Review, 1981, 46 (4): 393-405.

[26] Uzzi B. Social Structure and Competition in Interfirm Networks: The Paradox of Embeddedness [J]. Administrative Science Quarterly, 1997, 42 (1): 35-67.

[27] Burtr S. Structural Holes: The Social Structure of Competition [M]. Cambrige: Harvard University Press, 1992.

[28] Watts D. J., Stogatz S. H. Collective Dynamics of Small World Networks [J]. Nature, 1998, 393

（4）：440-442.

[29] Arabasi A. L., Albert R., Jeong H. Meanfield Theory for Scale-free Random Net works [J]. Phys. A, 1999（272）：173-187.

[30] 赵修文. 基于隐性知识传播与整合的企业核心竞争力提升研究 [J]. 科学管理研究, 2012, 30（1）：77-80.

空间视角下的地方政府土地经营策略、竞争机制和中国城市群的层级结构
——来自中国五大城市群的经验证据

周维正[*]

摘　要：中国城市发展的主体形态是城市群，中国城市群的层级优化的愿景模式是高首位度还是扁平化更有利于城市群竞争力的提升一直以来存在争议。本文以地方政府的土地经营策略为切入点，考察了地方政府依靠土地财政促进城市发展的机制及其空间效应，进而对中国的城市群层级结构为何趋向扁平化这一现象作出解释。基于全国五大城市群的城市 2003～2012 年的面板数据通过空间分布图形分析和空间计量估计得出了以下几点结论：首先，分割的财政体制导致的城市群内部不同城市差异化的土地经营策略催生了城市群内部的空间外溢效应，进而激发了空间竞争效应；其动力来自两个方面，东部地区的城市群的空间竞争效应更多基于地方政府的土地财政收入增加驱动，其中竞争程度的激烈程度依次为长三角、珠三角和京津冀；而西部地区城市群空间竞争效应主要来自地方政府招商引资的驱动，其中长江中游城市群的竞争程度大于成渝城市群。其次，由于中心与外围城市的地方政府在土地经营上的差异化策略产生的空间竞争效应，促使城市群层级结构趋向扁平化，因此在中国制度背景及路径依赖下出现的城市群层级结构扁平化趋势特征有其合理性且符合中国当代经济发展的现实背景与基本国情，同时城市群层级结构的扁平化趋势也可能是城市群竞争力提升的体现。

关键词：土地经营　空间效应　城市群　层级结构

一、引　言

在新型城镇化的大背景下中国的城市发展与转型的模式逐渐成为经济学研究的关注热点（Henderson, 1999；Glaeser, 2000；Brenner, 2013；陆铭、向宽虎，2011；范剑勇、莫家伟，2014）。城市已经逐渐被作为经济增长的重要平台（Brenner, 2010；Sheppard et al, 2013）。2013 年底中央城镇化工作会议指出：要把城市群作为城市发展的主体形态，促进大中小城市和小城镇合理分工、功能互补、协同发展。而从空间的视角下研究城市群的发展模式。即主要考察城市的层级体系，或又称为城市群的层级结构。城市群的层级结构按照 NEG 的"中心—外围"理论和国内外城市发展的实践分为两种：第一种是高首位度的城市层级结构，即西方发达国家的城

---

[*] 周维正（1987－　），男，浙江大学经济学院博士研究生，研究方向：城市经济学。

市群发展的普遍模式。如纽约城市群、巴黎城市群、伦敦城市群和亚洲发达国家日本的东京城市群都采取的是以首位城市为核心的中心发展模式。第二种为扁平化的层级结构，即大城市与中小城市发展水平差距相对较小的发展模式，本文参照前人的研究，具体将城市群层级结构趋向于扁平化的发展状态定义为：中心城市发展速度减缓，外围城市发展速度相对提升。当前，中国的区域经济发展对于到底是走通过大城市不断集聚从而带动中小城市发展的"中心论"发展模式（陆铭、陈钊，2009；范剑勇、谢强强，2010；陈钊、陆铭，2014），还是走大中小城市均衡发展即"整体论"的发展道路（陈建军，2005）还存在较大的争议，且一直是关于城市发展模式研究的热点话题。区别于高首位度的城市群发展形态的观点[①]，本文认为，城市群扁平化的层级结构某种程度上更符合中国城市与经济发展的现实背景与基本国情。首先，城市群的发展不是一个简单的可模仿可移植的过程，而是一个在制度背景、路径依赖、区位条件、资源禀赋和规模经济诸多外部条件约束下的空间自组织行为，因此西方发达国家的城市群发展模式并不一定适合中国；其次，已有文献证明，中国城市层级体系确实呈现出扁平化的趋势（Anderson and Ge，2005；陈良文、杨开忠、吴姣，2007；范剑勇、邵挺，2011），且财政分权体质、土地制度和路径依赖使得这种扁平化的趋势短期内很难转变；最后，对于中国而言，在中心大城市的拥挤问题日益凸显的背景下，追求城市群的快速发展，考虑区域发展的均衡性，大中小城市的协同发展也成为国家和政府的迫切需求。根据上述存在问题，论证中国目前的体制下扁平化的城市群发展形态及思路以及其内在机理，对认识和决定中国城市群未来的发展道路具有现实的意义。本文旨在回答中国的城市群发展形态为何趋向扁平化，其决定因素及内在的形成机制与机理是什么，其现实意义及理论依据是什么，并对中国的城市群未来发展模式到底走何种道路最为贴切给出理论与实证上的论证。

本文认为以地方政府的土地经营策略为切入点对中国城市群的层级结构进行研究是较好的渠道。近年来，人口城镇化土地城镇化进程不断加快的同时土地城镇化速度也加速提升，甚至呈现大大超速于人口城镇化的态势（陶然、曹广忠，2008；范进、赵定涛，2012；范辉、刘卫东等，2014）。究其原因是在中国的大多数城市，土地资源和公共资产的资本化现象日益凸显，在中央与地方的财政分权体制及中国土地制度的背景下，各个地方政府为了招商引资和提升自身财政收入纷纷开始利用土地资源促进城市经济发展。现有文献中，除了地方政府通过土地经营促进城市发展的机制的研究取得了较多的成果（况伟大、李涛，2012；范剑勇、邵挺，2011；

---

① 陆铭、陈钊（2009）和陈钊、陆铭（2014）等学者通过列举西方中心城市高首位发展案例指出，中国城市群发展当中一个重大的理论与现实问题是，中心城市首位度不高，集聚度不够强，应该走大城市不断发挥集聚效应并带动中小城市发展的中心发展道路。持有该观点学者的思路暗含的潜在含义可以解读为，中国的城市群发展应该走西方发展的道路，西方城市群发展的模式是中国城市群发展的标榜。

郑娟尔，2009；邵挺，袁志刚，2010；周靖祥，2014），并形成了较成熟的结论，但从空间的视角讨论地方政府利用土地资源促进城市发展的机制相对缺乏。事实证明，当前的中国土地市场下，地方政府对土地资源的利用与经营不仅促进了城市的经济增长，也同时影响了区域内的城市空间体系。在区域空间体系下的多个地方政府之间为了招商引资而实行的土地经营的空间竞争策略逐渐成为影响城市发展、城市层级结构演化的重要因素。因此从地方政府间的土地经营的空间竞争策略出发考察城市层级体系是研究当前中国城市发展模式与区域经济协调发展较好的渠道。本文将地方政府利用土地资源促进城市发展的行为模式统称为地方政府的土地经营策略，归纳起来主要分为土地金融与土地差异化出让策略两种形式。地方政府土地经营策略在促进城市发展上取得明显成效的同时，也不禁引发了诸多思考，诸如土地经营对于城市发展的效果如何随着时间和空间的变化而变化？各个地方政府之间在土地市场上的竞争策略会如何影响城市群层级结构的演化？对这一系列的问题的回答与论证不仅能对于中国的经济增长是因为城市间竞争及官员晋升驱动的传统解释（周业安，赵晓男，2002；周黎安，2007；张五常，2009）从土地与空间视角进行审视，也能更好地帮助理解中国的城市发展模式、城市群扁平化层级结构形成的机理。因此本文以地方政府的土地经营策略为切入点，从空间的视角对中国城市层级体系形成的内在机理进行剖析。

  本文由四部分组成：第一部分为问题提出的背景与意义。第二部分通过论述中国土地市场的制度背景、地方政府行为策略、地方政府间竞争机制来阐述地方政府土地经营策略、竞争机制对中国城市群层级结构演化的作用机制。第三部分首先主要考察近年来中国城市的土地经营效果的空间模式与形态演化，通过空间分布的图形刻画土地经营策略的空间演化趋势，随后通过对五大城市群的面板数据分别进行空间计量估计，识别不同的城市群内部地方政府间的土地经营竞争策略的空间效应分别体现出何种特征。第四部分给出本研究重要的发现与启示。

二、空间视角下的地方政府土地经营策略影响城市群的层级结构的机理分析

（一）中国地方政府的土地经营策略的制度背景及重要作用

  在过去的三十年，中国经济的市场化进程不断提升，且不断参与全球化的行为带来了城市化进程的不断加速，城市人口不断增长的同时，城市土地也在农业用地与未开发用地的流转下不断地扩张（Deng and Huang, 2004；Tan, Li and Lu, 2005；朱一中、曹裕，2012；傅超、刘彦随，2014）。由于1988年中国开放了城市的土地市场，中国地方的地级市政府抓住了土地城市化的机遇以利用土地资源，并对其实施控制，以实现其经济目的。因为转型期的地方政府是从财政分权过程中逐渐分化

出来的一个相对独立的利益主体，具备了凭借其掌控的资源去推动现有制度框架可容纳的地方经济增长以获取最大化垄断租金的能力。李永刚、李祥（2012）指出财政分权是地方政府土地经营竞争行为的来源，而财政分权通过影响地方政府竞争行为，进而会影响到区域间的房价水平与城市体系。在中国城市发展过程中，运营土地作为地方政府的主要政策工具起着关键作用（陶然、汪晖，2010）。作为这一新现象中最重要的一个部分，土地经营因为能助力地方政府获得高额收入而被各地方政府广泛实践。通常这一方式被称为土地财政，即地方公共财政主要通过土地出让收入来补充，且它通常不计入一般预算收入和预算外收入、制度外收入，一般不受上级政府的管理和监督（Wong，2010）。但本文将其定义为土地经营策略，因为土地财政往往指地方政府的财政收入靠土地收入获得，没有突出地方政府的主观能动性以及对土地资源的经营智慧，且土地给地方政府带来的收入不仅包括土地出让收入，还包括土地租金以及通过低价引资的土地出让决策引进服务业而带来的更大的税收收入，因此地方政府的土地经营策略能更全面地反映土地资源对于城市发展的作用。

国土资源部官司方发布的数据已经说明城市土地供给得到的土地出让收入从1999年的514亿元提升到了2014年的4.2万亿元。在同一时期，土地出让收入与地方政府预算内收入的比例从9.2%大幅提升至41%，说明了土地出让在中国地方财政中起到了重要的作用。在最近的十年，土地对于城市发展附有影响力的实践已经跨越了土地财政的范畴，延伸拓展到了其他的领域，比如在全球金融经济形势低迷的时刻吸引国内外投资，促进基建建设，推动城市经济增长。由于其对于中国城市与区域增长的核心枢纽作用，土地经营策略或者土地财政问题已经吸引了国内外很多研究机构的注意（Cao，Feng and Tao，2008；Peterson，2009）。

（二）理论基础及作用机制分析

1. 地方政府土地经营与城市发展的空间经济学理论基础。早期机能分析没有考虑城市内部的土地市场，离心力主要来自由于农民分散分布导致的现代部门产品向农村地区的运输成本。尽管这一思想对于研究城市问题具有重要价值，但20世纪80年代以前，城市经济学者一般是将土地紧缺看作城市最主要的离心力（Tiebout，1956；Dixit，1973；Henderson，1974 et al.）。而之后新经济地理经济学家们对杜能的思想给予了充分的重视。他们将新经济地理分析框架与杜能的思想相结合，建立起城市经济与城市地理的分析框架。

杜能（Thünen，1826）模型认为，在一个城市内部的厂商区位决策中，产品的自身运输成本大小往往决定了该制成品的区位选择，产品运输成本高的某些高端制成品或服务业，其生产的区位往往可以选择在靠近市中心的、地价水平高的区位，因为其节省下来的运输成本恰好能被高房价所填充，而运输成本低的制成品，其理性的区位选择是远离市中心、房价水平低的区位。之后Helpman（1998）将杜能模型中房价水平和差异化产品分布引入到Krugman（1991）新经济地理模型。该模型的最大特征与贡献是在新经济地理学的框架中引入土地要素，并证明在运输成本的一定范围内，因偏好于大型城市的差异化产品并甘愿忍受高房价的消费者将流向大型城市，而不能忍受高房价、并只能接受较小选择范围的差异化产品的消费者将迁移到中小城市，最终消费者的效用水平将达到一个均衡值。随后 Helpman（1998）的这一理论由 Hanson（1998，1999）进行了实证说明，使得 Hanson 的模型对于经验研究的模型是非常好的一个新的选择。Hanson 将 krugman 和 Helpman 两篇经典文献的优点进行了集合，重点强调了需求联系。但是同时，通过引入不可贸易的消费品例如房地产，该模型能够产生与前面提到的投入产出联系和不可流动的生产要素的模型相似的均衡。同时 Helpman 和 Hanson 模型中的房地产价格随着集聚程度的增加而提升，被用作一种类似 Puga（2009）中的扩散力量。而学者 Tabuchi（1998）则将 Alonso（1964）的土地租金模型和 Krugman（1991）模型结合到一起，将城市内部的通勤成本和居住成本引入到新经济地理学模型里面，认为消费者的多样性偏好能够作为经济集聚的主要力量，而城市内部通勤成本与居住成本则是分散力量。即土地价格过高导致的居住成本上升，会在一定程度上抑制城市的经济集聚。

空间经济学理论视角下关于土地与城市发展的经典文献的理论研究共同表明，土地价格在城市的经济发展中主要通过土地价格和房价水平的提高而对经济活动、产业、劳动力的集聚起到分散和抑制的作用，进而形成扁平化的城市层级体系。

2. 地方政府间的土地经营策略与城市层级体系：动力、竞争机制及空间效应。在阐述地方政府土地经营策略对于城市层级体系的影响之前，需要厘清地方政府土地经营的动力以及单个城市的土地经营策略对于城市经济增长的影响。

首先，地方政府干预土地市场的动力主要来自于两个方面：一是财政激励驱动。地方政府通过干预土地市场，获得更多的土地出让收入与税收，从而提升地方政府自身收入，获得发展经济、提升 GDP 的资金支持（周飞舟，2006；宋小宁和杨治国，2008）；二是基于地方政府经济增长及官员晋升的招商引资竞争（陶然等，2009）。地方政府通过干预土地市场，实现经济增长指标领先，使地方政府官员在晋升中获得优势。

其次，对于单个城市的土地经营策略而言，本文将其概括为土地金融和土地差异化出让这两种。一是土地金融，即地方政府可以垄断土地的征收与供给，利用大量储备土地作为抵押来获得融资资金，用于基础设施建设，从而提升城市经济增长。其目的是杠杆融资提前布局基础设施建设，在招商引资中把握先机，从而促进城市经济持续增长，而城市经济增长又能反过来提升该城市土地融资的实力，并形成土地价格、基础设施建设与城市发展的循环机制（周其仁，2004；刘守英、蒋省三，2005；范剑勇、莫家伟，2014；郑思齐、孙伟增，2014）。二是土地差异化出让策略，即低价供应工业用地，减少商住用地出让面积从而提高商住用地出让收入，从而在各城市之间的招商引资竞争与 GDP 竞争中赢得更多的投资资源，并且获得的收入能转化为城市基础设施建设，从而促进城市经济持续增长（陶然、袁飞、曹广忠，2007；陶然、陆曦等，2009；郑思齐、师展，2011；楚建群、许超诣等，2014）。因此，对于单个城市而言，土地金融与土地类型差异化出让策略都能有效推动城市的经济增长。但是由于市场当中同一个空间体系下有多个政府，即多个土地供应者，企业在选择进入时势必会权衡哪一个城市能给自己带来最大收益，多个地方政府间也为了争取更多的招商引资对象而根据自身情况进一步制定土地经营策略，并使其策略效用最大化。李永刚、李祥（2012）指出财政分权是地方政府土地经营竞争行为的来源，而财政分权通过影响地方政府竞争行为，进而会影响到区域间的房价水平与城市体系。

这种空间竞争的格局体现在中心外围城市上，即外围城市会利用土地经营的策略及土地价格低廉的优势对中心城市产生竞争，进一步形成相应的城市群层级结构。

最后，在理解地方政府土地经营的动力以及单个城市土地经营策略促进城市发展的基础上，城市地方政府间土地经营的竞争机制会导致城市层级体系趋向于扁平化。理论与经验研究均表明，当前的中国土地市场下，地方政府对土地资源的利用与经营不仅促进了城市的经济增长，也同时影响了区域内的城市空间体系。在已有的相关研究结论上，雷潇雨、龚六堂（2014）使用了一个政府地租竞争模型基于对2003~2008年全国186个地级及以上城市的实证研究探索了多个地方政府间的土地出让策略的差别，论证了地方政府主要的土地出让策略是降低企业地租，提高居民地租，以吸引企业进入并促进经济增长，但是不同集聚水平的城市的地方政府在通过地租策略吸引企业进入的有效性不同。因此该研究是从城市等级的差异性表现地价策略的差异性，实际上也间接论证了本文的观点，因为新经济地理学的"中心—外围"理论，正是说明产业在中心区域与外围区域的分布特征，较高等级的城市通常对应中心区域，等级较低的城市往往对应外围区域，因此其地价的竞争就是中心区域的地方政府和外围区域的地方政府之间在空间上的竞争。随后有学者直接比较了城市等级水平与地理空间位置对于地方政府的竞争效应的影响。王丽娟（2012）从土地优惠政策的角度论述了地方政府已就土地优惠政策展开了积极竞争行为，并通过空间自回归模型证明经济水平相近地区要比地理位置相邻地区竞争效应更为显著。

在已有文献的基础上，本文从空间视角梳理了地方政府土地经营策略、竞争机制的空间效应及其对中国城市群层级结构的影响机理：在城市群内，各城市的地方政府都需要发展地方经济，同时他们也都是各自土地的垄断者、经营者，面对同一企业进行发展区位的选择，不同城市间的地方政府在吸引同一个企业入驻时，由于地理位置邻近，城市间运输成本较低，势必会形成多个城市的地方政府之间在招商引资上的竞争态势，于是原本在土地市场上处于垄断地位的单个地方政府，在空间的区位体系下，转变成了土地市场的参与者和竞争者。中心城市的土地价格、地租成本过高或供应面积不足等因素，均会导致外围城市因此获得土地价格较低、供应面积较大的比较竞争优势，而土地价格、地租成本、土地供应面积等指标均是地方政府的土地经营策略可以决定的。因此地方政府间土地经营模式发展到一定阶段，其策略的博弈势必会产生城市间空间竞争的格局，中心城市与外围城市在土地经营策略上的竞争，会使得中心城市土地价格过高，形成分散力，使其在集聚经济、招商引资当中的劣势放大，而外围城市通过土地经营策略在招商引资、实现财政收入提升上的优势逐步显现，使得中心大城市发展速度相对外围中小城市发展减缓，进而呈现城市群层级结构趋向扁平化的发展趋势。

三、实证方法、数据与计量模型

本节的实证研究考察的对象是中国五大城市群。本研究范围涵盖了2003年（地级市土地出让数据第一次发布年份），一直到2012年（最近的可用年份的数据）的面板数据。五大城市群中，长三角包括25个城市，珠三角9个城市，京津冀12个城市，长江中游城市群31个城市，成渝城市群13个城市[①]。主要的实证方法分为空间分布图形的描述与分析、空间计量模型的回归估计。

（一）中国五大城市群的土地经营策略竞争的空间形态特征

1. 土地出让成交价款与财政收入的比值的空间分布的形态演化。本文用2004年和2010年两个时间截点土地出让成交价款[②]与财政收入比值的空间分布表现土地经营策略的空间演化趋势，发现地方政府通过土地经营来提升财政收入的策略模式已经逐渐由中心区域扩展到外围区域，由同一城市群内部的中心城市扩展到外围城市，

---

① 长三角城市群共有25城市，分别为上海、南京、无锡、常州、苏州、南通、连云港、盐城、扬州、镇江、泰州、杭州、宁波、温州、绍兴、嘉兴、湖州、台州、舟山、合肥、芜湖、马鞍山、铜陵、滁州和宣城；京津冀城市群共有12个城市，包括北京、天津、石家庄、张家口、秦皇岛、唐山、保定、廊坊、邢台、衡水、沧州、承德；珠三角城市群除港、澳外共有9个，分别是广州、深圳、珠海、佛山、江门、东莞、中山、惠州、肇庆；长江中游城市群有31个，分别是武汉、黄石、黄冈、鄂州、孝感、咸宁、仙桃、天门、潜江、襄阳、宜昌、荆州、荆门、长沙、岳阳、常德、益阳、株洲、湘潭、衡阳、娄底、南昌、九江、景德镇、鹰潭、上饶、新余、抚州、宜春、萍乡、吉安；在渝城市群共有13个城市，包括成都、重庆、绵阳、德阳、乐山、眉山、遂宁、内江、南充、自贡、资阳、广安、达州。

② 当然土地出让成交价款不是一个理想的衡量通过土地经营所产生的收入的指标，有两点原因。一方面，用土地出让交易价格作为地方政府通过土地经营所产生的收入的代理变量也许会过度估计实际的情形，因为价格包括土地征用和开发的成本同时还包括规定的行政费用。事实上也无法将这些成本从价格当中扣除，因为地方地级市政府从未公开过这些成本的数据信息；另一方面，土地出让交易价款会低估地方政府从土地经营中获得的土地收入，因为地方政府能通过征收直接的税收或间接的土地出让和开发征收税收，包括城市土地使用税，土地增值税，农地转换税等。然而，涵盖所有这些税也是不切实际的，因为它们早已被涵盖在地方财政预算中，且职能在上级政府的监管下才能被使用。同样的，税收收入的一大部分都由房屋交易和其他经济活动所贡献，这些很难与土地出让区别开来。同时，基于数据的可得性，《中国国土资源年鉴》中只有土地出让成交价款的数据。

因此通过土地出让成交价款与财政收入比值的空间分布演化，土地经营在五大城市群均呈现由中心城市向外围城市的空间外溢效应的，实际上非五大城市群的其他省份内部，也可以发现同样的趋势。

2."招商引资效应"与"财政收入效应"的空间分布形态。本文分为两种形态考察城市群内各城市的土地经营竞争现象，这两种形态也分别对应了地方政府土地经营策略的动力，即其出发点或所要实现的目标。上文论述过，地方政府土地经营策略的动力有两个：招商引资和提高财政收入。据此，两种形态分类如下：（1）土地经营策略"招商引资效应"的空间分布形态。这一形态中是以单一城市群内不同年份各城市的协议出让用地的成交价款、面积的变化量及变化程度为指标，因为变化程度这一指标能更准确地反映不同城市土地经营策略实施给自身的城市发展带来的收益。通过这一指标的空间分布形态来衡量随着时间的推移城市群内各城市之间土地经营策略的空间竞争态势。因为地方政府协议出让用地主要为工业用地，不仅能体现地方政府自主的土地经营策略，也能在更大程度上反映地方政府的投入及相应的城市的经济发展效果。（2）土地经营策略"财政收入效应"的空间分布。这一效应主要反映为通过获得更多的土地出让收入而增加的财政收入，由于工业用地是协议出让，有时甚至是零地价或补贴优惠政策，因此财政收入主要来自通过土地经营带来的溢价更高的商住用地出让收入，进而带来的财政收入增加，尤其是服务业增加带来的财政收入增长，故用商住用地的主要出让方式即招拍挂土地的出让面积衡量土地经营策略的"财政收入效应"。本文以下部分给出了单一城市群内不同时间的各城市协议出让用地成交价款变化程度或变化量的局域空间自相关图形，并根据该图形来总结各城市群内不同城市间的空间竞争形态。其中每个城市群都选择了三个时间截点，而每个城市群的时间截点并不相同，原因之一是由于数据的缺失，比如长江中游城市群中，江西省的各城市缺少 2007~2008 年的土地出让数据；原因之二是每个城市群的发展有其自身的发展规律，本文针对每个城市群内城市间土地经营的特点相应选取了其时间截点，使得其更能体现其空间分布演化的特点与趋势。

由基于"招商引资效应"的空间分布可以看出五大城市群中绝大多数相邻城市之间、中心城市与外围城市之间均在协议出让用地成交价款上存在着此消彼长的特征，可见在协议出让用地的土地经营策略效果上呈现着空间竞争的态势。但从变化的程度对比上发现，东部三大城市群在土地引资策略上的竞争程度要大于中西部两大城市群；而从基于"财政收入效应"的空间分布中，可以看出五大城市群中东部三大城市群大多数城市间呈现招拍挂用地出让成交价款上的此消彼长的演化趋势，证明了其存在空间竞争，而中西部两大城市群的竞争却并不明显，证明基于"财政收入效应"的竞争关系较弱。

通过上述部分关于五大城市群土地经营效果空间分布形态演化趋势的论证，本文发现了其表现出了城市间的空间外溢效应与空间竞争关系。接下来通过空间计量模型进行实证检验。

（二）考察土地经营策略空间效应的空间计量估计实证模型

在实证研究前，对于地方政府土地经营竞争及其空间效应做出如下假设：一是地方政府间的土地经营策略存在空间关联效应，相同程度的土地出让金水平往往集中于一大片区域，且相较于前几年的空间地理数据发现，中心城市、省会城市周边城市的说明同一个区域内中心城市较高的土地出让金水平，会带动周边城市土地价值的提升（Krugman，1991），同时中心城市的集聚效应也会逐渐向外围扩散，带动周边城市的经济发展水平提升，进而带动土地价格提升；二是地方政府间的土地经营策略存在空间竞争效应，因为中心城市集聚程度到达一定高度后，土地资源稀缺，并且土地价格过高，造成了对企业的挤出效应和产业的扩散效应（Helpman，1998），周边城市的土地因为供应量的相对充足以及土地价格的相对较低而获得招商引资上的竞争优势。

1. 空间计量模型构建。本文用空间计量模型当中的空间滞后模型（SLM）和空间误差模型（SEM）来分析不同的土地财政策略之间的空间效应，两者的基本模型形式如下：

SLM 模型： $\quad \alpha + \beta wS + \rho X + \varepsilon \quad$ （1）

SEM 模型： $\quad \alpha + \rho X + \lambda \quad$ （2）

上述模型中 S 为地方政府的土地经营策略；w 为空间权重矩阵，β 为空间相关系数，用来衡量多个地方政府间土地经营策略的空间关联效应；X 为上一部分计量模型中的解释变量；λ 为空间误差函数，$\lambda = \beta w\varepsilon$；$\alpha$ 为常数项；ε 为残差。在 w 空间权重方面，本文用两两地级市之间的距离来进行计算，计算方式是通过两两地级市之间的距离的倒数构建空间权重，同时对其进行标准化。城市间距离数据来自 Google 地图的软件运算并通过笔者整理而得。

2. 变量选择与说明。土地出让策略中有土地金融与土地差异化出让两种。本文选取更加形象且容易量化的土地差异化出让策略作为实证研究的对象。地方政府的土地差异化出让经营策略归纳分为两种模式：一是协议低价出让工业用地；二是高价出让商住用地，并刻意减少商住用地出让面积。由于多个地方政府间的土地经营竞争策略中，第一种策略主要作用于招商引资，因此其主要策略主要表现为协议低价出让工业用地。但是由于很多地方政府几乎以零地价甚至补贴的政策，使得协议出让的土地价格、成交价款不适合作为衡量地方政府空间竞争的指标，因此，本文选取协议出让的土地面积衡量地方政府通过低价供应工业用地获得的"招商引资效应"。第二种策略主要为了获得争夺的土地出让收入，因此用招拍挂土地的出让面积衡量通过高价出让商住用地获得的土地出让收入而获得的"财政收入效应"。以上两个变量为被解释变量。

解释变量和控制变量见表1。

表1　　　　　　　　　解释变量与被解释变量定义、描述及数据来源

变量	变量描述	数据来源
NIA	城市协议出让土地面积	《中国国土资源年鉴》
ZSA	城市招拍挂出让土地面积	分子来自《中国国土资源年鉴》、分母来自《中国城市统计年鉴》
Pgdp	城市人均GDP	《中国城市统计年鉴》
PerA	城市人均耕地面积	《中国国土资源统计年鉴》及《中国城市统计年鉴》
Fispre	地方政府财政支出与财政预算内收入之差	《中国城市统计年鉴》
Fdi	城市外商投资额	《中国城市统计年鉴》
Citysize	城市规模	《中国城市统计年鉴》
Regu2003	商住用地出让实行"招拍挂"年份的0-1虚拟变量	—
Regu2008	工业用地出让实行"招拍挂"年份的0-1虚拟变量	—
Market	城市土地出让市场化水平：根据不同类型的土地出让收入所占比重计算而得	《中国国土资源统计年鉴》

（1）地方财政压力（fispre）和外商直接投资额（fdi）。本文用地方财政支出比上预算收入的比例衡量地级市政府的财政压力（fispre）。理论上，如果财政赤字很大，那么地方政府将会有很大的动力去通过土地财政来获得预算外收入，从而平衡财政收支。外商直接投资越多，土地出让收入也相应越高。

（2）土地供给市场化程度（market）和城市规模（Citysize）。事实证明，一个拥有更好的土地市场化的城市的政府将会以更高的价格转让城市土地，从而能从贡献地方财政的土地商业化中获得更多的收入。相应地，城市土地供给市场化的水平（market）对于土地财政的影响预期是正向的。本文引用 Lin and Ho（2005）对于土地出让市场化或商业化水平的衡量指标，将土地出让的不同方式的市场化程度可以通过如下方程进行衡量：

$$Market_{it} = \frac{\sum_k Q_{itk} W_k}{\sum_k Q_{itk}}$$

$Market_{it}$ 是 t 年 i 城市土地出让的市场化水平；k 是土地出让的四种类型；Q 是一个城市中出让土地的宗数；W 是每一种类型的土地出让的市场化水平，定义为城市土地的平均价格，这一价格是通过与四种出让形式中最高价格水平的比较这种特别的方式定义的。

城市规模（citysize）用城市年末总人口数量衡量。

（3）政策虚拟变量（Regu，2003；Regu，2008）。两虚拟变量分别对应中央政府2002年颁布的《招标拍卖挂牌出让国有土地使用权规定》和2007年颁布的《招标拍卖挂牌出让国有建设用地使用权规定》对土地经营策略效果的影响。

（4）各城市的资源禀赋（PerA）和城市发展水平（Pgdp）。前者用城市人均耕地面积来衡量，城市人均耕地面积＝城市耕地面积/城市总人口数，后者用城市人均GDP来衡量。

3. 数据来源。本章考察的对象为2003～2012年①10年间五大城市群各自内部的城市的面板数据。

4. 模型估计与结果分析。应用matlab软件对协议土地出让面积的空间滞后模型与空间误差模型进行估计，并分别用固定效应（FE）和随机效应（RE）进行空间面板数据的回归，得到结果如表2至表11所示。

表2　长三角城市群各城市间土地经营的"招商引资效应"的空间计量估计

解释变量	协议出让工业用地面积 NIA			
	SLM 面板模型		SEM 面板模型	
	FE	RE	FE	RE
Fispre	806.41** (2.77)	-338.76 (-1.03)	801.53** (2.71)	-249.78** (2.74)
PerFdi	15.71*** (12.56)	13.75** (2.16)	16.29*** (12.91)	14.58** (2.23)
Market	-181.12 (-1.01)	-182.90 (-1.21)	-193.21 (-1.04)	-199.68 (-1.29)
Tgdp	871.59** (2.78)	887.33** (2.89)	884.93** (2.35)	892.55** (2.41)
PerA	-961.69 (-0.82)	-957.52 (-1.11)	-1196.28 (-0.83)	-1158.21 (-1.13)
Citysize	43.22** (1.89)	41.12* (1.92)	47.72** (2.35)	47.23** (2.39)
Regu2003	4378.82* (1.68)	4398.63 (1.42)	4452.71* (1.72)	4467.97 (1.47)
Regu2008	-8938.71** (-2.11)	-8980.15** (-2.21)	-9864.23* (-1.97)	-9941.74* (-1.94)

---

① 大多数研究考虑土地经营、土地财政问题的数据都自2003年开始，原因是2002年才出台允许商住用地进行招拍挂出让。

续表

解释变量	协议出让工业用地面积 NIA			
	SLM 面板模型		SEM 面板模型	
	FE	RE	FE	RE
Spatial-auto（β）	0.234* (1.636)	0.266* (1.579)	0.307* (1.811)	0.294* (1.845)
LR-test	198.415***	78.456***	198.615***	88.473***
Hausman-test	−8.13，prob=0.86		−469.31，prob=0.00	
R-square	0.7143	0.7292	0.7011	0.7034
Obs	25*11	25*11	25*11	25*11

注：括号内为 t 值；***、**、*分别表示显著性水平为1%、5%和10%；LR-test 检验值越大的模型效果越好；Hausman-test，用于检验 FE 和 RE，P 值通过显著性检验，表示应该选择固定效应，反之，选择随机效应。

表3　长三角城市群各城市间土地经营"财政收入效应"的空间计量估计

解释变量	被解释变量：招拍挂面积 ZSA			
	SLM 面板模型		SEM 面板模型	
	FE	RE	FE	RE
Fispre	−832.27* (−1.85)	−419.12 (−1.03)	−858.45* (1.33)	−457.32 (1.07)
PerFdi	12.17*** (9.78)	12.01* (2.29)	13.23*** (10.97)	12.19* (2.19)
Market	−191.45** (−2.13)	−189.89* (−1.81)	−199.25** (−2.08)	−192.81* (−1.79)
Tgdp	989.38** (3.08)	965.31** (3.19)	987.73** (3.42)	979.56** (3.31)
PerA	−1187.38 (−0.83)	−1195.69 (−0.87)	−1187.45 (−0.87)	−1183.98 (−0.93)
Citysize	23.28* (1.99)	21.63* (1.89)	23.72* (1.95)	23.86* (1.91)
Regu2003	6896.82 (1.37)	6789.63 (1.27)	6876.71* (1.92)	6687.97* (1.78)
Regu2008	−9938.35** (−2.31)	−9980.61** (−2.29)	−9873.43* (−1.87)	−9945.64* (−1.92)

续表

解释变量	被解释变量：招拍挂面积 ZSA			
	SLM 面板模型		SEM 面板模型	
	FE	RE	FE	RE
Spatial-auto（β）	0.487 *** (8.55)	0.498 *** (8.79)	0.512 *** (9.12)	0527 *** (9.25)
LR-test	547.68 ***	578.56 ***	511.92 ***	458.67 ***
Hausman-test	−34.156，prob=0.00		−9.362，prob=0.59	
R-square	0.8645	0.8297	0.8645	0.5209
Obs	25*11	25*11	25*11	25*11

注：括号内为 t 值；***、**、* 分别表示显著性水平为 1%、5% 和 10%；LR-test 检验值越大的模型效果越好；Hausman-test，用于检验 FE 和 RE，P 值通过显著性检验，表示应该选择固定效应，反之，选择随机效应。

表 4　珠三角城市群各城市间土地经营的"招商引资效应"的空间计量估计

解释变量	协议出让工业用地面积 NIA			
	SLM 面板模型		SEM 面板模型	
	FE	RE	FE	RE
Fispre	768.49 ** (3.17)	−297.49 ** (−2.86)	777.78 ** (2.88)	−291.66 ** (3.11)
Fdi	11.56 *** (6.56)	2.61 ** (2.71)	12.76 *** (7.01)	4.38 ** (3.03)
Market	−162.12 (−1.21)	−160.12 (−1.10)	−173.23 * (−1.84)	−178.03 * (−1.89)
Tgdp	812.45 ** (2.78)	816.93 ** (2.89)	856.13 ** (2.35)	852.58 ** (2.41)
PerA	−861.97 (−0.36)	−857.34 (−1.09)	−1036.34 (−0.33)	−1057.32 (−1.03)
Citysize	33.23 ** (2.19)	32.82 * (2.12)	35.12 ** (3.74)	35.83 ** (3.59)
Regu2003	3 478.21 (1.51)	3 783.86 (1.62)	3 568.45 * (1.83)	3 834.32 * (1.97)
Regu2008	−7 998.72 ** (−2.01)	−7 978.15 * (−1.91)	−7 821.93 ** (−2.09)	−7 941.35 ** (−2.14)

续表

解释变量	协议出让工业用地面积 NIA			
	SLM 面板模型		SEM 面板模型	
	FE	RE	FE	RE
Spatial-auto（β）	0.198* (1.518)	0.203* (1.628)	0.237* (1.728)	0.229* (1.756)
LR-test	198.415***	78.456***	198.615***	88.473***
Hausman-test	-90.13，prob=0.91		-788.13，prob=0.00	
R-square	0.5645	0.5987	0.5012	0.4988
Obs	9*11	9*11	9*11	9*11

注：括号内为 t 值；***、**、* 分别表示显著性水平为1%、5%和10%；LR-test 检验值越大的模型效果越好；Hausman-test，用于检验 FE 和 RE，P 值通过显著性检验，表示应该选择固定效应，反之，选择随机效应。

表5　珠三角城市群各城市间土地经营"财政收入效应"的空间计量估计

解释变量	被解释变量：招拍挂面积 ZSA			
	SLM 面板模型		SEM 面板模型	
	FE	RE	FE	RE
Fispre	-792.37* (-1.95)	-269.12 (-1.16)	-792.75* (1.93)	-278.73 (1.67)
PerFdi	12.27*** (10.58)	2.01** (2.89)	3.23*** (8.64)	2.19** (2.89)
Market	-163.23* (-1.73)	-171.62* (-1.82)	-179.15** (-2.78)	-182.92** (-2.99)
Tgdp	989.38** (3.08)	965.31** (3.19)	987.73** (3.42)	979.56** (3.31)
PerA	-981.23 (-0.63)	-995.71 (-0.81)	-985.23 (-0.77)	-967.97 (-0.82)
Citysize	22.92** (1.89)	23.57* (1.92)	19.12** (2.35)	18.73** (2.39)
Regu2003	6 396.83 (1.13)	5 898.23 (1.23)	6 172.93* (1.92)	5 998.67* (1.72)
Regu2008	-7 712.32** (-2.89)	-7 978.91** (-2.78)	-7 653.48* (-1.97)	-7 867.94* (-1.89)

续表

解释变量	被解释变量：招拍挂面积 ZSA			
	SLM 面板模型		SEM 面板模型	
	FE	RE	FE	RE
Spatial-auto（β）	0.312*** (7.98)	0.306*** (6.12)	0.366*** (7.82)	0.351*** (6.25)
LR-test	547.68***	578.56***	511.92***	458.67***
Hausman-test	−71.09，prob=0.00		−7.24，prob=0.78	
R-square	0.6771	0.6815	0.6102	0.5899
Obs	9*11	9*11	9*11	9*11

注：括号内为 t 值；***、**、*分别表示显著性水平为1%、5%和10%；LR-test 检验值越大的模型效果越好；Hausman-test，用于检验 FE 和 RE，P 值通过显著性检验，表示应该选择固定效应，反之，选择随机效应。

表6 京津冀城市群各城市间土地经营的"招商引资效应"的空间计量估计

解释变量	协议出让工业用地面积 NIA			
	SLM 面板模型		SEM 面板模型	
	FE	RE	FE	RE
Fispre	671.37** (2.65)	−217.63* (−1.86)	666.97** (2.81)	−203.74* (−1.74)
Fdi	7.31** (3.56)	5.61* (2.06)	7.47** (3.11)	4.38* (2.13)
Market	−117.82 (−1.12)	−116.96 (−1.00)	−119.83* (−1.14)	−118.23* (−1.09)
Tgdp	812.45** (2.78)	816.93** (2.89)	856.13** (2.35)	852.58** (2.41)
PerA	−619.23 (−0.76)	−621.56 (−0.82)	−698.38 (−0.43)	−689.92 (−0.93)
Citysize	33.29** (2.89)	34.62** (3.02)	38.79** (2.95)	37.13** (2.86)
Regu2003	2 189.23 (1.22)	2 183.54 (1.36)	2 967.29* (1.92)	2 929.82* (1.98)
Regu2008	−5 812.72* (−1.81)	−5 823.15* (−1.91)	−6 298.21 (−1.09)	−6 298.75 (−1.04)

续表

解释变量	协议出让工业用地面积 NIA			
	SLM 面板模型		SEM 面板模型	
	FE	RE	FE	RE
Spatial-auto（β）	0.129* (1.579)	0.131* (1.511)	0.172* (1.620)	0.153* (1.613)
LR-test	42.99**	78.456**	288.781***	195.477***
Hausman-test	−39.91，prob=0.91		−650.30，prob=0.00	
R-square	0.5645	0.5987	0.5012	0.4988
Obs	9*11	9*11	9*11	9*11

注：括号内为 t 值；***、**、* 分别表示显著性水平为 1%、5% 和 10%；LR-test 检验值越大的模型效果越好；Hausman-test，用于检验 FE 和 RE，P 值通过显著性检验，表示应该选择固定效应，反之，选择随机效应。

表7　京津冀城市群各城市间土地经营"财政收入效应"的空间计量估计

解释变量	被解释变量：招拍挂面积 ZSA			
	SLM 面板模型		SEM 面板模型	
	FE	RE	FE	RE
Fispre	−642.26* (−1.95)	−219.12 (−1.09)	−629.75* (1.93)	−257.32 (1.12)
PerFdi	7.12** (3.42)	5.11* (1.86)	7.76** (3.27)	5.32* (1.89)
Market	−113.23 (−1.12)	−121.37 (−1.02)	−169.91* (−1.78)	−162.22* (−1.99)
Tgdp	589.88** (2.58)	565.91** (2.14)	678.72** (3.12)	667.86** (3.74)
PerA	−681.72 (−0.63)	−695.28 (−0.81)	−779.12 (−0.77)	−789.56 (−0.82)
Citysize	18.28* (1.69)	18.77* (1.76)	17.02** (2.65)	17.13** (2.67)
Regu2003	4336.48 (1.03)	4898.26 (1.21)	4182.53* (1.82)	4918.91* (1.78)
Regu2008	−5712.32** (−2.76)	−5978.91** (−2.12)	−5653.48* (−2.57)	−5867.94* (−2.91)

续表

	被解释变量：招拍挂面积 ZSA			
解释变量	SLM 面板模型		SEM 面板模型	
	FE	RE	FE	RE
Spatial-auto（β）	0.227 *** (8.28)	0.219 *** (7.99)	0.298 *** (8.69)	0.286 *** (8.11)
LR-test	611.22 ***	645.39 ***	718.29 ***	788.61 ***
Hausman-test	-98.09，prob=0.00		-8.91，prob=0.78	
R-square	0.5988	0.5670	0.5420	0.5172
Obs	12*11	12*11	12*11	12*11

注：括号内为 t 值；***、**、* 分别表示显著性水平为1%、5% 和10%；LR-test 检验值越大的模型效果越好；Hausman-test，用于检验 FE 和 RE，P 值通过显著性检验，表示应该选择固定效应，反之，选择随机效应。

表8 长江中游城市群各城市间土地经营的"招商引资效应"的空间计量估计

	协议出让工业用地面积 NIA			
解释变量	SLM 面板模型		SEM 面板模型	
	FE	RE	FE	RE
Fispre	437.49 *** (6.65)	-177.76 ** (-2.96)	421.22 *** (6.73)	-162.38 ** (2.74)
Fdi	4.07 * (2.56)	3.91 (1.05)	4.01 * (2.11)	3.86 (1.03)
Market	-87.12 (-1.02)	-81.22 (-0.30)	-89.63 (-1.10)	-83.18 (-1.09)
Tgdp	527.15 ** (2.18)	519.13 ** (2.39)	512.81 ** (2.12)	538.76 ** (2.02)
PerA	-482.12 (-0.19)	-489.28 (-0.32)	-569.39 (-0.12)	-572.22 (-0.23)
Citysize	65.26 ** (3.79)	65.82 * (3.32)	68.71 ** (3.95)	67.83 ** (3.89)
Regu2003	3 189.93 (1.02)	3 183.18 (1.12)	3 987.29 * (2.12)	3 928.82 * (2.31)
Regu2008	-6 812.27 * (-1.71)	-6 721.37 * (-1.84)	-7 478.37 (-1.11)	-7 348.93 (-1.24)

续表

解释变量	协议出让工业用地面积 NIA			
	SLM 面板模型		SEM 面板模型	
	FE	RE	FE	RE
Spatial-auto（β）	0.318 *** (6.97)	0.331 *** (7.51)	0.226 *** (8.62)	0.349 *** (8.21)
LR-test	52.41 **	98.799 **	688.781 ***	495.477 ***
Hausman-test	−65.91，prob = 0.91		−988.12，prob = 0.00	
R-square	0.2329	0.2971	0.3189	0.3171
Obs	31 * 11	31 * 11	31 * 11	31 * 11

注：括号内为 t 值；***、**、* 分别表示显著性水平为 1%、5% 和 10%；LR-test 检验值越大的模型效果越好；Hausman-test，用于检验 FE 和 RE，P 值通过显著性检验，表示应该选择固定效应，反之，选择随机效应。

表9　长江中游城市群各城市间土地经营"财政收入效应"的空间计量估计

解释变量	被解释变量：招拍挂面积 ZSA			
	SLM 面板模型		SEM 面板模型	
	FE	RE	FE	RE
Fispre	−445.18 * (−1.95)	−119.12 (−1.16)	−418.54 * (1.93)	−157.32 (1.37)
PerFdi	4.99 ** (2.92)	3.81 * (1.96)	4.93 * (2.37)	3.69 * (2.89)
Market	−92.23 (−1.02)	−92.37 (−1.11)	−101.91 (−1.18)	−101.22 (−1.29)
Tgdp	389.88 ** (4.98)	565.91 ** (4.84)	678.72 *** (6.77)	667.86 *** (6.79)
PerA	−781.28 (−0.68)	−765.68 (−0.61)	−821.12 (−0.99)	−883.19 (−0.92)
Citysize	33.82 ** (2.89)	31.29 ** (2.79)	37.24 ** (2.30)	37.73 ** (2.19)
Regu2003	5 291.48 (1.03)	5 291.81 (1.21)	5 182.53 * (1.82)	5 182.91 * (1.78)
Regu2008	−6 912.12 ** (−2.86)	−6 912.77 ** (−2.73)	−6 165.27 * (−3.57)	−6 167.84 * (−3.29)

续表

解释变量	被解释变量：招拍挂面积 ZSA			
	SLM 面板模型		SEM 面板模型	
	FE	RE	FE	RE
Spatial-auto（β）	0.197 (1.28)	0.181 (1.29)	0.298 (0.99)	0.286 (0.81)
LR-test	27.36*	25.72*	39.36*	41.87*
Hausman-test	−135.73，prob = 0.00		−6.26，prob = 0.46	
R-square	0.3858	0.3843	0.3912	0.3953
Obs	31*11	31*11	31*11	31*11

注：括号内为t值；***、**、*分别表示显著性水平为1%、5%和10%；LR-test检验值越大的模型效果越好；Hausman-test，用于检验FE和RE，P值通过显著性检验，表示应该选择固定效应，反之，选择随机效应。

表10 成渝城市群各城市间土地经营的"招商引资效应"的空间计量估计

解释变量	协议出让工业用地面积 NIA			
	SLM 面板模型		SEM 面板模型	
	FE	RE	FE	RE
Fispre	301.29*** (1.65)	−99.97 (−1.06)	299.56*** (1.88)	−99.28* (1.74)
Fdi	3.01** (2.29)	2.11* (2.06)	3.12* (1.91)	2.18* (2.43)
Market	−67.29 (−0.82)	−61.28 (−0.89)	−69.87 (−1.01)	−68.27 (−1.09)
Tgdp	227.15* (178)	219.83* (1.89)	312.81** (2.32)	338.76** (2.39)
PerA	−502.12 (−0.23)	−503.28 (−0.29)	−599.27 (−0.19)	−597.84 (−0.21)
Citysize	27.22** (1.89)	27.67** (2.02)	24.72** (3.35)	25.03** (3.39)
Regu2003	1 589.93 (0.99)	1 483.18 (1.01)	1 781.79** (2.32)	1 781.73** (2.67)
Regu2008	−3 891.27* (−1.53)	−3 892.37* (−1.74)	−4 418.77* (−1.91)	−4 418.82* (−1.95)
Spatial-auto（β）	0.278*** (8.55)	0.291*** (8.92)	0.207*** (9.11)	0.201*** (9.29)

续表

解释变量	协议出让工业用地面积 NIA			
	SLM 面板模型		SEM 面板模型	
	FE	RE	FE	RE
LR-test	52.41**	98.799**	688.781***	495.477***
Hausman-test	−65.91, prob=0.91		−988.12, prob=0.00	
R-square	0.2329	0.2971	0.3189	0.3171
Obs	13*11	13*11	13*11	13*11

注：括号内为 t 值；***、**、*分别表示显著性水平为1%、5%和10%；LR-test 检验值越大的模型效果越好；Hausman-test，用于检验 FE 和 RE，P 值通过显著性检验，表示应该选择固定效应，反之，选择随机效应。

表 11　成渝城市群各城市间土地经营"财政收入效应"的空间计量估计

解释变量	被解释变量：招拍挂面积 ZSA			
	SLM 面板模型		SEM 面板模型	
	FE	RE	FE	RE
Fispre	−212.26** (−2.95)	−69.12* (−1.96)	−209.75** (2.83)	−87.32 (1.27)
PerFdi	2.99* 2.29)	1.61* (1.86)	2.93* (2.17)	1.59* (2.89)
Market	−52.23 (−1.02)	−52.37 (−1.11)	−61.55 (−1.18)	−61.21 (−1.29)
Tgdp	569.88** (2.61)	565.91** (3.28)	678.72*** (5.21)	667.86*** (5.82)
PerA	−581.37 (−0.38)	−565.21 (−0.69)	−721.82* (−1.99)	−713.23* (−1.92)
Citysize	15.22** (3.09)	15.67** (3.12)	18.72** (3.01)	19.03** (3.17)
Regu2003	2 291.48 (1.03)	2 291.81 (1.21)	2 182.53* (1.82)	2 182.91* (1.78)
Regu2008	−4 117.82** (−3.16)	−4 117.28** (−3.13)	−4 383.37 (−1.57)	−4 383.81 (−1.29)
Spatial-auto(β)	0.128 (1.01)	0.119 (1.11)	0.188 (0.82)	0.182 (0.89)

续表

解释变量	被解释变量：招拍挂面积 ZSA			
	SLM 面板模型		SEM 面板模型	
	FE	RE	FE	RE
LR-test	44.82*	49.16*	39.16*	38.97*
Hausman-test	−278.91，prob=0.00		−18.32，prob=0.77	
R-square	0.3858	0.3843	0.3912	0.3953
Obs	13*11	13*11	13*11	13*11

注：括号内为 t 值；***、**、*分别表示显著性水平为1%、5%和10%；LR-test 检验值越大的模型效果越好；Hausman-test，用于检验 FE 和 RE，P 值通过显著性检验，表示应该选择固定效应，反之，选择随机效应。

表12　各城市群各城市间土地经营的"招商引资效应"的空间反应系数比较

	长三角	珠三角	京津冀	长江中游	成渝
Spatial-auto（β）	0.307* (1.811)	0.237* (1.728)	0.172* (1.620)	0.226*** (8.62)	0.207*** (9.11)
Obs(N*t)	25*10	9*10	12*10	31*10	13*10

表13　各城市群各城市间土地经营的"财政收入效应"的空间反应系数比较

	长三角	珠三角	京津冀	长江中游	成渝
Spatial-auto（β）	0.487*** (8.55)	0.312*** (7.98)	0.227*** (8.28)	0.197 (1.28)	0.128 (1.01)
Obs(N*t)	25*10	9*10	12*10	31*10	13*10

通过对上述各城市群地方政府基于不同驱动因素的土地经营空间计量估计中空间反应系数 β 的结果的比较（见表12和表13），本文发现如下特征：

对于东部三大城市群而言：第一，通过空间计量模型证明存在东部城市群内部城市之间的协议出让工业用地面积与成交价款存在空间外溢效应，土地引资策略上存在着邻近城市之间的模仿与竞争；招拍挂出让面积与成交价款存在空间外溢效应，证明地方政府通过土地出让增加财政收入的策略在相邻城市之间存在着模仿与竞争效应。但是东部城市群内部城市之间在土地引资策略上的空间反应系数的大小与显著性不如其在财政收入策略上的反应，证明东部城市群的土地经营更看重的是其对财政收入的提升效果，同时还说明东部城市群各城市之间在招商引资上更加注重对于对自身财政收入水平和城市基础设施建设水平的提升上，更加注重通过提升自身财政收入水平来推进城市发展。由于考虑的对象是城市群内的所有城市，因此这里的空间计量估计不仅证明了东部城市群内中心城市与外围城市在土地经营上的空间竞争关系，也证明了外围城市与外围城市之间也同样存在着竞争。而具体不同类型城市间的空间竞争关系有何区别，可从空间分布的图形上得出结论。第二，通过空间分布图形可以看出东部城市群在协议出让用地成交价款与招拍挂出让用地成交价款上存在着城市之间此消彼长的演化态势，且中心城市与外围城市之间的竞争程度相较于外围城市与外围城市之间的竞争程度上没有太大区别。第三，在东部三大城市群的比较上，空间外溢效应的空间反应系数从大到小依次为长三角、珠三角和京津冀，证明长三角城市群的城市之间的竞争更为激烈，其城市群层级结构的扁平化程度也更高。

对于西部两大城市群而言：第一，通过空间计量模型证明存在西部城市群内部城市之间的协议出让工业用地面积与成交价款存在空间外溢效应，土地引资策略上存在着邻近城市之间的模仿与竞争；招拍挂出让面积与成交价款并不存在显著的空间外溢效应，证明地方政府通过土地出让增加财政收入的策略在相邻城市之间并不存在明显的模仿与竞争效应。且不同于东部城市群，西部城市群内部城市之间在土地引资策略上的空间反应系数的大小与显著性是大于财政收入策略的，证明西部城市群的土地经营更看重的是其对招商引资的提升效果，主要通过协议出让用地的价格竞争来争夺产业资本的入驻，从而通过提升制造业的规模与产值来推进城市发展。这里的空间计量估计证明西部的城市群中，中心城市和外围城市之间、外围城市与外围城市之间，在基于招商引资效应的土地经营策略上存在空间外溢效应及竞争的关系，但空间外溢效应虽在显著性上强于东部城市群，但幅度大小要弱于东部。证明其造成的城市体系扁平化程度上还是要弱于东部。同时在基于财政收入的土地经营策略上，中西部两大城市群并没有显著的空间相关关系，且空间反应系数要小于东部城市群。第二，西部城市群各城市之间在协议出让用地成交价款与招拍挂出让用地成交价款上存在着城市之间此消彼长的演化态势，且中心城市与外围城市之间的竞争主要体现在招拍挂出让上。外围城市与外围城市之间的竞争主要体现在协议出让用地上。第三，长江中游城市群内部基于招商引资的土地经营策略的空间外溢效应及城市间的竞争关系要稍强于成渝城市群。但通过空间反应系数可以发现其空间外溢效应即空间竞争的程度还是要弱于东部三大城市群，证明中西部城市群的扁平化程度不如东部，其中心外围城市之间的差距还较大，即首位度较东部要高。

（5）五大城市群间地方政府土地经营策略空间效应的差异分析。本文首先针对东部城市群和中西部城市群的差异进行分析，然后在东部城市群内部和中心部城市群内部进行城市群间的比较并对其差异进行阐述和解析。

通过以上分析可以看出，东部城市群内地方政府基于"财政收入效应"的土地经营策略上存在空间外溢效应及城市间空间竞争的关系，且其显著性与空间反应系数要强于中西部城市群，且强于自身基于"招商引资效应"的空间外溢程度。因此对于东部城市群内部的城市而言，在低价供应土地和提升集聚经济水平之间，地方政府考虑更多的是后者，即通过提升自身的集聚经济水平、推进城市基础设施建设来招商引资，同时也说明工业企业的区位选择更倾向于以基础设施建设作为主要标准，这也是工业企业大量集聚在东部城市群的主要原因。这种行为会进一步促进集聚经济的积极效应，形成产业集聚的路径依赖，并且这种正反馈机制很难被政府低价出让工业用地的策略所打破。也许只有当企业集聚达到一定程度，过度集聚带来一系列负面影响时，这种正反馈机制才会被自身的过度集聚所打破，土地价格才会成为制约企业选址的重要因素，即中心城市因为拥挤效应过度，使得企业的成本大于收益，迫使产业转移、企业迁出，外围地区通过较低的土地价格和税收减免等优惠政策吸引从大城市扩散出来的产业资本。这也进一步说明了东部城市群基于"招商引资效应"的土地经营策略也存在较显著的空间外溢效应。对于东部城市群内部的中心外围城市而言，由于大量的企业愿意选择在东部地区选址，那么东部地区内部各城市间对于集聚经济倾向企业的争夺就显得更加激烈，都希望通过较低的土地价格和相关优惠政策吸引企业入驻，从而提升自身的经济规模与经济发展水平。随着东部地区中心城市的土地越来越稀缺，土地价格越来越高，会对产业集聚形成分散力，迫使企业考虑选址在东部地区的外围城市，由于东部地区外围城市均享有靠近中心大城市能获得溢出效应的优势，因此在此基础上，外围城市之间的竞争主要通过土地价格竞争及各种政府优惠措施来进行。

对于欠发达的中西部城市群而言，其内部城市的地方政府进行竞争时，由于集聚力相对比较弱，土地价格是影响企业区位选择的核心要素。从中国东、中、西部来看，区域之间的竞争以及东部地区内部的竞争都有存在集聚经济和不存在集聚经济这两种地区之间竞争的性质。这种竞争模式中集聚租金起到至关重要的作用，而土地价格竞争的作用则十分有限。首先，东部地区无论是城市集聚经济还是产业集聚经济都十分发达，集聚租金为前来投资的企业带来巨大的正外部性，土地等要素成本并不是企业进行区位选择时最主要的考虑因素，政府在进行竞争时也不会过度压低工业用地的价格，而是采取一个相对较高的价格来获取集聚租金。其次，东部地区经济一体化程度比较高，绝大多数新经济地理模型表明，当阻碍企业流动的技术和行政障碍降低时，商品和要素的流动性会增强，集聚力也会随之增强，此时通过降低税率和压低土地价格等刺激来吸引企业的范围和能力实际上在不断衰减，这种情况下土地价格竞争对企业的吸引力越来越弱。再次，东部地区在集聚经济和财政能力比较发达的情况下，更可能基于提升财政收入而竞争，一些学者研究发现，在存在集聚经济的情况下，地方政府竞争方式会从以税收竞争和土地价格竞争为主转向以提供公共服务为主的财政支出竞争，而公共服务的支出主要体现在招拍挂出让用地所获得的收入上，发达地区在经济发展水平和财政能力上的优势，使得财政支出竞争也得以实现。最后，东部地区土地资源相对紧缺，通过压低工业用地价格进行竞争的空间也比较小。而中西部地区内部城市之间投资竞争的机制则完全不同。由于中西部地区集聚经济相对较弱，企业对要素价格竞争的敏感性较大，因此地方政府为吸引资本流入，不得不更多地依赖降低税率和土地价格等优惠手段。因此，逐底式的地价竞争在中西部欠发达地区之间的投资竞争中仍然扮演着核心的角色。但是在中国土地制度、财政制度以及政绩考核制度下，土地成为地方政府强有力的宏观调控工具，且其所造成的城市间的竞争尤其是中心外围城市间的竞争，会使得外围城市在土地出让上更有优势，且通过土地经营策略的竞争优势实现自身的城市经济增长，同时伴随中心城市的拥挤效应的不断增加，从而使得城市群的层级结构因此而趋向于扁平化。

4. 关于城市群层级结构与城市群竞争力的进一步讨论。如何从本文的结论出发理解政策背景及路径依赖下的中国城市群层级结构趋向扁平化背后的经济学含义，本文认为可以将上述问题分解为两个子问题：一是东部城市群与西部城市群层级结构的扁平化驱动因素为何不同？这种不同的背后能否反映城市群的竞争力与扁平化层级结构的关联性，或者存在什么样的关联？

对于第一个问题，本文认为与城市群或城市的经济发展水平与阶段相关，东部城市群经济发展水平较高，因此城市间的竞争更多来自于服务业，其表现在土地经营上更多体现在招拍挂出让用地的空间外溢效应和空间竞争效应上；而欠发达城市群如中西部的城市群，由于经济发展水平较低，其经济增长的主要动力还是依赖制造业，如利用土地资源争夺制造业企业，进行招商引资。

关于第二个问题，本文并没有做出计量上的实证，因此并不能判定城市群的竞争力与其层级结构扁平化程度之间存在正比关系，但至少可以说明，基于地方政府的土地经营竞争的城市群层级结构趋向扁平化的特征一定程度上体现了城市群的竞争力：第一，关于城市群的竞争力，本文用两个指标来综合考察，分别为城市群的人均 GDP 水平（数值与增速）和中心城市与外围城市的均衡发展程度（中心城市与外围城市人均收入的比值或方差）。本文定义城市群层级结构的扁平化程度为城市间的土地经营策略的空间外溢效应、空间竞争效应的空间反应系数 β 的大小，而本文发现，在东部城市群内，以衡量城市群层级结构的空间反应系数 β 系数的排序与城市群竞争力的排序是一样的，即扁平化程度与城市群竞争力的排序一样，均为长三角＞珠三角＞京津冀，同样的中西部城市群也出现了相同的现象，即扁平化程度更高的长江中游城市群竞争力要高于扁平化程度较低的成渝城市群的竞争力。对于这一现象，本文认为一个城市群的整体竞争力表现在内部各个城市充分利用各自所具备的优势实现均衡增长，并在此基础上提升城市群整体的人均 GDP 水平。在当前中国的财政分权制度和土地管理制度下，地方政府由于路径依赖，其能最有效利用的资源即土地，城市群内部各城市利用土地经营来获得自身的经济增长的同时，实现与其他城市间的协同发展与均衡增长，进而形成城市群整体的优势格局。于是本文做出基本的判断，即现有政策、体制背景与路径依赖下，地方政府土地经营的空间竞争效应的强弱、扁平化的程度就可以反映城市群的整体竞争力强弱。第二，中心城市或者称为首位城市的主要发展特征与动力体现在服务业尤其是生产性服务业的发展水平上，而外围城市中小城市更多的发展重心在于制造业的发展，而在城市群内部，由于在土地经营上，外围城市相对于中心城市而言，具有土地价格低、可利用土地资源更多的竞争优势，更能促进制造业的增长，由于制造业的平均产值规模更大，能有效促进外围城市的经济增长指标提升，从而相对缩小与中心城市的差距，达到与中心城市均衡发展的城市群发展路径上，这也恰好对应了本文衡量城市群竞争力中的中心外围城市均衡发展程度这一指标。因此，本文认为当城市群土地经营的空间竞争水平越高，或扁平化趋势越高，在中国会一定程度上促进城市群的竞争力提升。

四、结论与启示

随着地方政府间竞争及官员晋升的驱动，地方政府对城市的经营逐渐成为影响城市发展的重要因素，因此从地方政府行为模式出发考察城市，将城市看做是国家与市场就政治利益与经济利益进行互动的一个平台和领域，能使城市发展的研究更有说服力。为了识别地方政府土地经营策略对于城市群层级结构的影响，本文首先从空间的视角考察了作为中国城市发展中最具特征的土地经营策略对于城市发展的作用机制及其空间上的非均衡形态，并解释了空间异质性产生的原因；在此基础上，分析了多个地方政府间在土地经营策略上的模仿行为与竞争行为，并分别识别了其产生的空间外溢效应与空间竞争，并论证其对中国城市层级体系的影响机制，具体得出如下结论。

第一，中国土地经营的效应在地理形态上，随着时间的推移，地方政府土地经营的实践呈现空间外溢效应，说明了土地经营对于促进城市发展的影响效应存在从东部沿海到西部内陆、中心到外围城市之间出现空间扩散的转换过程。

第二，通过对五大城市群分别进行协议及招拍挂方式出让的土地面积的空间计量估计，发现东部城市群各城市间土地经营策略的空间竞争效应更多是基于地方政府提升财政收入的驱动，其中竞争程度的大小依次为长三角、珠三角和京津冀；而西部城市群内部土地经营策略的空间竞争效应主要来自地方政府招商引资的驱动，其中长江中游城市群的竞争程度大于成渝城市群。本文认为，中心外围城市的空间竞争效应正是地方政府在土地经营策略上互相博弈相互竞争的结果，因而地方政府间基于土地经营策略上的博弈与竞争会导致城市体系趋向扁平化。其中，东部城市群的扁平化特征主要基于提升财政收入上的土地经营策略竞争；而中西部城市群的扁平化特征主要是基于招商引资上的土地经营策略竞争。

当前，中国的区域经济发展对于到底是走通过大城市不断集聚从而带动中小城市发展的"中心论"发展模式，还是走大、中、小城市均衡发展的区域经济协调发展即"整体论"的发展道路还存在较大的争议，且一直是关于城市发展模式研究的热点话题。而本文通过对当前中国土地制度与政策的解读，并结合新经济学地理学"中心—外围"理论，从空间视角对地方政府间土地经营策略竞争影响城市群发展的作用机制进行研究，给出了中国当前扁平化城市体系形成的重要原因就是基于现有的地方政府间在土地经营上的竞争行为，大城市集聚水平提升受阻、小城市发展不断扩张的背后根源也正是如此，由此产生的城市群层级结构趋向扁平化的程度可以作为城市群的竞争力的体现。因此基于当前的财政分权体质及土地政策等制度背景，地方政府间在土地市场上的空间竞争行为模式是具备其合理性的，由此形成的城市群趋向于扁平化的层级结构是符合中国经济发展的现实背景的。同时基于不同的驱动，中心外围城市或区域间的空间竞争导致的层级结构扁平化趋势是城市群竞争力提升的一种可能的衡量指标。

参 考 文 献

[1] Black D., Henderson V. A theory of urban growth [J]. Journal of political economy, 1999, 107 (2): 252 - 284.

[2] Glaeser E. L. The new economics of urban and regional growth [J]. The Oxford handbook of economic geography, 2000: 83 - 98.

[3] Brenner, N. Theses on urbanization [J]. Public Culture, 2013 (25): 85 - 114.

[4] 陆铭, 向宽虎, 陈钊. 中国的城市化和城市体系调整：基于文献的评论 [J]. 世界经济, 2011 (6): 3 - 25.

[5] 范剑勇, 莫家伟. 地方债务, 土地市场与地区工业增长 [J]. 经济研究, 2014, 49 (1): 41 - 55.

[6] Sheppard, E., Leitner, H., & Maringanti, A. (2013). Provincializing global urbanism: amanifesto. Urban Geography, 34 (7): 893 - 900.

[7] Brenner, N., Peck, J., & Theodore, N. (2010). Variegated neoliberalization: geographies, modalities, pathways. Global Networks, 10 (2): 182 - 222.

[8] 陆铭, 陈钊. 分割市场的经济增长——为什么经济开放可能加剧地方保护？[J]. 经济研究, 2009 (3): 42 - 52.

[9] 范剑勇, 谢强强. 地区间产业分布的本地市场效应及其对区域协调发展的启示 [J]. 经济研究, 2010, 4 (107): 1.

[10] 陈钊, 陆铭. 首位城市该多大？——国家规模, 全球化和城市化的影响 [J]. 学术月刊, 2014, 5: 002.

[11] 陈建军. 长三角：从点轴发展走向网络发展——兼论杭宁发展带的建设 [J]. 浙江社会科学, 2005 (4): 43 - 48.

［12］Anderson G., Ge Y. The size distribution of Chinese cities［J］. Regional Science and Urban Economics, 2005, 35（6）: 756-776.

［13］陈良文, 杨开忠, 吴姣. 中国城市体系演化的实证研究［J］. 江苏社会科学, 2007（1）: 81-88.

［14］范剑勇, 邵挺. 房价水平, 差异化产品区位分布与城市体系［J］. 经济研究, 2011（2）: 87-99.

［15］陶然, 曹广忠. "空间城镇化""人口城镇化"的不匹配与政策组合应对［J］. 新华文摘, 2009（3）: 45-49.

［16］范进, 赵定涛. 土地城镇化与人口城镇化协调性测定及其影响因素［J］. 经济学家, 2012（5）: 61-67.

［17］范辉, 刘卫东, 吴泽斌, 等. 浙江省人口城市化与土地城市化的耦合协调关系评价［J］. 经济地理, 2014（12）: 004.

［18］况伟大, 李涛. 土地出让方式, 地价与房价［J］. 金融研究, 2012（8）: 56-69.

［19］郑娟尔. 基于Panel Data模型的土地供应量对房价的影响研究［J］. 中国土地科学, 2009, 23（4）: 28-33.

［20］邵挺, 袁志刚. 土地供应量, 地方公共品供给与住宅价格水平——基于Tiebout效应的一项扩展研究［J］. 南开经济研究, 2010（3）: 3-19.

［21］周靖祥. 副省级城市发展逻辑: 官员配置与增长驱动［J］. 中国工业经济, 2014（10）: 20-32.

［22］周业安, 赵晓男. 地方政府竞争模式研究［J］. 管理世界, 2002（12）: 52-61.

［23］周黎安. 中国地方官员的晋升锦标赛模式研究［J］. 经济研究, 2007, 7（36）: 36-50.

［24］张五常. 中国经济制度［M］. 北京: 中信出版社, 2009.

［25］Deng, F. F., & Huang, Y. Q.（2004）. Uneven land reform and urban sprawl in China: the case of Beijing. Progress in Planning, 61（3）: 211-236.

［26］Tan, M. H., Li, X. B., & Lu, C. H.（2005）Urban land expansion and arable land loss of the major cities in China in the 1990s. Science in China, Series D - Earth Sciences, 48（9）: 1492-1500.

［27］朱一中, 曹裕. 农地非农化过程中的土地增值收益分配研究——基于土地发展权的视角［J］. 经济地理, 2012, 32（10）: 133-138.

［28］傅超, 刘彦随. 我国城镇化和土地利用非农化关系分析及协调发展策略［J］. 经济地理, 2013, 33（3）: 47.

［29］陶然, 汪晖. 中国尚未完成之转型中的土地制度改革: 挑战与出路［J］. 国际经济评论, 2010（2）: 93-123.

［30］Wong, C. P. W.（2010）. Fiscal reform: paying for the harmonious society. China Economic Quarterly, 14（2）: 20-25.

［31］Cao, G. Z., Feng, C. C., & Tao, R.（2008）. Local "land finance" in China's urban expansion: challenges and solutions. China & World Economy, 16（2）: 19-30.

［32］Peterson, G. E.（2009）. Unlocking land values to finance urban infrastructure. Washington D. C.: World Bank, Public - Private Infrastructure Advisory Facility.

[33] Tiebout C. M. A pure theory of local expenditures [J]. The journal of political economy, 1956: 416-424.
[34] Dixit A. The optimum factory town [J]. The Bell Journal of Economics and Management Science, 1973: 637-651.
[35] Henderson J. V. The sizes and types of cities [J]. The American Economic Review, 1974: 640-656.
[36] Thünen J. H. Der isolierte Staat [J]. Beziehung auf Landwirtschaft und Nationalökonomie, 1826.
[37] Helpman E. The size of regions [J]. Topics in public economics, 1998: 33-54.
[38] Krugman P. Increasing returns and economic geography [J]. Journal of Political Economy, 1991, 99 (3): 483-499.
[39] Hanson G. H. Regional adjustment to trade liberalization [J]. Regional Science and Urban Economics, 1998, 28 (4): 419-444.
[40] Hanson G. H, Harrison A. Trade liberalization and wage inequality in Mexico [J]. Industrial & Labor Relations Review, 1999, 52 (2): 271-288.
[41] Puga D. The rise and fall of regional inequalities [J]. European economic review, 1999, 43 (2): 303-334.
[42] Tabuchi T. Urban agglomeration and dispersion: a synthesis of Alonso and Krugman [J]. Journal of urban economics, 1998, 44 (3): 333-351.
[43] Alonso W. Location and land use. Toward a general theory of land rent [J]. Location and land use. Toward a general theory of land rent., 1964.
[44] 周飞舟. 分税制十年: 制度及其影响 [J]. 中国社会科学, 2006 (6): 100-115.
[45] 宋小宁, 杨治国. 农地征用, 财政分权与制造业发展 [J]. 经济社会体制比较, 2008 (6): 102-106.
[46] 陶然, 陆曦, 苏福兵, 等. 地区竞争格局演变下的中国转轨: 财政激励和发展模式反思 [J]. 经济研究, 2009 (7): 21-33.
[47] 周其仁. 农地产权与征地制度 [J]. 经济学 (季刊), 2004, 4 (1): 193-210.
[48] 刘守英, 蒋省三. 土地融资与财政和金融风险——来自东部一个发达地区的个案 [J]. 中国土地科学, 2006, 19 (5): 3-9.
[49] 郑思齐, 孙伟增, 吴璟, 等. "以地生财, 以财养地"——中国特色的城市建设投融资模式研究 [J]. 经济研究, 2014 (8).
[50] 陶然, 袁飞, 曹广忠. 区域竞争, 土地出让与地方财政效应: 基于1999-2003年中国地级城市面板数据的分析 [J]. 世界经济, 2007, 30 (10): 15-27.
[51] 郑思齐, 师展. "土地财政"下的土地和住宅市场: 对地方政府行为的分析 [J]. 广东社会科学, 2011, 2 (5): 1.
[52] 楚建群, 许超诣, 刘云中. 论城市工业用地"低价"出让的动机和收益 [J]. 经济纵横, 2014 (5): 1-12.
[53] 雷潇雨, 龚六堂. 基于土地出让的工业化与城镇化 [J]. 管理世界, 2014 (9): 29-41.
[54] 王丽娟, 毛程连. 地方政府间土地优惠竞争关系研究——基于空间自回归模型的实证检验 [J]. 财经论丛, 2012 (6): 13-19.

[55] Lin, G. C. S., & Ho, S. P. S. (2005). The state, land system, and land development processes in contemporary China. Annals of the Association of American Geographers, 95 (2), 411: 436.

[56] Tao, R., Su, F. B., Liu, M. X., & Cao, G. Z. (2010). Land leasing and local public finance in China's regional development: evidence from prefecture-level cities. Urban Studies, 47 (10): 2217-2236.

[57] Cao, G. Z., Liu, T., Liu, H., & Miao, Y. B. (2012). Changing spatial and structural patterns of non-agricultural activities in outward-moving Beijing urban fringe. Chinese Geographical Science, 22 (6): 718-729.

[58] Lichtenberg, E., & Ding, C. (2009). Local officials as land developers: urban spatial expansion in China. Journal of Urban Economics, 66 (1): 57-64.

中国省域金融支持文化产业发展空间影响分析[*]

王认真[**]

摘　要：运用探索性空间数据分析方法分析了 2005~2011 年中国省域文化产业增加值与金融发展水平的空间相关性，构建经济模型运用空间计量方法实证分析了当期跨期我国省域金融发展对文化产业发展的空间影响。研究结果显示，金融发展水平和文化产业增加值省域之间存在显著的空间依赖性；某一省域金融发展不仅可以促进本省域文化产业的发展，而且会对其邻近省域的文化产业发展产生正的空间外溢效应；当期跨期模型中银行业金融发展对文化产业发展的支持效果最大，人员投入支持文化产业发展效果高于其本身资本投入；当期模型证券业金融发展对文化产业的发展具显著的抑制作用，而跨期模型中证券业金融发展对文化产业的发展的作用不确定。因此各省域要大力发展金融体系以支持文化产业发展，同时应注重与邻近周边省域的银行业金融合作，充分发挥金融支持的正向溢出效应；证券业金融有很大的发展空间，此外还应充分发挥人员投入在文化产业发展中的显著作用，不忽略其资本投入的支持作用。

关键词：文化产业　金融支持　空间计量分析

一、引　言

作为战略性新兴产业的文化产业不仅拓展新的经济增长空间，而且促进经济结构优化升级和经济增长方式转变。金融的核心资源配置功能在文化产业发展中具有极为重要的推动作用，2010 年国家九部委发布了《关于金融支持文化产业振兴和发展繁荣的指导意见》，各省区都相继出台各种政策措施加大对本地区文化产业发展的金融支持力度，力争将文化产业建设成本地区的支柱产业，充分发挥文化产业在促进本地区经济增长和经济结构优化升级的重要作用。但相关经济数据表明我国各省域文化产业发展存在着较大的差距，由于金融在文化产业发展中的核心资源配置作用，各省域的金融支持有可能改变这种非均衡状况。因此我们可运用空间计量方法来实证分析各省域金融支持文化产业发展的空间影响，这对于推进我国各省域金融发展以支持文化产业发展，实现经济发展方式根本性转变和经济可持续均衡发展具有重要意义。

---

[*] 基金项目：安徽省哲学社会科学规划项目：安徽省文化产业发展的金融支持研究（AHSK11-12D267），合肥学院重点建设学科项目（2014xk07）。

[**] 王认真（1969- ），男，安徽合肥人，合肥学院经济系教授，研究方向：经济学金融学。

二、金融支持文化产业发展的相关文献综述

目前有关文化产业发展金融支持的相关研究主要是对国外文化产业发展金融支持的介绍、中国文化产业发展的投融资分析和国内文化产业发展金融支持的实证分析等。国外文化产业发展金融支持的介绍主要有余晓泓（2008）介绍美国文化产业的投资主体，融资方式主要是积极引导社会资金及产业资金形成多元化的混合资助方式；陈红泉等（2008）介绍了美国、日本和韩国等国动漫产业的投融资方式；嵇敏（2012）介绍了英国文化产业发展中的投资、创新、技能、企业、竞争等因素；关于中国文化产业投融资的分析主要有张立波等（2009）认为我国金融市场发育不充分、筹资渠道单一使得文化产业发展面临融资困境，应依靠投资主体的多元化和融资方式的多样化来解决；李海珊等（2010）从宏、微观两个角度分析了文化产业发展融资难问题的形成根源，提出建立政府引导、企业主体、金融支撑的多元化投融资体系的解决路径；林丽（2012）的研究认为我国文化产业的金融支持存在财政投入不足且引导性弱、地方政府主要是政绩性投资且投资手段单一、直间接融资规模小且融资成本高以及各种金融服务中介机构缺失等问题，必须进行财政金融改革创新；关于文化产业金融支持的实证研究主要是陈涛（2010）、杜文中等（2012）、赵俊仙等（2012）分别分析了陕西、河北和山西文化产业发展投融资现状和存在的主要问题，提出了相关促进文化产业投融资创新的政策建议。此外一些学者还分析了我国区域文化产业发展差异的原因，如袁海（2011）的研究认为要素禀赋、集聚经济与产业政策是文化产业发展区域差异的主要影响因素。

综合国内外研究文献我们发现国外金融支持文化产业发展的模式为我国提供了有益的借鉴，国内现有研究主要是进行文化产业投融资分析、文化产业发展如何获得金融支持对策等，关于我国省域金融支持文化产业发展的研究相对缺乏，考虑省域金融支持文化产业发展空间因素的研究则更为鲜见，因此我们可尝试构建经济模型、运用空间计量方法来实证分析各省域金融支持文化产业发展的空间影响。

三、文化产业发展与金融体系的探索性空间数据分析

我们用各省域文化产业增加值衡量文化产业（CI）的发展，用各省域的金融机构存贷款余额、股票市价总值和保费收入的合并值衡量金融体系（FS）的发展进行探索性空间数据分析。

（一）文化产业增加值与金融体系的空间自相关检验

1. Moran 指数检验。Moran 指数主要用来检验经济变量的空间集聚状况，如果经济变量的 Moran 值为正且越接近 1 则说明空间正相关性越强，越表现为空间集聚。

从表1各省域文化产业发展的Moran指数表我们可以看出从2005~2011年各省域文化产业发展的Moran指数均为正值,全部通过10%显著性水平检验,说明中国各省域文化产业发展存在着显著的空间正相关性,呈现空间集聚现象。从表2各省域金融体系的Moran指数表我们可以看出省域金融体系的Moran指数也均为正值,说明中国各省域金融体系同样存在着显著的空间正相关性,呈现空间集聚现象。

表1   2005~2011年各省域文化产业增加值的Moran指数

年份	Moran's I	E (I)	Mean	Sd	N-value	P-value
2005	0.3308***	-0.0303	-0.0258	0.0964	3.7459	0.0100
2006	0.2298***	-0.0303	-0.0228	0.1107	2.3496	0.0100
2007	0.4401***	-0.0303	-0.0076	0.1019	4.6163	0.0100
2008	0.3836***	-0.0303	-0.0407	0.0992	4.1723	0.0100
2009	0.3264***	-0.0303	-0.0293	0.1069	3.3368	0.0100
2010	0.4037***	-0.0303	-0.0118	0.1300	3.3385	0.0100
2011	0.3987***	-0.0303	-0.0165	0.1088	3.9430	0.0100

表2   2005~2011年各省域金融支持体系的Moran指数

年份	Moran's I	E (I)	Mean	Sd	N-value	P-value
2005	0.1451**	-0.0303	-0.0205	0.1054	1.6641	0.0500
2006	0.1289*	-0.0303	-0.0340	0.1017	1.5654	0.0600
2007	0.1156*	-0.0303	-0.0409	0.0837	1.7431	0.0600
2008	0.0522*	-0.0303	-0.0397	0.0754	1.0942	0.1000
2009	0.1188*	-0.0303	-0.0294	0.0926	1.6102	0.1000
2010	0.0557*	-0.0303	-0.0308	0.0489	1.7587	0.1000
2011	0.0532*	-0.0303	-0.0355	0.0748	1.1163	0.0900

2. Moran指数散点图检验。Moran指数散点图将各省域的文化产业发展集聚分为四个不同的空间关联模式:第一象限HH模式为文化产业增加值集聚程度高的省域被同样文化产业增加值集聚程度高的省域包围;第二象限LH模式为文化产业增加值集聚程度低的省域被文化产业增加值集聚程度高的省域包围;第三象限LL模式为文化产业增加值集聚程度低的省域被同样文化产业增加值集聚程度低的省域包围;第四象限HL模式为文化产业增加值集聚程度高的省域被文化产业增加值集聚程度低的省域包围。其中,HH和LL空间关联模式为正的空间相关性,LH和HL空间关联模式为负的空间相关性。金融体系空间集聚的空间关联模式也是如此。

由图1到图4我们可以分析金融体系与文化产业增加值四种空间关联模式。

从表3可以看出2005年文化产业增加值HH空间关联模式有12个省域，LL空间关联模式有13个省域，到2011年HH空间关联模式有11个省域，LL空间关联模式有15个省域，说明文化产业发展呈现空间集聚；从表4可以看出2005年金融体系HH空间关联模式有7个省域，LL空间关联模式有15个省域，到2011年HH空间关联模式有7个省域，LL空间关联模式有18个省域，说明金融体系呈现空间集聚。

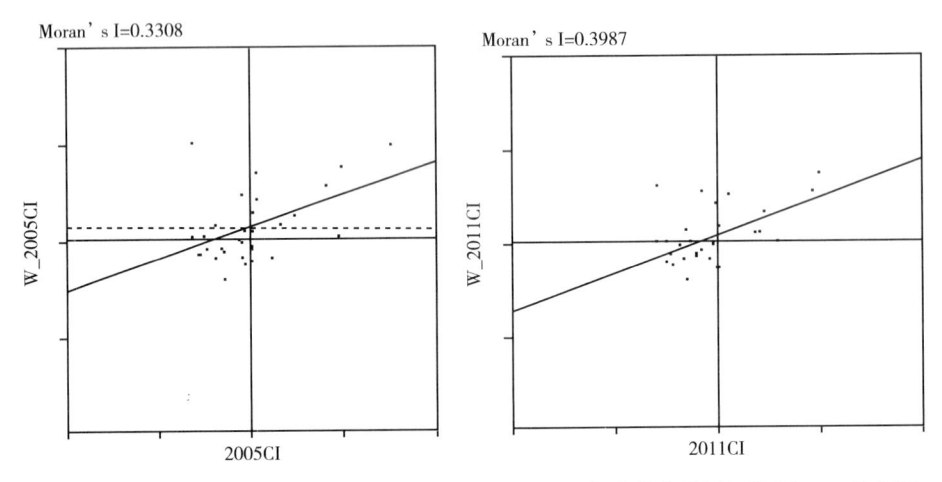

图1　2005年文化产业增加值Moran散点图　　**图2　2011年文化产业增加值Moran散点图**

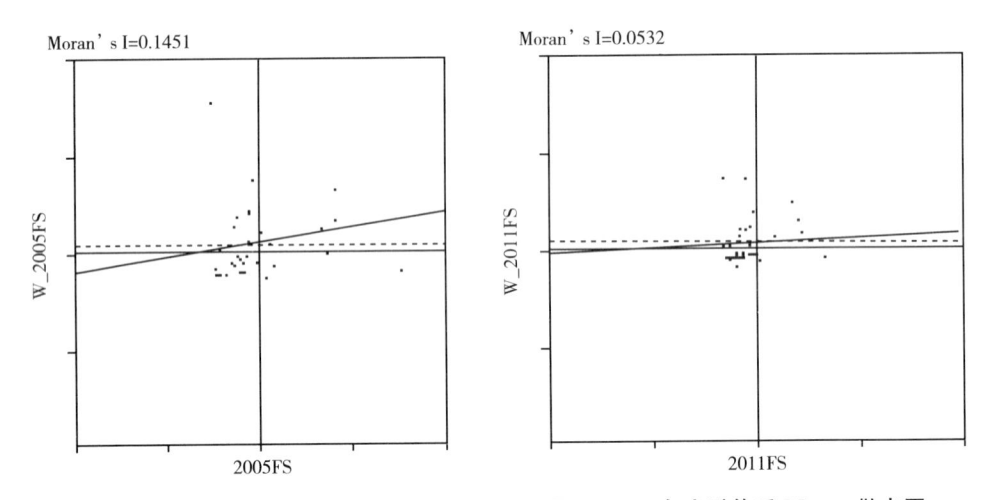

图3　2005年金融体系Moran散点图　　**图4　2011年金融体系Moran散点图**

表3　　　　　　　　2005年和2011年各省域文化产业增加值空间关联模式

空间关联模式	2005年	2011年
HH	山东、河南、江苏、湖北、浙江、江西、湖南、福建、广西、广东、上海、北京	山东、河南、江苏、湖北、浙江、湖南、福建、广东、广西、上海、北京

续表

空间关联模式	2005 年	2011 年
LH	安徽、贵州、重庆	山西、安徽、江西、重庆
LL	黑龙江、新疆、山西、宁夏、西藏、海南、吉林、辽宁、天津、青海、甘肃、内蒙古、河北	黑龙江、新疆、宁夏、西藏、云南、贵州、海南、吉林、辽宁、天津、青海、甘肃、内蒙古、陕西、河北
HL	云南、陕西、四川	四川

表 4　　2005 年和 2011 年各省域金融体系空间关联模式

空间关联模式	2005 年	2011 年
HH	山东、河南、江苏、浙江、北京、上海、河北	山东、江苏、浙江、上海、北京、福建、河北
LH	安徽、江西、湖南、福建、广西、天津	安徽、江西、广西、天津
LL	黑龙江、陕西、新疆、宁夏、西藏、湖北、云南、贵州、海南、吉林、甘肃、青海、陕西、内蒙古、重庆	黑龙江、新疆、山西、宁夏、西藏、河南、湖北、湖南、云南、贵州、海南、吉林、青海、甘肃、陕西、内蒙古、重庆
HL	四川、辽宁、广东	广东、四川、辽宁

（二）文化产业发展与金融体系的 LISA 分析

我们可进一步运用局域空间关联指标分析不同位置的空间关联模式，检验局部地区高值和低值的空间集聚状况。

通过 2005 年和 2011 年文化产业增加值的 LISA 分析可以看出文化产业发展形成两个不同的集聚区域：一个是以上海为中心包括江苏、浙江省在内的长三角文化产业高值集聚区；另一个是以新疆为中心包括周边的西藏、青海等省域在内的金融体系低值集聚区，从 2005 年到 2011 年，文化产业发展空间集聚趋势加强。

通过 2005 年和 2011 年金融支持体系的 LISA 分析可以看出金融体系形成两个不同的集聚区域：一个是以上海为中心包括江苏、浙江省在内的长三角金融体系高值集聚区；另一个是以新疆为中心包括周边的西藏、青海等省域在内的金融体系低值集聚区，从 2005 年到 2011 年，金融支持体系空间集聚趋势加强。

我们还可发现文化产业增加值高值集聚区域一般也是金融体系高值集聚区域，可以初步作出金融体系可能促进文化产业发展的判断，这可以进一步构建经济模型运用空间计量方法来实证分析金融体系对文化产业发展的支持作用。

四、省域金融支持文化产业发展的空间计量分析

（一）实证模型的建立

借鉴柯布道格拉斯生产函数：$Y = L\alpha K\beta$，其中 Y 表示文化产业增加值，L 表示文

化产业从业人员，K表示文化产业资本投入，我们可以在此基础上增加金融体系规模（金融体系又可分为银行业金融BI和证券业金融SI）两边取对数可以构建以下实证研究模型：：

$$LnY_{it} = c_{it} + \alpha LnL_{it} + \beta LnK_{it} + \gamma LnBI_{it} + \delta LnSI_{it} + \varepsilon_{it}$$

（二）度量指标与数据说明

金融体系（SF）的衡量指标：美国经济学家Raymond. W. Goldsmith（1969）提出用M2/GDP作为衡量一国金融发展的指标。但相关研究发现中国的M2/GDP自1990年以来明显高于其他一些发展中国家，甚至高于美国等主要发达国家，根据经济金融发展实际我国金融发展水平不可能高于美国等主要经济发达国家，因此我们需选择其他指标衡量中国的金融发展水平。我们用存贷款余额、股票市价总值作为金融资产的代理变量，其与GDP的比值分别代表银行业（BI）和证券业（SI）金融发展水平。

由于统计口径的不同，本文采用的数据样本为2005~2011年的年度数据，文化产业增加值、文化产业从业人员、文化产业资本投入的原始数据均来源于2006~2012年《中国文化文物统计年鉴》《中国统计年鉴》和《中国金融统计年鉴》等，其中2010和2011年文化产业增加值的数据来源于SPSS软件的估计。

（三）省域金融支持文化产业发展的空间计量分析

一个省域文化产业的发展不仅取决于人员、资本投入，还需要金融体系的支持，同时还要受到周边地区金融体系的影响。文化产业的发展具有较强的空间相关性，金融体系的空间集聚增强了文化产业发展的空间依赖性，因此分析文化产业发展的金融支持应该引入空间因素。传统OLS模型估计没有考虑到空间因素，我们可以用空间计量经济学的SLM模型和SEM模型来分析金融体系支持文化产业发展的空间影响。

1. 2011当期模型OLS分析：选择2011年文化产业增加值（CI）为被解释变量，2011年文化产业人员投入（L）、文化产业资金投入（K）、银行业发展（BI）和证券业发展（SI）为解释变量的当期模型进行分析。

从表5的2011年当期模型的OLS估计结果我们看到Moran指数为1.9042822，通过10%显著性水平检验，说明未考虑空间因素的经典OLS模型估计出现误差，对于如何选择具有空间因素的空间滞后模型还是空间误差模型来进行分析，我们可以利用LM和Robust LM的数值来进行分析，我们看到LM（lag）和Robust LM（lag）比LM（error）和Robust LM（error）更显著，因此2011年当期模型应该选择SLM空间滞后模型进行分析。

表5　　　　　　　　　　2011 年当期模型 OLS 估计结果

Variable	Coefficient	Std. Error	t-Statistic	Probability
2011LNL	1.393374 ***	0.2320848	6.003725	0.0000016
2011LNK	0.3311844 ***	0.0901479	3.67379	0.0009624
2011LNBI	3.731043 ***	1.169801	3.189468	0.0034089
2011LNSI	-1.73744 ***	0.6489586	-2.677274	0.0120882
c	0.935245			
R^2	0.933111			
R^2_{adj}	0.923885			
F	101.138			1.3487e-016
LogL	-44.2248			
AIC	98.4496			
SC	106.081			
DIAG FOR SD	MI/DF	Value	Prob	
Moran's I (error)	0.042651	1.9042822 *	0.0988482	
LM (lag)	1	2.2252816	0.1357679	
Robust LM (lag)	1	2.5700697 *	0.0989029	
LM (error)	1	0.1332902	0.7150448	
Robust LM (error)	1	0.4780783	0.4780783	
LM (SARMA)	2	2.7033599	0.2588051	2011

由表 6 的 2011 年当期模型的 SLM 估计结果,我们看到文化产业增加值的空间自回归系数为 0.0901,说明了我国省域之间的文化产业发展存在着显著的正依赖性,省域之间呈现正的溢出效应,邻近省域的文化产业增加值每增长 1 个百分点可以促进本省域文化产业增加值增长 0.09 个百分点;银行业支持的回归系数是 3.5889,说明当期银行业发展对文化产业有显著的支持作用,银行业发展每增加 1 个百分点,可提高文化产业增加值 3.59 个百分点,证券业支持的回归系数是 -1.6132,表明证券业发展对文化产业发展起着显著的抑制作用。我们还可以发现文化产业人员投入、资本投入对文化产业的显著的正向支持作用,2011 年人员投入、资本投入每增长 1 个百分点可分别支持当年文化产业增加值增长 1.28 个和 0.31 个百分点;分析结果表明当期模型中银行业发展对文化产业发展的支持效果最大,人员投入支持文化产业发展效果高于资金投入,而证券业的发展则对文化产业发展具有显著的抑制作用。

表6　2011年当期模型的SLM估计结果

Variable	Coefficient	Std. Error	z-value	Probability
CONSTANT	0.5017001	0.5275947	0.9509195	0.3416452
W_2011LNCI	0.09011158 *	0.05117624	1.760809	1.760809
2011LNL	1.282206 ***	0.2148003	5.969295	0.0000000
2011LNK	0.3189736 ***	0.08029985	3.972281	0.0000712
2011LNBI	3.58881 ***	1.043133	3.440414	0.0005809
2011LNSI	-1.613166 ***	0.5795751	-2.78336	0.0053800
TEST	value			
R-squared	0.938127			
Log L	-42.9109			
AIC	97.8219			
SC	106.98			2011

2. 2005~2011年跨期模型分析。选择2011年文化产业增加值（CI）为被解释变量，2005年文化产业人员投入（L）、文化产业资金投入（K）、银行业发展（BI）和证券业发展（SI）为解释变量的跨期模型进行分析。从表7的2005~2011年跨期模型的OLS估计结果我们看到Moran指数为0.5778529，通过10%显著性水平检验，说明未考虑空间因素的经典OLS模型估计出现误差，对于如何选择具有空间因素的空间滞后模型还是空间误差模型来进行分析，我们可以利用LM和Robust LM的数值来进行，我们看到LM（lag）和Robust LM（lag）比LM（error）和Robust LM（error）更显著，因此2005~2011年跨期模型应该选择SLM空间滞后模型进行分析。

表7　2005~2011年跨期模型OLS估计结果

Variable	Coefficient	Std. Error	t-Statistic	Probability
2005LNL	1.350339 ***	0.2957244	4.566208	0.0000845
2005LNK	0.4076191 ***	0.104969	3.883234	0.0005488
2005LNBI	1.942142 **	1.330747	1.459438	0.0951928
2005LNSI	2.476932	2.495006	0.992756	0.3290405
c	1.101817			
R^2	0.917854			
R^2_{adj}	0.906523			
F-statistic	81.0072			2.61295e-015
Log likelihood	-47.7177			
AIC	105.435			

续表

Variable	Coefficient	Std. Error	t-Statistic	Probability
SC	113.067			
DIAG FOR SD	MI/DF	Value	Prob	
Moran's I (error)	0.043346	1.7059604 *	0.0802126	
LM (lag)	1	2.6600875 *	0.0928951	
Robust LM (lag)	1	2.5224692	0.1122347	
LM (error)	1	0.1376647	0.7106137	
Robust LM (error)	1	0.0000464	0.9945642	
LM (SARMA)	2	2.6601339	0.2644596	2005 – 2011

由表 8 的 2005～2011 年跨期模型的 SLM 估计结果，我们看到文化产业增加值的空间自回归系数为 0.1110，说明了我国省域之间的文化产业发展存在着显著的正依赖性，省域之间呈现正的溢出效应，邻近省域的文化产业增加值每增长 1 个百分点可以促进本省域文化产业增加值增长 0.11 个百分点；银行业的回归系数是 1.7264，说明 2005 年银行业发展对 2011 年文化产业发展有显著的支持作用，2005 年银行业发展每增加 1 个百分点，可提高 2011 年文化产业增加值 1.72 个百分点，证券业的回归系数没有通过显著性检验，说明 2005 年证券业发展对 2011 年文化产业发展的支持作用难以确定。我们还可发现文化产业人员投入、资本投入对文化产业发展的显著的正向支持作用，2005 年人员投入、资金投入每增长 1 个百分点可分别支持 2011 年文化产业增加值增长 1.26 个和 0.38 个百分点；分析结果表明跨期模型中银行业金融发展对文化产业发展的支持效果最大，人员投入支持文化产业发展效果高于文化产业本身的资本投入，而证券业金融发展则对文化产业发展的作用难以确定。

表 8　　　　　　　　2005～2011 年跨期模型的 SLM 估计结果

Variable	Coefficient	Std. Error	z-value	Probability
CONSTANT	0.5664127	0.5785765	0.9789763	0.3275917
W_2011LNCI	0.1109792 **	0.05648087	1.964899	0.0494258
2005LNL	1.255518 ***	0.263911	4.757353	0.0000020
2005LNK	0.3755689 ***	0.09378995	4.004362	0.0000622
2005LNBI	1.726356 *	1.179189	1.46402	0.0931885
2005LNSI	3.092288	2.224641	1.390016	0.1645240
TEST	value			
R-squared	0.925319			
Log L	-46.1153			
AIC	104.231			
SC	113.389			2005 – 2011

五、结论与政策启示

本文基于 2005~2011 年的中国省域数据，运用全域空间自相关的 Moran 指数、Moran 指数散点图和局域空间关联性指标 LISA 示意图实证分析了金融体系与文化产业增加值的空间分布，构建实证分析模型，运用空间计量分析方法实证分析了我国省域金融体系支持文化产业发展空间影响。

（一）结论

1. 空间探索性分析研究结果表明金融体系和文化产业增加值在省域之间存在显著的空间依赖性；金融体系的空间集聚有益于促进文化产业发展的空间集聚。

2. 2011 年当期模型的 SLM 估计结果表明我国省域之间的文化产业发展存在着显著的正依赖性，省域之间呈现正的溢出效应，邻近省域的文化产业增加值每增长 1 个百分点可以促进本省域文化产业增加值增长 0.09 个百分点；2011 年银行业金融发展每增加 1 个百分点，可提高当期文化产业增加值 3.59 个百分点；2011 年人员投入、资本投入每增长 1 个百分点可分别支持当年文化产业增加值增长 1.28 个和 0.31 个百分点；证券业金融发展每增长 1 个百分点，文化产业发展反而降低 1.61 个百分点。2011 年当期模型分析结果表明银行业金融发展对文化产业发展的支持效果最大，文化产业人员投入支持文化产业发展效果高于其本身资本投入，而证券业金融发展则对文化产业发展具有显著的抑制作用。

3. 2005~2011 年跨期模型的 SLM 估计结果说明我国省域之间的文化产业发展存在着显著的正依赖性，省域之间呈现正的溢出效应，邻近省域的文化产业增加值每增长 1 个百分点可以促进本省域文化产业增加值增长 0.11 个百分点；2005 年银行业金融发展对 2011 年文化产业发展有显著的支持作用，2005 年银行业金融发展每增加 1 个百分点，可提高 2011 年文化产业增加值 1.72 个百分点；2005 年文化产业人员投入、资本投入对 2011 年文化产业发展有显著的正向支持作用，2005 年人员投入、资金投入每增长 1 个百分点可支持 2011 年文化产业增加值分别增长 1.26 个和 0.38 个百分点；2005 年证券业金融发展对 2011 年文化产业发展的支持作用难以确定。2005~2011 年跨期模型分析结果表明银行业金融发展对文化产业发展的支持效果最大，人员投入支持文化产业发展效果高于文化产业本身的资本投入，而证券业金融发展则对文化产业发展的作用难以确定。

（二）政策启示

1. 我国省域金融体系和文化产业增加值均存在显著的正相关性；省域金融体系对文化产业发展具有显著的正向溢出效应，各省域金融体系发展不仅可以支持本省域文化产业的发展，而且还可以通过正向溢出效应促进邻近省域文化产业的发展，因此应采取金融政策促进各省域金融体系的发展。

2. 银行业金融发展对文化产业发展的支持效果最大,这与目前我国金融体系中银行占主导地位基本相符,关键是要注重与邻近周边省域的银行业金融合作,提高银行业金融体系的支持质量,继续发挥银行业金融对文化产业发展的主导支持作用。

3. 文化产业人员投入对文化产业发展的支持效果显著高于其本身资本投入,2011 年当期模型表明人员投入的支持效果是其本身资本投入的 4 倍多,2005~2011 年跨期模型表明人员投入的支持效果是其本身资本投入的 3 倍多,分析结果说明了文化产业发展中人员投入的重要性,应注重发挥人员投入在文化产业发展中的显著作用,同时也不能忽略对文化产业的资本投入。

4. 2011 年当期模型分析结果表明证券业金融发展对文化产业发展具有显著的抑制作用,而 2005~2011 年跨期模型表明证券业金融发展对文化产业发展的作用难以确定,这与我国证券业金融的发展情况基本相符,说明证券业金融支持文化产业发展具有很大的发展空间,这是今后金融政策的努力方向。

参 考 文 献

[1] 余晓泓. 美国文化产业投融资机制及启示 [J]. 改革与战略, 2008 (12): 153-155.
[2] 陈红泉. 关于我国动漫产业投融资特征及国际经验的思考 [J]. 经济师, 2008 (1): 61-62.
[3] 嵇敏. 文化产业发展的国家方略 [J]. 西南民族大学学报 (人文社科版), 2012 (5): 159-162.
[4] 张立波. 我国文化产业发展的资金短缺问题及其破解 [J]. 中国商贸, 2009 (5): 151-152.
[5] 李海珊. 文化创意产业融资的困局与路径分析 [J]. 黑龙江金融, 2010 (5): 72-74.
[6] 林丽. 我国文化产业发展中的投融资问题及对策 [J]. 经济纵横, 2012 (4): 68-72.
[7] 陈涛. 金融支持陕西文化产业发展研究 [J]. 西部金融, 2010 (7): 80-81.
[8] 杜文忠, 等. 金融支持文化产业发展的探讨 [J]. 河北金融, 2012 (1): 31-33.
[9] 赵俊仙, 等. 金融支持文化产业发展研究 [J]. 华北金融, 2012 (9): 58-61.
[10] 袁海. 中国文化产业区域差异的空间计量分析 [J]. 统计与信息论坛, 2011 (2): 65-72.

环境规制、产业空间布局调整与地区经济增长

——基于省际面板数据的研究

陈 健 赵 迪[*]

摘 要：我国持续推进的产业跨区域转移和产业空间布局调整，深刻影响了环境规制在地区经济增长中的作用效果。基于2003～2013年跨省面板数据，在充分考虑产业空间布局调整基础上，研究探讨了环境规制对地区经济增长的影响。结果证实：在跨越多重门槛约束后，投资型环境规制要显著优于费用型环境规制，最终表现出对东部地区经济增长的推动作用。比较而言，中西部地区承接产业转移，主要推动了污染密集型制造业的域内集聚，并由此削弱产业发展多样性。上述产业构成特点在很大程度上掩盖了环境规制、尤其是过度费用型环境规制对中西部地区经济增长的不利影响。

关键词：环境规制　产业空间布局　经济增长

一、引　言

面对国际环境大变局，中国自身的转型发展也已步入深水区——资源约束、环境污染与高速增长之间的不协调，日益凸显建立"新常态"的必要性和紧迫性。然而，"新常态"的建立，又必须建立在正视区域发展差异这一重要基本国情基础上。一直以来，依托中、西部地区资源和劳动力禀赋等趋于无限供给优势，同时配合自身区位与制度优势，东部地区快速增长最终构成中国整体较快增长的根本。这也决定了其重要特点之一，就是依托资源开发与牺牲环境为代价的粗放型增长模式。

当前阶段，发达国家针对我国环境保护方面的诸多指责和碳排放领域的种种限制，这些都在步步"倒逼"我国，尤其是东部地区环境规制水平的日益增强。号称我国史上最严的新《环保法》实施以来的威慑力正在显现，其最大着力点之一就是要加强环境排放的刚性约束，加大对违法违规惩处的几率和力度。上述变化一方面将增加东部地区传统污染密集型和资源依赖型产业的经营成本，加快这些产业向中西部地区转移和更靠近资源产地的集聚，由此降低东部经济增速。另一方面，环境规制"倒逼"影响下的技术创新，通过推动新兴产业发展和整体产业升级，可能构成东部地区经济发展更具可持续性的重要源泉（原毅军和谢荣辉，2014）。比较而言，作为承接地，中、西部地区相对丰裕的生态资源禀赋和较好的生态环境基础，

---

[*] 陈健，男，东南大学经济管理学院副教授，研究生导师；赵迪，东南大学经济管理学院博士研究生。

决定其仍处于环境规制"凹地"。短期内,通过承接东部污染密集型产业,其经济更快速增长仍可以获得强有力支撑。但从辩证角度看,中、西部地区仅仅是变成了新的"污染避难所"。从全国"一盘棋"角度出发,日益严峻的环境规制可能会加剧中、西部地区经济增长的成本,削弱其发展后劲。

综上所述,面对产业的跨区域、大规模转移以及由此带来的产业空间布局动态调整,各区域不断加强的环境规制水平究竟如何影响了地区经济增长?应该说在当前阶段,有必要弄清楚上述问题。因为这直接关系到地区经济增长与生态环境保护在此消彼长中,能否更好地达成某种均衡,并最终实现区域经济发展的可持续性。

二、文献综述

由于存在市场失灵问题,在治理环境污染方面,当其他因素无法短期内改观的情况下,环境规制被寄予了更多"厚望"。但同时,作为一把"双刃剑",环境规制对经济增长的影响也饱受争议。更多学者主要基于"合规成本说"(Gallop,1983)和"创新补偿"(Porter & Linde,1995),探讨了环境规制对地区经济发展的影响效果及其内在机制,进而在政策上阐述了环境"绿色"与经济增长之间的取舍与兼得问题。

遵循"合规成本"理论观点,环境规制主要表现出对地区经济增长的不利影响。表现在微观层面,按照新古典解释,即环境规制和企业竞争力之间存在着"两难"格局(张成等,2011)。内在机制一方面表现为作为一种额外负担,环境规制通过治污成本形式而直接增加企业生产成本(沈能和刘凤朝,2012);另一方面,在资源有限的情况下,环境规制所带来的污染控制成本增加会挤占生产性投资,从而也间接增加了企业的机会成本(原毅军和刘柳,2013)。

事实上,"合规成本说"主要体现的是一种静态条件下的"零和博弈"观点。突破该理论观点的静态局限性,"创新补偿"理论观点则认为,适度环境规制通过激发企业创新能力,能够实现对企业产品和生产工艺流程等方面的引致创新效应。长远来看,这不仅可以降低企业成本(Brunnermeier & Cohen,2003),还有助于推动企业技术进步和效率水平提升(黄德春和刘志彪,2006),最终有助于企业竞争力的增强(Mazzanti & Zoboli,2009;叶祥松和彭良燕,2011)乃至企业良好社会形象价值的提升(李胜兰等,2014)。

"创新补偿"理论观点为我们分析环境规制对经济增长的影响提供了非常好的新思路,从该角度研究一个关键切入点就是突出资源配置、技术和消费需求等条件的动态变化(Porter和Linde,1995;张成等,2011)。这意味着对环境规制影响经济增长进行更深入的探讨,需要结合具体情况,将关注焦点转移到上述条件可变性上来。既有经验实证方面,相关条件可变性带来的影响主要通过"门槛"效应加以体现,得出的基本结论是环境规制对经济增长影响呈非线性特征。本文研究认为，在众多可变因素中，地区差异是最大的可变因素，这不仅体现在自然地理条件等客观差异方面，更体现在地区经济、制度等综合发展要素动态变化所展现的地区差异方面。宋马林和王舒鸿（2013）就在关注地区发展阶段差异前提下指出，发达地区环境规制相对更容易提高环境效率。产业空间布局差异及其动态调整作为地区差异动态变化的重要方面，围绕其影响展开的研究中，Antweiler 等（2001）跨国样本数据分析表明，发展中国家相对较低的环境规制，使其成为发达国家污染性行业大规模转移的主要集中地。发展中国家短期内获得了较快发展，但长期来看，低环境规制则会因为污染性行业的大规模转入，而增加发展中国家用于弥补环境破坏所带来损失的成本支出。傅京燕和李丽莎（2010）基于中美两国的分析也证实，贸易开放和低环境污染成本约束推动了污染性行业在中国的集聚，并通过中国对美污染出口强度的迅速提升推动了中国经济的增长。

相比更多聚焦产业在国别层面布局动态调整视角的研究，关注产业空间布局在中国各地区之间动态调整的研究仍不多。重点关注污染密集产业地区集聚影响，国内学者张红凤等（2009）基于山东和全国的比较分析认为，高于全国平均水平的环境规制通过改变山东环境库兹涅茨曲线（EKC）形状和拐点位置，初步实现了环境保护与经济发展双赢的规制绩效。而双赢格局实现的关键就在于产业结构配置政策调整，诱导了山东产业结构的优化升级。将产业集聚效应视为环境规制影响产业竞争力与地区发展的内在机制之一，同时综合环境规制的创新效应，徐敏燕和左和平（2013）研究认为，只有在环境规制创新效应和产业集聚效应的综合作用下，环境质量和经济发展的双赢才有可能实现。同样侧重产业层面分析，原毅军和谢荣辉（2014）研究在肯定正式环境规制有效驱动地区产业结构调整及其显著门槛特征的同时，更指出上述影响实质上存在的空间异质性；尤其表现为环境规制主要促进东部地区产业升级加快，对中西部地区影响并不显著（肖兴志和李少林，2013）。甚至还有学者研究认为，主要得益于地区服务相对工业部门比重增长所体现的产业结构动态升级，环境规制强度增强推动区域经济增长才得以实现（李强，2013）。

综上所述，伴随对环境规制影响地区经济发展相关条件差异及其动态变化影响的更多关注，该领域研究也变得更加深入。然而，相比基于产业跨国转移所体现产业空间布局差异及其动态变化影响的分析，聚焦于我国本土产业空间布局动态调整方面的分析仍不多，由此削弱对地区发展的指导意义。

三、基本事实描述与定量比较

（一）经济增长的地区差异及其收敛特点

我国各地区发展的非均衡性依然存在，由图 1 所示的我国东、中、西部地区人均地区生产总值核密度曲线的比较可见,东部地区平均发展水平是最高的。同时,东部地区核密度曲线呈现出的右倾特点,也揭示了东部地区省份发展在高水平区域的相对集中特点。

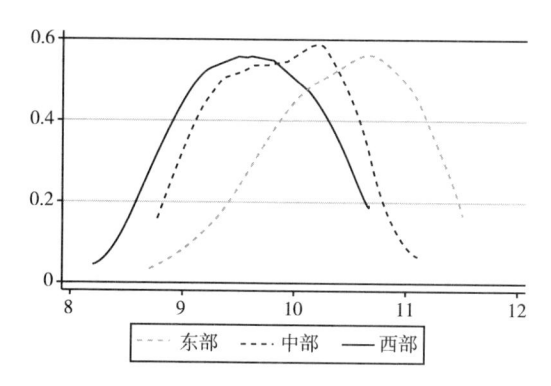

图1 三大区域发展差异的核密度估计

但进一步从图2基于变异系数反映的地区经济发展水平空间扩散与收敛性来看,总体趋势的不断下降还是表明,我国地区经济发展水平不再是局部地区的集中,而是呈现出空间扩散特点,即地区经济增长差距在空间上是不断收敛的。事实上,得益于西部大开发战略的实质性推进,从2004年开始,我国中、西部地区便开始摆脱过去较长期增长缓慢和停滞的"惯性"状态,表现出更快的增速。尤其自2008年以来,面对开放格局重构影响,我国东部沿海传统产业部门向中、西部地区的大规模转移,已经使得中西部地区经济增长再一次获得强劲动力。

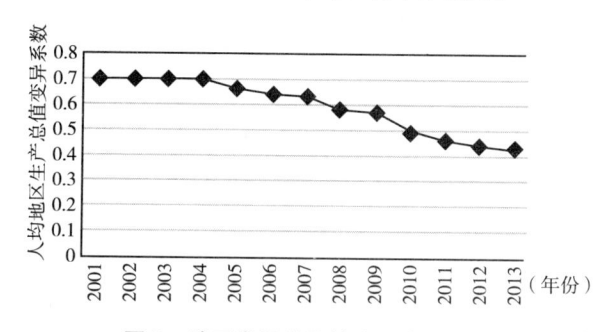

图2 地区发展差异的空间收敛趋势

(二)环境规制强度地区差异及其演变规律

无论是与污染治理相关的资本性投资,还是侧重污染物治理的日常营运和管理,以上两方面都从经济型环境规制角度揭示了环境污染治理的可能选择(Bocher,2012)。定量考察方面,遵循以上两重视角,对投资型环境规制水平的考察,研究主要用各地区环境污染治理投资占国内生产总值比重表示(简记为:IERS)。对费用型环境规制的衡量，研究主要借鉴傅京燕等（2010）方法，基于各地区二氧化硫排放、烟尘排放、粉尘排放、废水排放和固体废物排放情况，通过加权方式，构造各地区费用性环境规制强度综合指数（简记为：CERS）。

比较各地区环境规制强度的空间集中与扩散情况，如图3和图4所示，基于变异系数反映的结果中，费用型环境规制和投资型环境规制基本变化趋势并不完全相同。投资型环境规制强度变异系数演化特点呈现出更明显的波动性。从整体趋势来看，2005~2008年、2009~2011年，投资型环境规制强度变异系数呈现两轮幅度较为明显的波动。这意味着投资型环境规制强度在某些地区率先开始较为明显的攀升，在打破"僵局"之后，更多地区紧随其后。最终，在整体空间强度表现方面，各地区实际上又重新达成均衡。只不过这里的再均衡，是更高强度水平上的均衡。

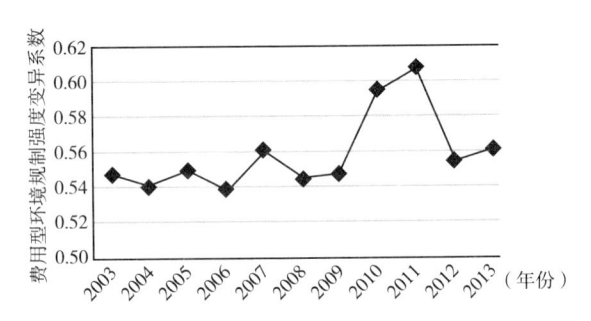

图3 费用型环境规制强度空间演变趋势

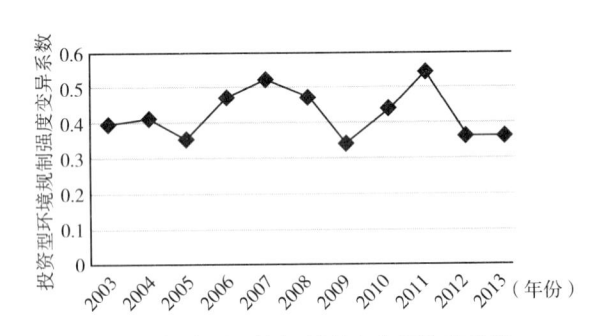

图4 投资型环境规制强度空间演变趋势

比较而言，费用型环境规制强度空间集中与扩散表现方面，在2009年之前，各地区基本保持着较为均衡的水平。2009~2011年，费用型环境规制强度变异系数呈现出极为明显的上升，表明某些地区的环境规制水平有较为显著的增强，并由此率先打破过去"逐底竞争"导致的"低位均衡"。而伴随较短时期内更多地区陆续打破"低位均衡"状态，费用型环境规制强度变异系数再次趋于下降。但总体而言，当前阶段的整体水平还是要高于2009年之前，并且再次呈现上升态势，即其同样在某些区域继续加强。综合两种经济型环境规制强度的空间集中与扩散分析可见，它们的共性特点就是较好反映出在中央高压态势和各地区环境规制"竞赛"下，我国整体环境规制强度的不断提升。只不过相比2009年之前，在地区环境规制竞争形式上，已由"逐底竞争"更多转向"标尺竞争"和"差别化竞争"为主（张文彬等，2010）。

进一步结合环境规制强度核密度估计分区域下的比较，可以更好揭示其空间变化特点。图5和图6显示，投资型环境规制强度核密度估计分区域比较则呈现东部和西部略高于中部的特点。集中性表现方面，东部地区最为集中，西部地区依然最为分散并呈现出较长左侧"拖尾"。与此不同，费用型环境规制强度方面，东部地区平均水平明显低于中、西部；并且东部地区核密度图分布的"左倾"特点更突出，表明其内部多数省份费用型环境规制强度较集中于低位。比较而言，中西部地区费用型环境规制强度更高，且这两大区域核密度估计值分布向均值靠拢特点明显，表明域内多数省份费用型环境规制强度趋于收敛。综合变异系数与核密度分析可见，无论何种类型环境规制强度，均表现出在西部地区更强的特点。

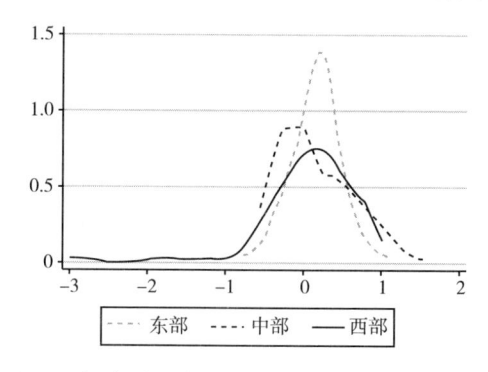

图5　投资型环境规制分区域核密度估计比较

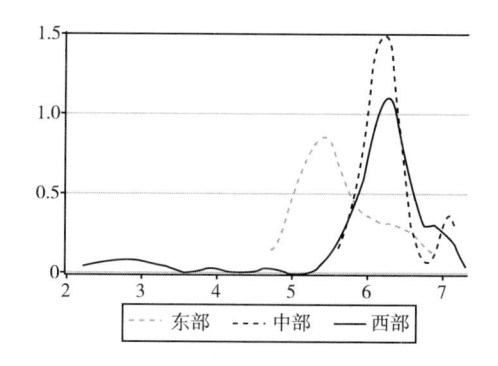

图6　费用型环境规制分区域核密度估计比较

（三）产业空间布局的地区差异

产业跨区域转移会影响承接地域内产业构成特点，在我国尤其突出表现为东部对中、西部地区的大规模产业转移，深刻影响着中、西部地区原有的产业构成。这一过程带来的影响有两种可能：其一，通过产业转移，中、西部地区产业结构可以得到更全面提升，产业构成多样化日趋明显；其二，由于东部地区更多是将低技术密集型行业，尤其污染密集行业向中西部转移，在导致传统工业结构体系趋于瓦解的同时（吴福象，2014），这可能会加剧承接地产业构成的单一性和环境污染问题。

参考国民经济标准行业分类（GB/T 4754-2011），下面通过构造制造两位数行业分类下的赫希曼—赫芬达尔指数（简记为：HHI），考察各地区产业发展的多样化特点。由图7和图8可见，地区产业多样化变异系数在频繁波动中呈上升趋势，表明我国各地区产业发展的多样化特点实际上在某些区域不断下降。进一步结合产业多样化分区域核密度估计情况比较可见，我国东部和中部地区HHI指数在明显低于西部地区的同时，该指标水平的域内集中性也要显著好于西部。这一方面说明，我国产业多样化显著降低区域主要是西部；另一方面也表明，我国东部和中部地区多数省份在产业发展的多样性表现方面要显著优于西部。尤其值得注意的是，中部地区主要凭借区位优势，其近年来更具多样性地承接了东部产业转移，并由此使自身产业发展的多样性特点得到了明显提升。

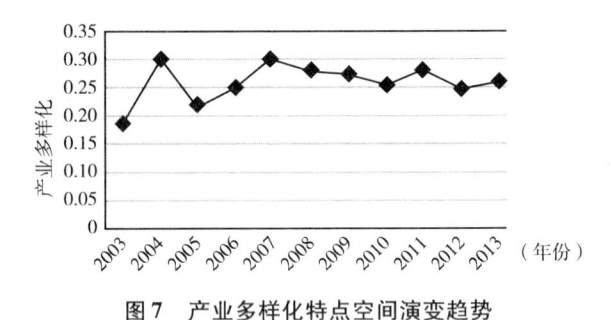

图7 产业多样化特点空间演变趋势

图8 产业多样化分区域核密度估计比较

西部地区作为东部转移产业的重要承接地，污染密集型行业在域内的集聚发展相对更加明显，并由此削弱其产业构成多样性。进一步分析侧重考察污染密集型制造业在各区域的空间布局特点。按照多数研究观点，污染密集行业主要包括造纸及纸制品业，有色金属冶炼及压延加工业，石油加工、炼焦加工业，金属制品业，化学原料及化学制品制造业，化学纤维制造业，黑色金属冶炼及压延加工业，非金属矿物制品业（徐敏燕和左和平，2013）。基于上述污染密集型制造业加总企业数据，可以构造每个省份该类行业区位商值（LQ），以此体现其空间集中度状况。由图9和图10可见，随着时间的推移，我国污染密集型制造业空间集中度呈现出在省际空间范围内不断扩散的特点，这显然与东部地区将大量污染型制造业大规模向中、西部地区加快转移有关。例如近几年，在意识到在资源地就近进行直接投资和建立现代输送体系比直接在东部地区消耗煤炭所带来的污染及环境压力要小得多的情况下，东部地区"去煤化"的趋势日益明显。浙江、上海、广东、海南等省份早已彻底退出产煤领域，京津冀及山东等地区亦在逐步减少煤炭等消费总量。同时值得注意的是，上述产业空间布局调整，在使得中、西部地区更明显成为东部地区"污染避难所"的同时，其环境规制水平也因大量污染企业入驻而表现出较为明显的"被动式"升高（孔祥利和毛毅，2010）。

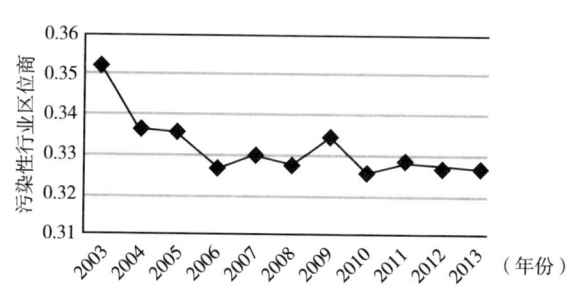

图9　污染行业地理集中度演变趋势

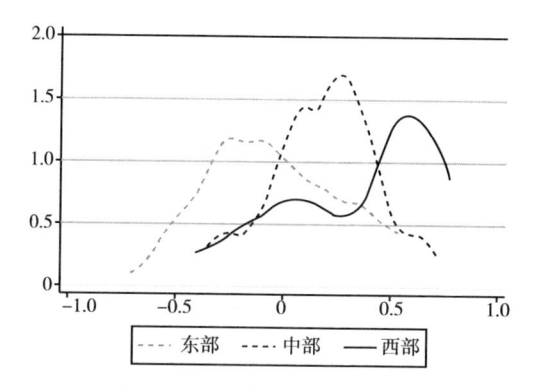

图10　污染行业地理集中度核密度估计比较

核密度估计结果亦表明，凭借更为优越的自然资源禀赋和初期相对较低的环境规制水平，污染密集型制造业向中、西部地区的转移，使得该区域污染密集型制造业的地域集聚度相对最强。凭借该类制造业域内集聚水平的不断提升，中、西部地区由此显现出更快经济增速。但对中、西部地区而言，这一发展特点则未必有利于其经济增长的可持续性。事实上，"资源诅咒"导致的经济发展困局和日益增强"被动式"环境规制约束，并不会因为产业大规模承接及其暂时掩盖，而从根本上得到解决（徐康宁和王剑，2006）。

四、实证结果与解释

（一）基本模型构建

基于定量考察，进一步实证分析在增长理论之上，通过重点考虑产业空间布局调整所带来地区产业构成变化影响，来考察环境规制对地区经济增长作用的非线性特征。借鉴 Hansen（1999）非动态门槛回归方法，这里主要是将地区产业构成特征因素作为未知门槛变量引入模型，构建环境规制对经济增长影响分段函数，并重点对产业构成特征因素门槛值和门槛效应加以估计和检验。研究基本模型如下：

$$\ln pgdp_{it} = a0 + a1\ln ERS_{it}I_{it}(thr \leqslant \gamma) + a1\ln ERS_{it}I_{it}(thr > \gamma) + a4\ln Z_{it} + \tau i + \eta t + v_{it}$$

其中，ERS 根据具体分析，分别表示投资性环境规制（IERS）或费用型环境规制（CERS），thr 为结合具体分析设定的门槛变量，r 为待估计门槛值，$I_{it}(\cdot)$ 为指示函数。$\ln$ 表示对数符号，下标 i 表示省份，t 表示年份，τi 和 ηt 分别为地区和年份虚拟变量，用以控制无法观测的随地区和时间变动的因素，Z_{it} 表示其他控制变量，v_{it} 代表随机误差。

（二）变量衡量说明

相关变量衡量方面，因变量地区经济增长水平用人均国内生产总值表示。地区投资型环境规制和费用性环境规制强度、地区产业多样化水平、污染密集型制造业集中度等核心变量的具体衡量，均如前文所述。其他控制变量的选择和说明情况如下：（1）资本强度（cap），用人均固定资产投资总额表示。（2）人力资本（HR），人力资本状况的衡量方面，比较常见的是采用地区人口平均受教育年限表示，即平均受教育年限 =（小学文化比例×6 年 + 初中文化比例×9 年 + 高中文化比例×12 年 + 大学专科文化比例×15 年 + 大学本科文化比例×16 年 + 研究生及以上文化比例×19 年），这里即采用此方法。（3）工业化水平（ind），用工业总产值所占比重表示。（4）市场化制度（insti），公平、规范、透明的市场化制度是地区经济发展的重要保证，这里用地方政府财政支出与财政收入比值衡量。（5）城市化（urban），快速推进的城市化进程已经成为推动我国经济增长的重要新动力，这里采用各地区年末城镇人口占总人口的比重表示。(6) 基础设施条件 (infra),用万平方公里内公路里程表示。

相关变量原始数据均来自《中国统计年鉴 (2004~2014)》、《中国工业经济统计年鉴 (2004~2014)》和国研网数据库。为剔除价格因素影响,人均地区生产总值用 2003 = 100 的商品零售价格指数消涨处理,人均资本投入用 2003 = 100 的固定资产投资价格指数消涨。

(三) 估计结果与解释

门槛模型回归之前,为识别该方法的使用是否合理,首先需要检验门槛效应的存在性。表 1 结果显示,所有变量单一门槛假设所对应 F 值均至少在 5% 水平通过显著性检验,表明采用门槛面板估计是合理的。进一步分析通过判断有效门槛个数,来确定模型具体形式。仍由表 1 单一门槛、双门槛和三门槛效应存在性检验结果可见,多数变量单一门槛与双重门槛效果均显著,而三重门槛效应都不显著。因此,后续主要采用双门槛模型进行分析。

表 1　　　　　　　门槛变量显著性检验和置信区间

门槛类	投资型环境规制方程门槛检验				门槛类	费用型环境规制方程门槛检验			
	门槛数	F 值	1%	5%		门槛数	F 值	1%	5%
IERS	单一	9.027***	6.722	4.501	CERS	单一	25.772***	12.223	11.683
	双重	8.515***	4.183	3.824		双重	10.239***	9.434	8.43
	三重	2.518	9.287	8.323		三重	1.369	3.111	1.957
PGDP	单一	35.069***	16.42	11.625	PGDP	单一	22.052***	9.36	6.007
	双重	7.531**	9.848	-6.593		双重	18.472***	16.431	12.868
	三重	12.343	15.016	14.192		三重	5.246	8.731	8.542
HHI	单一	18.607**	30.612	13.566	HHI	单一	44.415**	46.622	31.896
	双重	11.972**	21.196	10.479		双重	13.784**	1.3	-2.125
	三重	6.263	10.325	7.807		三重	1.591	2.105	1.619
LQ	单一	12.544**	26.068	9.759	LQ	单一	31.413***	30.528	29.022
	双重	10.851	11.534	11.428		双重	7.670**	8.059	7.064
	三重	17.754	20.347	18.995		三重	12.357	42.757	25.503
HTECH	单一	20.685***	19.273	15.333	HTECH	单一	12.930***	12.31	7.461
	双重	13.805***	22.033	10.72		双重	6.897	13.404	7.115
	三重	1.042	7.571	3.306		三重	2.32	30.967	22.764

注: 表中的 F 值和 5%、1% 临界值均为采用 bootstrap 法抽样 300 次得到; ***、** 分别表示在 1% 和 5% 水平显著。

表2考察了多重"门槛"因素下,投资型环境规制(IERS)对地区经济发展的影响。研究首先将投资型环境规制水平自身视为门槛变量,对其影响经济增长的基本规律做出判断。结果表明,投资型环境规制强度水平低于第一门槛值的情况下,其自身边际影响不显著为负;而在处于第一、二门槛值之间情况下,投资型环境规制对经济发展影响在1%水平显著为正;在进一步越过第二门槛后,其边际影响反而在1%水平显著为负。初步分析表明,投资型环境规制对地区经济增长影响呈现较复杂的非线性关系。与此相对应,在以地区经济发展水平(PGDP)为门槛变量前提下,结果表明,在地区经济发展水平逐步提升过程中,投资型环境规制强度对经济增长的不利影响会逐渐降低。甚至在越过第二门槛值,即PGDP值为38715.68元以后,投资型环境规制反而表现为对地区经济增长的推动作用,对应系数在5%水平上显著为正。这实际上从总体经济发展水平阶段差异角度,进一步揭示了投资型环境规制强度对地区经济增长影响存在的显著门槛效应。

在总体考察基础上,下面重点以产业空间布局动态调整下的构成情况为切入点,更深入探讨投资型环境规制对经济增长影响所表现出非线性特征的内在机理。在以地区产业多样化特征为门槛变量的考察结果中,一方面,在HHI值低于0.08的情况下,即产业多样化特点表现比较突出的地区,投资型环境规制不仅没有表现出对地区经济发展的负面作用,对应系数反而在10%水平上显著为正。比较而言,当HHI值越过门槛值0.08以后,即当地区产业构成逐渐由多样化转向更趋专业化以后,投资型环境规制反而显著表现出对地区经济增长的不利影响。再考察以污染密集型制造业区位商(LQ)为门槛变量下,投资型环境规制的影响效果。结果表明,在越过唯一门槛值之后,即地区污染密集型制造业集聚水平超过1.694以后,投资型环境规制才会表现出对经济增长的显著不利影响。与此形成鲜明对比的是,一个地区技术密集型行业比重(HTECH)在低于门槛值0.091情况下,投资型环境规制主要表现出对经济增长的显著不利影响;而在技术密集型行业比重高于第一门槛值0.091,同时低于第二门槛值0.226以后,投资型环境规制增强反而表现为显著促进作用,对应系数在1%水平显著为正;而随着地区技术密集型行业比重的进一步升高,投资型环境规制则变得不显著为负。

表2 多重"门槛"因素下投资型环境规制对地区经济发展影响分析

门槛变量	因变量:人均地区生产总值									
	IERS		PGDP		HHI		LQ		HTECH	
门槛值	0.571/0.798		11944.2/38715.68		0.08/0.129		1.694		0.091/0.226	
变量	系数	T_{white}	系数	T_{white}	系数	T_{white}	系数	T_{white}	系数	T_{white}
IERS1	0.001	0.05	-0.102***	-5.51	0.085*	1.91	-0.015	-1.6	-0.028***	-2.6

续表

门槛变量	因变量：人均地区生产总值									
	IERS		PGDP		HHI		LQ		HTECH	
IERS2	0.083 ***	2.78	-0.021 **	-2.35	-0.132 ***	-3.91	-0.096 ***	-3.92	0.130 ***	4.28
IERS3	-0.064 ***	-3.79	0.040 **	2.15	-0.022 **	-2.46			-0.006	-0.43
cap	0.237 ***	10.68	0.244 ***	11.47	0.255 ***	11.59	0.248 ***	11.23	0.240 ***	11.1
learn	0.135	0.69	0.262	1.37	0.100	0.51	0.193	0.99	0.293	1.53
rind	0.436 ***	10.9	0.391 ***	10.29	0.397 ***	10.11	0.399 ***	10.07	0.428 ***	11.1
market	-0.335 ***	-6.99	-0.291 ***	-6.21	-0.364 ***	-7.7	-0.329 ***	-6.85	-0.354 ***	-7.59
urban	0.722 ***	6.29	0.734 ***	6.62	0.686 ***	5.9	0.735 ***	6.36	0.650 ***	5.76
trans	0.123 ***	4.97	0.095 ***	3.92	0.103 ***	4.14	0.111 ***	4.46	0.124 ***	5.12
_cons	7.655 ***	13.34	7.468 ***	13.52	7.693 ***	13.45	7.500 ***	13.06	7.199 ***	12.81
年份/地区	是		是		是		是		是	
F 值	1 615.64 ***		1 674.37 ***		1 575.49 ***		1 629.91 ***		1 634.06 ***	
R^2	0.625		0.656		0.631		0.636		0.624	
样本量	341		341		341		341		341	

注：***、**、* 分别表示在 1%、5%、10% 水平显著；T_{white} 为考虑异方差设定下，系数显著性水平 T 检验值。

综合这里所关注的几方面门槛因素，进一步结合区域发展差异状况来看，我国东部地区经济发展水平已经突破了较高门槛水平，同时其产业的多样化特点相对最为突出，尤其高技术行业比重提升保证了其产业多样化的技术内涵；另一方面，伴随污染密集型制造业向中、西部地区的转移，东部地区污染密集型制造业的地区集聚程度也显著降低。由此不难判断，东部地区产业发展几方面特点的综合，决定了投资型环境规制在该区域的加强，通过进一步推动污染型产业向中、西部地区的转移，还有通过更好激发"创新补偿"效应和推动产业结构升级，最终主要表现出对地区经济增长的促进作用。这与原毅军和刘柳（2013）的观点基本一致，且研究更进一步指出，投资型环境规制促进经济增长的有条件性。比较而言，在经济发展水平还处于低位快速增长的情况下，依托自身资源禀赋优势和仍相对较优的环境质量，通过大规模承接污染型制造业转移，中、西部地区产业空间布局特点越来越表现为污染型行业在域内的大量集聚及其专业化生产能力的迅速提升。中、西部地区原本就比较脆弱的产业多样性，由此进一步遭到冲击。综合上述多方面因素可以判断，投资型环境规制强度提升更主要表现出对中、西部地区经济发展的不利影响。

表 3 估计结果显示，不同于多重"门槛"因素下投资型环境规制影响效果，随着费用型环境规制强度（CERI）的不断提升，其对地区经济增长负向边际影响在不断下降；且在越过第二门槛后，变得不再显著为负。进一步分析可见，仍主要表现

为不同于投资型环境规制的影响特点,在以产业多样化水平(HHI)为门槛变量的考察结果中,即便在产业多样化水平较高情况下,费用型环境规制依然表现为对经济增长的负向影响。以污染型行业区位商(LQ)和技术密集型制造行业比重(HTECH)为门槛变量的估计结果则显示,当污染型行业区位商低于1.38的情况下,费用型环境规制也表现出较为明显的不利影响;而随着地区技术密集型制造行业比重的提升,其不利影响反而变得更加突出。

表3　多重"门槛"因素下费用型环境规制对地区经济发展影响分析

门槛变量	因变量:人均地区生产总值									
	CERS		PGDP		HHI		LQ		HTECH	
门槛值	179.828/1007.271		8111.19/35242.22		0.081/0.114		1.38/1.69		0.083	
变量	系数	T_{white}	系数	T_{white}	系数	T_{white}	系数	T_{white}	系数	T_{white}
CERS1	-0.048***	-3.22	-0.035**	-2.46	-0.024*	-1.75	-0.028*	-1.95	-0.019	-1.32
CERS2	-0.037**	-2.57	-0.023*	-1.66	-0.035***	-2.59	-0.017	-1.21	-0.031**	-2.11
CERS3	-0.022	-1.52	-0.015	-1.06	-0.020	-1.49	-0.027*	-1.88		
cap	0.257***	11.75	0.241***	11.28	0.253***	11.57	0.255***	11.64	0.236***	10.53
learn	0.059	0.3	0.287	1.51	0.269	1.45	0.174	0.9	0.022	0.11
rind	0.375***	9.6	0.397***	10.41	0.409***	10.79	0.389***	10	0.386***	9.73
market	-0.365***	-7.77	-0.302***	-6.38	-0.317***	-7.02	-0.328***	-6.97	-0.347***	-7.27
urban	0.685***	6	0.606***	5.22	0.552***	4.94	0.663***	5.78	0.787***	6.57
trans	0.125***	5.13	0.110***	4.61	0.134***	5.69	0.139***	5.58	0.114***	4.57
_cons	7.784***	13.72	7.369***	13.17	7.116***	12.9	7.328***	12.75	8.140***	13.72
年份/地区	是		是		是		是		是	
F值	1598.87***		1661.85***		1732.22***		1590.34***		1537.6***	
R^2	0.632		0.659		0.641		0.631		0.651	
样本量	341		341		341		341		341	

注:***、**、*分别表示在1%、5%、10%水平显著;T_{white}为考虑异方差设定下,系数显著性水平T检验值。

综合这里所关注的几方面门槛因素,结合各区域发展差异状况来看,鉴于此处较高产业多样化水平、较低污染型制造业集聚度以及高技术行业比重等门槛条件,并没有改变费用型环境规制对经济增长的不利影响。这首先意味着费用型环境规制水平的提升,更不利于东部地区实现经济增长与生态环境改善之间的双赢;而对中、西部地区,则意味着改变域内产业构成特点也不会好到哪里。甚至基于费用型环境规制在上述多重门槛效应下所表现出来的影响特点,中、西部地区反而更坚定了对污染密集型制造业的承接及其域内集聚。特别是在中、西部地区依靠污染税支撑地方财政收入增长格局未根本改变情况下，中、西部地区以牺牲环境资源为代价的经济发展模式更是存在着重要动力驱使。由比较分析亦可见，污染密集型制造业转移及其域内集聚在推动中、西部地区经济增长的同时，也带来了其费用型环境规制水平更明显的"被动式"提升。恰如李胜兰等（2014）所言，西部地区环境规制陷入了停留于立法形式而无实际执行效力的尴尬境地。伴随着大规模污染型产业空间布局调整所带来的转移增长效应，这在一定程度上掩盖或削弱了中、西部地区费用型环境规制水平"被动式"提升对经济增长造成的不利影响。

五、结论与启示

从产业跨区域转移所带来的产业空间布局调整视角出发，在综合考虑多重"门槛"因素基础上，研究通过区分投资型环境规制和费用型环境规制，实证分析了环境规制对地区经济发展的影响特点。主要观点认为，在兼顾经济增长与环境改善两个相悖目标方面，投资型环境规制要显著优于费用型环境规制，其更好适应了发展过程中主要矛盾与次要矛盾在时间维度上的动态转换要求。在产业空间布局的动态调整过程中，污染型行业转移和高技术行业发展而形成的产业多样性特点决定了投资型环境规制在东部地区的加强，主要表现为对经济增长的促进作用。而在西部地区，污染型制造业集聚及该类行业专业化生产能力提升带来的转移增长效应，在推动费用型环境规制水平"被动式"提升同时，也很大程度上掩盖了费用型环境规制提升对经济增长的不利影响。

实证结论得到的主要启示如下：

其一，地区发展阶段差异，尤其是产业空间布局调整带来的地区产业多样化表现、产业技术构成以及产业区域集聚特点差异，决定了在环境规制方式的具体选择方面，需要具有一定的灵活性。在越过多重"门槛"因素约束以后，我国东部发达地区更适合采用投资型环境规制，其能够更好激发创新要素来推动经济增长。同时伴随着污染型制造业向中、西部地区的转移和产业结构升级，东部地区原有环境承载能力一方面得到了更好释放，同时其"环境承载阈值"本身也进一步扩大。这对于东部地区企业在更高环境标准下参与国际市场竞争，实现地区更高质量经济发展与优质生态环境之间的"双赢"，是不无裨益的。

其二，在综合权衡下，通过制定统一环境标准底线和限制高污染产业的盲目承接，中、西部地区尤其西部地区坚持以成本型环境规制来实现现阶段经济发展与环境改善双赢目标，仍具有很强的可操作性。这一方面是由其整体经济发展阶段决定的，另一方面则在于我国能源开发总体战略部署是控制东部、稳定中部、发展西部，这决定了西部地区资源开发利用的广度和力度都是最大的。通过成本型环境规制，还是能够较好达到监管与约束的目的。当然对中、西部地区而言，加强成本型环境规制下环境税征收方面的经济补偿功能提升，尤其是科技创新、基础设施建设等方面经济补偿的加强，则是真正实现成本型环境规制对经济增长持续推动作用的关键。随着中、西部地区经济的进一步发展，地区产业多样化特点更趋明显，则可以有序推进成本型环境规制向投资型环境规制转变。

参 考 文 献

[1] 傅京燕，李丽莎. 环境规制、要素禀赋与产业国际竞争力的实证研究——基于中国制造业的面板数据［J］. 管理世界，2010（10）.

[2] 黄德春，刘志彪. 环境规制与企业自主创新——基于波特假设的企业竞争优势构建［J］. 中国工业经济，2006（3）.

[3] 孔祥利，毛毅. 我国环境规制与经济增长关系的区域差异分析——基于东中西部面板数据的实证研究［J］. 南京师大学报（社会科学版），2010（1）.

[4] 李强. 环境规制与产业结构调整基于模型的理论分析与实证研究——基于Baumol模型的理论分析与实证研究［J］. 经济评论，2013（5）.

[5] 李胜兰，申晨，林沛娜. 环境规制与地区经济增长效应分析——基于中国省际面板数据的实证检验［J］. 财经论丛，2014（6）.

[6] 沈能，刘凤朝. 高强度的环境规制真能促进技术创新吗？——基于"波特假说"的再检验［J］. 中国软科学，2012（4）.

[7] 宋马林，王舒鸿. 环境规制、技术进步与经济增长［J］. 经济研究，2013（3）.

[8] 吴福象. 中国产业布局调整的福利经济学分析［J］. 中国社会科学，2014（2）.

[9] 肖兴志，李少林. 环境规制对产业升级路径的动态影响研究［J］. 经济理论与经济管理，2013（6）.

[10] 徐康宁，王剑. 自然资源丰裕程度与经济发展水平关系的研究［J］. 经济研究，2006（1）.

[11] 徐敏燕，左和平. 集聚效应下环境规制与产业竞争力关系研究——基于"波特假说"的再检验［J］. 中国工业经济，2013（3）.

[12] 叶祥松，彭良燕. 我国环境规制下的规制效率与全要素生产率研究：1999~2008［J］. 财贸经济，2011（2）.

[13] 原毅军，刘柳. 环境规制与经济增长：基于经济型规制分类的研究［J］. 经济评论，2013（1）.

[14] 原毅军，谢荣辉. 环境规制的产业结构调整效应研究——基于中国省际面板数据的实证检验［J］. 中国工业经济，2014（8）.

[15] 张成，陆旸，郭路，于同申. 环境规制强度和生产技术进步［J］. 经济研究，2011（2）.

[16] 张红凤，周峰，杨慧，郭庆. 环境保护与经济发展双赢的规制绩效实证分析［J］. 经济研究，2009（3）.

[17] 张文彬，张理芃，张可云. 中国环境规制强度省际竞争形态及其演变——基于两区制空间Durbin固定效应模型的分析［J］. 管理世界，2010（12）.

[18] Antweiler W., Copeland B. R. and Taylor M. S., 2001, "Is Free Trade Good for the Environment", American Economic Review, 91（4）: 877-908.

[19] Bocher M. A., 2012, "Theoretical Framework for Explaining the Choice of Instruments in Environmental Policy", Forest Policy and Economics, 38 (5): 16-22.

[20] Brunnermeier S. B., Cohen M. A., 2003, "Determinants of Environmental Innovation in US Manufacturing Industries", Journal of Environmental Economics and Management, 45 (2): 278-293.

[21] Gallop F., Robert M., 1983, "Environmental Regulations and ProductivityGrowth: The Case of Fossil-fueled Electric Power Generation", Journal of Political Economy, 91 (4): 654-674.

[22] Hansen B. E., 1999, "Threshold Effects in Non-dynamic Panels: Estimation, Testing and Inference", Journal of Econometrics, 93 (2): 345-368.

[23] Mazzanti M., Zoboli R., 2009, "Environmental Efficiency and Labor Productivity: Trade-off or Joint Dynamics? A Theoretical Investigation and Empirical Evidence from Italy Using NAMEA", Ecological Economics, 68 (3): 1182-1194.

[24] Porter M. E., Linde C., 1995, "Toward a New Conception of the Environment Competitiveness Relationship", Journal of Economic Perspectives, 9 (4): 97-118.